Heide Helwig

Johann Peter Hebel

Biographie

Carl Hanser Verlag

ISBN 978-3-446-23508-3
Alle Rechte vorbehalten
© 2010 Carl Hanser Verlag München
Satz: Fotosatz Reinhard Amann, Aichstetten
Druck und Bindung: Friedrich Pustet, Regensburg
Printed in Germany

Inhalt

Der Dichter macht eine Reise

Sprachheimat und Dialektgedicht

»Ich möchte euch gerne sagen, wer ich bin«

Natur in Gesängen und Systemen

Geschichte und Geschichten

Die Mühsal der Ämter und Würden

Die Wüsten des Lebens zu färben: Freundschaft, Liebe, Poesie

»Du hast auch recht.«

Der Marktplatz in Karlsruhe

Der Dichter macht eine Reise

Räumliche Enge, geistige Weite. Dichterische und biographische Wahrheiten. Weltliteratur aus der Provinz.

An einem Frühlingstag des Jahres 1799, es mag Ende März oder schon im wechselhaften Monat April sein, tritt Hebel eine Reise an. Es ist genau besehen eine Heimreise, denn der Neununddreißigjährige kehrt vom Besuch bei Freunden im Süden des Landes zurück in die Residenzstadt, wo er seit knapp zehn Jahren lebt und arbeitet.

Früher war er daheim, wo er jetzt Besuch gemacht hat, vielleicht ist er im Grunde dort noch immer daheim – das ist eins der großen Themen, die der Dichter, der zu diesem Zeitpunkt freilich noch gar nicht als solcher in die Öffentlichkeit getreten ist, in seinen Briefen gerne hin und her dreht und wendet. Je nachdem welche Seite ihm dabei ins Auge fällt, wechselt auch die Wirkung des Heimatbesuchs.

Der Aufenthalt habe ihn gestärkt und mit Frohsinn gerüstet für den Alltag, so dass die graue Routine sich leichter ertragen ließe – das ist die eine Version. Die andere, düstere, ist die, dass ihm das Stadtleben nun doppelt und dreifach verleidet sei und er nur umso schmerzlicher vermisse, was er an Schönem und Gutem erfahren habe.

An diesem Tag am Ende der Osterferien, als er sich zur Abreise rüstet, ist noch ungewiss, welche Stimmung zu Hause die Oberhand gewinnen wird. Gerade nimmt er Abschied von seinen »verehrtesten, teuersten« Freunden und besteigt die Chaise. Mit dem Kutscher hat der Reisende eine für beide Seiten vorteilhafte Abmachung getroffen, so denkt er, der Kutscher ist ermächtigt, nach Belieben weitere Reisende in die Kutsche aufzunehmen, was für den Kutscher zusätzlichen Gewinn und für den Hauptmieter der Chaise einen günstigen Preis bedeutet. In drei Tagen wird man am Ziel sein, zwei Nächte wird man in Gasthöfen zubringen. Die Strecke, die es zurückzulegen gilt, beträgt an die hundertachtzig Kilometer, nach heutigem Maßstab zwei Stunden.

Sein erstes Gegenüber in der Kutsche ist ein junger Metzgerbursche. Auch wenn der Reisende lieber allein gewesen wäre, wie er in seinem Reisebericht schreibt, ist der Bursch doch keine unebene Gesellschaft. Er sei so gut wie allein gewesen und dann auch wieder froh, sich mit jemandem unterhalten zu können. Man merkt, die Gedanken des Reisenden bewegen sich nicht stracks vorwärts wie die Kutsche, sondern kehren zu ihrem Ausgang zurück, werden neu geordnet um neue Ziele, wodurch man zwar auch vom Fleck kommt, aber nicht notwendig in eine andere Gegend.

In dem Ort Emmendingen bezieht der Reisende das erste Mal Nachtquartier. Am nächsten Tag, nach dem Frühstück in der Wirtsstube und ein wenig Geplauder mit dem neugierigen Wirt, den er auf seine vorsichtig leutselige Art selber mehr aushorcht als jenem bewusst wird, tritt er in bester Stimmung in den Frühlingsmorgen. Die Chaise wartet schon, und gerade als er denkt, wie gut und glatt die Reise ablaufe, erlebt er eine unerwartete Trübung. Man lädt ihm eine Mitreisende auf, eine »Weibsperson mit einem saugenden Kind«, wie er später schreibt, die er trotz aller schon berufsmäßig geübten Bereitschaft zu freundlicher Betrachtung, zu Nachsicht und Menschenverstehen für »fast zweideutig« hält. Da sitzen sie sich nun gegenüber, er und die Frau. Er bemüht sich, ihr mit den Blicken auszuweichen und kann doch nicht umhin, ihre Erforschung in aller Heimlichkeit weiterzutreiben. Er ist allerdings kein richtiger Frauenkenner, das erschwert die Sache, nämlich das Urteil darüber, ob hier nur zufällig oder ganz bewusst die Grenzen der guten Sitten und des guten Geschmacks überschritten werden. Feststeht allerdings, dass er sich keine Hoffnung auf baldige Erlösung machen darf. Die Weibsperson reist wie er in die Residenzstadt.

Schlimmer als die Zweisamkeit in der Kutsche sind die Momente, in denen diese Zweisamkeit Publikum findet. In jeder Ortschaft, bei jedem Aus- und Einsteigen schämt er sich, mit der Frau und ihrem greinenden Säugling gesehen zu werden, auch darüber schreibt er später in seinem Brief. Ein subtiles kleines Martyrium ist ihm da zugedacht, er sitzt fest, auf engstem Raum mit einer Person, der er nicht entkommen kann. Er sitzt fest, das ist einer der trüben Gedanken, die ihn gelegentlich beschleichen, wenn er über sein Leben nachdenkt, und jetzt hat er dieses Festsitzen in einer gleichnishaften Doppelung noch einmal auszuhalten.

Er, der auf seinen untadeligen Ruf bedacht ist, sieht sich schon mit der »Weibsperson« in die Residenzstadt einfahren, er hört schon das Gelächter, mit dem sich Kollegen und Honoratioren den Witz seiner unfreiwilligen Mesalliance weiterreichen. Zweideutig wie die Weibsperson wäre das Gelächter, und er könnte sich die Zeit damit vertreiben, gleich selber ein paar Spottverse zu schmieden, da doch treffende Formulierungen seine Sache durchaus sind.

Die Boshaftigkeiten, die er sich ausmalt, während die Chaise ihres Weges rollt und er den Blick auf die Frau vermeidet, ihre Anwesenheit aber umso eindringlicher fühlt, verfehlen ihre Wirkung nicht. Das Unentrinnbare der Situation ist eine Vorstellung, die ihn mehr und mehr umklammert und zugleich seine Widerstandskräfte weckt. Er will das nicht bis zum schmählichen Ende ertragen. Es muss eine Möglichkeit geben, diesem Schicksal, er nennt es nun geradezu Schicksal, zu entkommen.

Die Frau kann er nicht loswerden. Auch sagt er sich, dass er ihr vielleicht trotz allem Unrecht tue, sie mag so anzüglich mit den Augendeckeln klimpern, wie sie will. Aber er, der sich gefangen fühlt, er wird diesen rollenden kleinen Kerker verlassen. Nichts zwingt ihn auszuharren, das ist die rettende Erkenntnis, er muss nur ein wenig Komödie spielen. Und so fasst er den Entschluss, das Feld zu räumen, und zwar nach einem ausgeklügelten Plan, der nichts von seinen wahren Beweggründen ahnen lässt.

Am dritten und letzten Vormittag erreicht die Kutsche Rastatt, wo zu eben jener Zeit die Friedensverhandlungen zwischen Frankreich und dem Deutschen Reich scheitern und wenig später ein folgenschwerer und rätselhafter politischer Mord geschieht. In Rastatt verlässt der Reisende die Kutsche und verabschiedet den Kutscher, demgegenüber er Geschäfte vortäuscht. In Wirklichkeit hat er nicht das Geringste in

Rastatt zu tun. Dass er eilig in den Gässchen verschwindet, ist Teil seiner List, denn kaum ist die Kutsche außer Sichtweite, macht er sich zielstrebig auf den Weg nach Hause. Er schreitet kräftig aus, bis Mittag muss er in Durmersheim sein. Dort wird er in ein Wirtshaus einkehren und unsichtbar sein für die Kutsche, die gleichfalls durch Durmersheim kommt. Die Kutsche wird ahnungslos vorbeifahren, und sobald sie vorbei ist, wird er wieder aufbrechen und zur Nachtessenszeit zu Hause ankommen.

Alles klappt wie vorgesehen. Der Deserteur darf sich über seinen geglückten Plan freuen.

Zu Hause erwartet ihn beeindruckende Post. Die mineralogische Gesellschaft zu Jena ernennt ihn zu ihrem Ehrenmitglied. Das Wort *Ehrenmitglied* hat einen unerhörten Klang, es hebt einen hinaus über erlittene und zukünftige Zweideutigkeiten, und Hebel sammelt alle ihm zu Gebote stehende Höflichkeitsrhetorik, um dem Vorsitzenden der Gesellschaft, dem »wohlgebohrenen, hochgelehrten und hochzuverehrenden« Herrn Professor, gebührend zu danken. An die lieben Freunde der Heimat, von denen er sich vor ein paar Tagen verabschiedet hat, wird er brieflich sowohl über den frischen Glanz der Ehrenmitgliedschaft als auch über seine unfreiwillig pikante Kutschfahrt berichten. Er berichtet über etwas, das er doch eigentlich zum tiefsten Geheimnis bestimmt hatte: über die Person mit dem saugenden Kind, seine raffinierte Flucht. Er erzählt, und die Lust am Erzählen ist stärker als alle Sorge um den guten Ruf. Absurd: Der Reisende, der Klatsch und Skandal fürchtet, plündert bedenkenlos seine Erlebnisse, wenn sich eine Pointe daraus gewinnen lässt. Entgegen aller Mühe und List, die er anwandte, um gar nicht dabei gewesen zu sein, berichtet er mit erzählerischem Genuss über die Mühe und List, die er anwandte, um nicht dabei gewesen zu sein. Er selber ist Teil einer Geschichte geworden, einer Geschichte freilich, die *er* schreibt, nicht andere und schon gar nicht der Zufall.

Die Strecke, die Johann Peter Hebel im Frühjahr 1799 zurücklegt, vom südbadischen Dorf Weil nach Karlsruhe, ist eine der Hauptstrecken seines an äußerer Bewegtheit nicht gerade reichen Lebens. Es ist gewissermaßen die Nord-Süd-Achse, auf der er sich reisend, Briefe schreibend und dichtend bewegt. Die Reisen haben, wie angedeutet, zwei grundsätzliche Wirkungen: sie verleiden ihm Karlsruhe oder sie machen ihm Karlsruhe fürs erste wieder erträglich.

Im äußersten Südwesten der damaligen Markgrafschaft Baden liegen nahe beieinander die Orte der Herkunft, der Kindheit und der ersten Berufstätigkeit Hebels. Aus Hausen stammt die Mutter, dort verbringt er einen Teil der ersten Lebensjahre. In Schopfheim besucht Hebel die Lateinschule. In Lörrach arbeitet er von 1783 bis 1791 am Pädagogium als sogenannter Präzeptoratsvikar, als zweiter Lehrer neben dem Schulleiter. Einer seiner besten Freunde ist seit 1790 Pfarrer in Weil. Später, von der Residenzstadt Karlsruhe aus betrachtet, sind all diese Orte und ihr Umfeld Teil eines idealen Ganzen, einer Gegend, die vor allen anderen das Prädikat *schön* verdient. Es ist die eine, richtige, wahre Landschaft, die dem Auge und der Seele wohltut mit verborgenen Tälern, lieblich und heimlich und ruhig, und Anhöhen, gerade so hoch, dass man darauf herumklettern kann, und hoch genug, dass einem »hehr« und frei zumute wird. Wann immer andere Täler und Anhöhen Gefallen finden, verdanken sie das ihrer Ähnlichkeit mit der Heimat.

Hinter der ländlichen Szenerie mit den Dörfern und Feldern steigt die mächtige Kulisse der Reichsstadt Basel auf, seit 1501 der Eidgenossenschaft zugehörig, Universitätsstadt, einstige Hochburg des Humanismus, aber auch Handels- und Wirtschaftsmacht, reich und fromm in einem. Als Marktstadt ist Basel das Herz der Region, in das alles mündet und von dem alles seinen Ausgang nimmt. Dort versorgt sich die ländliche Bevölkerung mit jenen Waren, die weder selbst produziert noch auf den Jahrmärkten der näheren Umgebung angeboten werden, etwa mit Tuch für Kleidung. Eine Basel-Reise ist ein Fixpunkt damaliger Lustbarkeiten, eine große »Wonne«, wie ein Zeitgenosse sagt, so wie umgekehrt die Basler Herren in ihren Kutschen heraus in die Dörfer fahren, den besten Wein trinken und die kleinen Forellen essen. In Basel werden Geschäfte gemacht, auch Schmuggelgeschäfte in Kriegszeiten. Dort findet sich Arbeit, wie für Hebels Vater, der im Sommer Herrendiener einer Patrizierfamilie ist. Nach Basel fliehen die Bauern mit Sack und Pack, als die Frankreichkriege ausbrechen.

Hebel, der einen Teil seiner Kindheit in Basel verbrachte, wünscht sich für seinen Lebensabend dorthin zurück. In die Stadt also und doch nur einen Katzensprung vom Land. Das ist die salomonische Lösung nach einem langen Stadtleben, begleitet von der ebenso langen Sehnsucht nach dem Ländlichen. Damit alles bedeutsam zusammenhängt, würde er in sein Geburtshaus einziehen, jeden Morgen in die Kirche gehen, wie es sich geziemt,»fromme Büchlein, Traktätlein« schreiben und nachmittags in den umliegenden Dörfern, z.B. in Weil, Einkehr halten. Der beschauliche Lebensabend, den Hebel in eine sanfte Selbstkarikatur als Diminutiv-Dichter einbettet, sollte ein Wunschbild bleiben. Der Kreis schließt sich nicht, Hebel stirbt in Ausübung seiner Amtspflichten, die ihn im September 1826 nach Mannheim und Heidelberg führen.

Eine biographische Haupt- und Herzenslinie verbindet also Karlsruhe, die Residenzstadt, und das südlich gelegene Oberland. Eine zweite Herzenslinie geht in den Westen, nach Straßburg, wohin Hebel in den Osterferien 1805 zum ersten Mal reist, um von da an gerne, regelmäßig und – dem persönlichen Empfinden nach – immer zu kurz und zu selten wiederzukehren. Die erste Reise nach Straßburg verdankt sich gleichwohl nicht einem geraden, einfachen Entschluss, sondern einem jener Ausweichmanöver, mit denen sich Hebel schon Jahre zuvor aus der Chaise in den Fußmarsch rettete. Auch hier sind allerhand Annahmen und Vermutungen im Spiel, die Zukunft verdichtet sich zu einem imaginären Theaterstück, einiges lockt ihn, bei diesem Stück mitzuwirken, anderes schreckt ab, letztlich gewinnt das Abschreckende die Oberhand, und es gilt durch einen klugen Einfall rechtzeitig von der Bildfläche zu verschwinden. Niemand soll gekränkt werden, aber auch niemand Verdacht schöpfen, dass alles ganz anders ist.

Diesen Eindruck vermittelt zumindest Hebels Brief an Gustave Fecht, in dem er die mehrschichtige Genese seiner Straßburg-Reise schildert. Die Straßburg-Reise ist im Grunde eine verhinderte Frei-

burg-Reise. Denn dorthin wollte ihn Pfarrer Schmidt, mit dem Hebel
seit Gymnasiumszeiten bekannt und befreundet ist, führen, um ihn
mit Professor Jacobi bekannt zu machen, der »nebst vielen« ihn persönlich kennenzulernen wünsche. Johann Georg Jacobi, Professor der
Schönen Wissenschaften an der Universität Freiburg, hatte Hebels
Allemannische Gedichte schon als Manuskript wohlwollend beurteilt
und nach ihrem Erscheinen enthusiastisch gelobt. Den Professor Jacobi
möchte Hebel schon gern kennen lernen, die angekündigten »vielen«
als Beigabe irritieren ihn. Er lässt »Knall und Fall« sein Vorhaben fallen, Pfarrer Schmidt soll nichts von Straßburg erfahren. »Er könnte
und müßte mirs bei seiner wohlgesinnten und entgegenkommenden
Einladung übel nehmen, wenn er erführe, daß sie es war, die diese ent-
gegengesezte Wirkung that. Ich machte daher eine Reise nach Strasburg.« Hebel weicht großräumig aus, das Abschreckende der einen
Reise ist die Kraft, die ihn in die Gegenrichtung treibt.

Straßburg, die große Unbekannte, verschafft dem Fremden überra-
schenderweise die Illusion des Altvertrauten. Er fühlt sich in die Stadt
seiner Kindheit versetzt: »Ich wähnte, wenn ich allein und in Gedanken
war, immer in Basel zu seyn«. Dazu ist Straßburg, zumindest aus der
Sicht eines Karlsruhers, eine wahrhaftig große Stadt. Eine Stadt, in
deren Treiben Hebel eintaucht, die er unermüdlich durchstreift, »in
Gedanken«, wie er sagt, vielleicht weil ihn die eindrucksvollen Dimen-
sionen des Produzierens und Konsumierens in Bann geschlagen haben – der »große Magen« und der »große Ofen« der Stadt –, vielleicht
auch weil die bedeutenden Städte, mögen sie nun Straßburg, Basel oder
Amsterdam heißen, jene Bühne sind, auf der die vornehmen Herren
ihren vergänglichen Reichtum so gerne zur Schau stellen. Der *Flaneur*
Hebel ist in Gedanken, aber zugleich mit offenen Augen und Ohren
unterwegs, er lauscht mit der Hingabe des Dialektdichters und Sprach-
forschers dem lokalen Idiom und besichtigt die kulturhistorischen Sehenswürdigkeiten, besteigt den Turm des Münsters und schaut in die
»herrliche Weite« hinaus. Der Münsterturm, mit seinen 142 Metern zu
dieser Zeit und noch für mehr als ein halbes Jahrhundert höchstes Bau-
werk der Menschheit, ist eines von Hebels wenigen, dafür geradezu

mythischen Höhe-Erlebnissen, er rangiert als solches neben dem Belchen, dem 1414 m hohen Schwarzwaldberg, den Hebel in jungen Jahren bestiegen hat und von dem er mit »leichtem Fuß« herabsprang. Wie Hebel selber sagt: Der Münsterturm ist der Belchen aller Kirchtürme und umgekehrt der Belchen das Straßburger Münster aller Berge.

Mit seiner Begeisterung für das Münster steht Hebel nicht allein, die Namen am Turmoktogon bezeugen es. Um nur einige der prominenten Zeitgenossen zu nennen: Herder, Schubart, Lavater, Klopstock. Der dänische Schriftsteller Jens Baggesen erklimmt in einer halsbrecherischen Aktion die Turmspitze: »Wundersames, grauenvolles, himmelfahrendes Gefühl!« Goethe hat sein Münster-Erlebnis zu kulturhistorischer Programmatik verarbeitet. Jung-Stilling, der in Karlsruhe als Protégé des Kurfürsten seinen Lebensabend verbringt, kam rund dreißig Jahre vor Hebel zum Studium der Medizin nach Straßburg und machte sich gleich auf den Weg. Er hatte »keine Ruhe mehr, bis er das herrliche Münster rundum von innen und außen gesehen hatte.« Und wenn Goethe ausruft: »Das ist deutsche Baukunst«, so steht ihm Jung-Stilling an nationaler Aufwallung in nichts nach. »Er ergötzte sich dergestalt«, heißt es in der Lebensgeschichte, »daß er öffentlich sagte: ›Das allein ist der Reise wert, gut! daß es ein Teutscher gebaut hat.‹« Hebel begnügt sich damit, die Fernsicht zu loben. Aber so viel ist gewiss: Nach seiner ersten, gewissermaßen aus der Not geborenen Straßburg-Reise wird Hebel fast im Jahres-Rhythmus wiederkommen und immer wieder den Turm besteigen, ein Wallfahrer der Höhe und der Weite. Ein Bild des Turms, das ihm die Straßburger Freunde schenken, hängt in Hebels Wohnung, neben zwei Schweizerszenen, einem Christus, einer Maria, einem »flammändischen Trinkgelage« und dem Bild der Schauspielerin Henriette Hendel.

Geradezu hymnisch ist Hebels Tonfall, wenn er über die Straßburger Freunde schreibt oder diesen für erwiesene Freundschaft dankt: »O was hab ich in Strasburg für gute Menschen gefunden, an welchen alles Gift der Revolution nichts verderben konnte.« Die Tage, die Hebel bei ihnen verbringt, sind Sternstunden, Poesie, die herausleuchtet aus der gleichförmigen Prosa seines Karlsruher Alltags. So sind die wahren

Reisen, die Reisen im besten Sinn des Wortes diejenigen, die einen in ein besseres, helleres, leichteres Sein führen, dahin, wo gute, wohlgesinnte Menschen warten und wo Heiterkeit und Frohsinn zu Hause sind.

Dem ungeliebten Land der Prosa ist freilich nicht leicht zu entkommen, der Alltag mitsamt seinen Pflichten und Beschränkungen hält den, der seine Gedanken schon vorausgeschickt hat in freundlichere Regionen, unerbittlich zurück. Reisen mögen auf der Wunschliste stehen, sind aber für das Wohlergehen des Ganzen unerheblich oder gar hinderlich. Gründe *gegen* das Reisen gibt es immer, und immer sind es schwerwiegende. Ist es in jüngeren Jahren vor allem Geldmangel, der Hebels – ohnehin schon in viel Wenn und Aber verschlungenen – Unternehmungsgeist bremst, so sind es mit zunehmendem Alter die Fülle der Ämter und der Mangel an Zeit, die ihn in Karlsruhe festhalten. Er ist und bleibt ein »Phylax an der Kette«, wie der Student Hebel einst in einem Stammbuchvers dichtete. Die Kette, die ihm seine Bewegungsfreiheit raubt, wechselt im Laufe der Jahre ihren Namen, das Bild, das sie veranschaulicht, behält seine Gültigkeit.

Die nicht vollzogene Reise zur Rigi in die Schweiz mag in ihrer Authentizität angezweifelt werden; als Geschichte eines Scheiterns ist die Episode gleichwohl aufschlussreich, sie illustriert mit mathematischer Klarheit den Zusammenhang von Geld und Bewegungsfreiheit. Hebel hatte also, so will die Episode, nach seinem ersten Dienstjahr in Karlsruhe einen Überschuss von 40 Gulden zu seiner Verfügung und beschloss, damit das bekannte Ausflugsziel zu erkunden. 20 Gulden für die Hinreise stecken in der rechten Westentasche, die restlichen 20 für die Heimreise in der linken. Er gelangt allerdings nur bis an den Fuß der Rigi. Denn als er den Zuger See überquert hat und den Fährmann bezahlen will, muss er feststellen, dass der Geldvorrat für die Hinreise bereits aufgebraucht ist, und er tritt die Rückreise an. Auch Genf, die Stadt, die in mehrfachen Ansätzen schon ganz nahe gerückt ist, bleibt eines der nie erreichten Ziele. Friedrich August Nüßlin, ehemaliger Schüler Hebels und nunmehr Präzeptor in Genf, lockt mit Einladungen und Reiseplänen, er scheint gar das Zauberwort Italien ins Spiel zu bringen, doch Hebel winkt brieflich ab, unausführbar ist das Projekt, ohne dass Gründe genannt werden, dafür ermutigt er umso mehr den Briefempfänger, seine eigenen Pläne zu verwirklichen: »Führen Sie ia Ihren Vorsatz aus, wenn Sie können, von Genf aus das innere Savoyen und Italien zu besuchen, aber warten Sie nicht auf mich. Wie gerne möchte ich Ihnen sagen, Sie sollten auf mich warten! Denken Sie dafür an Ihren Freund oben auf dem kalten Montblanc!« Selbst als Hebel wenige Jahre später tatsächlich in der Schweiz ist und bis Bern kommt, wird die letzte Etappe bis Genf wieder zu einer unüberwindlichen Distanz. Zu weit ist der Sprung bis zu Nüßlin für die »Beschränktheit des Reiseplans«. Es bleibt bei Wünschen, Grüßen und freundlichem Gedankenflug.

Nicht bis nach Genf, aber doch bis nach Lausanne bzw. in östlicher Richtung bis Zürich, Schaffhausen und an den Bodensee führen die beiden Reisen, die die großen Schweizerreisen genannt werden. Die zweite dieser Reisen, von August bis September 1805, ist eine Bildungsreise nicht nur in eigener Sache. Hebel begleitet zwei junge Barone; im Brief an Hitzig vor Antritt der Reise wagt er die kühne Hoffnung, dass er denn vielleicht am Gotthard »vollends hinüberschwanke« und wenigstens einen Tag seines Lebens »unter dem bessern Himmel ienseits der Alpen zubringe«, im offiziellen Reisetagebuch, das er zum Nutzen seiner Zöglinge anfertigt, ist davon keine Rede mehr. Dafür notiert Hebel die einzelnen Stationen im südlichen Deutschland, der Schweiz und Österreich. Es sind Notizen, die mit allerhand historischen und topographischen Daten, aber auch mit Überlegungen zur menschlichen Natur angereichert sind und sich ansonsten ganz im allgemeinen Raum aufhalten. *Interessant* ist das Wort, das Hebel auffallend häufig und mit geradezu undichterischem Variationsverzicht verwendet; aus dem weiten Reich des Interessanten aber ragen einzelne Erlebnisse hervor, denen Worte nicht mehr gerecht werden können: die Erhabenheit des Rheinfalls, der Bodensee in der Morgensonne: Auch das *Unbeschreibliche* hat seinen wohl bemessenen Platz in Hebels zugeknöpft artigem Reisebericht. Ein ganz anderes Bild der Schweiz, nicht touristisch, sondern politisch-weltanschaulich entwirft Hebel in seinem *Behältniß für meine flüchtigen Gedanken, Einfälle und Muthmaßungen*: »Die kleine Schweiz, an und um ihre Berge, aus Deutschen, Franzosen und Italienern, aus Katholiken und Protestanten bizarr zusammengesetzt, scheint von der Vorsehung zu einem Depot der Freiheit und der aus ihr hervorgehenden edlen Gesinnung, im Sturm der Zeit für die Zukunft aufbewahrt zu sein, ein Seminarium für eine bessere Zeit der Nationen.« Ein *flüchtiger Gedanke* also, dessen Entstehung nach Ansicht des Herausgebers Längin in Hebels Anfangsjahre in Karlsruhe fällt, das heißt noch vor der Zwangsgründung der Helvetischen Republik durch Frankreich im Jahr 1798. Bezieht sich Hebel auf konkrete Ereignisse? Oder ist sein Gedanke die historisch vage Summe aus einer Vielfalt von Beobachtungen? Wie dem auch sei: die Schweiz erstrahlt als Land mit Vorbildcharakter, und die Freiheit, zumal die politische, von der der Dichter sonst kein übermäßiges Aufsehen macht, steht als Herzstück in diesem bemerkenswerten Entwurf.

Mit den Jahren steigert sich zwar das Gehalt, ungleich stärker jedoch mehrt sich die Zahl der Ämter und Pflichten. Eine Hydra, deren Köpfe so schnell nachwachsen, dass selbst ein Herkules der Schreibtischarbeit resignieren müsste. Die »Schulwittwen-Fiscusrechung« ist schuld daran, dass eine Begegnung Hebels mit Jean Paul im Sommer 1817 in Heidelberg nicht zustande kommt, »trotz einer Gelegenheit und Veranlassung« und trotz Hebels langjähriger Verehrung des Dichterkollegen. Sich loszureißen von der Arbeit, von Karlsruhe – das ist ihm nicht oft vergönnt. Sich loszureißen – das bedeutet für den untadelhaften Schulmann und Kirchenrat gelegentlich wohl kaum mehr, als dass er den Blick von den Geschäften löst und die Gedanken schweifen lässt. Aber meist, so scheint es, haben die Geschäfte alle Aufmerksamkeit erfahren, die sie so eindringlich fordern. Und sie erfahren sie bis zum Schluss. Eine Dienstreise ist die letzte Reise, auf die sich der 66jährige schwer kranke Dichter zwingt.

Ist es ein Trost, dass auch dem, der an seinem Ort verharrt, das eine oder andere Abenteuer beschieden sein kann? »Gehe aus dem Kasten!«, lautet die Devise einer Romanfigur, die Wilhelm Raabe Ende des 19. Jahrhunderts geschaffen hat. Heinrich Schaumann selber tut freilich nichts dergleichen, verharrt auf dem Bauernhof, genannt Rote Schanze, und schaufelt die Hinterlassenschaft der Vorzeit aus dem Boden zu seinen Füßen.

Die Welthistorie zieht ihre glänzenden Bahnen – kometenhaft, würde Hebel vielleicht sagen –, und es genügt unter Umständen, vor die Haustür zu treten oder vielleicht nur ans Fenster, um den Kometen vorbeiziehen zu sehen: eine Prinzessin oder Napoleon, einen Dichterfürsten oder eine berühmte Schauspielerin. Man muss nicht unbedingt in ein fernes Land reisen, damit einem Außergewöhnliches begegnet. Man muss nicht kilometerweit gehen, um plötzlich in einem anderen Land zu sein, in einem kriegerischen statt in einem friedlichen, in einem napoleonfeindlichen statt in einem napoleonfreundlichen, wo doch das eigene Land selber sein Fähnchen dreht und die Freunde von gestern die Feinde von heute sind.

Napoleon kommt im April 1809, nachdem schon alles für großen Empfang gerüstet ist und »pomphafte Feyerlichkeit« aufgeboten wird, im letzten Augenblick doch nicht. Der Kaiser der Franzosen hat kurzfristig umdisponiert und im Ettlinger Schloss Station gemacht. »Wir sind sehr gut mit sichern Nachrichten bedient«, schreibt Hebel, das klingt ein bisschen bitter, wo er doch einerseits Gleichmütigkeit gegenüber dem hohen Besuch demonstriert, andererseits aber nicht umhinkann, von der allgemeinen Aufregung angesteckt zu werden. Napoleon kommt 1809 nur beinahe, dafür hat im Jahr 1806 seine Adoptivtochter Stéphanie Beauharnais als Braut des Erbgroßherzogs ihren feierlichen Einzug in Karlsruhe gehalten. Ihre Ankunft sorgt für Spannung und neugierige Erwartung. Hebel ist zur Stelle, um anschließend an Hitzig Bericht zu erstatten, wohlwollend und mit einer Detailtreue, die nicht nur jedem Hof- und Klatschreporter zur Ehre gereichen würde, sondern auch zeigt, dass der Dichter für weibliche Reize durchaus ein Auge hat.

Es sind Sensationen aus zweiter Hand, ganz wie die Erzählungen jener Kollegen und Freunde, die in ihrem Leben weiter als bis nach Basel und Straßburg gelangt sind. Als »ziemlich umhergetrieben« bezeichnet sich der junge Legationssekretär Kölle, der als Adjunkt in den

Rheinländischen Hausfreund Einzug halten wird, und eben dieses Umhergetriebene, von Paris bis Den Haag, ist in den Gaststuben und Kaffehäusern Karlsruhes hoch willkommen. Für Kölle ist auch die badische Residenzstadt nur eine Zwischenstation, 1816 schreibt ihm Hebel an seinen ebenfalls vorläufigen Aufenthaltsort Tübingen: »Ihre Freunde glauben nicht mehr, daß Sie nach Italien gehn, wo ich an Ihrer Stelle schon lange wäre.« Kölle geht noch im selben Jahr tatsächlich, er geht wohin Hebel schon längst gegangen wäre, wenn er nicht Hebel, sondern eben ein anderer wäre. Für Erzählungen über Italien war in Hebels Bekanntenkreis vielleicht Architekt Friedrich Weinbrenner zuständig, der immerhin an die vier Jahre in Rom zu Studienzwecken verbracht hatte. Und das ferne Spanien ist Fachgebiet eines anderen Hebel-Freundes, des Naturwissenschaftlers und Mediziners Carl Christian Gmelin. 1789 unternimmt Gmelin in markgräflichem Auftrag eine Studienreise, die wegen der politischen Ereignisse in Frankreich vorzeitig abgebrochen wird. Dem Nimbus des Unternehmens tut das keinen Abbruch. In Karlsruhe haftet dem Heimkehrer für alle Zukunft das Flair der großen Welt an, und die Reise selber wird zum Reservoir, aus dem sich Anekdoten ohne Ende schöpfen lassen. Die Daheimgebliebenen, die nach Sensationen dürsten, sind mit ihren erwartungsvollen Blicken geradezu eine Aufforderung zum Flunkern, und so lügt denn der Erzähler bereitwillig das Blaue vom Himmel. Eine dieser Münchhausen-Anekdoten greift Hebel im *Schatzkästlein des rheinischen Hausfreundes* auf, als Parallelgeschichte gewissermaßen und Illustration dazu, dass er, der Erzähler und Hausfreund, einen Adjunkten habe, dieser wiederum selber eine Adjunktin. Ähnliches sei seinem guten Freund, dem Doktor, auf der Heimreise von Madrid passiert. Denn als er aus der Stadt herausritt, wuchsen dem Tierlein »in dem warmen Land, und bey der üppigen Nahrung die Haare so kräftig, daß er nach Landesart zwey Barbiere mit nehmen mußte, die auch ritten, und wenn sie Abends in die Herberge kamen, so rasirten sie sein Thierlein. Weil sie aber selber keine gemeine Leute waren, und die ganze Nacht Arbeit genug hatten, bis das Thierlein eingeseift, und rasirt, und wieder mit Lavendelöhl eingerieben war, so nahm jeder wieder für sein eigenes Thierlein zwey

Barbiere mit, die ebenfalls ritten, und diese wieder. Als nun der Doktor oben auf dem pyrenäischen Berg zum erstenmal umschaute, und mit dem Perspektiv sehen wollte, wo er hergekommen war, als er mit Verwunderung und Schreken den langen Zug seiner Begleiter gewahr wurde, und wie noch immer neue Barbiere zum Stadtthor von Madrid herausritten, und innwendig wieder aufsassen, sagte er bey sich selbst: Was hab ich denn nöthig länger zu reiten, es geht nun jezt Berg unter, und gieng früh am Tag in aller Stille zu Fuß nach Montlouis.« Im Mai 1804, also rund 15 Jahre nach Gmelins Spanienreise, schreibt Hebel aus Karlsruhe:»Hier sollte man viel neues hören, aber die Ernte ist auch nicht groß, und wenn nicht bisweilen mein Freund Gmelin etwas zum Besten aus Spanien gäbe, z. B. von dem musikalischen Talent der andalusischen Maultiere und von der Heilsamkeit der Bäder in Lavendeltau, oder von der Adlerpost auf dem Mont Canigou und von seinem Kampf mit den großen pyrenäischen Schlangen, so wäre man übel daran«. Man sieht, in der Residenzstadt nährt man sich von alten Geschichten aus der Ferne, während umgekehrt die echten Weltreisenden auf ihren Schiffen den immerwährenden Schiffszwieback aus der Heimat kauen.

Forschungsberichte sind das Surrogat der Forschungsreisen. Die Aufzeichnungen, die Hebel über seine Lektüre führte, zeigen, dass ihm Reiseberichte und Berichte über Expeditionen in den ihm zugänglichen Zeitschriften, wie der *Allgemeinen Literatur-Zeitung, Gothaischen gelehrten Zeitung, Berlinischen Monatsschrift* u. a., immer wieder eine Abschrift wert waren. So reist er via Lektüre nach Gibraltar, auf den »berüchtigten« Felsen, oder nach Aragonien und Navarra und macht sich Notizen über Exportartikel, Schafzucht und die spanische »Grausamkeit«. Die Rezension der *Beschreibung der Insel Sumatra* von William Marsden, dem Pionier wissenschaftlicher Studien über Indonesien, liefert jene Informationen, aus denen sich Hebel seinen eigenen Steckbrief der Insel fertigt, der höchste Berg darf darin nicht fehlen, neben Vulkanen, prächtigen Wasserfällen, »viel Wasserhosen und Donnerwetter« und der »Einteilung der Eingeborenen«. Aus Henry Swinburnes *Reisen durch beide Sicilien 1777–1780*, vorgestellt in ihrer deutschen Übersetzung in der *Allgemeinen Literatur-Zeitung* (6. Juni

1785), übernimmt Hebel, wie sonst auch gerne, einige der in der Rezension reich ausgestreuten Zahlen, etwa dass jährlich 700 Pfund Pulver zum Sprengen in den berühmten Eisengruben Elbas gebraucht werden und 106 Personen dort beständig beschäftigt seien. Dazu notiert er sich Kuriosa, wie die Vorliebe der Bewohner Casalnuovos für Hundefleisch und den Verkauf von Pferdefleisch auf dem Markt von Francavilla. Was Swinburne über die Tarantel und ihren Biss zu erzählen weiß, findet – in modifizierter, aber doch erkennbarer Form – Eingang in den Aufsatz *Die Spinnen* im *Badischen Landkalender 1806*.

Nicht nur in den Exzerptheften, auch in Hebels Bibliothek haben Reisebeschreibungen ihren Platz. Was den einschlägigen Buchbestand anwachsen lässt, ist freilich nicht allein das Interesse an diesem oder jenem Land; Fachfragen oder persönliche Bekanntschaft tragen das Ihre dazu bei. Ersteres gilt vermutlich für Johann Ernst Fabers Übersetzung aus dem Englischen: *Beobachtungen über den Orient aus Reisebeschreibungen zur Aufklärung der heiligen Schrift*, letzteres für das mehrbändige Werk des Christian Friedrich Mylius, Diakon und Präzeptor in Karlsruhe, später Landpfarrer: *Malerische Fuß-Reise durch das südliche Frankreich und einen Theil von Ober-Italien*. Auf einer fünfmonatigen Wanderung im Jahr 1812, begleitet von einem Basler Maler, der das Werk illustrierte, hatte Mylius seine langgehegte Sehnsucht nach dem südlichen Himmel endlich gestillt und die »herrlichen Reste« einer schönern Welt »frei von allen Fesseln, und drückenden kleinen Verhältnissen des bürgerlichen Lebens« durchstreift. Was mag Hebel durch den Kopf gehen, als er diese Worte liest? Die Worte eines Aussteiger-Kollegen, der mit Hindernissen und Gegengründen anders umgeht als er selber, der von seinen Obern »leicht« die Erlaubnis erhält, wie er versichert, und ernst macht mit dem Aufbruch in die Ferne.

Höchststufe dessen, was eine Reise sein kann, ist naturgemäß die Weltreise, doch halten sich Berichterstattung und Lesererwartungen nicht unbedingt die Waage. Eher enttäuschend fällt offenbar ein historischer Bericht *von sämtlichen durch Engländer geschehenen Reisen um die Welt* (1775) aus, da die ganze Geschichte von wichtigen Entdeckungen nichts mitteile. Der berühmte Franz Drake sei »eigentlich ein

Räuber« gewesen, so Hebel in seinem Exzerpt. Ganz anders die Reise von Georg und Johann Reinhold Forster, die drei Jahre lang, von 1772 bis 1775, Captain James Cook auf dessen zweiter Weltumsegelung begleiten. Die Reise führt durch den Indischen Ozean, nach Neuseeland, durch antarktische Gewässer und weiter durch den Südpazifik zu den Inseln Polynesiens; die Theorie von einem großen bewohnbaren Südkontinent konnte mit der Expedition ein für alle Mal widerlegt werden und Cook für sich den Rekord beanspruchen, weiter als je vor ihm ein Mensch in den Süden vorgedrungen zu sein. »Sie kamen bis zum 71° 10′ südliche Breite«, ist in Hebels Exzerptheft nachzulesen. Vorlage seines Exzerpts ist allerdings nicht Georg Forsters berühmte *Reise um die Welt*, die als Meilenstein der Reiseliteratur gilt, sondern das Werk des Vaters, des Naturwissenschaftlers Johann Reinhold Forster: *Bemerkungen über Gegenstände der physischen Erdbeschreibung, Naturgeschichte und sittlichen Philosophie auf seiner Reise um die Welt gesammlet*, 1783 in deutscher Übersetzung erschienen. Entdeckungen gibt es auf dieser Reise einige zu notieren. Der Pinguin etwa, von Linné verkannt, steigt zu einem ansehnlichen neuen Geschlecht auf. Auch bei den Fischen wird umgeordnet und erweitert. Während die Forsters 1775 vom Kap der Guten Hoffnung die Rückfahrt antreten, begibt sich ihr Expeditionsgefährte, der schwedische Arzt, Botaniker und Ornithologe Anders Sparrman, auf eine einjährige Erkundungsreise ins Innere Afrikas. Sparrmans Reisebeschreibung, namentlich über die *Länder der Hottentotten und Kaffern*, erscheint in deutscher Übersetzung zur selben Zeit wie Forsters *Bemerkungen* und liefert ihrerseits eine Fülle an botanischen und zoologischen Details, von denen Hebel einige in sein Exzerptheft überträgt. Handfeste Fakten und Beobachtungen sind es, die ihn beschäftigen, das Phänomen der unbekömmlichen, ja tödlichen, dann wieder völlig harmlosen Seebrasse (bei Forster) oder der Schlangen jagende Sekretärvogel (bei Sparrman). Wenn es Ethnologisches festzuhalten gibt, dann in ungeschönter Form: Bei den Hottentotten werden die Alten und Gebrechlichen, die niemanden mehr haben, der sie versorgen kann, ausgestoßen, so wie Säuglinge, deren Mutter gestorben ist, lebendig begraben werden. – Ein Beispiel für die grausamen Wilden also, auf die man außerhalb Europas stößt, bedauerliche Wesen aus der Sicht der Zivilisation, wo sich doch andererseits die Reisenden leicht von der eigenen Sehnsucht nach dem goldenen Zeitalter und den unschuldigen Naturkindern überwältigen lassen. *Wilde* sind es auch, die dem abenteuerlichen Leben des James Cook bei seinem Gastspiel im *Rheinländischen Hausfreund* ein Ende machen. Mehr als zwanzig Reisen um die Erde seien schon gemacht worden, versichert der Hausfreund seinen Lesern, um ihnen ein für allemal den Aberglauben auszutreiben, die Erde könnte doch eine Scheibe sein. »Ist nicht der englische Seekapitän Coock, in Einem Leben zweimal um die Erde herumgereist, und von der andern Seite her wieder heim gekommen; aber das drittemal haben ihn die Wilden auf der Insel Owai ein wenig todt geschlagen und gegessen.«

Die reiche naturwissenschaftliche Beute, die aus aller Herren Länder herbeigeschafft wird, ist das Material, aus dem sich die Kenntnis der Welt weiterbauen lässt. Der Zoologe, Botaniker und Geologe beugt sich voll Freude über diese Schätze, er vertieft sich in die Betrachtung von Federlängen und -farben einer unbekannten Spezies und in den Vergleich der Form und Anzahl von Fischgräten. Und wenn durch die Entdeckung neuer Arten einem Geschlecht »ansehnlicher Zuwachs« verschafft werden konnte, so ist dies ganz objektiv und unbezweifelbar ein Triumph, eine Bereicherung im großen Buch der Weltkenntnis und auch der, der nicht die Ozeane der Welt durchsegelt, ja in seinem Leben nicht einmal ans Meer gelangt – auch der vermerkt den Zuwachs an Wissen mit offensichtlicher wissenschaftlicher Genugtuung. Das ist die eine Seite des Reisens.

Die andere Seite ist eine existentielle, nämlich die grundlegende Einsicht, dass zwar die Entdeckung des Artenreichtums immer weiter und weiter fortschreitet, all dieser Artenreichtum sich aber auf wenige Gesetze reduzieren lässt. Damit erhält die Reise einen Erkenntniswert, der auf den ersten Blick mit naturwissenschaftlichem Finderglück wenig zu tun hat. Oder doch? Gerade wenn einer gepackt ist vom Jagdfieber nach der neuen Spezies, sich versenkt ins Studium der Schnabelformen, Schwanzfedern, Staubgefäße und ihrer feinen Unterschiede, gerade dann kann der Gedanke wie ein Blitz einschlagen, dass hinter all der bunten Vielfalt schlichte Gemeinsamkeit steht. Leben und Sterben, die Gesetze der Kreatur in der einen wie in der anderen Erscheinungsform.

Ein Theologe mit naturwissenschaftlichen Ambitionen ist die personifizierte Verbindung beider Positionen, ohne dass sich diese im Wege zu stehen scheinen. Linné und die Erkundung der Differenz behaupten ihre Autorität neben der Erkenntnis, dass das *Andere* je nach Betrachtungsweise auch ein *Gleiches* sein kann. Die pflanzliche, tierische, mineralische Natur wird erforscht, die menschliche über ihre Gleichartigkeit belehrt.

Der Theologe und Schulmann Hebel weist in seinen Geschichten darauf hin, dass die Menschen gleich sind. Die Gleichheit, die augenscheinlich werden soll, ist zunächst biologisch fundiert, und nichts eignet sich besser, um diese Gleichheit wirkungsvoll in Szene zu setzen, als Protagonisten unterschiedlichster Nationalität, aus fremden, entferntesten Ländern. Die Internationalität, die in den Kalendergeschichten herrscht, ist sozusagen ein Etikettenschwindel, denn über den lockenden Ankündigungen *Wien* und *Memel, Mayland, Steyermark, Türkey, Frankfurt* und *Bobruisk* steht die ernüchternde Erkenntnissumme »Ulm ist überall«.

Im Kalendertext *Der Mensch in Kälte und Hitze* (1805) wird das Thema des Gleich- und Andersseins durchgespielt. An extremen Orten muss »manches anders seyn, als bey uns, und doch leben und wohnen Menschen, wie wir sind, da und dort.« Was die Menschen äußerlich unterscheidet, ist Resultat menschlicher Anpassungsfähigkeit, die wiederum allen gemein ist. »Seine Natur richtet sich allmählig und immer mehr nach der Gegend, in welcher er lebt«. Zur biologischen Gleichheit gesellt sich die Gabe der Vernunft, die allen in gleicher Weise zuteil wurde, und schließlich die Neigung, Gefühle zu entwickeln, von Hebel im Text ausgeführt am Beispiel der Heimat- und Vaterlandsliebe. Der Mensch ist »überall daheim, liebt in den heissesten und in den kältesten Gegenden sein Vaterland und seine Heimath, in der er geboren ist, und wenn ihr einen Wilden, wie man sie nennt, in eine mildere und schönere Gegend bringt, so mag er dort nicht leben und nicht glücklich seyn. So ist der Mensch.« Der Ausflug in die heißesten und kältesten Teile der Welt soll den Leser aussöhnen mit dem Ort, an den ihn das Schicksal gesetzt hat. Die beabsichtigte Wirkung nimmt Hebels Schlusswort suggestiv vorweg: »Wenn man so etwas liest oder hört, so lernt man doch zufrieden seyn, wenn man es schon nicht immer hat, wie man gerne möchte.« Man möchte fortsetzen: Wenn man so etwas liest oder hört, dann ist man fast versucht, den Titel der Geschichte, *Der Mensch in Kälte und Hitze*, auch ein wenig metaphorisch zu verstehen.

Geographische Erkundungsgänge, tatsächliche und gedankliche Wanderungen rund um die Erde sind die eine Möglichkeit, das große Thema von Gleichheit und Anderssein abzuhandeln. Die andere Möglichkeit ist vertikal ausgerichtet, an sozialen Hierarchien, die der Theologenblick auflöst. Unter diesem Blick und seinen erzählerischen Arrangements fällt die soziale Überlegenheit ab wie welkes Laub, was bleibt, ist die gleichmachende Gewissheit des Todes. Hebels didaktischer Fingerzeig auf die Gleichheit der Kreatur ist das Thema jener Erzählung, die wie kaum eine andere zu Berühmtheit gelangt ist. In *Kannitverstan* verbindet sich mit dem vertikalen Blick, der am sozialen Gefüge hinauf- und hinabgleitet, das Motiv der Wanderung in die Ferne. Einen deutschen Handwerksburschen hat es nach Amsterdam verschlagen, für die damalige Zeit Inbegriff der reichen Stadt schlechthin. Der allgemeine Reichtum wird dem Fremdling durch ein Missverständnis zum Reichtum eines einzelnen, des *Kannitverstan*, dem alles gehört, das schöne Haus, Schiffe, Waren, der aber auch wenig später zu Grabe getragen wird, als der Handwerksbursch ein letztes Mal vergeblich um Auskunft bittet. So kurz kann eine Karriere als beneidete Person sein. Im Gegensatz zu *Der Mensch in Kälte und Hitze* steht in *Kannitverstan* die Lehre gleich am Anfang, damit auf dieser Ebene – anders als in der Geschichte selber – jedes Missverständnis ausgeschlossen wird: Zufriedenheit ist auch hier das Ziel, auf das der Leser hingeführt werden soll. Wie der Erzähler einräumt, böten schon die nächste Umgebung und das tägliche Leben genug Gelegenheit, diese Zufriedenheit zu lernen. »Aber auf dem seltsamsten Umweg kam ein deutscher

Handwerksbursche in Amsterdam durch den Irrtum zur Wahrheit und zu ihrer Erkenntnis.«

Darf aber ein Weg, der zu Erkenntnis führt, überhaupt Umweg gescholten werden? Und ist der Wert der Wege nicht ohnehin an ihren Ergebnissen zu bemessen? Das Verhältnis von Weg und Umweg ist in seiner Dialektik ein vielschichtiges Phänomen und obendrein erzählerisch ergiebig, nicht anders als das Verhältnis von Stillstand und Bewegung, von Eile und Geduld, Berechnung und Zufall. In den Lektionen, die der *Rheinländische Hausfreund* zu diesen Themen erteilt, mischen die allernützlichsten Wissenschaften kräftig mit, der Erzähler baut Versuchsanordnungen und Modellfälle auf, scheinbar voll von Widersinn, doch in Wirklichkeit solide gezimmert aus mathematisch-physikalischen Gesetzen und psychologischem Kalkül. Die Welt, wie sie sich in diesen Geschichten darstellt, ist berechenbar, und wer richtig rechnet, hat den Vorteil auf seiner Seite. Der Postillion hält zwar die Zügel in der Hand, aber der kluge Reisende hält den Postillion an den unsichtbaren Zügeln seiner Menschenkenntnis. Das heißt: Wer schnell gefahren werden will, muss um Langsamkeit bitten und die Langsamkeit mit knausrigem Trinkgeld belohnen (*Geschwinde Reise*). Wer seine Pferde über Gebühr zur Eile antreibt, wird länger unterwegs sein als der, der zu Fuß geht (*Der verachtete Rath*). Wer reisen *könnte*, bleibt gern an seinem Ort und vermisst nichts. Doch sobald von allerhöchster Stelle Reiseverbot verhängt wird, wächst die Sehnsucht nach dem Anderswo ins Unermessliche. Unfreiheit weckt Wünsche, die dem Menschen im Zustand potentieller Bewegungsfreiheit fremd sind – auch eine politische Botschaft (*Ist der Mensch ein wunderliches Geschöpf*).

»Gehe aus dem Kasten!«, predigt Heinrich Schaumann, genannt Stopfkuchen, und ist der lebende Beweis dafür, dass dazu keine Ortsveränderung, geschweige denn Expeditionen und Abenteuerreisen nötig sind. Beharrlich und unerschütterlich bleibt er an seinem Lebensort, der Roten Schanze, ein Radikalist physischer Unbeweglichkeit und damit Gegenspieler des weitgereisten und nun in Südafrika beheimateten Ich-Erzählers. Statt in ferne Länder taucht Schaumann ein in die Vergangenheit, eine gewalttätige, von Krieg und Mord verwilderte

Zeit, deren Schatten er dank seines entschlossenen Nonkonformismus zu bannen weiß.

Spießbürger versus Kosmopolit, das ist die falsche Alternative, wie Raabes Erzählung zeigt, denn die Erkenntniswege, um die es auch dem Hausfreund immer wieder geht, stehen in keinem direkten, voraussagbaren Verhältnis zu jenen äußerlichen Bahnen, die der einzelne durch Zufall oder Entschließung beschreitet. So kann es geschehen, dass einer weit herumkommt in der Welt und doch nichts mitbringt als falsche Gleichmut und weltmännischen Dünkel. Eine zufällige Begegnung im Jahr 1815, ein »Aksidang«, wie Hebel ironisierend die Sprache der Vornehmen und Reichen nachahmt, führt ihm eben diese Tatsache anschaulich vor Augen. Auf der Straße begegnete ihm ein hübscher Bursch mit viel Schuhbürsten, Holzgeschirr und schwarzem »Zundel«. Der Pfeifenraucher Hebel möchte ein wenig Zundel kaufen und kommt mit dem Burschen ins Gespräch. »Wie theuer das Stücklein? – Sechs Kreuzer. – Du bringsts weit genug her, dacht ich, um diesen Preis. – Woher des Landes, und von wannen seid Ihr? – Abbem Schwarzwald. – Nicht genug. Gebts besser. – Dort hinten, hinter Freyburg. – Noch nicht genug. Als besser! – dort bey St. Blasien. – Aus dem Closter? – Nein von Schönau. – Aus dem Städtlein? – Nein, von Dotnau.« Bei dieser Auskunft wird Hebel von einer mächtigen heimatlichen Aufwallung ergriffen, er hätte den Bursch umarmen mögen. Der bleibt seinerseits ganz gleichgültig. »Aber alle diese heimatlichen Fragen rührten ihn nicht sonderlich an. Die armen reisenden Herrschaften bekommen wie die reichen zuletzt einen weltbürgerlichen Sinn, ein Savoir fair und lernen so geschwind als diese das nil admirari. Wir Angewurzelten bringens nicht so weit.«

Die Episode ist Erlebnis und Bekenntnis in einem. Sie hat zudem, was bei dem so konzilianten, vorsichtigen Hebel selten vorkommt, eine kleine, feine Spitze, die sich nach oben richtet, gegen die wurzellose Einheitskultur der »reichen Herrschaften«, die überall und nirgends zuhause sind. Demgegenüber definiert sich der Dichter als einen, der sich das Staunen, Wundern und Bewundern noch nicht als Eingeständnis von Weltfremdheit verkneift und den die unfreiwilligen Sendboten der Heimat rühren, als stünde plötzlich die Heimat selber vor ihm. Der »Angewurzelte«, der etliche Kilometer von seiner ersten Heimat entfernt gleichwohl neue Wurzeln geschlagen hat, hält der ersten Heimat durch innere Verbundenheit, der zweiten, nur halb geliebten, aus Gewohnheit die Treue. Das Schicksal, eine abgründige Instanz, die Hebel gern ins Feld führt, hat es so gewollt. Menschenwege mögen kalkulierbar sein, Gottes Wege sind unerforschlich. Dem Walten des Schicksals überliefert der Dichter seine Person, gelegentlich lauert er geradezu auf dieses Walten, hinter dem er sich alsdann verbirgt, so als ließe sich das eigene Wollen und das, was einem zustößt, säuberlich voneinander trennen.

Für die bürgerliche Sesshaftigkeit in Karlsruhe, in die sich Hebel so zwiespältig hineinschickt, entschädigt er sich zum einen durch seine Figuren. Dass der Erzähler der Kalendergeschichten mit so unsicheren Existenzen wie dem Zundelfrieder und dem Zundelheiner sympathisiert, wurde oft hervorgehoben. Dass Hebels wirkliches Leben an Gleichförmigkeit und mangelnder Bewegtheit leidet, ist andererseits auch nur eine Frage der Perspektive. Wohl täglich hat er an seinem immer gleichen Ort, so gut wie ein anderer in Amsterdam, Gelegenheit, »Betrachtungen über den Unbestand aller irdischen Dinge anzustellen, wenn er will, und zufrieden zu werden mit seinem Schicksal«. Das Abenteurer- und Vagabundenleben, das Hebel vom Schicksal nicht bestimmt ist, wird transzendiert zur Unbeständigkeit allen Seins, an der jeder Sterbliche teilhat. Und ist es nicht so, dass er, Hebel, innerhalb von Karlsruhe ein geradezu beispielloses Wanderleben führt, gewissermaßen als Analogie existentieller Unbehaustheit und Vorübung im kleinen? Hebel übersiedelt häufig, durchaus nicht freiwillig und mit Klagen über die daraus erwachsende Unbequemlichkeit. Zugleich wird ihm die leidige Serie der Übersiedlungen zum Gleichnis, wenn er einen »großen Maßstab« daran legt und denkt, »daß wir hier alle nur Quartierträger des großen Hausvaters sind, und daß solche Aus- und Einzüge im Kleinen nur Vorübungen des Großen und lebhafte Erinnerungen sind, daß wir hier keine bleibende Stätte haben.«

Beruf und Arbeit haben Hebel nicht nur am Reisen gehindert, sondern auch am Dichten – wenn es denn so ist, dass Hindernisgründe in der Außenwelt mehr als in der Innenwelt ihren Ort haben. Dabei wäre ohne den Beruf und die Zwänge des Systems ein Gutteil seines Werks gar nicht zustande gekommen, nicht der Kalender, nicht die *Biblischen Geschichten*. Hebels Œuvre ist schmal geblieben und steht doch mit den beiden so unterschiedlichen Hauptstücken, den *Allemannischen Gedichten* und dem *Rheinländischen Hausfreund*, unverwechselbar da. Die Frische seiner Sprache suche in der Literatur ihresgleichen, sagte Elias Canetti 1980. Dem ist auch dreißig Jahre später nur zuzustimmen, mit dem Ergänzungswunsch, Hebels Figuren und Gedanken, die Lehre und das andeutende, widerrufende Spiel mit der Lehre, den Humor, die Klarheit und die Doppelbödigkeit in das Lob mit aufzunehmen. Nicht anders als die Sprache sind sie alterslos und einprägsam wie vor rund zweihundert Jahren. Reich an poetischen Miniaturen sind Hebels Briefe, die das Werk umrahmen und erläutern, aber auch mehr als alles andere zur Person des Dichters hinführen, der freilich seinerseits ein eifriger, lustvoller Hin- und Herträger zwischen Fiktion und Leben ist. Beide gehören zusammen, wie in jenem seltsam gespenstischen Traum: »Einem wurde der Kopf abgehauen. Kopf und Rumpf lebten fort. Wenn aber der Rumpf einen Brief schreiben wollte, mußte er zum Kopf sitzen, wie zu einer Laterne.«

Zu seinen Lebzeiten war Johann Peter Hebel auf den Hauptbühnen der Zeit, wo Klassik und Romantik die Stichworte vorgaben, nicht anzutreffen. Und selbst wenn ihm der Zufall eine Einladung zum Mitspielen zugesteckt hätte, so hätte er es vermutlich geschafft, unterwegs auf rätselhafte Weise abhanden zu kommen. In dieser Hinsicht mag Hebel als ein Beispiel für gelungene geistige Dezentralisierung gelten: Genie kann im Abseits gedeihen, große Dichtung in unauffälligen Residenzstädten, deren Allerweltsgesicht kaum kulturelle Reibefläche bietet. Aus dem Vorsatz, fürs einfache Volk zu schreiben, kann Weltliteratur hervorgehen.

Hebel und Vreneli

Sprachheimat und Dialektgedicht

Werdegang und Vorbilder. Studium der Mundart. Literarisches Umfeld. Die Gedichte. Editionen und Echo der Zeitgenossen. Poesie der – verborgenen – Zusammenhänge.

Im Januar 1811 geht ein Brief Hebels nach München, der weder für den Verfasser noch für den Empfänger von annähernd so einschneidender Bedeutung gewesen sein dürfte, wie er es für die Hebel-Forschung ist. Adressat ist der Präsident der Akademie der Wissenschaften, der Philosoph und Philosophiekritiker Friedrich Heinrich Jacobi, jüngerer Bruder des Johann Georg Jacobi, seinerseits Professor der Schönen Wissenschaften an der Universität Freiburg.

Den Freiburger Jacobi sollte Hebel in den Osterferien 1805 kennenlernen, er hätte ihn erklärtermaßen auch gerne kennengelernt, wäre da nicht als Zugabe die Bekanntschaft »vieler anderer« gewesen, die ihm so schrecklich schien, dass er lieber nach Straßburg reiste. Die in Aussicht gestellten Begegnungen deuten schon darauf hin: J. G. Jacobi ist Mittelpunkt eines regen kulturellen Lebens, das sich in Lesegesellschaften und Dichterzirkeln organisiert, das Klopstock und der Anakreontik die Treue hält, Distanz zur Romantik wahrt und eine protobiedermeierliche Dichtung entwickelt. Als Herausgeber von Almanachen setzt sich Jacobi zudem für das Erscheinen von Regionalliteratur ein, von *Schwarzwaldliteratur*, die ihre Inspiration in der unmittelbaren Umgebung, in Landschaft und ländlichen Sitten findet, ihrer dichterischen Qualität nach aber alles andere als provinziell sein soll. Volksdichtung in diesem besten Sinne sind für Johann Georg Jacobi Hebels *Allemannische Gedichte*, deren Entstehung er mit günstigem Urteil fördert und deren »ausgezeichneten Werth« er in seinen Rezensionen preist.

Die *Allemannischen Gedichte*, die Hebels Dichterruhm begründen, sind auch Gegenstand seines Schreibens an den jüngeren Jacobi nach München. Er dankt für Beifall und Wohlwollen und wird – glückliche Fügung für alle Späteren! – ein wenig biographisch. Er wird dies nicht ohne vorausgehende Rechtfertigung, die zugleich eine Reverenz vor der Person des Briefempfängers ist, »der mit so philosophischem Geist die Entwicklung und den Gang des menschlichen Geists in seinen Individuen beobachtet«, und nicht ohne abschließende Entschuldigung: »Verzeihen Sie meine Gesprächigkeit! Auch diese Erscheinung wird Ihnen nicht die erste seyn, daß man oft an sich selber merkwürdig findet, was andern nicht so scheint.« Was zwischen diesem wohlgedrechselten rhetorischen Rahmen liegt, ist in kurzen Zügen Hebels Dichterlaufbahn, die er eine »anomalische Geschichte« nennt:

»Schon als Knabe machte ich Verse. Meine Muster waren das Gesangbuch und ein Manuscript, später Gellert, Hagedorn und sogar Klopstock. Ie mehr mein Urtheil über Dichterwerke reifte, desto mehr überzeugte ich mich von dem Unwerth meiner eigenen und von dem Unvermögen besseres zu machen. Zuletzt hörte ich ganz auf ohne Vorsatz, wie ich ohne Vorsatz angefangen hatte. Im 28st. Jahr, als ich Minnesänger las, versuchte ich den allemannischen Dialekt. Aber es wollte gar nicht gehn. Fast unwillkührlich, doch nicht ganz ohne Veranlassung fieng ich im 41ten Jahr wieder an. Nun gings ein Jahr lang freilich von statten. Der Knabe im Erdbeerschlag war das erste, der Statthalter das zweite, das Spinnlein das lezte. Ich glaube, daß ich noch lange hätte fortfahren können. Aber seit die Gedichte gedruckt sind, thut die Muse wieder kalt, als ob ich wider ihren Willen das Geheimniß ihrer Gunst verrathen hätte. Wenn ich mich recht fühle und schätze, so kann ich seitdem nur noch mich selber nachahmen.«

Noch keineswegs »anomalisch« erscheint der Beginn der dichterischen Karriere: ein Verse schmiedender Knabe, der sich zunächst an dem orientiert, was Zeit und Zufall ihm in den Schoß werfen; mit dem *Manuscript* ist vermutlich die geistige Hinterlassenschaft des Vaters gemeint, das Taschenbuch, in das der Vater unter anderem Gedichte Albrecht von Hallers abschrieb. Ein wenig später richtet der Knabe seinen Blick auf die literarischen Größen der Zeit: Hagedorn und Gellert –

eben diese beiden, die am Gipfel der Kunst und des Ruhms stehen, nennt auch Goethe in *Dichtung und Wahrheit*. Doch anders als der junge Hebel, der eigenes Unvermögen aus dem Vergleich mit den hohen Vorbildern liest, ist der junge Goethe voller Zuversicht, »wohl einmal neben solchen Männern mit Ehre« genannt werden zu dürfen.

Friedrich Hagedorn gilt als bedeutendster Repräsentant des literarischen Rokoko und Mitbegründer der Anakreontik. Seine *Oden und Lieder* wie auch der *Versuch in poetischen Fabeln und Erzählungen* sind gelehrte Gesellschaftsdichtung und zugleich von graziöser Leichtigkeit, einer Leichtigkeit, die bis in die Definition der Dichtkunst als »Gespielin der Nebenstunden« hineinwirkt. Neben Hagedorn, der sich gerne als deutscher Horaz titulieren ließ, ist Christian Fürchtegott Gellert der wohl populärste Autor des 18. Jahrhunderts. Seine *Fabeln und Erzählungen* erfreuen sich rekordverdächtiger Beliebtheit, vor allem dank ihrem Humor, mit dem es Gellert gelingt, Leser unterschiedlicher Bildungsschichten und Altersgruppen anzusprechen und zum Lachen zu bringen. Selbst die moralische Belehrung, auf die sich die Fabel pflichtschuldig zubewegt, erscheint geistreich geschärft, als überraschende Pointe oder schlagfertige Antwort. Gelegentlich ist Gellerts Lehre auch nichts anderes als eine lapidare Feststellung, ein Spiegel des Lebens, der dem Leser vorgehalten wird: »So gilt ein Bischen Witz mehr als ein gutes Herz.« Illusionslos und doch erheiternd – vielleicht sind es eben jene Qualitäten, derentwegen Hebel dem Vorbild der ersten dichterischen Versuche auch in späteren Jahren verbunden bleibt; als »einer unserer lieblichsten Dichter« wird Gellert im *Stilbuch*, das Hebel für den Lateinunterricht am Gymnasium entwarf, gewürdigt.

Literarische Breitenwirkung, wie sie Gellert mit seinen Fabeln erzielt, fordert – wenig überraschend – zu einer Qualitätsdebatte heraus. Schon immer lag der Verdacht nahe, dass es für flächendeckenden Erfolg nur eine Erklärung geben kann: mangelndes Niveau. Speziell aus der Sicht der Gelehrten und Vertreter einer elitären Minderheitenkunst konnte die allseitige Beliebtheit des Fabeldichters nur in seiner Mittelmäßigkeit begründet sein. Während Gellert also einerseits verächtlich gemacht wird als »Dichter der Dorfpastoren und ihrer

Töchter«, sehen seine Verteidiger genau hierin ein wesentliches Verdienst. So etwa Georg Christoph Lichtenberg, der Gellert deshalb zu den Großen zählt, weil er »allen Ständen ohne Kommentar verständlich ist«. Ähnlich äußert sich Johann Gottfried Herder, auch sein Urteil ist rezeptionsästhetisch begründet und setzt da an, wo die Fäden zusammenlaufen: beim Leser. Diesem muss der Dichter erst entgegengehen, bevor er sich daran versuchen kann, im Sinne der Aufklärung zu fördern und zu formen. Was denkt das Volk? Und wie spricht es? Nur wer das weiß, kann Lebenswirklichkeit so nachahmen, dass der Leser sie als die seine wiedererkennt, und nur dann kann der Dichter seine Mission erfüllen und sich ans Formen und Bilden machen. Hebel selber hat sich in der Vorrede zu den *Allemannischen Gedichten* auf dieses Modell aus gleichzeitiger Wirklichkeitsnähe und ästhetisch-moralischer Veredelung berufen. So schlicht die Rezeptur erscheint, so haarig ist freilich die literarische Praxis, wie etwa diverse Briefäußerungen Hebels über »Volksschriftstellerei« und ihre Schwierigkeiten und über die Gestaltung von »ächter« statt konventioneller, aber »unrichtiger« Popularität bezeugen.

War Gellert, dessen Werkausgabe sich auch in Hebels Nachlass befand, einerseits bei einer breiten Leserschaft beliebt, andererseits verpönt als Dichter ohne Genie und Geschmack, so ist Klopstock, der dritte von Hebel als Dichter-Vorbild genannte Autor, das genaue Gegenteil – zumindest wenn man Lessings bekanntem Epigramm Glauben schenkt: »Wer wird nicht einen Klopstock loben? / Doch wird ihn jeder lesen? – Nein. / Wir wollen weniger erhoben / Und fleißiger gelesen sein.« Hebel *hat* ihn gelesen, die *Ode an den Kaiser* ist ihm sogar eine Abschrift im Exzerptheft wert. Pathos und leidenschaftliche Bewegtheit sind Klopstocks Domäne, in der Hymne *Die Frühlingsfeier* sucht Klopstock die Unendlichkeit des Alls lyrisch einzufangen, den kopernikanischen Schock, wie es heißt, zu bewältigen: nichts als »ein Tropfen am Eimer« ist die Erde – »s'isch jede Stern vergliichligen e Dorf« meint der Ätti in Hebels *Vergänglichkeit*. Auch Hebel, den man sich ansonsten als Klopstock-Jünger nicht so leicht vorzustellen vermag, wirft gern einen Blick ins Universum. Dass zudem großes Pathos nicht immer außerhalb seiner dichterischen Ambitionen lag, bezeugt der frühe Proteuser-Hymnus *Ekstase*.

Friedrich Gottlieb Klopstock, so viel sei noch angemerkt, hielt sich von Oktober 1774 bis Ende März 1775 in Karlsruhe und Rastatt auf. Was nur ein kurzes Gastspiel blieb, war als dauerhaftes Arrangement geplant, denn Markgraf Karl Friedrich wollte den Dichter mit dem Rang eines markgräflichen Hofrats an seinen Hof binden. Doch während Klopstock, wie berichtet wird, »ein hohes Gefühl seiner Dichterwürde offen zur Schau« trug, hatten die Hofkavaliere wenig Ahnung von guter deutscher Literatur, dafür umso mehr von »Etikette und Aufwartungsdiensten«, denen sich auch der Dichter unterziehen sollte. Klopstock entfloh dem unfreien Hofleben – ohne dafür auf das badische Hofratsgehalt verzichten zu müssen. Dies wurde ihm auch weiterhin, fern vom badischen Hof, bis an sein Lebensende zuteil. In jenen Monaten, in denen Klopstock in Karlsruhe weilt, ist Hebel Schüler des Gymnasiums. Und man darf annehmen, dass der Aufenthalt des berühmten Dichters auch dort, bei Professoren und Schülern, seinen Widerhall fand.

1788, das heißt 14 Jahre später, ist Hebel als Präzeptoratsvikar am Pädagogium in Lörrach und strebt nach beruflicher Veränderung. Es sind jene Jahre, aus denen sich Hebels Exzerpthefte erhalten haben, Lektüre-Protokolle, die breit gefächerte Interessen verraten. Neben theologischer Literatur, wenig überraschend, werden Neuigkeiten aus Naturwissenschaften und Medizin notiert, dazu unterschiedlichste Kostproben *schöner* Literatur, keineswegs nur deutschsprachig, und immer wieder Reiseberichte.

Zu der von Hebel exzerpierten Lektüre gehört die Zeitschrift *Bragur, ein literarisches Magazin der deutschen und nordischen Vorzeit*, seit 1796 umbenannt in *Braga und Hermode*. Herausgeber ist der Herder-Schüler, Sprachforscher und Gymnasialprofessor Friedrich David Gräter. *Bist du kein Barde?* fragt es aufmunternd vom Titelblatt der Zeitschrift herunter, aus der Hebel wohl auch Anregungen für die Bezeichnung *Alemannisch* geschöpft hat. *Alemannisch* als unbelastetes Quasi-Synonym des geläufigeren *Schwäbisch*, das zwar als Bezeichnung für das Mittelhochdeutsche Karriere macht, aber ansonsten in der Region negativ besetzt ist – man denke an den »Schwabenhammel« der Proteuser. Als die *Allemannischen Gedichte* Form anzunehmen beginnen, wird Hebel mit Gräter in Briefkontakt treten.

Über mehrere Seiten hinweg notiert sich Hebel Details zur *Altteutschen Litteratur*, zur gotischen Sprache, dem *Codex argenteus*, zu Otfried und den Minnesängern im 13. Jahrhundert. Da *Bragur* erst ab 1791 erscheint, Hebel im Brief an Jacobi allerdings davon spricht, im »28st. Jahr« die Minnesänger gelesen zu haben, muss seine Lektüre andernorts ihren Ausgang genommen haben. Die ersten Editionen mittelalterlicher Lyrik sind nicht viel älter als Hebel selbst. 1748 hatte der Schweizer Johann Jacob Bodmer *Proben der alten schwäbischen Poesie des Dreyzehnten Jahrhunderts. Aus der Maneßischen Sammlung* veröffentlicht. 1758/59 geben Bodmer und Johann Jacob Breitinger die *Sammlung von Minnesingern aus dem schwäbischen Zeitpuncte* heraus; in Hebels Nachlass ist diese Sammlung enthalten. Die Edition der mittelalterlichen Texte wird begleitet von Vorberichten und Aufsätzen, die neben aller Informationsfülle zur Textgeschichte, zu den »persönlichen Umständen« der Poeten und den sprachlichen Besonderheiten vor allem ein Ziel haben: sie wollen den dichterischen Wert ins rechte Licht rücken. Es gilt mit Vorurteilen aufzuräumen und ein Bewusstsein zu schaffen für die künstlerischen Leistungen des angeblich finsteren Mittelalters. »Artig« ist das Lieblingswort, mit dem Bodmer die Poesie der Zeit versieht, er lobt »Anmuth und Geschicklichkeit« der Dichter und hofft mit seinen grammatischen Anmerkungen den Kenner zu überzeugen »daß die Sprache, in welcher unsre Poeten geschrieben haben, nichts weniger als barbarisch gewesen sey.«

Als er die Minnesänger las, habe er den alemannischen Dialekt versucht, berichtet Hebel in seinem Brief an Jacobi. Was in dieser Formulierung mitschwingt: Die Beschäftigung mit der Literatur vergangener Epochen lässt ein neues Licht auf die Sprache der Heimat fallen. In der Tat konserviert die Mundart, mit der Hebel aufgewachsen ist, in mancher Hinsicht Formen des Mittelhochdeutschen: Diphthonge, wo das Neuhochdeutsche Monophthonge aufweist und umgekehrt (*mueter* und *hus*); *seit* statt *sagt* heißt es bei Wolfram von Eschenbach wie beim volkstümlichen Sprecher aus Hebels Heimat. Das Prestigeproblem, mit dem die Dichtung des Mittelalters in späteren Jahrhunderten zu kämpfen hat, kehrt wieder im mangelnden Ansehen des Dialekts und all derer, die Dialekt sprechen. Hier setzt Mitte des 18. Jahrhunderts dank Bodmer, später auch dank Herder eine Gegenbewegung ein. Neben das Ideal einer einheitlichen deutschen Dichtersprache, wie es etwa der schon genannte Friedrich Hagedorn vertritt, einer Dichtersprache, die gereinigt sein soll von rhetorischem Ballast, von fremder Literatur wie von Mundart und Umgangssprache, tritt die Aufwertung der Mundart als poetischer Fundgrube, aus der unverbrauchtes, ursprüngliches Sprachmaterial zu heben ist. Sprachwissenschaftliches Interesse, das sich in die Vergangenheit zurückarbeitet, ist also für die Entstehung der *Allemannischen Gedichte* gleichermaßen wirksam wie das Gespür für die Verquickung sprachlicher und sozialer Deklassierung und der Versuch, dieser Deklassierung literarisch gegenzulenken.

Der Altphilologe und Hebraist Hebel hat zu Sprachen und Sprache – *langues* und *langage*, wie das Französische unterscheidet – ein ebenso inniges wie analytisches Verhältnis. Latein ist schon für den Gymnasiasten das Fach, dem er sich über das Pflichtpensum hinaus widmet und für das ihm Begabung attestiert wird. In den Exzerptheften ist italienische Literatur (Tasso, Petrarca, Bembo) ebenso zu Hause wie englische (William Hayley); aus den *Memorabilien des Orients* (1802) von Augusti notiert Hebel drei Seiten mit arabischen Lehnwörtern, alphabetisch geordnet von Admiral und Almanach bis Zibeben und Zucker. Lehrwerke für das Arabische, Syrische, Chaldäische und Persische finden sich in seiner Bibliothek, eine italienische Sprachlehre und Klaproths 1823 erschienene *Asia polyglotta*. Als ihm 1804 der Zufall ein »Swensk-Grammaticka« in die Hände spielt, versucht er sich im Schwedischen. Eine Sprache für sich in diesem bunten Teppich, eine Subsprache, wissenschaftlich gesprochen, ist der oberländische Heimatdialekt, der noch darauf wartet, anerkannt und untersucht zu werden.

»Ich studire unsere oberländische Sprache grammatikalisch«, berichtet Hebel Anfang Februar 1801 an Hitzig, »ich versificire sie herculeum opus! in allen Arten von metris, ich suche in dieser zerfallenden Ruine der altdeutschen Ursprache noch die Spuren ihres Umrisses und Gefüges auf, und gedenke bald eine kleine Sammlung solcher Gedichte mit einer kleinen Grammatik und einem auf die Derivation weisenden Register der Idiotismen in die Welt fliegen zu lassen.«

Hebel nennt die Sprache seiner neuen dichterischen Versuche die *oberländische*, nach dem Oberland im Südwesten Badens, aus dem er stammt. Tatsächlich ist die Sprachgrenze dieses Dialekts viel weiter zu fassen, wie Hebel in der *Vorrede zur ersten Auflage* der Gedichte, aber auch in einem Brief an Friedrich David Gräter präzisiert. Der Dialekt, so heißt es in der *Vorrede*, »herrscht in dem Winkel des Rheins zwischen dem Fricktal und ehemaligen Sundgau, und weiterhin in mancherlei Abwandlungen bis an die Vogesen und Alpen und über den Schwarzwald hin in einem großen Teil von Schwaben.« Er ist »mit dem Schweizerischen Breisgauischen und Oberelsaßischen bis auf unwesentliche Variationen der nemliche«. Nach heutigem Stand der Sprachwissenschaft wird das Alemannische in Teilen von Baden-Württemberg, im Elsass, Vorarlberg, in der deutschsprachigen Schweiz, aber auch in kleinen Sprachinseln in Norditalien gesprochen. Die Sorge Gräters, durch eine »zu eifrige Provinzial Cultur der Dialekte« die Einheit der deutschen Sprache zu gefährden, die Deutschland »fast allein noch als eine Nation zusammenbindet und charakterisiert«, lässt Hebel nicht gelten: »Doch glaube ich, daß bey dem gegenwärtigen Zustand unserer Cultur diese Gefahr nicht zu besorgen sey, noch weniger aber, daß dieser mein Versuch etwas dazu beytragen werde.« Der Nation und dem Nationalgeist gilt Gräters Sorge. Schon Gräters Lehrer Herder und nach ihm die Romantiker suchten mit der Hinwendung zur Volkskultur den Nationalgeist Deutschlands zu befördern. Volkskultur als *Dialekt*kultur ist unter diesem Aspekt ein Schritt in die richtige Richtung in falscher Gestalt, separatistisch statt zusammenbindend, weshalb Rezensent Jacobi wohl auch nachdrücklich für eine Übersetzung plädiert, der »Dank seiner Nation« wäre dem Dichter gewiss. Hebel seinerseits sieht sich nicht als Kraft im nationalen Gefüge, weder fördernd noch gefährdend. Zu fern, zu abstrakt, heißt es in der Hebel-Forschung, ist ihm der moderne Begriff der Nation, zu diffus die Sorge um einen Nationalgeist, als dass er sich darauf – mit Ausnahme des *Patriotischen Mahnworts* – hätte einlassen mögen.

In der Dialektdichtung wird Sprache auf neue und unmittelbare Art zur poetischen Herausforderung, gilt es doch für ein Idiom, das bislang nur als gesprochenes existierte, eine überzeugende schriftliche Fassung zu finden. Dass die Transkription der Lautfolgen eine knifflige Aufgabe ist und nicht unbedingt zu endgültigen und eindeutigen Lösungen führt, davon weiß die Dialektforschung ein Lied zu singen. Der Nuancenreichtum der Lautbilder ist bestürzend und sprengt zum Teil die Möglichkeiten der Wiedergabe mittels Alphabet. Was Herder in seiner *Abhandlung über den Ursprung der Sprache* (1772) sagt, mag ein Trost sein: »Je lebendiger nun eine Sprache ist, je weniger man daran gedacht hat, sie in Buchstaben zu fassen, je ursprünglicher sie zum vollen, unausgesonderten Laute der Natur hinaufsteigt, desto minder ist sie auch schreibbar, desto minder mit zwanzig Buchstaben schreibbar, ja oft für Fremdlinge ganz unaussprechlich …«

Bei seiner Arbeit stützt sich der Sprachforscher Hebel auf maßgebliche Wörterbücher der Zeit: Johann Christoph Adelungs *Grammatisch-Kritisches Wörterbuch der hochdeutschen Mundart*, das erste Großwörterbuch der deutschen Sprache (ab 1774), das *Glossarium Germanicum medii aevi potissimum dialecti suevicae* (1781–84) von Scherz-Oberlin und den *Versuch eines schwäbischen Idiotikons* (1795) von Johann Christoph Schmid. Ungeachtet aller Wissenschaftlichkeit, mit der Hebel an die Materie herangeht, ist der Dialekt, den er für die *Allemannischen Gedichte* verwendet, eine poetische Kunstsprache, eine geglättete Synthese aus realer Vielfalt. Varianten, etwa in Urfassung und Druckfassung des *Statthalters von Schopfheim*, legen Zeugnis ab von den Versuchen, sich an das Lautbild heranzutasten: *verzelle* oder *verzehle*, *wol* oder *woll*, *blüit* oder doch eher *blüeiht*? Dialektdichtung trägt nicht nur Züge eines sprachwissenschaftlichen Experiments, sie ist zudem eine poetische Gratwanderung zwischen Authentizität und Verständlichkeit. Hebel hat an der Sprachgestalt getüftelt, ohne diese Fragen je als endgültig erledigt anzusehen. Beispiele für die Sprach-Entscheidungen, die zu treffen waren, liefert er schon in der Vorrede. So ist die Verschmelzung der Personalpronomina mit dem vorangehenden Wort zwar phonetische Realität, wird aber der Lesbarkeit geopfert. Die »Anhängwörter«, so Hebel in der Vorrede zur ersten Auflage der *Allemannischen Gedichte*, werden in ihrer veränderten und abgekürzten Form getrennt geschrieben, »um dem Texte nicht ein zu fremdes Ansehen zu geben.« Das beigefügte Glossarium soll nicht nur eine Verständnishilfe sein, sondern deutlich machen, wie manches, was dem Uneingeweihten als »Entstellung und Mißhandlung des gutdeutschen Ausdrucks« erscheint, in Wirklichkeit ein Überbleibsel alter Sprachformen ist. Es sind, mit anderen Worten, jene wertvollen Relikte, in denen die »altdeutsche Ursprache« überlebt hat.

~~Ursprac~~he ist das Stichwort. Alles Gegenwärtige ist an geheimnisvolle Fäden geknüpft, die zurückführen in die Vergangenheit, immer weiter und weiter, bis man an die Anfänge stößt, und von den Anfängen an die gemeinsame Quelle, den Uranfang. »So wie nach aller Wahrscheinlichkeit das menschliche Geschlecht ein progressives Ganzes von *einem* Ursprunge in *einer* großen Haushaltung ausmacht, so auch alle Sprachen, und mit ihnen die ganze Kette der Bildung.« Die Progression, auf die Herder in seiner *Abhandlung über den Ursprung der Sprache* pocht, geht freilich nicht mit der Abwertung vergangener Epochen einher, wie es dem Fortschrittsdenken der Aufklärung gemäß wäre, sie ist vielmehr als organischer Prozess zu denken, im Großen wie im Kleinen, im einzelnen Menschenleben wie im Maßstab der Zeitalter. »Wir wachsen immer aus einer Kindheit, so alt wir sein mögen, sind immer im Gange«.

Suche nach dem Ursprung bedeutet demnach nicht, dass der Forscher – zur Freude seiner selbstherrlichen Zeit – frühere Etappen der Menschheitsgeschichte noch einmal als barbarisch abstempelt. Suche nach dem Ursprung ist vielmehr geprägt von einer ausdrücklichen Wertschätzung des Ursprünglichen, schon deshalb, weil es die notwendige Voraussetzung alles Späteren ist. Darüber hinaus strahlen jene geheimnisvollen Anfänge mit einer Leuchtkraft, die sie über alle Vergleiche erhaben macht. Was Herder über die erste Menschensprache, die Ursprache sagt, ist ein einziger Hymnus: konkret, sinnlich, lebendig sei die erste Menschensprache gewesen, eine »wunderbare Epopö von den Handlungen und Reden aller Wesen«, »Gesang«, voll von »starken, kühnen Metaphern«. Das ist ein poetischer Lobgesang an die Poesie, und genau darin liegt Herders Kernaussage: die Poesie ist älter als die Prosa. Sie ist die »Muttersprache des Menschengeschlechts«, wie schon Hamann in der *Aesthetica in nuce* formulierte. Ist aber diese Muttersprache selber nur eine Metapher oder hat sie einen konkreten Ort auf der Weltkugel? Für Herder sind es die Sprachen aller alten und wilden Völker, allen voran die morgenländischen, unter denen wiederum das *Ebräische* hervorragt. Herder nennt es in seiner Schrift *Vom Geist der Ebräischen Poesie* die »älteste, simpelste und erhabenste Poesie überhaupt«.

Das Morgenländische übt auf die Ursprungssuchenden des 18. Jahrhunderts einen Zauber aus, dem auch Hebel noch nachdrücklich und wiederholt gehuldigt hat. Die Idee einer Ursprache, die Poesie ist, und einer Urpoesie, die für alle Späteren unerreichbar bleibt und eben darum größte Bewunderung fordert, sucht er im Begriff der Heimat – Sprachheimat, Heimat der Bilder – zu bannen. Alles Orientalische »heimelt uns an, als wenn wir schon dort gewesen wären, weil wir alle dort daheim sind«, erklärt Hebel Anfang 1805 in einem Brief an seinen Freund Hitzig. Der Irrealis zeigt, wie eine Magnetnadel, auf tiefere Wahrheit, ein ahnungsvolles Déjà-vu. Oder, um mit dem Hebel-Interpreten Ernst Bloch zu sprechen: Heimat ist etwas, »das allen in die Kindheit scheint und worin noch niemand war«.

Der große Bogen der Menschheitsgeschichte beschreibt noch einmal, was der Lebenslauf des Dichters auf kleinerer Bahn vorgezeichnet hat: Aus dem nunmehr fernen Oberland tönt noch ein Nachhall der altdeutschen Ursprache, aus dem nie betretenen Orient weht der Hauch der Urpoesie. Der magische Ort der Herkunft und die Magie der ersten Wortschöpfung schließen sich in der Menschheitsgeschichte wie in der

Geschichte des einzelnen zusammen, in schöner Analogie, wie es dem organischen Prozess im Großen und im Kleinen entspricht.

Wenn die Poesie am Anfang steht, wenn sie im Ausruf, im Gesang, in der kühnen, die Gesetze der Logik brüskierenden Metapher zuhause ist und nicht in zunehmender Abstraktion und grammatischer Reinheit, dann sind literarische Schätze da zu entdecken, wo sich die Bildungselite bisher nicht umgesehen hat. Die ~~Gattung des Volkslied~~s nimmt mit Herder ihren Anfang, *Stimmen der Völker in Liedern* (1774) ist eine erste Sammlung von Texten, die vom Volk kommen und für dieses bestimmt sind. In der Nachfolge Herders machen sich die Romantiker als Sammler volkstümlicher Dichtung verdient, und Hebel, der den Publikationen der Romantiker sonst ein fast nachlässiges Interesse entgegenbringt, für das er sich teils entschuldigt, teils mit wenig überzeugenden ersten Lektüreeindrücken rechtfertigt, hat diese Seite ihrer Tätigkeit aufmerksam verfolgt. *Des Knaben Wunderhorn* schickt er an die Straßburger Freundin Sophie Haufe, und zwar offenbar gleich nach dem ersten Erscheinen im Herbst 1805. Begeistert äußert er sich über Grimms *Altdänische Heldenlieder, Balladen und Märchen*: Dies sei eine Poesie wie »frischer lebendiger Morgenhauch gekühlt über den Wassern und in den Bergen, und gewürzt im Tannenwald«.

»Aus dem Munde des Volks« erklärt Herder ausdrücklich in seiner Sammlung. Die Sprache, die er verwendet, ist allerdings die sogenannte hochdeutsche Mundart, zu deren Standardisierung der erwähnte *Adelung* nicht unwesentlich beiträgt. Authentizität des Idioms oder allgemeine Verständlichkeit – das war schon Herders Dilemma, die Entscheidung fällt bei ihm zugunsten der Verständlichkeit, der das sprachliche Original mit allen Reizen des Unverfälschten, Echten geopfert wird. Der Herausgeber rechtfertigt sich, dass von der »lebendigen Wortverschmelzung« des Dialekts auf dem Papier ohnehin wenig übrig bleibe. Das Volk Herders spricht also, wenngleich in einer Sprache, die nicht die seine ist. Aus dem preußischen Plattdeutsch etwa stammt das Lied *Annchen von Tharau*, das Herder ins Hochdeutsch verpflanzen *musste*, wie er sagt, auch wenn die Übersetzung ein starker Verlust und der Volksdialekt »treuherzig, stark, naiv« ist.

Hebel hat sich, knapp dreißig Jahre später, *für* den Dialekt entschieden und muss sich folgerichtig den Vorwurf gefallen lassen, für allzu viele unverständlich geblieben zu sein. Das sei gerade bei dem ausgezeichneten Wert seiner Gedichte beklagenswert, lautet das Urteil des Freiburger Jacobi, der seltsam hin- und hergerissen scheint zwischen Dialekt-Lob und der These, dass die Gedichte von diesem nur den »kleinsten Theil ihres Werths« erhalten. Vor- und Nachteile einer Übersetzung ins Hochdeutsche werden nicht nur von Hebels Rezensenten, sondern auch von Hebel selber gründlich bedacht, ohne dass sich das poetische Dilemma lösen ließe: Allgemeine Verständlichkeit und der Reiz sprachlicher Authentizität schließen sich aus wie Feuer und Wasser. Mit der schwäbischen Mundart entzöge man dem »Musenkind« seine »halbe Kindlichkeit und Anmuth«, bemerkt Jean Paul.

Davon abgesehen begründet Hebel seine Entscheidung mit ähnlichen Argumenten, mit denen schon Herder seine – gleichwohl hochdeutsche – Volksliedsammlung absichert: Liedgut, das seine Wurzeln im Volk hat, soll dem Volk zu seinem geistig-moralischen Nutzen nahegebracht werden. Das Verfahren bewegt sich nur scheinbar im Kreis, denn zwischen Sammeln und Verbreiten hat sich der Dichter als entscheidende Instanz der Sitten- und Geschmacksbildung eingeschaltet. Seine erste Absicht, so schreibt Hebel an Gräter, sei die gewesen, auf seine Landsleute zu wirken, »ihre moralischen Gefühle anzuregen, und ihren Sinn für die schöne Natur um sie her theils zu nähren und zu veredeln, theils auch zu wecken.« Das idyllische Bild, das er anschließend entwirft, steht ganz im Zeichen einer Herderschen Naturdichtung des ersten Anfangs. Es ist, genau besehen, die Vision einer unmittelbar aus dem Volk hervorbrechenden Poesie, zu der seine eigenen Gedichte nur den Impuls gaben. »Und wie, wenn irgend wo am Schwarzwalde oder an den Alpen, im dunklen Tannenhain oder auf der lachenden Trift der schlummernde Dichtergeist eines reingestimmten Natursohnes geweckt würde durch diese heimischen Töne, er nähme mir die Harfe ab und zauberte uns durch reiner geschöpfte Naturgesänge in die verwehten Tage der Vorzeit zurück und tröstete uns durch sie für die, die uns der Sturm der Zeiten weggeführt hat?«

Hebel steht mit seinen Versuchen einer Dialektdichtung nicht ganz allein. Es gibt vereinzelt Vorläufer, wie Sebastian Sailer, der als Begründer der schwäbischen Mundartdichtung gilt, oder Maurus Lindemayr, der für seine Theaterstücke das Oberösterreichische bzw. Mittelbaierische verwendet. Der Nürnberger Johann Conrad Grübel ist in seiner Heimatstadt nicht nur ein angesehener Handwerksmeister, sondern außerdem Mitglied eines traditionsreichen literarischen Vereins, des *Pegnesischen Blumenordens*, ein lebendiges Erbstück aus dem Barock. Ehrenmitglied dieses Blumenordens ist auch – dies sei nur nebenbei erwähnt – Hebels Briefpartner, der schon mehrfach genannte Sprachforscher Friedrich David Gräter. Der *Flaschner*- also: Klempnermeister Grübel schreibt Gedichte in seiner Nürnberger Mundart, der Umgangsprache der Handwerker, in denen er die bürgerliche Lebenswelt und ihre Arbeit, wie etwa die Eindeckung eines Turms, darstellt. Goethe hat Grübels Gedichte, wie später auch jene Hebels, lobend rezensiert und Mundart als das Element definiert, in welchem »die Seele ihren Atem schöpft«.

Auf anderem Boden als dem des Nürnberger Handwerks wächst die Mundartdichtung von Johann Heinrich Voß. Voß ist nicht Handwerksmeister, sondern Altphilologe, der bis heute anerkannte Übersetzer der Ilias und der Odyssee, der seiner ersten Muttersprache, dem Niederdeutschen, mit den Vierländer Idyllen *De Winterawend* und *De Geldhapers* (1776 und 1777) eine dichterische Renaissance beschert. Eben dieses Niederdeutsch oder Plattdeutsch hatte mit dem wirtschaftlichen Niedergang der Hanse an Bedeutung verloren, was ebenso ein Grund für die Sprachwahl – als literarische Gegenkraft – gewesen sein mag wie die Hoffnung, damit der Volksaufklärung neue Leserschichten zu gewinnen.

Johann Peter Hebel teilt mit Voß den Bildungshintergrund, insbesondere die wissenschaftliche Durchleuchtung der Sprachgeschichte, auf der ihre Mundartdichtung basiert. Ahnherr der Mundartdichtung ist für die klassische Philologie der griechische Dichter Theokrit, der auf den dorischen Dialekt seiner Heimat Sizilien zurückgreift. Schon hier ist der Dialekt freilich kein roher, sondern ein dichterisch geschliffener Diamant, eine Kunstsprache, das heißt ein grammatisch berechneter, »gelehrter« Dorismus. Im Kommentar zum *Winterawend* beruft sich Voß auf den Idyllendichter und Begründer der Bukolik, der ebenso wie die Minnesänger seine Wiederentdeckung Johann Jacob Bodmer verdankt. 1803 wird Theokrit in den Lektürekanon des Karlsruher Gymnasium illustre aufgenommen. Er bekomme Theokrit, auf den er sich freue, berichtet Hebel im November 1807, Schüler erinnern sich, dass Professor Hebels Erklärung der Idyllen das »Allerlieblichste« waren, was sie bei ihm hörten.

Im September 1804 verbringt Voß eine Woche in Karlsruhe, Hebel schreibt seinem Duz-Freund Hitzig, dass er fast alle Tage in Voßens Gesellschaft gewesen sei und aus den *Allemannischen Gedichten* lesen musste. Hebel und Voß mögen sich bei dieser Gelegenheit über Theokrit, seine realistische Darstellung des Hirtenlebens und die Nähe von Idylle und Satire ausgetauscht haben, sie mögen sich in der Wertschätzung des griechischen Autors einig gewesen sein, doch was die sprachlichen Ziele und Aufgaben eines zeitgemäßen Dialektdichters angeht, zeichnen sich bei aller Gleichgestimmtheit doch auch zarte Divergenzen ab.

Was Voß vorschwebt, ist eine Art Idealsprache, ein idealisches Plattdeutsch, das allen regionalen Sonderformen des Dialekts gleich fern oder nah steht. »Jeder Plattdeutsche verstehts und erkennts als gediegenes plattdeutsch, aber der Mecklenburger meint, es sey hollsteinische Mundart und umgekehrt, und so alle«, erläutert Hebel seinem Freund Hitzig. Die Authentizität der Sprachvielfalt wird überlagert von der Absicht ästhetisch-qualitativer Besserung. Konkret äußert sich dies bei Voß in zwei Tendenzen. Zum einen muss der tatsächlich gesprochene Dialekt von allen Einschlüssen verwahrloster und verdorbener Sprache gereinigt werden, zum anderen wird eine sprachliche Annäherung an ältere, ursprünglichere Sprachformen angestrebt. Auch der alemannische Kollege soll für dieses Verfahren gewonnen werden, steht einer Sprachbesserung durch künstliche Rückschritte jedoch ein wenig zweifelnd gegenüber. »Er rieth mir […] da, wo ich selber, erzählend oder belehrend spreche nicht beym gemeinen Dialekt zu bleiben, sondern ihn durch das Studium und die Vergleichung der alten allem. Schriftsteller zu veredeln, und zu seiner Ursprünglichkeit zurückzuführen. […] Soll ich ihm folgen?«

Der Bildungsauftrag des aufgeklärten Dichters ist gemeinsamer Nenner und Streitpunkt in einem. Hebel erscheint nicht nur in seinen Absichten, auch in seinen Erwartungen zurückhaltender als Voß, der in jüngeren Jahren das Wagnis unternommen hatte, sich dem badischen Markgrafen Karl Friedrich als »Landdichter« angetragen. Als Dichter, den Herz und Pflicht antreiben, die Sitten des Volks zu bessern, die Freude eines unschuldigen Gesangs auszubreiten und besonders dem verachteten Landmann feinere Begriffe und ein regeres Gefühl seiner Würde beizubringen – genau wie es die etwa 1770 einsetzende Volksaufklärung, die Land- und Bauernaufklärung propagierte: Durch Bildung und pädagogische Reformen sollte dem »gemeinen Mann« zu einer »dauerhaften wahren menschlichen Glückseligkeit« verholfen werden. Voß' Schreiben blieb unbeantwortet und ist möglicherweise nicht einmal bis zum Markgrafen vorgedrungen. Hebel selber steckt die Grenzen dichterischer Einflussnahme von vornherein enger. Wohl spricht er in der Vorrede zu den *Allemannischen Gedichten* den Wunsch aus, dass dem Volk das Wahre, Gute und Schöne mit den heimischen und vertrauten Bildern lebendiger und wirksamer in die Seele gehe. Ein seinerseits guter und schöner Wunsch, aus dem Platonismus der Spätaufklärung gegossen, der aber doch recht vorsichtig und behutsam ausfällt. Denn dass es genügt, Bildung unters Volk zu streuen, um den »gemeinen Mann« zu bessern, dass die allseits beschworenen Sitten mit Gesang und Poesie geradewegs repariert werden können wie Gebrauchsgegenstände, das ist eine Illusion, der nur mangelnde Menschenkenntnis erliegt. Im Nachlass Hebels ist ein aufschlussreiches Gutachten enthalten, das sich der Frage widmet, *wie dem Gebrauche anstößiger Volkslieder am sichersten vorzubeugen seyn möchte.* »Es verrathet ein achtungswerthes Zutrauen zu dem Sittlichkeits- und Anständigkeitsgefühl der menschlichen Natur, wenn man annimmt, daß selbst in den untersten und verwahrlostesten Klassen des Volks anstößige und sittenwidrige Lieder blos aus Mangel an Bekanntschaft mit bessern gesungen, und durch Bekanntmachung von solchen verdrängt werden können.« Hebel teilt dieses Zutrauen nicht, er führt eine Reihe von Gegenbeispielen an, volksmäßige Lieder guter älterer und neuer Dichter, die nichts ausrichteten, und empfiehlt, mit pädagogisch-psychologischer Umsicht vorzugehen, nichts »indirecte aufzudringen, noch directe anzubieten«, wofür das Volk »keinen Geschmack und keine Empfänglichkeit hat«, »dagegen aber seinem eigenen Geschmack nachzugeben, denselben durch eine Revision des vorhandenen Vorrathes vor Verirrungen zu bewahren«. Also keine Radikalkuren, keine Zwangsbeglückung, sondern Anknüpfen am Ist-Zustand, mag er auch noch so lamentabel sein. Voß' Eifer fürs Idealische erscheint als Gegenpol zu Hebels Pragmatismus. Das Reinigen und Bessern der Sprache, an deren Ende die ideale Mundart steht, lässt freilich auch ihm keine Ruhe.

Der Dialekt, in dem Hebel dichtet, ist nicht nur Reminiszenz versunkener Sprachwirklichkeit, er ist auch Reminiszenz einer fern gewordenen Lebenswirklichkeit. Dialekt ist Heimat. Dialektliebe Heimatliebe. Für den Professor des Gymnasium illustre, der in der Residenzstadt seine gesellschaftliche Tauglichkeit beweisen muss, der den Kaffee »mit dem Hut unter dem Arm« trinkt und »alle Sonntage in die Cour« fährt, steht die heimatliche Mundart für eine Welt, die frei ist von Etikette und komplizierten Spielregeln, für eine Welt der leichtfüßigen Sprünge, nicht nur vom Belchen herab. Zum Zeitpunkt der Entstehung der *Allemannischen Gedichte* mögen ihm noch freie, unbeschwerte Stunden beschieden sein. In späteren Briefen häufen sich Stoßseufzer über gesellschaftliche Pflichttermine, die ihm neben seinen Ämtern und Geschäften die Zeit rauben. »Ich bin […] durch meine unselige Bekanntschaft mit der halben Welt mir selbst gestolen«, klagt er den Freunden in Straßburg. Kehrseite des Erfolgs: Mit seinen Gedichten, die die freie Natur und die Ursprünglichkeit des Landlebens feiern, hat sich Hebel ein Interesse an seiner Person erschrieben, das ihn vom Leben in der Heimat noch weiter entfernt.

Gewiss ist aber auch, dass der Erfolg der *Allemannischen Gedichte* für Hebel eine unvergleichliche Genugtuung bedeutet – die Genugtuung, mittels Literatur geradezu eine Schicksalswende herbeigeführt zu haben, die das Verachtete (alemannische Mundart) und sozial Deklassierte (Mundartsprecher) mit einem Mal zum glanzvollen Mittelpunkt werden lässt. »Ich kann in gewißen Momenten innwendig in mir unbändig stolz werden, und mich bis zur Trunkenheit glücklich fühlen, daß es mir gelungen ist unsere sonst so verachtete und lächerlich gemachte Sprache classisch zu machen, und ihr eine solche Celebrität zu ersingen.« Kaum wird man von Hebel anderswo Worte derartigen Überschwangs finden, sie muten geradezu einzigartig an im Gesamtbild seiner schwankenden, dunkelgründigen Stimmungen. Hebel, dem die Hinfälligkeit des Bestehenden allgegenwärtig ist, der den distanzierten, ironischen Blick auf sich selber bravourös beherrscht und jeden Gefühlselan mit Selbstzweifel durchsetzt, bekennt hier unverblümt und einschränkungslos, »bis zur Trunkenheit glücklich« zu sein. Es ist schön, dass ihm dies vergönnt war, möchte man postum sagen, dieser Glücksrausch, der keine Einsprüche der Vernunft, der Philosophie oder Theologie gelten lässt. Das Glück ist ein Sprachglück und zudem eines, das nicht dem Dichter allein in den Schoß fällt, sondern seiner ganzen Heimat, die unversehens zum literarischen Helden aufsteigt.

Die Heimat, die vorher nur »lächerlich« war, weil ihr zum Kulturträger nicht zuletzt die wirtschaftlich-politische Bedeutung fehlt, wird schlagartig »klassisch« und eine »Celebrität«. Die Gedichte werden in den Hauptstädten Europas und auf den ersten Theatern rezitiert, wie Hebel stolz vermerkt. Das Alemannische ist nunmehr aus dem Mund renommierter Schauspieler zu hören. Eine Subsprache, die als minderwertig galt, ja als Idiom künstlerischer Aussage gar nicht in Betracht kam, hat sich glänzend bewährt und damit auch dem heimatlichen Dialektsprecher neues Ansehen verschafft. Die Anerkennung der Sprache geht auf den Sprecher über, ihr Prestige und seines hängen zusammen, und dies ist auch rund zweihundert Jahre später, wann immer eine deklassierte Sprache sich Gehör verschafft und die Vorurteile, mit denen sie beladen war, abschüttelt, ein Moment der Neugewichtung. Es ist, und darin liegt das Besondere, ein Sieg, der nicht auf Kosten anderer erstritten wurde. Was vorher klassisch war, ist es nun nicht weniger, die

Kategorie des Klassischen ist nur um ein neues Mitglied erweitert worden. Die Poesie – man würde ihr dies kaum zutrauen – hat sich als feines Instrument der Korrektur erwiesen, und die Macht der Sprache scheint kein leeres Wort, sondern greifbare Wirklichkeit.

Verankert in der Heimat sind Hebels Gedichte durch die Mundart, aber auch durch die Orte des Geschehens. Die Orte selber werden zu Protagonisten, wie in jenem Gedicht, das den Anfang der Sammlung macht: *Die Wiese*. Die Wiese ist im gegebenen Fall – so viel an geographischer Erklärung mag zweckdienlich sein – keine Wiese, sondern ein Fluss im Süden Badens. Sie entspringt am Feldberg, kommt an all jenen Orten vorbei, die im Gedicht namentlich genannt werden: Todtnau, Schönau, Mambach, Zell, Hausen, Fahrnau und Schopfheim, das Röttler Schloss, bis sie bei Basel in den Rhein mündet. Die Forschung hat Vorläufer und Parallelen zu Hebels Flussdichtung ausgemacht, vom lateinischen Mosel-Gedicht des Ausonius bis zu Hölderlins Rhein-Hymnus. Hebel hat allerdings seine Fluss-Biographie in ein Bild gefasst, in dem sich die Beschwörung der Heimat verdoppelt, als Beschwörung von Fluss *und* Mensch. Der Fluss ist personifiziert zum *Meideli*, er ist »Feldbergs lieblichi Tochter«, die heranwächst vom *Bütschelichind* – dem Wickelkind – bis zur schön gekleideten Jungfer, die ihrem *Holderstock*, dem Geliebten, entgegeneilt. Hebel greift in den *Allemannischen Gedichten* gerne zum Anthropomorphismus, das wurde immer wieder festgestellt, und man kann nur noch hinzusetzten, dass diese Vorliebe vielleicht ihrerseits in der Landschaft ihren Anfang genommen hat. Hat doch das Oberland mit dem sanften Gleichmaß seiner Erhebungen, der schön geschwungenen Wellenform der Kuppen und Niederungen, wenn man es so an sich vorbeiziehen sieht – heute im Zug, damals in der Kutsche – selber etwas körperlich Abgerundetes, etwas menschlich Hingelagertes, das allen poetischen Anthropomorphismen Vorschub leistet.

Wenn Hebel in dem Prosaentwurf *Der Spaziergang an den See* ansetzt »Als sie, – es kommt nicht darauf an, wer« und so gleich mit dem ersten Satz das Interesse weglenkt von allem, was in der Folge zweitrangig, ja unerheblich sein soll, so muss für die *Allemannischen Ge-*

dichte die entgegengesetzte Devise gelten: es kommt darauf an, wer und wo. Wir befinden uns nicht in einem fiktiven oder idealen Raum, sondern im badischen Markgräflerland. Dass die ländliche Natur nicht losgelöst wird von konkreter Topographie, dass sie namentlich Mitwirkende ist und nicht dunstige Kulisse, führt das Eingangsgedicht *Die Wiese* geradezu programmatisch – wenn man ein so hartes Wort für Hebel heranziehen kann – vor. Und es wird dafür gesorgt, dass diese Tatsache auch in der Folge nicht aus dem Blickfeld verschwindet. Nachdem der *Morgenstern* geleuchtet, der *Sommerabend* seine andachtsvollen Gedanken gefunden und die *Mutter am Christabend* den Baum geschmückt hat, nachdem manche nicht recht geheure Gestalten ihr Unwesen getrieben haben, taucht ein Gespenst auf, das nicht im Irgendwo umgeht, sondern an der Kanderer Straße. Ein Betrunkener hat da einst ein Kind niedergefahren, weshalb der Geist der Mutter alle Betrunkenen, die des Wegs kommen, in die Irre führt, den Nüchternen geschieht nichts. »Verstöhnt der mi?« *Der Statthalter von Schopfheim* trägt den Ort des Geschehens schon im Titel, *Die Vergänglichkeit* führt den erklärenden Zusatz: »Gespräch auf der Straße nach Basel, zwischen Steinen und Brombach, in der Nacht.«

Gerade die beiden letzten Gedichte, die die Frage nach dem Wo in aller geographischen Präzision beantworten, zeigen, dass die Auskunft, die dem Leser so bereitwillig erteilt wird, nicht das Ende aller Fragen einläutet, sondern nur deren Beschaffenheit verändert. *Der Statthalter von Schopfheim* mutet zunächst an wie ein Lehrstück aus der jüngeren Historie des Landes. Es ist die Geschichte des Friedli, der beim alten Statthalter Knecht war und dessen Tochter, dem Vreneli, zugetan. Der Vater jedoch gibt das Vreneli einem reichen Bauern zum Mann, der wüst und unverträglich ist. Der Friedli wird Anführer einer Schar Bettler, die in den Bergen hausen und sich eines Tages beim reichen Ehemann des Vreneli mit der Bitte um Almosen einstellen. Sie werden abgewiesen, doch das Vreneli passt den Friedli ab, versorgt ihn mit Essen für sich und seine Leute und kann ihn von seinen Rachegedanken abbringen. Als den bösen Ehemann wenig später der Tod dahinrafft, können Friedli und Vreneli endlich zusammenkommen, und Friedli steigt zu einem der angesehensten und tüchtigsten Männer Schopfheims auf. Der soziale Werdegang vom Bauernknecht zum Idealbürger, der umsichtig, klug, mildtätig und entschlossen seines Amtes als Statthalter waltet, scheint in greifbare Realitätsnähe gerückt, erfährt man doch am Ende des Gedichts, dass die Schopfheimer Kirche dem Friedli ihre erste Orgel verdankt. Und trotzdem ist die rührende Geschichte, die so eindringlich den Sieg des Guten und der christlich-bürgerlichen Tugenden vorführt, nicht nur viel älter, als die historisierenden Anspielungen auf Kriege und Marodeure vermuten lassen, sondern auch ihrem Ursprungsort nach keineswegs alemannisch. Hebels Heimatgedicht ist dem *plot* nach ein Migrant aus dem Morgenland, ein Abkömmling jener ältesten, simpelsten und erhabensten Poesie, die Herder »Poesie der Kindheit unsres Geschlechts« nennt und die Hebel schon von Berufs wegen vertraut ist.

An seinen Freund Sebastian Engler, genannt *Angeliko*, der seit März 1800 als Diakon in Schopfheim und Pfarrer in Hausen wirkt, schreibt Hebel zum Amtsantritt einen Brief, dem er ein Manuskript des *Statthalters von Schopfheim* beifügt. Im Brief selber gibt er Anleitungen zur Lektüre, wobei diese Anleitungen bemerkenswerterweise in unterschiedliche Richtungen gehen. Engler solle nämlich dem Herrn Stadtpfarrer Dreuttel, mit dem Hebel gleichfalls befreundet ist, zuerst den Bibeltext zu lesen geben, 1. Buch Samuel, Kapitel 25, »weil eigentlich die Sache erst dadurch einiges Interesse bekommt«. Wenn sonst unter »besonnenen Leuten« die eine oder andere Stelle zum Besten gegeben werde, so möge er das »wohl leiden«, bitte aber zugleich, seinen Namen zu schonen und »niemand darauf aufmerksam zu machen, daß der Stoff dazu aus einer heiligen Geschichte genommen ist«. Erscheint dem Dichter seine schöne Pointe nachträglich ein wenig gewagt? Jedenfalls bringt er den *Statthalter* nicht ohne Bedenklichkeiten und Bitten um Inkognito unter die Leser, so auch bei seinem Duz-Freund Hitzig: »Es ist die Geschichte I. Sam. 25, V. 2–42. im oberländer Dialekt, in Hexametern, die Scene ist im Schopfemer Kirchspiel. Hab' Spaß daran, wenn du kannst, und theil's nicht mit, und nenn meinen Namen nicht. Ich läugne wie ein Dieb.«

55

Aus David, aus der schönen und klugen Abigail und ihrem rohen und boshaften Mann Nabal sind also Friedli, Vreneli, »gscheidt wiene Pfarer, schön wie der Morge«, und Uhli geworden. Das »Hochorientalische«, das uns anheimelt, wie Hebel sagt, die geistige Heimat des Christen ist eins geworden mit der realen Heimat des Dichters. Zugleich wird ein Geschehen, das dank Ortsnamen und Mundart in nächste Nähe gerückt scheint, ausgewiesen als uralte Geschichte aus der Ferne. Die Gleichzeitigkeit von enger und weiter Heimat, die Hebel einerseits als Trumpf ausspielt, andererseits verschleiert wissen möchte, weil das Verstecken und das Rätsel Teil seines Dichtens sein soll, diese Gleichzeitigkeit also schließt wiederum eine Botschaft ein: Das *Alte Testament* kann auch im Dorf nebenan zu Hause sein.

Einen weiten Bogen spannt Hebel auch in dem Dialog-Gedicht *Die Vergänglichkeit*. Dem *Bueb* graust und schauert beim nächtlichen Anblick der Burgruine Rötteln, das verfallene Gemäuer scheint dazustehen wie der leibhaftige Tod im *Basler Totentanz*, und der *Bueb* möchte von seinem *Ätti* die Versicherung, dass es mit dem eignen Haus nie so weit kommen könne. Doch der *Ätti* ist keiner, der den Lauf der Dinge beschönigt, »alles nimmt en End, […] 's Alter chunnt, un wo n i gang […] 's isch einerlei, i gang im Chilchhof zue«, versichert er. Der Mensch ist endlich, aber auch das, was er schafft, hat keinen Bestand, nicht zuletzt, weil die Menschen selber wieder zerstörerisch über ihre Werke herfallen. Auch die Burg Rötteln ist nicht nur einfach verwittert, sondern war Schauplatz kriegerischer Auseinandersetzungen und wurde 1678 nach der Besetzung durch französische Truppen ein Raub der Flammen. Auf die eine oder andere Art sind all die ehrgeizigen, eindrucksvollen Bauten, diese Scheinsiege über die Zeit, dem Untergang geweiht: »Wo d'Chilche stoht, wo 's Vogts un 's Heere Huus, goht mit der Zit der Pflueg.« – »Wo itzund Städte stehn, wird eine Wiese sein«, dichtete schon Andreas Gryphius. Das barocke Lieblingsthema der *vanitas* wird von Hebel entscheidend erweitert, er lässt nicht nur das ganze »Dörfli« zusammenfallen, die stolze Stadt Basel versinken, sondern die Erde selber in Flammen aufgehen. Biblische Apokalypse und mythischer Weltbrand, Ciceros *Somnium Scipionis* und die brennenden Berge aus Ovids Metamorphosen verschmelzen in dieser Vision, die eine beklemmende Realistik der Details aufweist. Der Belchen, Hebels Lieblingsberg, und der Blauen stehen verkohlt da wie zwei alte Türme, was dazwischen liegt, ist verbrannt bis tief in den Boden. Öd und schwarz und totenstill ist die Erde. Der *Ätti* ermahnt seinen *Bueb*, fromm zu sein und sich gut zu halten, dann könne er wohl einmal von einem anderen Stern auf den finstern Planeten niederschauen, wo er einst sein Leben zubrachte und nun nicht mehr hinwolle. Ist das als Trost gedacht? Der *Ätti* treibt seine Ochsen an: »Hüst, Laubi, Merz!« Damit endet das Gedicht.

Als Theologe bezieht Hebel eine behutsame Position zur Offenbarung des Johannes, da sich diese, und das allein scheint unverrückbar festzustehen, menschlichen Deutungsversuchen entzieht. »Ich verlange die Offenbarung auch nicht zu verstehen, so lang ich sehe, daß sie niemand versteht, oder was das nemliche ist, daß sie so viele und ieder anderst versteht«, schreibt Hebel Anfang 1805 an Hitzig. Da dem so ist und sich keine greifbaren Gewissheiten aus der Weissagung herausheben lassen, sollte man sie auch nicht zum »Weltbarometer« erheben, von dem man abzulesen sucht »obs noch lang so bleiben wird wie es ist« – eine konkrete Anspielung auf Endzeitberechnungen, wie sie von durchaus prominenter Seite betrieben werden, etwa von Johann Heinrich Jung-Stilling, der 1799 in seiner *Siegesgeschichte der christlichen Religion* eine prophetische Auslegung der Johannes-Apokalypse vornimmt. Dass das große Weltgericht bald kommen muss, hat Jung-Stilling in seinen Briefen vorgerechnet: 1819 oder vielleicht auch schon 1816, jedenfalls spricht alles dafür, dass die letzte Ährenlese unmittelbar bevorsteht. Gegen die leeren Anstrengungen, die »Grübler und Düftlertalent, Combinations und Calculationsgeist« liefern, setzt Hebel den Pragmatismus christlichen Handelns. Was immer an der Apokalypse verständlich sei, sei zur »praktischen Anwendung« gegeben, so Hebel im Brief an Hitzig. Aus dem Mund des *Ätti* heißt das: »Seig du frumm un halt di wohl«.

Ob Altes Testament oder Neues – das Geschehen wird aus der großen Welt in die kleine Welt transponiert, nach Schopfheim oder auf den

Weg zwischen Steinen und Brombach, ins Miteinander und Gegeneinander der Menschen, die dort leben und arbeiten. Hebel greift in die Ferne und baut daraus in seinem Hier und Jetzt, was gewissermaßen Teil einer geistig-menschlichen Übung ist, nämlich der, beweglich zu bleiben zwischen dem Allgemeinen und Besonderen, den großen Themen und dem konkreten Einzelnen. Und wie es dem menschlichen Auge guttut, den Blick gelegentlich von der Nähe in die Ferne zu richten und umgekehrt, so sieht auch im übertragenen Sinn nur der wirklich gut, der fähig ist, die Perspektive zu wechseln.

So auch in dem Gedicht *Die Spinne*, Hebels Lieblingsstück, wie er im Brief an Gustave Fecht bekennt. Die poetische Annäherung an das unscheinbare Tier vollzieht sich dabei im Zwiegespräch des lyrischen Ich mit einer *Base Gevatterin*, die aufgefordert wird, sich die Spinne und ihr kunstvolles Netz einmal recht genau anzusehen: »Nei, lueget doch das Spinnli a, / wie's zarti Fäde zwirne cha!« So fein sind die Fäden, dass die Spinnkünstler unter den Menschen nur ehrfürchtig staunen können; unermüdlich baut das Tier an seinem Netz, und immer wieder zieht das lyrische Ich mit begeisterten Ausrufen die Aufmerksamkeit seiner Begleiterin – und mit ihr die Aufmerksamkeit aller Leser und Zuhörer – auf die Details des Kunstwerks, das hier nach und nach vor aller Augen entsteht: »Es spinnt un wandlet uf un ab, / potz tausig, im Galopp un Trab! / Jetz goht's ringum, was hesch, was gisch! / Siehsch, wie ne Ringli worden isch?«

Neben den Beobachtungen und Kommentaren des menschlichen Beobachters – »O Tierli, wie hesch mi verzückt!« – kommt die Spinne selbst zu Wort. Der Dichter lässt sie eine menschliche Freude erleben, wenn ihr *Hüüsli* endlich steht, und den berechtigten Wunsch empfinden, für Mühe und Plage auch mit einem Braten, sprich: einer Fliege belohnt zu werden. Der Lohn lässt nicht lange auf sich warten, denn – und so schließt sich der gedankliche Kreis – der Schöpfer, der uns alle nährt und mit milden Händen jedem das Seine gibt, »er vergißt di nit.« Zweimal steht dieser Satz im Gedicht, eine Hoffnung, ins Gewand der Gewissheit gekleidet, für alle unermüdlichen Arbeiter, die noch auf ihren gerechten Lohn warten. Vertraue deinem Schöpfer! Diese christliche Lehre beschließt den naturkundlichen Ausflug zur Spinne; die detailgetreue und freundlich-emphatische Darstellung des Spinnenlebens hat am Kleinen die große Ordnung gezeigt und nebenbei auch den Blick auf die Welt ein wenig korrigiert. Was bedeutend ist und was nicht, was Ansehen verdient oder verachtet wird – das steht oft gar zu selbstverständlich fest. Und Hebel, nicht fern jenem späteren Käferdichter, der mit der Umkehr von *groß* und *klein* die Heldendichter seiner Zeit provozierte, führt seinerseits lieber die Größe des Kleinen vor, eine Denk- und Anschauungsübung mit pädagogischem Anspruch.

Dem Gedicht *Die Spinne* lässt sich ein Text aus dem Kalender zur Seite stellen, der zeigt, dass Hebel seinem Thema treu geblieben ist: *Die Spinnen* (1806). Der Aufsatz bietet einiges, was der Lust des Lesers am Schaurigen entgegenkommt, die Buschspinne etwa, die Vögel tötet und ihnen das Blut aussaugt, oder die Vorliebe mancher Leute, sich Spinnen aufs Brot zu streichen, doch eingebettet in Informationen und Anekdoten, die auf Verblüffung und Emotion der Leser zählen können, ist die Botschaft dieselbe wie die des Gedichts: »Die Spinne ist ein verachtetes Thier, viele Menschen fürchten sich sogar davor, und doch ist sie auch ein merkwürdiges Geschöpf und hat in der Welt ihren Nutzen.« Wiederum lobt der Verfasser die besonderen Fähigkeiten dieser Geschöpfe, ja das Ende des ersten Absatzes erscheint geradezu als Paraphrase seines Spinnen-Gedichts: »Muß man nicht über die Kunst und Geschicklichkeit dieser Geschöpfe erstaunen, wenn man ihnen an ihrer stillen und unverdrossenen Arbeit zuschaut, und an den großen und weisen Schöpfer denken, der für alles sorgt, und solche Wunder in einem so kleinen und unscheinbaren Körper zu verbergen weiß?«

Im Verborgenen liegt vieles, das der – literarischen – Entdeckung harrt: die verachtete Spinne, der Käfer, der Sperling am Fenster, der Kirschbaum oder, ganz schlicht, der morgendliche Haferbrei, den die Kinder vor der Schule essen. In diesem *Habermus* steckt die Quintessenz dessen, was Hebel seinen Lesern, den *Freunden ländlicher Natur und Sitten*, vorsetzt: Ein ganzes Jahr unermüdlicher bäuerlicher Arbeit erfordert der einfache Haferbrei, der langsamen Entfaltung der Pflanze bedarf es dazu und über allem steht das Wirken das Schöpfers.

Dass den *Allemannischen Gedichten* ein überwältigender Erfolg zuteil würde, war nicht von Anfang an abzusehen. Aus Hebels Korrespondenz geht hervor, wie sich die Suche nach einem Verleger in verschiedene Richtungen bewegt. Die Freunde machen Vorschläge. Samuel Flick in Basel, den Hitzig nennt, scheint Hebel vorderhand die aussichtsreichste Adresse. Anfang April 1802 schreibt er an Günttert in dieser Angelegenheit: »Ich wills jetzt mit dem Flick probiren. Aus Ursache die ich Ihnen schon geschrieben habe, will ich den Hitzig anspannen. Ich bitte Sie also, ihm die Papire, nemlich a) das Speckschwärtlein, wo er dem Buchhändler ums Maul streichen soll, b) die Musterproben und c) Schmids Brief sobald als möglich zu schicken, wie Sie wollen, nur sicher.« Verfasser des unter c) genannten Briefs ist ein weiterer Hebel-Freund, Johann Wilhelm Schmidt, Pfarrer in Hügelheim, der sich für die *Allemannischen Gedichte* einsetzt und dessen Schreiben, so Hebel, dem Buchhändler einen guten Willen machen soll, vor allem weil es das günstige Urteil des Freiburger Jacobi enthält.

Wenige Tage, nachdem Hebel an Günttert geschrieben hat, wendet er sich an Hitzig mit der Bitte, für ihn den Gang nach Basel zu tun und dem Buchhändler und Verleger Samuel Flick »einen Strick um den Hals zu werfen«. Hitzig erhält detaillierte Instruktionen, wie er vorzugehen und zu verhandeln habe. Als erstes sei dem Buchhändler Hebels *Erklärung und Verständigung* zu übergeben. Der Buchhändler sei bei der Lektüre der *Erklärung* genau zu beobachten, »besonders die Bewegung der Muskeln um Mund und Nase«. Bezeuge sein Mienenspiel Lust an der Sache, so solle Hitzig mit den Probegedichten und dem Brief von Pfarrer Schmidt, inklusive Jacobis Urteil, herausrücken und ihm sagen, »daß wir ehrliche Leute seyen und Jakobi ein kompetenter Richter«. – »Dann kommt's auf die Hauptsache an.« Die Hauptsache sind die Kosten. Was bietet Flick für den gedruckten Bogen mit Subskription? Was ohne Subskription? Zu welchem Preis würde er liefern?

Bietet Flick weniger als 1 Louisdor pro Bogen, so solle Hitzig die Verhandlung abbrechen und dem Buchhändler sagen, dass man es eher umsonst werde drucken lassen, aber nicht bei ihm. Er, Hebel, »sey gar nicht aufs Geld erpicht, und arbeite blos aus Liebhaberey«. Liegt das

Angebot aber über 1 Louisdor, so möge Hitzig nach eigenem Augen-
maß versuchen, den Preis noch ein wenig in die Höhe zu treiben, und
zugleich so tun, als sei man »verteufelt interessirt«.

Der nächste erhaltene Brief an Hitzig datiert vom 4. Juli 1802. Hitzig
hat inzwischen bei Flick vorgesprochen, man scheint sogar handels-
einig geworden zu sein, doch als Flick brieflich seine Konditionen verschärft, statt 150 Subskribenten 300 fordert und sich in der Frage des
Honorars gar nicht festlegen will, zerschlägt sich die Sache wieder.

Die Gedichte werden nicht in Basel erscheinen, wie Hebel es wohl
aus Nostalgie und innerer Verbundenheit mit seiner Geburtsstadt an-
strebte, sondern in seiner Arbeits- und Karrierestadt Karlsruhe, bei
Hofbuchhändler Macklot – eine Wahl, die gleichwohl naheliegt und
die geschäftliche Abwicklung vereinfacht. Zumindest kann man so hoffen, den Geschäftsgang besser zu überblicken und nicht gleich »übertölpelt« zu werden. Insgesamt hält sich Hebels Zufriedenheit mit seinem Verleger in Grenzen, eine »träge Seele« nennt er ihn, »eine todte
Katze«, die alles ihm überlasse und auf ihn abwälze. Während Hebel
also mit Macklot noch über Papierpreise verhandelt, hat das Manuskript von der Zensurbehörde schon das Imprimatur erhalten, worüber
Hebel im November 1802 berichtet: Das »vielgeleckte, vielleicht schon
wundgeleckte Wälderbüblein« habe er »aus der Wundschau der Censur
unscalpirt zurückbekommen«. *Wälderbüblein* nennt er väterlich seine
Gedichte, deren Ankunft in der Welt der Dichtung schon unmittelbar
bevorsteht, wären da nicht immer noch einige Widrigkeiten zu über-
winden. »Ueber ein Kleines, sagt das Wälderbüblein, so werdet ihr mich
sehen!«, doch leider ist der Kupferstecher saumselig und ein ausge-
machtes »Faulthier«, dem seine hellpolierte Platte so wohl gefalle, dass
ihm jeder Stich weh tue.

Die im Land verstreuten Freunde sind unterdessen damit beschäftigt, Subskribenten zu werben. Hebel feuert sie scherzend zu Höchst-
leistungen an. Eine Ernte biblischen Ausmaßes solle Hitzig einfahren: »[...] zieh in's Netz, wer dir nahe kommt, Augen zum Lesen im
Kopf, und noch einen Thaler im Sack zum bezahlen hat! Lege Fuß-
angeln, wo du kannst und weist, fahe sie mit tödlichem Hamen, sey wie

die Pest, die im Finstern schleichet und wie die Seuche die im Mittag verderbet! Laß tausend fallen zu deiner Seiten und zehntausend zu deiner Rechten.«

Ende Dezember berichtet er an Hitzig: »Das Büeblein gaukelt mir schon seit 10 Tagen vollgliedrig und wohlgewachsen vor den Augen, [...] aber der infame Schneider [d. h. der Buchbinder] bringt immer den Rock noch nicht.« Hebel bittet den Freund beizeiten an die Rezension zu denken und diese in ihrem allgemeinen Teil schon zu entwerfen, auch wenn er das fertige Buch noch nicht in Händen halte. Denn, so schreibt er, es sei ihm darum zu tun, dass das Bürschlein der Welt bekannt werde und Zutritt finde, ehe es ein Nachdrucker in seine Lumpen kleide.

Viel Geschäftigkeit, eifrige Kalkulation und Terminsorgen gehen, wie man sieht, dem offiziellen Erscheinen der *Allemannischen Gedichte* Februar 1803 voran. Die erste Auflage beträgt 1200 Exemplare, bereits 1804 folgt die zweite Ausgabe. Hatte der Verfasser in der Erstausgabe noch halb seine Anonymität gewahrt, statt des Autorennamens ein Zitat aus Vergils erster *Ekloge* gesetzt und nur in der Widmung an die *guten Verwandten, Freunde und Landsleute zu Hausen im Wiesenthal* seine Initialen preisgegeben, so tritt er nun als *J.P. Hebel, Professor in Carlsruhe* in die Öffentlichkeit.

Von einer geplanten dritten Ausgabe ist Anfang März 1806 in einem Brief an Hitzig die Rede. Anders als sein Verleger Macklot, der den Aufwand gering halten und dem *Wälderbüeblein*, »dem armen Närrlein«, einfach »noch einen Kübel voll Druckschwärze über den Kopf schütten« will, beabsichtigt Hebel einige Veränderungen am Text. Dabei geht es ihm zunächst um die möglichen Leser und Käufer: »Im Land und an den Gränzen, wo des Wälderbüeblins Sprache hochdeutsch ist, kaufts niemand mehr. Wer's wollte, hats. Die dritte Ausgabe kann also nur im später aufmerksam gewordenen Ausland Glück suchen. Deswegen gedenke ich fast, den Text fürs Ausland ein wenig gefälliger zu machen und erstlich allzu lokale Beziehungen die anderwärts unverständlich und ungenießlich sind zu verallgemeinisiren [...]. Zweitens allzu harte und grobe Formen, z. B. pürzlich, groblisch, und allzugemeine

z. B. Guggus daß di Potz! schicklich zu umgehen.« Generell soll die Lesbarkeit und Verständlichkeit der Gedichte noch erleichtert werden, und zwar durch eine – weitere –Annäherung der Orthographie ans Hochdeutsche. Die Lautfolgen sollen ein klein wenig entschärft werden, »schläferig statt schlöferig« möchte der Dichter nun lieber schreiben, »chansch« statt »chasch«, »früeh« statt »früeih«.

Neben jenen Überlegungen, die auf Absatz und Leserschaft gerichtet sind, fallen Hebel im vielstimmigen Chor der Rezensionen und Gespräche allerhand Ratschläge zu, die ihre irritierende Wirkung auf den Dichter nicht verfehlen. Von Voß, der für Hebel eine Autorität, wenn nicht gar ein Vorbild auf dem Gebiet der Mundartdichtung ist, war schon die Rede. Er hatte bei seinem Besuch in Karlsruhe für eine Veredelung und größere Ursprünglichkeit des »gemeinen« Dialekts plädiert, zudem »mehr Sorgfalt auf den Hexameter« eingefordert.

Jacobi hatte in seinen Besprechungen der *Allemannischen Gedichte* im *Allgemeinen Intelligenz- oder Wochenblatt für das Land Breisgau* (23. Februar 1803) und in *Iris. Ein Taschenbuch für 1804* viel Lobendes zu sagen gewusst. Ein »Sänger der Natur« und »Volksdichter« sei der – offiziell anonyme – Verfasser, ein Original und zugleich Nachfahre des »ehrlichen Claudius«, was Unbefangenheit, naiven Ton, kindlichen Glauben und moralische Tendenz angehe. In den Gedichten liege »unschuldiger Scherz, abwechselnd mit wohltätigem Ernst; erhabne Gedanken, deren Erhabenheit durch den einfältigen Ausdruck noch auffallender wird; tröstliche Wahrheiten, überall Leben und Wärme, und ein herzliches, inniges Verlangen, den müden Arbeiter aufzurichten bey seinem Tagewerk; die gemeinere Seele zu veredeln, ohne sie aus dem Kreise, worinn sie wirken soll, wegzurücken, und den Menschen fest zu halten an dem, was sein Heiligstes seyn und bleiben muß – Alles dieses«, so resümiert Jacobi, »giebt den Allemanischen Gedichten, nach meinem Urtheil, einen so ausgezeichneten Werth, daß ich mich seit langer Zeit keiner interessanteren Erscheinung auf unserem Parnaß erinnere.« Eben dieser ausgezeichnete Wert aber macht das Bedauern um so größer, dass der Verbreitung der Gedichte Sprachgrenzen gesetzt sind. Desiderat des Rezensenten sei daher eine Übertragung der Gedichte ins Hochdeutsche. Als Ansporn liefert Jacobi gleich ein paar selbstgefertigte Proben zum *Winter* und der *Sonntagsfrühe*.

Übertragung ins Hochdeutsche ist die eine Richtung, um aus Poesie Allgemeingut zu machen, Übertragung hochdeutscher Gedichte in den Dialekt die andere, die Goethe in seiner Rezension anregt. Hebel selber experimentiert mit Übersetzung und Doppel-Versionen, *Der Abendstern* und *Das Gewitter* legen Zeugnis davon ab, doch fehlt ihm der Glaube, auf diese Art auch ein doppeltes Gelingen in der Hand zu haben. Von welcher Seite man es betrachtet, das Übersetzen kommt einer poetischen Quadratur des Kreises gleich: Der Übersetzer, der das Hochdeutsche in den Dialekt befördert, wird eine unfreiwillige Travestie ernten, so als ob »ein bekannter Mann von feinem Geschmack und Sitten« plötzlich im »Zwilchrock« daherkäme. Denn »unsere Sprache«, so Hebel zu Hitzig, verträgt durchaus nichts, »was nicht in ihr selber erzeugt und geboren ist«. Und kein noch so genialer Übersetzer, der den Dialekt ins Hochdeutsche verwandelt, kann alles zugleich retten, Inhalt, Klangwirkung und Assoziationskraft, und überdies noch das Original an Verständlichkeit übertreffen. Statt sich auf das Risiko einer Übertragung in »hochdeutsche Mundart« einzulassen, gilt es vielmehr abzuwägen, wie viel an lautlicher Exotik dem Leser im »Ausland«, das heißt jenseits der Sprachgrenzen des Alemannischen, zugemutet werden kann. War der Dichter von Anfang an bemüht, kleine phonetische Brücken zu schlagen zum Hochdeutschen, so soll diese Richtung weiter verfolgt und das Fremde noch ein wenig mehr ins Vertraute gewandelt werden.

Am Sprachgewand wird nachjustiert, doch auch die Inhalte geben Anlass zu Veränderungswünschen. Da melden sich etwa jene Leser der *Allemannischen Gedichte* zu Wort, die den Gedichtfiguren Pate standen oder zumindest glauben, sich und Angehörige in diesem oder jenem Gedicht wiederzuerkennen. Im *Statthalter von Schopfheim* kommt der Vater des Vreneli gegen Ende des Gedichts zu Tode. In Basel auf dem Kornmarkt gerät er unter ein Rad, »sie hen en z'Elsbethe / ohni Gsang in d'Erde gleit, wie's z'Basel der Bruuch isch.« Hat Hebel sich bei diesem Vorfall an ein konkretes Ereignis erinnert? Zumindest fühlen sich konkrete Personen Schopfheims in Verruf gebracht, Hebel bedauert dies und versichert in der *Vorrede zur vierten Auflage* ausdrücklich, dass er »durch das ganze Werklein auf niemand deuten, niemand kränken und höhnen wollte«.

Veränderungswünsche gibt es jedoch auch von allerhöchsten literarischen Instanzen. Die »Jenaer Recension«, so Hebel in seinem Brief an Hitzig, verlange, dass »die Marktweiber umgearbeitet und's Becke Casperli aus dem Storch weggelassen werde. Jenes galt bloß für Basel, dieser für die reichen Oberländer Halbherren und Halbdeutsche.« Was Hebel im Brief an seinen Freund die »Jenaer Recension« nennt, ist die Rezension Goethes, der neben allem Lob für einen Dichter, der auf die naivste, anmutigste Weise das Universum verbaure, mit geradezu juristischer Strenge Retuschen einfordert. Nur die friedlichen Motive im *Storch* sollen bestehen bleiben, *Die Marktweiber in der Stadt* seien überhaupt »am wenigsten geglückt«, kritische Seitenhiebe gegen die Stadtbevölkerung, wie die Marktweiber sie austeilen, passen nicht ins Konzept naiver Anmut, der Dichter ist zur Korrektur aufgerufen. »Wir ersuchen den Verfasser, diesen Gegenstand nochmals vorzunehmen und einer wahrhaft naiven Poesie zu vindiciren.« Das Naive wird zur Richtschnur, ja geradewegs zu einer Fessel für das Dichterwort, wie sich schon in der Kritik des Johann Daniel Falk zeigt: Hebel *sentimentalisiere* zu stark, beanstandet Falk, was bei dem »großen und seltenen Überfluß von echt naiven, neckischen, drolligten, allerliebsten Zügen, Einfällen und Redensarten« ein Fehlgriff sei. Unpassend daher die Schelte der *Marktweiber*, unpassend auch die »misrabli Chrüppel«, die im *Schmelzofen* aufmarschieren. Hebel kontert in einem Brief an den Rezensenten: »Aber bester Mann, es ist in Allemannien wie vermuthlich in Thüringen auch nicht lauter Sonnenschein, zumal in den Kreisen in welchen sich diese Muse bald erheiternd, bald unter Scherzen belehrend, bald warnend und tröstend bewegen wollte.«

Zum ausdrücklichen, einschränkungslosen »Liebhaber« der Gedichte erklärt sich hingegen Jean Paul (*An den Herausgeber der Zeitung für die elegante Welt, 1803*). Nach einigen Überlegungen zur Mundart, etwa zur Häufung von Diminutiven, mit denen die Liebe ihr

Geliebtes verkleinere, ist die Liebe denn auch Jean Pauls Stichwort, um den alemannischen Dichter zu charakterisieren. Der habe »für alles Leben und alles Seyn das offne Herz, die offnen Arme der Liebe, und jeder Stern und jede Blume wird ihm ein Mensch. Durch alle seine Gedichte greift dieses schöne Zueignen der Natur, der allegorisirenden Personifikazion […]. Die Dichtkunst ist nur ein anderes Wort für höhere, weitere Liebe; sie scheidet und erlöset die Natur vom dienstbaren Tode, und beseelt wie ein Gott, um nur zu lieben, und schmückt wie eine Mutter, um noch mehr zu lieben.« Die *Allemannischen Gedichte*, so könnte man mit Blick auf die *Vorschule der Ästhetik* fortsetzen, sind eben nicht Studierstuben-Kunst, sondern jene selbstvergessene Poesie wahrer Anteilnahme, die Gegenstand des Volks ist, »so wie das Volk Gegenstand der Poesie«. Jean Paul nennt Hebel die *allemannische Drossel aus dem Schwarzwalde* und empfiehlt abschließend, den Unbelehrbaren, die gar keinen Sinn für Dichtkunst besitzen, statt der Drossel eine im Schwarzwald geschnitzte »Guckguck-Uhr, oder irgend einen da gedrechselten Viehstand im Kleinen, in die Hand zu geben«.

Der Beiname einer *allemannischen Drossel*, noch dazu aus dem Mund eines Dichterkollegen, den er verehrt wie kaum einen anderen, beglückt Hebel. Doch alles Lob, das Jean Paul spendet, kann den Nachhall kritischer Stimmen nicht übertönen. Zweifel rumoren in Hebel, und die Frage, ob und inwieweit er den Verbesserungsvorschlägen und Anregungen nachgehen soll, ist nicht leicht zu beantworten. Wie Hebel sich überhaupt gerne im Einerseits-Andrerseits verstrickt, so ist auch hier guter Rat teuer, eben darum, weil er in so reichem Maß zuteil wurde. »Umarbeitungen verlieren immer, weil man an die alten Texte gewöhnt ist«, meint Hebel noch recht beherzt in seinem Brief an Hitzig. Man ist versucht zu glauben, er könnte die Aufrufe zur Korrektur einfach in den Wind schlagen. Doch Hebel sieht noch einen anderen Weg: Statt die beiden von Goethe beanstandeten Gedichte zu verbessern, denkt er daran, sie lieber ganz wegzulassen und dafür etwas Neues einzuschieben. Wie die dritte Ausgabe zeigt, hat er sich zuletzt doch zur Umarbeitung entschlossen – und damit neue Kritik heraufbeschworen. Verdorben durch Milderung, so lautet ziemlich einhellig das Urteil späterer Herausgeber und Hebel-Forscher über die nachgebesserten Textstellen.

Ähnliches sieht allerdings auch schon Hebel selber: Die dritte Ausgabe »soll in allen mit Grund getadelten und angefochtenen Stellen wo nicht besser, doch anderst, ja schlechter werden«. Selbstironisch zeichnet Hebel die Vergeblichkeit des Gehorsams, die ihn nicht davon abhält, gehorsam sein zu wollen. Denn immerhin, so räumt er bereitwillig ein, wurden die Stellen doch *mit Grund* getadelt. Das Selbstbewusstsein des alemannischen Dichters steht in dieser Phase erster Rückmeldung auf schwankenden Füßen.

Mit komischer Verzweiflung berichtet er im selben Brief an seinen Freund Sebastian Engler über die verschiedenen Versuche, den alten Statthalter aus Schopfheim für jedermann unanstößig aus dem Leben scheiden zu lassen. Zunächst muss er ihn zu St. Elsbethen, wo der Verunglückte *ohni Gsang* in die Erde gelegt wurde, herausgraben, »auf eigene Kosten« und ihn an einen anderen Ort bringen. Das Leben des Statthalters muss durch ein Unglück enden, das befiehlt das biblische Vorbild. Schlangenbiss, Fischgräte im Hals oder Duell? Tod durch die Kugel eines Wildschützen scheidet aus, da könnte ganz unbeabsichtigt der Held des Gedichts, der Friedli, verdächtigt werden. Am passendsten erscheint schließlich eine nächtliche Wagenfahrt: der Statthalter verunglückt, als er den reißenden Fluss durchquert. Hebel hofft inständig, dass die jetzige Frau Statthalterin von Schopfheim in dieser Version keine Parallelen zum Tod ihres Vaters mehr entdecken möge, von dem Hebel leider, und das erschwert seine Revision des Gedichts, gar nichts Genaues weiß.

Was in Hebels Brief an Engler so leichthin geschrieben scheint, launig und pointiert, mündet unerwartet in ein hochgestecktes Ziel: »Ich möchte gerne in der dritten Auflage von allen Seiten klaglos und gerechtfertigt erscheinen«. Welch realitätsfremder Wunsch! Man erstaunt über die offenbare Ernsthaftigkeit, mit der Hebel ihn vorbringt, hat er sich doch andererseits, wie man gesehen hat, durchaus skeptisch über das Umarbeiten und Verändern und den damit erkämpften Qualitätsgewinn – der möglicherweise gar keiner ist – geäußert. Er verbessert also pflichtschuldigst, was ihm von unterschiedlichen Seiten als verbesserungsbedürftig angezeigt wurde, und muss prompt erfahren, dass nun die klagen, die zuerst zufrieden waren. In der *Vorrede zur vierten Auflage* (1808) berichtet Hebel, dass Stimmen laut geworden seien, die die Lesart der ersten Ausgabe wiederhergestellt sehen möchten, doch habe er sich entschlossen, bei der jüngsten Fassung zu beharren.

Nicht mehr in Karlsruhe, sondern im schweizerischen Aarau bei Sauerländer erscheint 1820 die fünfte Ausgabe, erweitert um zwölf Gedichte und mit einer Titelvignette des Zürcher Kupferstechers Franz Hegi. Insgesamt sind die *Allemannischen Gedichte* eines der am häufigsten nachgedruckten Bücher der ersten Jahrhunderthälfte, die Zahl der einzelnen Druckauflagen wird nur von wenigen anderen literarischen Titeln erreicht. Neben der Textgestalt variieren die Beigaben, die dem Leser in den einzelnen Ausgaben geboten werden. In der ersten Ausgabe sind es vier Musikbeilagen, über die Hebel im November 1802 an Hitzig berichtet: »Müller in Friesenheim hat 3 vortreffliche Melodien gelifert. Hans und Verena, ganz charakteristisch. Freude in Ehren, recitativ nach meinem Gefühl vielleicht etwas schwer und nicht Volksmäßig, aber von außerordentlicher Wirkung. Der Wächterruf unick, lieblich. Eine Vierte für den Morgenstern, in Colmar verfaßt, deren Verfasser ich nicht weiß, habe ich auch die Erlaubniß zu benützen, und sie darf sich neben jenen produziren.« In der dritten Ausgabe tritt dazu die Ausstattung mit drei Kupferstichen, die in der vierten entfallen, in der fünften wieder eingefügt sind, während in dieser fünften Ausgabe die Musikbeilage fehlt.

Die Illustration seiner Gedichte war Hebel wichtig, die erhaltenen Briefe geben Einblick in die nicht ganz reibungsfreie Entstehungsgeschichte der drei Kupfer. Der Straßburger Künstler Benjamin Zix (auch Zyx), »unstreitig der lezte unter allen Künstlern, wenn es nach dem Alphabet geht«, kann für die Aufgabe gewonnen werden. Themen der Illustrationen sollen sein: die Familiengruppe aus dem Gedichtanfang des *Karfunkel* als Titelkupfer, dann Vater und Bub auf dem Baselweg aus der *Vergänglichkeit* und schließlich die Mutter am Christabend aus dem gleichnamigen Gedicht. Hebel, dem ein einziges Bild im ganzen Gedichtband neben dem Titelbild zu dürftig erscheint, will die Kosten für eine dritte Illustration selber übernehmen, »aus vätterlicher Liebe für mein Geisteskindlein«. Hebels Straßburger Freunde Gottfried und Sophie Haufe führen im Auftrag des Dichters die unmittelbaren Verhandlungen und werden per Brief angewiesen, den Kupferstecher taktisch klug, »delikat« und doch nachdrücklich auf den gewünschten Weg zu bringen. Doch während Hebel schon mit Detailfragen beschäftigt ist und diese weiterleitet, erfährt das Vorhaben selber – auch darüber berichtet er an seine Straßburger Mithelfer – eine herbe Kritik. Der Karlsruher Baumeister Friedrich Weinbrenner, ein Mann, dessen Wort einiges Gewicht zukommt, hat dem Verleger Macklot den Kopf »würrisch und störrisch« gemacht mit seinen Ansichten darüber, was Illustrationen leisten können und sollen. Eine Art Laokoon-Debatte *Über die Grenzen der Malerei und Poesie* hat Weinbrenner angezettelt und alle Beteiligten gehörig aus dem Konzept gebracht. Weinbrenner behaupte, so referiert Hebel im Brief an Haufe, die zeichnende Kunst könne einer sentimentalischen Schilderung des Gedichtes nichts mehr geben, was der Dichter nicht schon sprechender gegeben habe. Keine bildende Kunst sei imstand, das darzustellen, was der Dichter schildere, nämlich wahr, warm und mitteilend die innere Empfindung. Zu zeigen, wie die Menschen äußerlich aussehen, deren inwendiges Empfinden Gegenstand des Gedichts ist, »sey eine Sotise«. Sinnvoller sei es daher, den Illustrationen einen »instruktiven« Charakter zu geben, ohne Beziehung auf den Inhalt eines Gedichts, was beispielsweise durch eine Abbildung des Röttler Schlosses oder der verschiedenen Oberländer Nationaltrachten geschehen könne.

Hebel ist nur halb überzeugt – »wenigstens haben auch andere Gedichte eine Ausstattung durch Kupfer, mit welchen die Kunst keine Sotise scheint gemacht zu haben« –, will jedoch die Entscheidung dem Kupferstecher Zix überlassen und liefert sicherheitshalber für die »instruktive« Version gleich ein paar Ideen und Wünsche mit. Vor allem die Anregung mit den Nationaltrachten muss in allen Details durchdacht werden und eben dabei stößt man auf unerwartete Schwierigkeiten.

Hauptfrage ist, wie Zix in Straßburg überhaupt zu einer anschaulichen Kenntnis der Trachten gelangen soll. Es ist ein aus heutiger Sicht geradezu museales Kommunikationsproblem, das sich da auftut, erheiternd in den Einfällen, die es zeitigte, und eben darum wert, noch einmal aufgerollt zu werden. Erste Möglichkeit wäre eine Reise des Kupferstechers ins Oberland, zwecks Lokalaugenschein, doch der Verleger scheut die Kosten und der Dichter die Zumutung. Nächste Idee ist es, nicht den Künstler, sondern das Kostüm auf die Reise zu schicken. Sophie Haufe könnte es anziehen und dann darin dem Künstler Modell stehen. In eben dieser Angelegenheit ergeht ein Brief an Freund Hitzig, der gebeten wird, einen »vollständigen weiblichen Anzug« von einem »gut gewachsenen Oberländer Mägdlein oder Weiblein« zu prokurieren und denselben wohlverwahrt, auf Maklotts Kosten und Risiko nach Straßburg zu schicken. Der Strohhut bleibe natürlich weg, aber »das Halstuch muß ganz erschröcklich groß seyn«.

Anfang November 1805 – Hebel hat inzwischen Proben der Radierungen erhalten – bespricht er diese ausführlich im Brief an die Straßburger Freunde und bittet, dem Künstler mit aller Behutsamkeit einige Korrekturen nahezulegen, sofern noch Möglichkeit dazu besteht. Hebels Korrekturwünsche zeigen, wie sehr ihm auch in Kleinigkeiten an einer lebensechten Darstellung gelegen war. Da geht es um die Schlaufe einer Kappe, die »etwas mehr nach vorne herabliegen« solle und um Beine, die für einen Bauernjungen fast zu dünn seien. Lassen sich die von Hebel angesprochenen Details noch bereinigen, so gilt dies kaum für den Gesamteindruck. Hebel bedauert die Überhöhung der Bauernwelt ins »Geschmackvollere und Edlere«, er hätte sich mehr Wirklichkeitsnähe gewünscht statt Figuren, die sich wie verkleidete Gottheiten in der Bauernstube tummeln.

Napoleons Eroberungszüge machen unterdessen auch vor der Kunst nicht halt. Als der selbst gekrönte Kaiser der Franzosen im September 1805 nach Straßburg kommt, ehrt man ihn mit einem Triumphzug, an dessen Vorbereitung Benjamin Zix mitgewirkt hat. Zix' Arbeiten finden Gefallen, nämlich bei Vivant Denon, dem Kunstsammler und Künstler, der Napoleon schon auf den Feldzügen nach Italien und

Ägypten als Kriegszeichner begleitet hat, und Zix avanciert zum Historiographen und Schlachtenmaler im Dienste Napoleons. Die Kupferstiche für die *Allemannischen Gedichte* haben das Nachsehen. Hebel kommentiert den Verlust launig, mit der Rüge an seine »Minister« Sophie und Gottfried Haufe, die nicht ausreichend für die Geheimhaltung des Genies gesorgt hätten, und mit einer wünschenswerten Ergänzung des 10. Gebots: »Laß dich nicht gelüsten deines Nächsten Weibs noch seines Hofkupferstechers.«

Zix betraut den gleichfalls in Straßburg ansässigen Kupferstecher Frédéric Sigismond Simon mit der Fertigstellung der Illustrationen. Hebel gibt sich zuversichtlich, dass Zix »die schönen Geschöpfe seines Geistes in keine Hände übergeben werde, aus denen sie nicht schön wie er sie dachte und entwarf an das Licht treten werden«. Auch nach diesen Wende- und Höhepunkten bleibt die Geschichte der drei Illustrationen spannungsreich. Die Zeit drängt, Macklot mahnt zur Eile, Hebel gibt die Ermahnung brieflich an seine Straßburger Freunde weiter, mit der Bitte, dem Herrn Simon die Hölle recht heiß zu machen, man komme sonst in Not und Jammer. Als die Arbeit abgeschlossen ist, bestätigt sich, was schon die Proben erkennen ließen: Die fertigen Bilder entsprechen nur halb den Vorstellungen des Dichters. Sein Wunsch, in Sprache und Gehabe eine sacht verfeinerte Darstellung ländlicher Sitten zu liefern und diese Verfeinerung wiederum als pädagogischen Ansporn wirken zu lassen, ist missverstanden worden als der Wunsch nach ästhetischer Überhöhung des Bäuerlichen. Die *Nationaltrachten*, mit denen man sich so viel Mühe gegeben hat, bleiben an den Figuren Fremdkörper, Theaterkostüme, »zu flottant«, wie Hebel sagt, zu sehr als gefälliges Zusammenspiel von Stoff und Leib arrangiert. »Unsere Landleute werden in den Figuren ihr Original nicht ganz erkennen«.

Wiedererkennen – davon war schon die Rede. Wiedererkennen ist einer der Schlüssel, der Hebels Dichtung und seine nur bruchstückhaft und selten zu ausdrücklicher Formulierung gelangte Poetik aufschließt. Wiedererkennen gepaart mit Veredelung, auf einer höheren *sittlichen* Ebene, was Anerkennung der Welt, wie sie ist, impliziert. Ein Bauernjunge hat und braucht kräftige Beine, auch wenn die Mode in der Kunstwelt mehr aufs Dünne geht. Der Weg, auf den der Dichter sein *Büebli* schickt, mag zum Beispiel in den Erdbeerschlag führen. Es gibt reiche Ernte, einen Engel, der plötzlich erscheint und mitessen möchte, ein wenig Kinderneid und Unfreundlichkeit und eine Lehre: »Me mueß vor fremde Lüte fründli sy«. Nicht zu vergessen das augenzwinkernde Bekenntnis des Dichters: Seitdem sei kein Segen mehr im Erdbeeressen, es mache nie satt. Die Lehre gleicht dem Engel, sie ist der Gruß einer besseren Welt, die sich zeigt, wenn man »fründli« ist, zugleich ist das Gedicht damit wieder auf dem Boden der ländlichen Wirklichkeit gelandet. Ordentlich grüßen und das »Chäppli lüpfe« ist Alltagsermahnung für alle Kinder.

Hinter dem Wiedererkennen erster Ordnung, das auf die »Landleute«, die oberländischen Väter, Mütter und Kinder, die Arbeiter am Schmelzofen, Marktweiber und Schäfer gemünzt ist, bieten die Gedichte freilich noch ein zweites Wiedererkennen, eines für kundige, eingeweihte Leser, die hinter der ländlich-alemannischen Inszenierung etwa einen alttestamentarischen Urtext aufzuspüren vermögen. Das Wiedererkennen verzweigt und vervielfacht sich auf diese Weise, ja der Versuch an sich, die Welt in Bekanntes und Unbekanntes zu teilen, eröffnet ein geradezu labyrinthisches Gewirr an Möglichkeiten.

Sein als Schein zu entlarven und umgekehrt, jene Geste dichterisch vorzuführen, mit der Masken gelüftet werden, hinter denen – wer weiß? – neue Masken warten, das ist gewiss eines der Lieblingsthemen Hebels, so wie sich sein Schreiben in nicht geringem Maße von Hypotexten nährt und aus dem Spiel mit literarischen Vorgaben entwickelt. Die Charaden, die der Dichter immer wieder gerne und zeitweise geradezu exzessiv ersinnt, sind in gewisser Weise ein Musterbeispiel dieser ständigen Umwandlung von Neuem in Bekanntes, das sich seinerseits wieder ins Neue wenden lässt. Man wähle einen banalen Gebrauchsgegenstand, den manche täglich, andere zumindest hin und wieder zur Hand nehmen, der dem einen hilft, seine Geschäfte zu führen, dem anderen dazu dient, seine Botschaften an die Welt zu verfassen. Man nehme ein schlichtes, kleines Ding wie den Bleistift. Das Rätsel, das ihm gewidmet ist, erschafft ein Geheimnis, dessen Schwierigkeitsgrad genau bemessen sein will, denn das Unlösbare reizt die Rätsellust so wenig wie das allzu Simple. So heißt es also: »Mein Körper ist von Holz, sehr leicht zu brechen, / mein Herz kann ohne Stimme mit euch sprechen.« Ein Versteckspiel wird hier inszeniert, eine seltsam fremde Sprachverpackung ersonnen, die verwirrt und irritiert. Eben diese Verwirrung und Irritation gilt es zu meistern und einen Blick hinter den Mummenschanz der Formulierung zu werfen. Die Lösung ist zugleich der Moment des (Wieder-)Erkennens, der Rückkehr zur vertrauten Ordnung, weshalb die Faszination der Rätsel- und Charadendichtung wohl zu einem Gutteil darin liegt, dass auf sicherem Boden nachgespielt wird, was menschliche Existenz im rhythmischen Wechsel durchzieht: Abstoßen ins Neuland und Rückkehr ins Bekannte. Desorientierung und Orientierung. Die Wege, auf denen derjenige wandelt, der den großen und kleinen Rätseln nachspürt, sind weitläufig, gelegentlich führen sie ihn bis ans Ende der Welt, wo er die erstaunliche Entdeckung macht, dass ihn weniger Fremdheit umgibt, als er erwartete. An den entlegensten Punkten der Erde leben und wohnen Menschen, wie wir sind, weiß Hebel im Kalender 1805 mitzuteilen. So lassen sich Linien ziehen vom Fernen zum Nahen, vom Neuen zum Alten. Manchmal lagern diese Verbindungen noch im Dunkel, und doch findet sich »in großen und kleinen Weltbegebenheiten, so weit sie auseinander zu liegen scheinen, und so wenig die Augen eines Sterblichen den feinen Faden ihres Zusammenhangs entdecken mögen etwas typisches und antitypisches«. Es ist der »feine Faden« des Zusammenhangs, dem sich das Wiedererkennen und Wiedersehen, auch unverhofft, verdankt.

Der Erfolg der *Allemannischen Gedichte* hat bald den Gedanken an eine Fortsetzung entstehen lassen. Doch ein zweiter Band, ein zweiter »Blumenstrauß«, wie Jean Paul die Gedichtfolge nennt, sollte nie verwirklicht werden. Lediglich das Volumen des bestehenden Gedichtbandes erweitert sich mit der fünften Ausgabe von 1820. Einzelne Gedichte erscheinen im *Wochenblatt für das Land Breisgau*, in Jacobis *Iris* und im *Alsatischen Taschenbuch* des Straßburgers Ehrenfried Stöber.

Bereits 1803, also schon während der Vorbereitung der zweiten Aus-

gabe, gibt sich Hebel resigniert, was eine Weiterführung der Dialektdichtung betrifft. Das *zweite Bändchen*, das als Möglichkeit oder Vorhaben durch die Briefe geistert, trägt von vornherein den Stempel des
Scheiterns. Die Gründe für Hebels Resignation sind, variationsreich
formuliert, ein Versiegen der Inspiration, das Ausbleiben jener höheren
Macht, deren Werkzeug der Dichter ist. »Der erste heilige Anflug des
Genius ist schnell an mir vorübergegangen«, schreibt er Ende Juli 1803
an Hitzig, fast gleichlautend ein knappes Jahr später an Gustave Fecht:
»Aber dieser heilige Geist, der mich damals umschwebte, will nimmer
über mich kommen«. An Dümge in Heidelberg: »Aber es will nimmer
gehn. Ich fürchte, der leichte, begeisternde Anflug sey so unwider-
bringlich verweht, als er ungeruffen gekommen ist.« Ein wenig weiter
holt Hebel aus im Brief an den Wiener Operndichter und Regisseur
Georg Friedrich Treitschke: »Viele Geschäfte und unangenehme Stimmungen, die mit der Art derselben verbunden sind, rathen mir, bis es
anders wird, stumm zu seyn für den Gesang. Ich bin kein geübter und
fruchtbarer Dichter, der kann, wenn er will. Die Muse wohnt nicht bey
mir, sie besucht mich nur, und ich besorge, an ein par Gedichten, die ich
schon in die Iris gegeben habe, bereits meinen Beytrag zu den Beweisen
gelifert zu haben, daß kein Segen dabei ist, wenn mans in böser Stunde
erzwingen will.« Zu den ~~Geschäften dieser Jahre~~ gehören, neben den
Berufspflichten eines Professors am Karlsruher Gymnasium, die Über-
arbeitung des Herderschen Katechismus, die sich zu einer ermüdenden
Folge von Textrevisionen ausdehnt, »herculeum opus«, stöhnt Hebel.
Außerdem, seit 1802, die Mitarbeit am Badischen Landkalender. Die
freie Zeit fängt an sich rar zu machen, während die Arbeitslast wächst,
woran der Dichter selber nicht ganz unschuldig ist, denn »wenn man
mich ein einzig mal verschont, so nehme ichs übel und meine man halte
mich nicht für tüchtig dazu«. Hebel stößt sich selber in die Arbeit und
bleibt doch mit halbem Kopf draußen, es ist eben dieser unbotmäßige,
nicht mit den Institutionen verschmolzene Teil seiner Person, für den
Arbeitslast und Unlust zusammengehören und dem mit der freien Zeit
die gute Laune vergeht und damit auch die Voraussetzung seiner Dichtkunst.

Die Muse besuche ihn viel seltener noch als die Muße, schreibt er 1809 an seinen Verleger Cotta. Tatsächlich mag Zeitmangel der entscheidende Grund sein, warum eine Fortsetzung der *Allemannischen Gedichte* nicht glücken sollte. Der eingangs zitierte Brief an den Münchner Jacobi, in dem Hebel über seinen »anomalischen« Werdegang berichtet, führt aber noch auf eine andere Spur: das fatale Gefühl, sich bei allem Dichten im alemannischen Dialekt nur noch »selber nachzuahmen«. Oder, wie Hebel andernorts formuliert, »immer mit dem nämlichen Pfeiflein am Mund« zu erscheinen. Selbstnachahmung als poetischer Nullpunkt. Der Dichter, der das Spiel mit Vorlagen und ihrer Veränderung so glänzend beherrscht, scheut sich, die eigene Versschmiede einfach weiterlaufen zu lassen. Der störrische Pegasos und die kapriziöse Muse sind wohl nur andere Namen für die Furcht, nichts als ein Dacapo des eigenen Werks zu liefern. Das Kapitel der Mundartdichtung schließt sich – nicht abrupt, das zeigen die um einzelne Gedichte erweiterten späteren Ausgaben, aber sanft auslaufend.

Hebels Geburtshaus in Hausen im Wiesental

»Ich möchte euch gerne sagen, wer ich bin«

Die Lebensjahre 1760–1791. Selbstauskunft des Autors.
Sein Bildungsweg von Hausen nach Karlsruhe. Erlangen und
die Theologie der Spätaufklärung. Kirche und Schule.
Beruflicher Aufstieg. Träume.

In Hebels Nachlass findet sich die unvollendete *Antritts-Predigt vor einer Landgemeinde*. Darin hat er eine kurze Selbstbiographie niedergelegt. Es ist die Urform seiner Lebensgeschichte, richtungweisend für die Nachgeborenen, authentisch, da aus erster Hand, dem Wahrheitsgebot der Textsorte unterstellt, bestechend in der Synthese von Sinn und Fügung – weshalb die Hebel-Forschung ein wenig aus dem Blickfeld verlor, dass die Wahrheit sich auch hier mit dichterischer Gestaltung vereint und das Vorzeichen der Fiktion auch vor dieses gewichtige Bekenntnis zu setzen ist. Es gab nie eine Landgemeinde, die Hebel zugewiesen worden wäre, so wenig wie eine Antrittspredigt, die er vor dieser Gemeinde zu halten gehabt hätte. Doch er bedurfte offenbar eben dieses Konstrukts, um autobiographisch werden zu können. Nicht für sich, auch nicht für eine reale Nachwelt, sondern für eine unmittelbar präsente, aber imaginäre Zuhörerschaft lässt der Dichter das eigene Leben noch einmal vorbeiziehen. Der Bogen spannt sich von der Kindheit bis zum sechzigsten Lebensjahr, jenem Jahr, in dem Hebel – so die Fiktion seiner Predigt – den Lebenstraum eines eigenen Pfarramts endlich erfüllt sieht.

Wenn Hebel von sich selber spricht, geschieht das nicht ohne Rechtfertigung, Bescheidenheitstopos und Bitte um Nachsicht. So auch in der *Antritts-Predigt*. »Ich predige nicht mich«, versichert Hebel gleich zu Beginn, »aber ich möchte euch gerne sagen, wer ich bin, auf welchen Wegen mich Gott zu euch führt. Ich wünsche euer Vertrauen zu gewinnen, damit ich den Weg zu euern Herzen finde.« Und er fährt fort:

»Ich bin von armen, aber frommen Eltern geboren, habe die Hälfte der Zeit in meiner Kindheit bald in einem einsamen Dorf, bald in den vornehmen Häusern einer berühmten Stadt zugebracht. Da habe ich frühe gelernt, arm seyn und reich seyn. Wiewohl ich bin nie reich gewesen, ich habe gelernt, nichts haben und alles haben, mit den Fröhlichen froh seyn und mit den Weinenden traurig. Diese Vorbedeutung von dem Schicksal meiner künftigen Tage hat mir mein Gott in meiner Kindheit gegeben. Schauet zurück in euere vergangenen Tage, ists nicht also, daß Gott manchem schon in seiner Kindheit ein Wahrzeichen seines Lebens gibt? Ist nicht die Kindheit der verborgene Keim, aus welchem nach und nach der reiche Baum des Lebens mit allen seinen Leiden und Freuden sich auseinander schlägt?« – Hebels frühe Erfahrung einer vielgesichtigen Welt nimmt einen festen Platz ein in seiner Vita. Das sozial-materielle Wechselbad, dem er als Kind ausgesetzt ist, das geradezu rhythmische Hin und Her zwischen Dorf und Stadt gilt allen Biographen als eine der entscheidenden Prägungen, die am Anfang stand. Eine erste Lebens-Lektion formt sich aus dieser Begegnung mit Hütten und Palästen, aus der Ungleichheit, die in so markanten Strichen vorgeführt und so demütig hingenommen wird. Aber man darf nicht vergessen: Wir hören eine Predigt, und wo, wenn nicht hier, wäre der rechte Ort, um sich darauf zu besinnen, dass alles Irdische von Gott bestimmt wurde.

Einen Lebensabschnitt nach dem anderen durchläuft Hebel in der *Antritts-Predigt*, es ist das Material, aus dem er die eigentliche Essenz der Predigt gewinnt: allgemeingültige Botschaft, Dank an Gott, Ermahnung für die Menschen. Eben diese Gewichtung verschiebt sich jedoch, und die Essenz tritt zugunsten des biographischen Materials in den Hintergrund: »Ich habe schon in dem zweiten Jahre meines Lebens meinen Vater, in dem dreizehnten meine Mutter verloren. Aber der Segen ihrer Frömmigkeit hat mich nie verlassen. Sie hat mich beten gelehrt, sie hat mich gelehrt an Gott glauben, auf Gott vertrauen, an seine Allgegenwart denken. […] Gott hat mir an Elternstatt wohlthätige Berather meiner Jugend und treue Lehrer der weltlichen Weisheit und des geistlichen Berufs gegeben. […] Ich erhielt die Weihe des geistlichen Berufs. An einem friedlichen Landorte, unter redlichen Menschen als

Pfarrer zu leben und zu sterben, war alles, was ich wünschte, was ich bis auf diese Stunde in den heitersten und in den trübsten Augenblicken meines Lebens immer gewünscht habe. […] Eilf Jahre lang bis in das ein und dreißigste meines Lebens wartete ich vergeblich auf Amt und Versorgung. Alle meine Jugendgenossen waren versorgt, nur ich nicht […] Doch ich wurde unversehens in die Residenz berufen, aber zu keinem Pfarramt. Ich bin von Stufe gestiegen zu Stufe, aber nie zu einem Pfarramt. Ich habe vielleicht zweitausend Jünglinge in Sprachen und Wissenschaften unterrichtet. […] Ich habe die Liebe und Achtung vieler guten Menschen, ich habe das Vertrauen und die Gnade unserer Fürsten genossen. Ich bin Mitglied der obersten Kirchenbehörde geworden. Ich bin zuletzt mit einer in unserer vaterländischen Kirche noch nie erhörten Würde geehrt worden, und mit Fürsten im Rath gesessen. So bin ich an einer unsichtbaren Hand immer höher hinan, immer weiter von dem Ziel meiner bescheidenen Wünsche hinweg geführt worden«.

Soweit die große Linie der Selbstbiographie, in der Hebel Fragmente seines Lebens zu einer Lebens*geschichte* verschmilzt. Der Eindruck der Homogenität verdankt sich weniger dem Leben selber als den erzählerischen Kunstgriffen, denn der, der hier scheinbar so schlicht über sich berichtet, führt entschieden Regie, wählt aus, nicht nur Daten und Fakten, sondern auch das Licht der Interpretation, das sich über die Daten und Fakten ergießt. Das eine wie das andere stärkt die zentrale Botschaft, dass die Wege des Herrn wunderbar sind und seine unerforschlichen Absichten »in der Tiefe des Reichthums, beides seiner Weisheit und seiner Erkenntnis« gründen. Ein wenig Vorsicht scheint also angeraten gegenüber diesem Bild, das Hebel von sich zeichnet. Insbesondere seine berufliche Situation vor der Zeit in Karlsruhe als auch die Karriere dort sind lange aus der vereinfachenden Zusammenschau der Predigt getreu übernommen und erst später durch facettenreichere und auch nüchternere Darstellungen abgelöst worden. Doch zurück zur Chronologie der Ereignisse.

»Ich bin von armen, aber frommen Eltern geboren«, berichtet Hebel. Den Vater kann man sich fast als Romanfigur denken: Wanderleben

durch Europa, Liebe, Familiengründung, plötzlicher Tod. Johann Jakob
Hebel stammt aus Simmern im Hunsrück, ein Ort, den der Sohn in seiner Jugend einmal besucht, auf einer späteren Reise aber nicht mehr
anstrebt: »Hier war ich 4 Stunden von Simmern, aber ich gieng nicht
hin«, berichtet er 1794 an Gustave Fecht. Der Leinewebergeselle Hebel, vermutlich ohne Arbeit und ohne viel Aussicht auf solche, hat die
Heimat verlassen und 1747 eine Stelle bei dem Basler Patrizier und
Ratsherrn Iselin-Ryhiner angenommen, der als Major und später Bri-
gadier in französischen Diensten steht. »Kondottiere«, Söldnerführer,
wird Iselin-Ryhiner in frühen Biographien Hebels, die sich noch auf
persönliche Bekanntschaft mit dem Dichter berufen können, genannt.
Als solcher gelangt Iselin-Ryhiner nach Frankreich, in die Niederlande
und nach Korsika, mit ihm der Herrendiener Hebel.

Johann Jakob Hebel, durch Zufall und Zeitumstände im Gefolge
fremder Kriegsmächte, ist entschieden weiter in der Welt herumge-
kommen als sein Sohn. Hebel der Dichter ist vergleichsweise sesshaft,
aber er bekennt sich zur Wanderschaft als Lebensphilosophie und dazu,
dass er zumindest im Kopf gerne reist, auch wenn sein Lebensweg nur
kleine Kreise beschreibt. Der Vater hat auf seinen Reisen ein offenes
Auge gezeigt, wie sein *Notiz-* oder *Taschenbuch* verrät, neben einer
handgeschriebenen *Rechenkunst* das einzige wirkliche Erbe, das einzige Zeugnis seiner geistigen Welt, das er dem Sohn hinterlassen hat.
In dem Taschenbuch, das Johann Jakob Hebel seit 1753 führt, notiert er
nicht nur, was Beruf und Wanderleben mit sich bringen, die Orte, durch
die er gereist ist, den Stand der europäischen Armeen, eine Gezeiten-
Tabelle. Er exzerpiert zudem aus Geschichtswerken, so wie später sein
Sohn aus Zeitungen und Zeitschriften Wissenswertes zusammenträgt,
legt ein Verzeichnis von mehreren hundert deutschen Volksliedern
an, kopiert französische Verse und zwei Gedichte Albrecht von Hallers.
Dass sein Tintenrezept in den *Rheinländischen Hausfreund* aufgenommen wurde, hat dem väterlichen Erbe ein literarisches Weiterleben
verschafft. Dass dieses Weiterleben im Grunde bedeutend vielschichtiger ist, dass es verzweigt und unterirdisch in Hebels Texten pulsiert,
zeigen die bunt gemischten Schauplätze und die reisenden, auf Wan-

derschaft befindlichen, gelegentlich auch umherirrenden Figuren der Kalendergeschichten.

Am 1. Dezember 1758 schreibt Johann Jakob Hebel aus Valenciennes einen Brautwerbebrief an die aus Hausen im badischen Wiesental stammende Ursula Örtlin, die ebenfalls bei Iselin-Ryhiner in Dienst steht. Am 30. Juni 1759 findet die Trauung in Hauingen bei Lörrach statt, es handelt sich um eine »Mischehe« zwischen lutherischer (Ursula Örtlin) und reformierter (Johann Jakob Hebel) Konfession, wie sie laut Ehegerichtsordnung in Basel nicht geschlossen werden darf. Man hat noch andere Gründe für die Wahl des Trauungsortes gefunden: die Person des Pfarrers, der in Hausen tätig gewesen war und Ursula Örtlin konfirmiert hatte, die Gaststätte, die von Basel aus gerne besucht wurde.

Die folgenden Jahre teilen sich in ein Winter- und Sommerleben. Im Gleichklang mit den Jahreszeiten vollzieht sich der Wechsel vom Dorf in die Stadt, von der Armut in die Vornehmheit, so wie Hebel es in seiner *Antritts-Predigt* schildert. Den Winter verbringt man in Hausen, wo Ursula Hebel einen Hausanteil, genauer ein Obergeschoß besitzt. Der zugezogene Johann Jakob Hebel erhält – entsprechend seiner Bittschrift an den Markgrafen und dank ausreichender Vermögenslage – den Status eines Hintersassen, eines Dorfbewohners mit eingeschränkten Rechten, zugebilligt. Das *Hebelhaus*, wie es heute genannt wird, weil der Dichterruhm über die damaligen Eigentumsverhältnisse hinausgewachsen ist, ist seit 1960 Museum. An der Außenmauer, zwischen Weinranken und dunklem Fachwerkholz, ist ein Spruch zu lesen. Solche Botschaften finden sich gelegentlich an Häusern der Gegend und lauten zum Beispiel: »Allen, die mich kennen, gebe Gott, was sie mir gönnen.« Am Hebelhaus hingegen steht: »Wann Näid und Haß brent Wie Ein feür Wär Holz und Kohlen Nicht So theür. U. H. 1763.« Unterzeichnet von Ursula Hebel ist das, wenn man so will, das Gegenstück zum Taschenbuch des Vaters – der Merksatz, den die mütterliche Linie, die Hausbesitzerlinie dem Nachkommen mitgibt. Der heutige Museumsbesucher, der die Inschrift gelesen hat, dann rechts über die Holztreppe nach oben steigt und die Räume im ersten Stock durchschreitet, bückt sich vielleicht, weil die Decke niedrig ist, wird aber die Wohnung selber recht geräumig finden: Küche, ein Ess- und Wohnraum mit Kachelofen, ein Schlafzimmer, gegenüber der Küche ein Raum, in dem heute ein Webstuhl aufgestellt ist. Am Webstuhl, so heißt es, hat der Vater in der Winterzeit gearbeitet, den Rest des Jahres waren die Eltern in Basel beschäftigt.

Am 10. Mai 1760 kommt Johann Peter Hebel zur Welt, aller Wahrscheinlichkeit nach in der Basler Dienstwohnung der Familie, die sich in einem mittelalterlichen Haus in der St. Johanns Vorstadt befindet. Die Wohnung, die wenig mehr ist als ein großes Zimmer, geht nach hinten auf den Rhein hinaus, den breiten Stadtfluss, den die Handelsschiffe passieren. Steigt man die Treppen hinauf zur Eingangstür, so steht man vor der Friedhofsmauer der Predigerkirche. Etwa sechzig Meter lang ist das Mauerstück, das den Laienfriedhof des Dominikanerklosters zur Straße der St. Johanns Vorstadt abgrenzt und auf der Innenseite mit dem berühmten Basler Totentanz bemalt ist. 37 Tanzpaare sind es, davon 37 Todesgestalten, jede in ihrer Art grausig, Skelett oder halb verweste Leiche, an der noch Kopf- und Barthaare hängen, mit aufgeschlitztem Bauch und herabhängenden Haut- und Fleischfetzen, und eine jede der 37 Todesgestalten führt einen Lebenden mit sich, von Papst, Kaiser, König über Chorherrn, Arzt und Edelmann bis zum Bauern. Wie die Tradition es befiehlt, holt der Tod einen jeden zum Tanz, er ist gerecht, denn er macht keine Ausnahme, zugleich wahrt er, oder zumindest der Künstler, Hierarchie und sozialen Rang. Es ist eine letzte Verneigung vor irdischer Macht, in dem Moment, in dem ihr Ende schon besiegelt ist; gleichzeitig liegt eine kleine Pikanterie darin, dass der, der im Leben den Vortritt hat, dies auch beim Sterben haben soll. So makaber die Bilder sein mögen, im 18. Jahrhundert verblasst ihr Schrecken, man verzichtet auf die fällige Renovierung, das Friedhofsgelände wird zweckentfremdet zur Lagerung von Reisig und Salzfässern, spielende Kinder benutzen die Totentanzfiguren als Zielscheibe. 1805 wird die verwahrloste Mauer niedergerissen.

Die Allegorie des Todes mag als Bildwerk verfallen und zunehmend gleichgültig betrachtet werden, seine reale Macht aber ist ungebrochen.

Ein Jahr nach der Geburt des Sohns, dessen ersten Zahn und dessen Sitzversuche Johann Jakob Hebel in seinem Taschenbuch noch vermerkt, folgt die Geburt einer Tochter, Susanne. Doch nur wenige Wochen später grassiert in der Stadt eine Epidemie – vermutlich Typhus –, der sowohl das kleine Mädchen als auch der Vater zum Opfer fallen.

Mutter und Sohn verbringen in den nächsten Jahren weiterhin die Sommer in Basel und die Winter in Hausen, so dass auch Johann Peter Hebels Schulzeit zunächst zweigleisig verläuft. Im Sommerhalbjahr besucht er die Gemeindeschule von St. Peter in Basel, im Winterhalbjahr die Dorfschule in Hausen.

Hausen im Wiesental zählt zu dieser Zeit knapp 400 Einwohner. Da es wenig fruchtbaren Ackerboden gibt, ist die Landwirtschaft für den Ort nur von untergeordneter Bedeutung und die Zahl der Haupterwerbslandwirte gering. Eine wichtige Einnahmequelle stellt seit Ende des 17. Jahrhunderts das Eisenwerk dar, in dem Erz aus landesherrlichen Gruben verarbeitet wird. Schmelzofen und Hammerschmiede sind die Hauptteile der Anlage, die sich am Nordende des Dorfes befindet. Was wären denn Handwerksmann und Bauer ohne Eisen und Schmiedekunst, lässt Hebel im Gedicht *Der Schmelzofen* fragen, Säbel, Kanonen und Flinten aber bräuchte man nicht, die hätten schon Leid genug gebracht, »'s het gnueg misrabli Chrüppel gee;« heißt es unerwartet drastisch, »'s hinkt menggen ohni Fueß un Hand / un mengge schlooft im tiefe Sand.« Ein Friedens-Appell, der ungehört verhallt, sollte das Eisenwerk doch gerade zu Beginn des 19. Jahrhunderts, in der Zeit Napoleons, höchste Umsätze machen. Faktor, das heißt: Betriebsleiter des Werks ist seit 1769 Johann Jeremias Herbster, dem Hebel die 1. Auflage seiner *Allemannischen Gedichte* widmet. Das Schicksal des Faktors und Berginspektors nimmt schon wenig später eine unrühmliche Wende; Herbster wird wegen jahrelanger Unterschlagung verurteilt und stirbt im Zuchthaus in Pforzheim. Im Dezember 1800, als Hebel dem »theuersten Freund« schreibt, ist, zumindest von Karlsruhe aus, die Welt im Heimatdorf noch in Ordnung: »Es ist für mich wahr und bleibt für mich wahr, der Himmel ist nirgends so blau, und die Luft nirgends so rein, und alles so lieblich und so heimlich als zwischen den Bergen von Hausen und die Biederkeit der Freundschaft ist auch wohl in keinem Herzen beßer daheim, als in dem teutschen Herzen des Herrn Berginspektors von Hausen.«

Die Dorfschule in Hausen besteht in den Jahren, als Hebel dort Schüler ist, aus einer einfachen Stube, in der 60 bis 90 Kinder unterrichtet werden. Dass die Kunst, Disziplin zu wahren, unter diesen Umständen mindestens so viel zählt wie die Kenntnisse, die der Schulmeister vermittelt, liegt auf der Hand. Hebels Lehrer Andreas Grether scheint diese Kunst beherrscht zu haben, jedenfalls wird er bei amtlichen Inspektionen mehr für Zucht und Ordnung als für reiches Wissen belobigt. Die Geometrie, ein neuer Unterrichtsgegenstand, in dem die Schüler laut Erlass aus dem Jahre 1767 zu unterweisen sind, musste sich der Schulmeister erst selber durch Kollegenhilfe aneignen, und was die Dreisatzrechnung angeht, so klagt der fast sechzigjährige Hebel, der sich als Gymnasiumsdirektor mit allerlei Buchhaltung und Revisionen abquält, über mangelnde Fertigkeit, aber »die verkehrte Regeldetri hat mich mein Lehrer Andreas Grether, mit der Versicherung der Erfinder derselben habe Dedri geheißen, treu gelehrt«.

Eine Episode aus der Hausener Schulzeit hat durch Hebels Freund Sebastian Engler Eingang in den *Rheinländischen Hausfreund* (Jahrgang 1817) gefunden. Das Bild des Schulmeisters, das Engler in der Erzählung *Die folgenreiche Holzkohle* entwirft, erscheint allerdings einem der Hauptbeteiligten der Episode, nämlich Hebel, so verfälscht, dass er eine Gegendarstellung verfasst, um dem längst verstorbenen Grether Gerechtigkeit zu erweisen. *Eine Gerechtigkeit* ist denn auch der Titel des Kalendertextes, in dem Hebel zwar bestätigt, mit Kohle eine Karikatur des Schulmeisters auf die Schulstubentüre gezeichnet und dafür Schläge eingesteckt zu haben. »Es waren nicht die ersten, auch nicht die letzten, auch nicht die schlechtesten«. Entschieden zurückzuweisen sei aber die Behauptung, dass der Schulmeister von da an einen unversöhnlichen Groll gegen den Schüler gehegt habe und dies ausschlaggebend gewesen sei, dass der Knabe in eine vornehmere Schule wechselte. »Nein, er hat auch nachher noch lange neben der vornehmern Schule die vorige mit Freude und Liebe fort besucht. Wie man zum Caffe Cichorie thut, also kam es ihm nicht darauf an, wenn er Vormittags die lateinischen Schläge eine Stunde weit heimgetragen hatte, Nachmittags je einmal auch noch ein paar deutsche einzuthun – aber niemals unverdiente, oder aus Feindschaft und Rachsucht des einen, oder des andern Lehrers.«

Viel Schläge für einen, der einst, nach Hebels eigenem Bekenntnis, »ein böser Bub« war – so lautet die späte Bilanz. Um welche Übeltaten es da im einzelnen ging, darüber hat sich nichts weiter erhalten. Dagegen weiß man, dass Johann Peter Hebel schon früh, noch zu Lebzeiten der Mutter, Förderer fand, die sich für seine Weiterbildung einsetzten. Die im Kalendertext genannte »vornehmere Schule«, in der Hebel »lateinische Schläge« bezog, ist die 1770 neu gegründete Lateinschule in Schopfheim. Der Schopfheimer Diakon und Hausener Pfarrer Karl Friedrich Obermüller veranlasst, dass Hebel die Schule besucht und nicht nur mit dem Lateinischen, sondern auch mit dem Griechischen vertraut wird. Im Sommer 1772 ist Hebel wieder Schüler in Basel, auch hier inzwischen in neuer Umgebung, er besucht die dritte Klasse des Gymnasiums am Münsterplatz und belegt in der Rangordnung der Schüler den 12. von 25 Plätzen. Im darauffolgenden Jahr scheint das schulische Wanderleben zwischen Basel und Baden ein Ende zu finden, die Wege von Mutter und Sohn trennen sich. Von Frühjahr 1773 bis April 1774 wohnt Hebel bei Pfarrer Obermüller und besucht die winzige Schopfheimer Lateinschule, die mit ihrem halben Dutzend Kinder wohl einen eindrucksvollen Gegensatz bildet zum Großbetrieb der Hausener Dorfschule.

Mitte Oktober des Jahres 1773 kommen schlechte Nachrichten aus Basel. Die Mutter ist erkrankt und wünscht nach Hause gebracht zu werden. Mit dem Ochsengespann machen sich ein Hausener Verwandter und der Sohn auf den Weg. Doch noch bevor man mit der Kranken das Heimatdorf erreicht, auf der Strecke zwischen Brombach und Steinen, stirbt sie.

Es ist eben jenes Wegstück, auf dem Hebels Gedicht *Die Vergänglichkeit* angesiedelt ist. »Gespräch auf der Straße nach Basel, zwischen

Steinen und Brombach, in der Nacht« lautet die genaue Ortsangabe. Die Wegrichtung hat sich umgekehrt, auch sonst vermischen sich Erinnerungen und reale Todeserfahrung, das Gedicht kondensiert alle Kindheitsschrecken des Todes zu einem einzigen düsteren Bild. An jenem Ort, an dem die Mutter stirbt, imaginiert Hebel ein Gespräch über die Endlichkeit des Lebens und der Welt zwischen einem Buben und seinem *Ätti*, ein Gespräch also, wie es ihm selber nie beschieden war. Ausgelöst wird das Vater-Sohn-Gespräch durch den Anblick der Burgruine Rötteln, die dasteht »schuudrig wie der Tod im Basler Totentanz« – wie die Totentanzfolgen auf der Kirchhofmauer, die Hebel als Kind betrachten konnte, in der doppelten Endlichkeit, die nicht nur der Tod, sondern auch der Verfall seiner Darstellung bedeutet.

Mit 13 Jahren ist Hebel Vollwaise. Sein weiterer Bildungsweg – denn worüber sonst wüsste man halbwegs Verlässliches zu berichten? – erscheint trotzdem methodisch und planvoll. Neben dem schon genannten Hausener Pfarrer Karl Friedrich Obermüller ist es vor allem dessen Vorgänger im Amt, August Gottlieb Preuschen, seit 1769 Hofdiakon in Karlsruhe, der Entscheidendes in die Wege leitet. Bis April 1774 bleibt Hebel Schüler der Schopfheimer Lateinschule, dann soll er ins Karlsruher Gymnasium illustre eintreten. Unterkunft wird er bei Preuschen finden, der sich für Hebels Aufnahme ins Gymnasium gleichermaßen einsetzt wie für die vorzeitige Konfirmation.

Gönner und Pflegeväter haben das Leben Hebels in die Hand genommen. Dass er Pfarrer werden soll, gilt als beschlossene Sache. Dass er nach der Versteigerung des elterlichen Besitzes und dank eines Legats des elterlichen Arbeitgebers Iselin-Ryhiner nicht mittellos ist, erleichtert die Umsetzung der Zukunftspläne.

Knapp 14jährig tritt Hebel also die Reise in die badische Residenzstadt an, wo ihn ein straff organisiertes Schülerleben erwartet. Er lässt allerhand zurück, worüber nur gelegentliche Bemerkungen in seinen späteren Briefen ein wenig Aufschluss geben: das Hämmern des Schmieds, das ihn in der Frühe weckte, den Grasgarten am Teich mit seinen »Kettenblumen« oder *Leontodon Taraxacum*, wie der inzwischen botanisch versierte Hebel hinzufügt, dann da und dort eine Ohrfeige, etwa vom Metzger und Lindenwirt, der ihm aber auch »manches Stücklein Kutteln« zusteckte. Er lässt »magnetische Anziehungspunkte« im Dorf zurück und ländliche Arbeiten wie »Deischen schoren« – Mist zusammenkratzen – und das Steinezerschlagen beim Hausener Eisenwerk. Zurück bleiben die ländliche Ungebundenheit, die kleinen Freiheiten, die schon ein einstündiger Schulweg von Hausen nach Schopfheim verschafft, nicht zuletzt die Freiheit, ein »böser Bub« zu sein.

Am Gymnasium illustre verlegt sich der neue Schüler mit großem Eifer aufs Lernen. Nach dem ersten Jahr sind seine Leistungen in dem entscheidenden Fach Latein so ausgezeichnet, dass er die Prima, die letzte und üblicherweise zwei Jahre dauernde Abschlussklasse des Gymnasiums, der er zugeteilt wurde, bereits beenden kann. Er wird, wie es in der damaligen Schulsprache heißt, »zu den Exemten promoviert«.

An das eigentliche Gymnasium, das Schüler vom 6. oder 7. bis zum 14. Lebensjahr besuchen, schließt zu dieser Zeit ein dreijähriges Gymnasium publicum an, eine Art Voruniversität, mit der man sich in der Markgrafschaft über das Fehlen einer eigenen badischen Universität hinwegzuhelfen sucht. Das Gymnasium publicum bietet neben den allgemeinen Fächern (alte Sprachen, Mathematik, Naturwissenschaften) Vorlesungen aus Theologie, dem Studienziel der meisten Schüler, aber auch aus Jurisprudenz und Medizin und soll den nachfolgenden Aufenthalt an ausländischen Universitäten verkürzen. Die territorialen Zugewinne, die Baden mit und durch Napoleon für sich verbucht, werden hier Abhilfe schaffen, die ausländischen Universitäten von Heidelberg und Freiburg werden zu inländischen, die Heimatbindung durch die Karlsruher Voruniversität erübrigt sich und die Institution löst sich mit dem Aufstieg des Landes zum Großherzogtum 1806 allmählich auf.

Hebel hat eine wichtige Hürde genommen und gehört nunmehr zu den *Novi*, wie die Teilnehmer des ersten Jahrgangs der Voruniversität genannt werden. *Medii* und *Veterani* heißen die folgenden Jahrgänge, als Veteran reicht Hebel im Frühjahr 1778 das schriftliche Gesuch um

Zulassung zum Abschlussexamen ein. Er erbittet, wie in den Akten zu lesen ist, »unterthänigst die gnädigste Erlaubnis«, dass man ihn in seinen Kenntnissen examiniere und er diese hernach auf einer Universität noch erweitere. Die Prüfungen, zu denen neben der Examination in den gehörten Fächern auch eine Disputation über dogmatische Gegenstände und eine Probepredigt zählen, finden im März und April statt. Den erhaltenen Prüfungsakten ist zu entnehmen, dass die Professoren Hebel »besonders gute Natur-Gaben« und »guten Ansatz zum lateinischen Stilo« bescheinigen.

Im Lateinischen hatte er sich schon in seinem ersten Jahr am Karlsruher Gymnasium ausgezeichnet und seine Kenntnisse in den folgenden Jahren auch außerhalb der regulären Schulstunden erweitert. Dies geschah in der *lateinischen Societät*, eine Art Forum der Begabtenförderung, das interessierten und talentierten Schülern Gelegenheit bot, ihren rhetorischen Fähigkeiten den Feinschliff zu geben. Initiator der Societät, die sich bis ins Jahr 1805 erhalten hat, war Gottlob August Tittel, selber Lehrer am Gymnasium illustre. Exemten konnten sich mit einem lateinischen Ansuchen um Aufnahme bewerben. Die Mitglieder trafen sich jeden Samstag Nachmittag um drei Uhr, turnusmäßig sprach ein erster Redner über ein selbst gewähltes Thema, ein zweiter kommentierte eine Textstelle eines klassischen Autors, ein dritter und vierter brachten literarische oder politische Neuigkeiten zur Diskussion. Von Hebel haben sich vier lateinische Reden erhalten, deren Themen anschaulich zeigen, mit welch eindrucksvollen geistig-philosophischen Gewichten das Sprachtraining betrieben wurde. Die Reden behandeln 1. das *Misstrauen, das leicht aus unglücklichen Verhältnissen hervorgehen könne*, 2. die *Quellen und Prinzipien der Wahrheit*, 3. *Schaffenslust und Frohsinn – die sicheren Kennzeichen des edel angelegten Jünglings* und 4. eine *Vergleichung Caesars mit Augustus*, bei der Cäsar, als Kriegsbringer und Religionsverächter, denkbar schlecht abschneidet. Durch Gewalt kam er auf den Thron, habe mehr Römer geopfert als der kriegerischste Feind, alle nur irgend zugänglichen Länder der Welt mit Krieg überzogen und verwüstet und ein gewaltsames Ende gefunden. Einen Eroberertypus hat der junge Hebel skizziert, wie ihn die Weltgeschichte bald wieder erleben sollte, und er hat in seiner Schüler-Redeübung mit drastischen Worten die Partei des Friedens ergriffen, der er auch Jahrzehnte später, im *Rheinländischen Hausfreund*, treu bleibt. Für seinen Eifer und seine Leistungen in der Societät wird Hebel 1776 mit einem Preis ausgezeichnet, er erhält 25 Gulden vom Schutzherrn der lateinischen Gesellschaft, dem Erbprinzen Karl Ludwig – ein Zeichen jenes ganz persönlichen Interesses, das der Landesvater mitsamt seiner Familie an der Geistesschmiede der Residenz und den dortigen Bildungsfortschritten nimmt.

Für den »lateinischen Stil« des Prüflings wird also Lob in den Akten vermerkt, Missfallen erregt hingegen der Umstand, dass Hebel seine Schulbücher sofort nach Abschluss der Schulzeit verkauft habe. Es sei darauf zu achten, dass dergleichen nicht mehr vorkomme. Der leichtfertige, wenn nicht gar respektlose Umgang mit Bildungsgut, der dem Prüfling angekreidet wird, mag seinen Grund darin haben, dass Hebel schlicht und einfach Geld brauchte. Finanzielle Engpässe scheinen immer wieder aufzutreten, wenn man in der Heimat säumig ist und etwa die Pachtgelder aus ererbten Äckern ausbleiben. Während des Studiums muss die markgräfliche Verwaltung gar um einen Vorschuss gebeten werden, da der Vormund kein Geld schickt. Chronischer Geldmangel wird noch für lange Hebels Begleiter sein.

»Ich bin hier in der Fremde / und habe nur ein Hemde. / Wenn das zur Wäsche springt, / so lieg ich in dem Bette / wie Phylax an der Kette, / bis man mir's wiederbringt.« Hebels Verse illustrieren das Thema studentischer Armut, sie zählen obendrein zum frühesten, was sich von ihm erhalten hat – auch dies bezeichnenderweise schon mit Bezug auf einen Textvorläufer, ist Phylax doch *Der Hund* aus Gellerts Fabel, Christian Fürchtegott Gellert wiederum eines der ersten Vorbilder, das Hebel auch in späteren Jahren in Ehren hält. Am 28. April 1778 schreibt er seine Verse dem gleichaltrigen Pfarrerssohn Johann Wilhelm Schmidt ins Stammbuch. Der spätere Pfarrer und lebenslange Freund ist Mitschüler Hebels am Gymnasium, dann, nach einem Gastspiel in Jena, auch Kommilitone in Erlangen.

Am 8. Mai 1778 trägt sich Johann Peter Hebel ebendort als *Johannes Petrus Badensis,* Student der Theologie, in die Matrikel der Friedrich-Alexander-Universität ein. Zwei Jahre wird er als Student in Erlangen zubringen, sein Ansuchen, sich den Abschlussexamen »unterthänigst zu unterwerfen« datiert vom 6. Juli 1780.

Es sind zwei Jahre, über die nicht allzu viel bekannt ist. So lautet ziemlich einhellig der Befund in der Sekundärliteratur, ein wenig Enttäuschung scheint da mitzuschwingen. Die Enttäuschung gilt wohl auch dem Umstand, dass die wenigen Anhaltspunkte gerade einmal zu der Annahme berechtigen, Hebel habe für die damalige Zeit ein durchaus typisches Studentenleben geführt und sich in keiner Hinsicht hervorgetan, weder als Außenseiter noch als Anführer. Stammbuch, Mitglied eines studentischen Ordens, eifriges Tabakrauchen und die Teilnahme an zwei Duellen – das sind die atmosphärischen Fixpunkte seiner Zeit in Erlangen, über das Studium selber ist nichts zu erheben.

Von außen gesehen bildet die Studentenschaft eine mehr oder weniger homogene Gruppe und hat als solche – traditionsgemäß – einen schlechten Ruf. Die widersetzliche Kraft, die sie vorstellt und in Gehabe und Kleidung zur Schau trägt, provoziert die etablierte Ordnung. Die etablierte Ordnung wiederum wird seitens der Studenten – man kennt das Motiv aus der romantischen Literatur – als dumpfe, stumpfe Philisterwelt gebrandmarkt. Ein wenig von dieser Spaltung der geistigen Welt in Licht und Finsternis, in Eingeweihte und solche, die untauglich sind für Gedankenflug und Geistesabenteuer, taucht in Hebels späterem Proteuser-Traktat auf, »Milonen« und »Schwabenhammel« heißen hier die Repräsentanten der Spießer-Welt. Noch sehr viel später, als Professor und Kirchenrat, als Würdenträger und seinerseits etabliertes Mitglied der Karlsruher Gesellschaft, hält Hebel an dieser Privat-Dichotomie fest, Milonen sind es, die leider allzu oft den Ton in der Residenzstadt angeben und dem geistigen Leben den Stempel der Langeweile aufdrücken.

Aus der Sicht der Obrigkeit jedenfalls können die Extravaganzen der Studenten nicht entschieden genug eingedämmt werden. Die in Erlangen eingerissene Unordnung, »mit einem auf Art der Wilden entblößten Körper zu offenbarem Scandal den ganzen Tag« umherzulaufen, soll durch markgräfliches Edikt, vom 24. Oktober 1781, abgestellt werden – Hebel hat zu diesem Zeitpunkt das Studium bereits beendet, notiert sich aber den Erlass in seinem Exzerptheft. Auch das Tabakspfeiferauchen auf der Straße wird mit Verbot belegt. Die Professoren klagen zudem über Faulheit, Leichtsinn, Pflichtvergessenheit: Statt ordnungsgemäß Vorlesungen zu besuchen, schwänzten die Studenten und vergeudeten ihre Zeit mit Trinkgelagen und gesellschaftlichen Vergnügungen, statt zu lernen widmeten sie sich dem Ordens-Zeremoniell und den Rivalitäten, die zwischen den einzelnen Orden und Landsmannschaften bestehen. Das gilt auch für den Amicistenorden oder *l'Ordre de l'Amitié*, der sich in Erlangen großen Zulaufs erfreute. »Fast die halbe Universität war darinnen, und der Excessen war kein Ende«, schreibt Friedrich Christian Laukhard, ein Hebel-Zeitgenosse und intimer Kenner studentischer Verbindungen. Immer wieder eskalieren die Konflikte zwischen der Akademie und den Studenten, es kommt zu nächtlichen Ruhestörungen, Fenster werden eingeworfen, wofür die Rädelsführer, deren man habhaft werden kann, mit Karzer bestraft oder relegiert werden. Alle Versuche, den missliebigen Orden völlig zu unterdrücken, scheitern jedoch.

Laukhard hat die Studenten als letztlich naiv und ahnungslos beschrieben, befangen in ihren beschränkten Vorstellungen von Ehre und Schande, denen sie mit unentwegten Duellen Rechnung trugen. Der gefürchteten studentischen Subversion kommt aus seiner Sicht gerade einmal die Tragweite von Jugendstreichen zu. Trotzdem bleibt die Sorge, das Treiben könne außer Kontrolle geraten. Die Furcht geht um, das allgemeine Geschrei nach *Freiheit! Freiheit!*, ein »wildes dumpftönendes Geschrei«, das seit 1770 in Deutschland Mode ist – so die *Berlinische Monatsschrift* 1786 –, könnte unversehens in Chaos münden. Wehret den Anfängen der Insubordination! Prominentes Opfer solch einer vorsorglichen Flurbereinigung ist der Württembergische Dichter Christian Daniel Schubart, Herausgeber der politischen Zeitschrift *Deutsche Chronik*, kämpferischer Publizist und Tyrannenverspotter, wofür ihn Herzog Karl Eugen 1777 ohne Verhör und Urteil einkerkert.

Zehn Jahre bleibt Schubart auf dem Hohen Asperg gefangen, ein beispielloser Fall von Herrscherwillkür, der aus dem Gefangenen nur um so eindrücklicher einen Helden der Freiheit und Menschlichkeit macht. Von Schubarts Gedicht *Fürstengruft*, erschienen 1779, hat Hebel einige Jahre später in einem seiner Exzerpthefte eine Abschrift angefertigt. Schillers *Räuber* erscheinen 1781 und werden Anfang 1782 an einem tumultuösen Theaterabend in Mannheim uraufgeführt.

Die Gefahr, dass sich die duellierenden und Pfeife rauchenden Studenten der Universität Erlangen zu »erhabnen Verbrechern« im Sinne des Karl Moor steigern könnten, war im Grunde wohl gering. Die Ferienzeit an der Erlanger Universität war kurz bemessen und ließ den Studenten, soweit sie ernsthaft mit ihren Studien beschäftigt waren, nicht allzu viel Gelegenheit zu Eskapaden. Zudem waren wohl viele, so wie Hebel selber, materiell knapp gestellt, und wenn sie nicht bedenkenlos mit Schulden jonglierten, an der kurzen Kette wie Phylax aus dem Stammbuchvers.

Die Studenten besuchten *Publica* und *Privata*, also zum einen die öffentlichen Vorlesungen, zu denen jeder Professor verpflichtet war, und zum anderen die in den Wohnungen der Professoren abgehaltenen kostenpflichtigen Lehrveranstaltungen. Vier Professoren können als theologische Lehrer Hebels angenommen werden: August Friedrich Pfeiffer, Johann Wilhelm Rau, Johann Georg Rosenmüller und Georg Friedrich Seiler. August Friedrich Pfeiffer hat seit 1776 den Lehrstuhl für morgenländische Sprachen an der Universität Erlangen inne, seine hebräische Grammatik zählte lebenslang zu Hebels Buchbestand. In Hebels beiden Studienjahren hält Pfeiffer u. a. Vorlesungen aus Dogmatik, Hermeneutik und Moraltheologie, Johann Wilhelm Rau ist mit diversen Einführungen betraut, Johann Georg Rosenmüller, der in seinen Vorlesungen so brisantes Material wie die von Lessing herausgegebene Schrift des Reimarus *Über die Auferstehungsgeschichte* behandelt, gilt als Kapazität auf dem Gebiet der Exegese, der Hermeneutik und der praktischen Theologie. Dass Hebel sich später noch mit Bekennerstolz in die geistige Nachfolge Rosenmüllers einordnet, zeigt ein im Nachlass erhaltener Aufsatz zum theologischen Streitpunkt der Jungfrauengeburt Jesu. Nicht ohne spöttische Nebentöne sucht er die Erklärungsartistik, die das Wunderbare ins Gemeine hinüberzieht, zu demontieren, plädiert für die alte Erklärung der Bibelworte als die »wahrscheinlichere« und endet mit den Worten: »Ich will einem hochwürdigen Pfarrer nichts neues sagen, auch keine Probe meiner Belesenheit, sondern nur einen Beweis ablegen, dass Rosenm. Schol. in der Diöcese sind«.

Georg Friedrich Seiler schließlich lehrt Dogmatik, seine Vorlesungen basieren auf einem von Seiler selbst verfassten Standardwerk, der *Theologia dogmatico-polemica cum compendio Historiae dogmatum succinctae.* Aus dieser *Theologia dogmatico-polemica* liest Seiler mit einer Regelmäßigkeit, die sich in den Vorlesungsverzeichnissen erhalten hat, montags bis freitags von 8 bis 9 Uhr im Wintersemester den 1. Teil, im Sommersemester den 2. Teil.

Weitere Publikationen Seilers sind die *Grundsätze zur Bildung künftiger Volkslehrer, Prediger, Katecheten und Pädagogen* (1783) und das *Kleine Biblische Erbauungsbuch oder die biblischen Historien mit erklärenden kurzen Andachten und Gebeten* (1782) – Hebel wird Jahrzehnte später mit seinen *Biblischen Geschichten* einen ähnlichen Weg einschlagen. 1773 gründete Seiler ein *Institut der Moral und schönen Wissenschaften*, später in *Teutsche Gesellschaft* umbenannt und 1805 gegen den Widerstand Seilers geschlossen. Studenten, unter denen der Name Hebels allerdings nicht auftaucht, trafen sich hier, um »gemeinschaftliche Übungen in den schönen Wissenschaften anzustellen«, das Institut verstand sich gleichermaßen als Wirkungsstätte christlichen Glaubens wie aufgeklärter Kultur.

Die Verbindung von Glauben und Aufklärung, die Seilers Institut verfolgt, ist symptomatisch. Die Aufklärung ist die große philosophische Herausforderung, der sich die Theologie im 18. Jahrhundert stellen muss, und sie tut dies in unterschiedlicher Akzentuierung. Eine »vernünftige Orthodoxie« vertritt zunächst die Schule der Wolffianer, die die erkenntnistheoretischen Grundsätze des Aufklärers Christian Wolff auf die Theologie zu übertragen sucht, woraus sich der Nachweis ergeben soll, dass das Christentum durchaus den Grundsätzen einer gereinigten Vernunft gemäß sei und die Offenbarungsgeheimnisse menschliches Denkvermögen zwar überstiegen, ihm aber nicht widersprächen. Ein Stück weiter gehen die Neologen, die eine »natürliche Theologie« verfechten und die Dogmatik möglichst vernunftgerecht darzustellen suchen. In diesem Sinn bleibt zwar der Status der Bibel als Erkenntnisquelle unangetastet, doch wird sie mittels exegetischer Prinzipien von allen Lehren, die aus der Sicht der Aufklärung anstößig erscheinen, gereinigt. Die Schule der Neologen, die ihre Hauptgeltung in der Zeit von 1750 und 1780 hatte, wurde ihrerseits von einem noch konzessionsloseren Rationalismus beiseitegedrängt. Vernunftwahrheiten sollten den Platz der Offenbarung einnehmen, das Wesen des Christentums reduzierte sich auf ethische und popularphilosophische Inhalte.

Wenig überraschend ist, dass sich neben einer massiv fortschreitenden Theologie der Aufklärung konservative Kräfte behaupteten, die am Offenbarungscharakter des Christentums unverbrüchlich festhielten, selbst wenn sie sich auf anderer Ebene dem Denken der Aufklärung nicht verschließen konnten oder wollten. Als zweischneidiges Schwert erweist sich dabei für die Vertreter des konservativen Lagers die Lockung der Vernunft, die Lockung nämlich, Glaubensartikel durch Vernunftgründe abzusichern – liefert sich doch dadurch die dogmatische Erkenntnis unversehens der philosophischen Erkenntnis aus. Die eigene Position wird unterminiert, während man irrigerweise glaubt, sie zu stärken, und es bedarf eines großen Geschicks, jene verhängnisvollen Prozesse abzuwehren, die im Namen der Vernunft in Gang kommen, ohne dabei hinter die Philosophie der Zeit zurückzufallen.

Mochte Georg Friedrich Seiler mit seiner *Teutschen Gesellschaft* auch aufgeklärte Kultur befördern, als Dogmatiker ist er ein Vertreter der Orthodoxie – einer Orthodoxie, die sich gleichwohl dem Kunststück der Vermittlung zwischen Offenbarung, Geschichte und Vernunft verschrieben hat. In dem theologischen Kunstwerk der Vermittlung, das Seiler als rationalistischer Supranaturalist ausarbeitet, können nun Unterordnung – der Vernunft unter die biblische Offenbarung – und prinzipielle Harmonie – zwischen Vernunft und Offenbarung – durchaus nebeneinander bestehen. Religiöse Wahrheit ist kein Feind des Neuen, Glauben kein Gegenpart einer »Liberalität« der Exegese, der Zweifel hingegen ausdrücklich Domäne »halbaufgeklärter« Seelen. Georg Friedrich Seiler, der als bedeutender evangelischer Theologe der Spätaufklärung angesehen wird, hat mit seinen Synthesen, die er aus tendenziell widersprüchlichen Elementen konstruierte, wohl auch auf Hebel prägend gewirkt. Seilers *Theologia dogmatico-polemica*, in der Ausgabe von 1789, findet sich ebenso in Hebels Nachlass wie eine *Übersetzung der Schriften des neuen Testaments mit beigefügten Erklärungen dunkler und schwerer Stellen*, Erlangen 1806.

In Hebels theologischer Hinterlassenschaft haben der Wille zur Synthese, die Aussöhnung von Glauben und Verstehen, aber auch das Konfliktpotential beider Kräfte ihren Ort; er bricht eine Lanze für die Orthodoxie, sympathisiert aber zugleich mit einer vernunftgemäßen Lesart biblischer Wunder. *Vernunft* und *Glaubenswahrheit* reichen sich in den Predigten der 1790er Jahre geradezu demonstrativ die Hände. »Wir kommen mit unserer Vernunft am Ende auf allen verschlungenen Wegen auf Eine Wahrheit«, versichert er in der Adventssonntagspredigt 1794. In sein Exzerptheft der Jahre 1785–89 notiert sich Hebel eine *aufgeklärte Exegese* von Sodoms Untergang, derzufolge Naturgewalten die Zerstörung der Stadt und das Phänomen der Erstarrung bewirkten. Hitze und harzige Dämpfe hätten Loths Frau erstarren lassen, es sollte nicht der einzige rationale Erklärungsversuch bleiben, von dem Hebel Kenntnis nahm. Nicht von einer Säule, sondern von einem Salzpfuhl sei eigentlich die Rede, lautet die These, über die er im September 1804 an seinen Freund Hitzig berichtet: Die Frau sei in einem Salzpfuhl stecken geblieben und versunken. Jahrzehnte später, in seinen eigenen *Biblischen Geschichten*, verbindet Hebel Bibeltreue – »Feuer und Schwefel« – mit der natürlichen Ursache eines Gewitters und einem rationalen Brandbeschleuniger, nämlich »Adern von Erdharz«, die Feuer gefangen hätten. Über Loths Frau hingegen verliert der Dichter wenig Worte, sie »verunglückte unterwegs«, heißt es knapp, ein Zwischenfall im Vorfeld theologischer Kontroversen.

Der Grundgedanke der *aufgeklärten Exegese*, »Gott muß auch nicht

97

Wunderwerke thun, wenn er ruchlose Sterbliche strafen will«, ist mit Sicherheit eine der entscheidenden und kontinuierlichen Denklinien des Theologen Hebel, sie gilt im Negativen wie im Positiven: Gott muss auch keine Wunderwerke tun, um zu retten und zu helfen. Er hilft und rettet, das *ist* das Wunder, und diese Neudefinition des Wunders ist zugleich eine der wichtigen Botschaften der *Biblischen Geschichten*. Andererseits bezieht Hebel Position gegen theologische »Radicalreformer und Carbonari«, die ungerecht gegen die Dogmen der Kirchenlehre seien. »Sie ist der ehrwürdige Rost und Grünspan, der sich in der Reihe der Jahrhunderte zuerst an dem Evangelium angesetzt und hernach eingefressen hat. Man kann ihn nicht mehr rein wegschaben, ohne etwas von dem edeln Metall abzukratzen. Man kann dieses nur noch in seiner Cruste conserviren.« Und was die Apokalypse angeht, so bekennt Hebel unverblümt, dass er gar nicht danach verlange, sie zu verstehen, »so lang ich sehe, daß sie niemand versteht, oder was das nemliche ist, daß sie so viele und ieder anderst versteht«. Wozu den Menschen dann die Apokalypse gegeben sei? Das Verständliche daran »wie an der ganzen Bibel zur praktischen Anwendung zB. Sey getreu bis in den Tod etc. das Unverständliche – vielleicht uns zu nichts.« Kein Weg führt aus dem Grübeln und Tüfteln ins Reich der Gewissheit, fruchtlose Spekulation ist Hebels Sache nicht.

Nach zwei Jahren in Erlangen ist Hebel bereit, sein Theologie-Studium abzuschließen. Feste Bestimmungen für die Dauer des Universitätsbesuchs gab es zum damaligen Zeitpunkt nicht, erst 1794 werden Richtlinien erlassen: Dann sind fünf Semester erwünscht, vier hingegen das absolute Minimum.

Wie es die Vorschrift befiehlt, unterbreitet der Studiosus dem Kirchenrat seines Landes wiederum das Ansuchen, sich den Abschlussprüfungen »unterthänigst zu unterwerfen«. Dem Kirchenratsprotokoll vom 6. September 1780 ist zu entnehmen, dass Hebel am Vortag, also am 5. September, unter dem Vorsitz von Professor Tittel »disputiert« habe, »Probesätze und Ausarbeitungen« vorlegte und Tittel den Antrag auf Zulassung zum Rigorosum stellte. Hebel und zwei weitere Studenten werden für Ende September zur Prüfung bestellt und dann – die Spuren der erhaltenen Protokolle werden lückenhaft – unter die Pfarrkandidaten des Landes aufgenommen. Kritisiert wird, dass alle drei Kandidaten keine »Specimina«, also schriftliche Arbeiten während des Studiums, an ihre Landeskirche abgeliefert hätten. Grund für das Versäumnis mag die schlichte Tatsache sein, dass die Studenten, die sich in Erlangen, Jena und Tübingen aufhielten, über die Semesterpflichten, die ihnen die heimatliche Kirche auferlegte, gar nicht Bescheid wussten. Um derartige Versäumnisse in Zukunft zu vermeiden, wird vom Kirchenrat eine halbjährliche Meldung über die »Specimina« der auswärtigen Studenten verlangt. Dass der Kirchenrat darauf pocht, in seinen Forderungen ernst genommen zu werden und auch das Ritual der Ansuchen und Anträge keineswegs nur eine Formalität darstellt, veranschaulicht das Beispiel eines Studenten, der in einen Streit verwickelt war und statt der Zulassung zum Rigorosum die Aufforderung erhielt, noch ein Vierteljahr fleißig weiterzustudieren und dabei eine »gute Conduite« an den Tag zu legen.

Ende 1780 also – ein genaues Datum ist nicht zu belegen – wird Hebel unter die »Candidati ministerii ecclesiastici« aufgenommen. Mit seinen zwanzig Jahren ist er allerdings noch zu jung für ein geistliches Amt, denn um »ordiniert« zu werden sollte der Pfarrkandidat das 23. Lebensjahr vollendet haben. Hebels erste Arbeitsstelle ist die eines Hauslehrers und Vicarius ad tempus bei Philipp Jakob Schlotterbeck, Pfarrer in Hertingen.

Um Hebels theologische Abschlussprüfung wie um seine ersten Berufsjahre ranken sich allerhand dunkle Gerüchte: Sein Examen habe Hebel nur notdürftig oder gar erst im zweiten Anlauf geschafft. Die entsprechenden Dokumente fehlen in den Personalakten, was weiteren Spekulationen Auftrieb gibt, etwa denen, dass der spätere Gymnasialdirektor und Prälat Hebel Sorge getragen habe, die Belege seines unrühmlichen Abschneidens oder einer sonstigen »Ungehörigkeit« zu entfernen. Vernichtung von biographischem Beweismaterial hätte der Dichter also betrieben und damit an seinem ohnehin glatten Lebenslauf noch letzte Falten weggezupft. Hebel ist kein Freund der bedenkenlosen, ausschweifenden Konfessionen, so viel steht fest, eher einer, der unerkannt und unbehelligt bleiben möchte. Die Geschichte seines Lebens, so weit er sie selber redigiert, in seiner *Antritts-Predigt*, gelegentlich auch in Briefen, ist erzählerisch durchkomponiert, frei von anekdotischem Wildwuchs: sie enthält keine Spuren, die er nicht selber bedachtsam gelegt hätte. Was wie ein offenes Buch vor der Nachwelt liegt, ist immer schon Artefakt, gestaltet vom Dichter, der Zusammenhänge schafft, der erzählt – aber auch zu verschweigen weiß.

Doch zurück zu den Gerüchten: Die Gönner und Ziehväter der Gymnasialzeit hätten sich alsdann, wie es weiter heißt, enttäuscht zurückgezogen und den jungen Kandidaten seinem Schicksal und einer unangemessen subalternen Stellung in der Provinz überlassen. W. A. Schulze hat die biographischen Mythen auf das nüchterne Maß der Protokolle und Aktenbelege zurückgestutzt, mit dem Befund, dass sich für Hebels erste Arbeitsjahre eine Zurücksetzung oder Benachteiligung objektiv und mit dem Blick auf vergleichbare Biographien kaum behaupten lässt.

Von 1780 bis 1783 ist Hebel also in Hertingen tätig. Der Hertinger Pfarrer ist in zweiter Ehe mit der Tochter eines Scharfrichters verheiratet, aus damaliger Sicht ein sozialer Tabubruch, der das Ansehen des Pfarrers in seiner Gemeinde untergräbt, und eben darin, nicht in den offiziell im Schreiben an den Markgrafen angeführten gesundheitlichen Umständen – Bettlägrigkeit, Schmerzen, Podagra, Zucken – wird der eigentliche Grund für Hebels Anstellung vermutet. Er soll dem ungeliebten Henkers-Pfarrer bei Unterricht und Predigt zur Hand gehen, auch bei der Erteilung der Sakramente, sobald er »ordiniert« ist. Dem zweiten Ansuchen vom April 1782 wird stattgegeben, obwohl Hebel erst zweiundzwanzig und eigentlich immer noch zu jung ist. Für kurze Zeit hat Hebel nach seiner »Ordination« auch im nahe gelegenen Tannenkirch als Pfarrverwalter gewirkt.

Anfang 1783 ist am Pädagogium in Lörrach die Stelle eines Präzeptoratsvikars zu besetzen. Der ursprünglich vorgesehene Lehrersohn Kaps winkt ab, er möchte lieber die Landpfarrei Langenalb, erhält diese aber nicht und landet schließlich am Pforzheimer Waisenhaus. Ersatz für Kaps findet man in dem Informator und Vicarius ad tempus Hebel, von dem außerdem protokollarisch festgehalten wird, dass »er sich dem Schulstand ganz zu wiedmen im Sinn habe«.

Lörrach ist Ende des 18. Jahrhunderts ein aufstrebendes Städtchen von etwa 1500 Einwohnern, neben den traditionellen Holz- und Fachwerksbauten der Handwerker bestimmt zunehmend barocker Baustil, vor allem der markgräflichen Verwaltungsgebäude, das Stadtbild. Die Indienne-Druckerei, Mitte des 18. Jahrhunderts gegründet, ist ein Vorbote zukünftiger Industrialisierung. Mit dem sogenannten Pädagogium verfügt die Stadt über eine Bildungsanstalt, die die Mitte hält zwischen Lateinschule und Gymnasium, die nicht nur zukünftige Theologen heranzieht, sondern Bürgersöhne mit solidem Wissen ausstatten soll. Der Prorektor der Anstalt, der Ranghöchste des kleinen Kollegiums, unterrichtet die oberste der drei Klassen, die dreistufige Prima, der Präzeptoratsvikar die zweistufige Sekunda und der dritte Lehrer schließlich die unterste, die zugleich die größte ist und überdies eine noch recht ungehobelte Schülermenge versammelt. Einige Nebenlehrer erteilen Unterricht in Musik, Zeichnen und Französisch, womit sie ihren Lebensunterhalt allerdings nicht bestreiten können. So betreibt etwa der französische Sprachmeister neben seinem Sprachunterricht einen Eisenhandel.

Auch Hebels Besoldung ist gering, da mit dem Geld für die Vikarstelle nicht nur der Präzeptoratsvikar, sondern auch ein Diakonatsvikar bezahlt wird, der neben seiner Tätigkeit als Pfarrhelfer ebenfalls einige Stunden Unterricht hält. Der Präzeptoratsvikar Hebel erhält also 168 Gulden jährlich, d.i. etwa halb so viel wie der Schulleiter, dazu genau bestimmte Mengen an Naturalien wie Korn, Brennholz und Wein und das Recht zur Nutzung des Schulgartens. Um sein Einkommen aufzubessern, gibt er Privatstunden. Die Mahlzeiten nimmt Hebel mit dem Prorektor und dessen Familie ein, die so wie Hebel selber im Schulhaus, dem Kapitelhaus, wohnen.

Die Kontakte mit Tobias Günttert, dem Prorektor, und seiner Familie sind herzlich und freundschaftlich, und auch sonst sind die Jahre in Lörrach, trotz finanzieller Knappheit, in ein heiteres, freundliches Licht getaucht. Wanderungen, Ausflüge, Einladung zum Tanz, Scherz, Wortspiel und Geheimsprache, Reim und Übermut – unbeschwert vergeht die Zeit, und im Zentrum all der heiteren Bewegtheit, als feste, unverrückbare Mitte ist die Freundschaft angesiedelt, zu Günttert, zu Friedrich Wilhelm Hitzig, der in diesen Jahren seinem Vater in Rötteln als Pfarrvikar assistiert, und – nicht zu vergessen – Hebels Neigung zu Güntterts Schwägerin Gustave Fecht, die seit 1787 ebenfalls im Kapitelhaus wohnt. Hebel, Günttert und der wohl zu Unrecht ein wenig an den Rand gerückte August Welper, Aktuar und späterer Oberhofgerichtsrat, besiegeln ihre Freundschaft mit einem Bündnis, sie bilden ihre eigene verschworene Gemeinde, in der Günttert den *Vogt*, d. h. Bürgermeister gibt, Hebel den *Stabhalter* und Welper den *Bammert* oder Feldhüter. Der Freundschaftsbund erhält 1790 die Weihen eines eigenen Ordens, wie denn Geheimbünde und Logen allerorten in Blüte stehen. Proteus, der wandelbare Gott, ist der Namensgeber des Ordens, der Philosoph Parmenides, Zeitgenosse Heraklits, liefert geistigen Baustoff. Er und sein Schüler Zenon werden von Hebel (Parmenides) und Hitzig (Zenoides) zu neuem Leben erweckt. Im *Almanach des Proteus* legt Hebel nicht nur die *Grundstriche des Lehrsystems* vor, sondern auch ein *Verzeichnis der berühmtesten Proteologen älterer und neuerer Zeiten*. »Eh' etwas war, war nichts«, hebt das Lehrsystem an, das in der Folge das Nichts und das Etwas, die Unvollkommenheit des Seins und die Vollkommenheit des Nichtseins, den Glanz der Immaterialität durcheinanderwirbelt zu einer recht freien, ja gegenläufigen Interpretation des historischen Parmenides, für den das Nichtsein *unmöglich ist*, weder könne man es erkennen noch verkünden. Was der Lörracher Parmenides Hebel mit gewichtiger Miene auftischt, ist eine philosophische Parodie, eine geradezu von romantischem Geist beseelte Etüde der Querdenkerei, der feierlich-unernsten Niveauvermischung, derzufolge etwa die wahren Proteuser, als »Widersacher der Materialität«, Sein in Nichtsein zu verwandeln strebten und sich dafür gewisse, mit Materie angefüllte Räume zugänglich machten, besonders Biergläser, Pfeifenköpfe, Punsch- und Krebssuppenschüsseln. Höchste Geistesfeinheit und geistiges Nichts sind in diesem Lehrsystem ironisch zur

Identität gebracht, und das *far niente* erstrahlt als Königsweg proteusischer Vollendung. Das *Verzeichnis der berühmtesten Proteologen* fällt dementsprechend bunt aus: Diogenes Cynikus und ein Diogenes redivivus basiliensis, der Basler Buchbinder Scholer, die gesamte griechische Stoa, Horaz, Cagliostro und der Ewige Jude, an dessen Gedächtnistag Schubarts gleichnamige Rhapsodie in feierlicher Versammlung gelesen werden soll. Denn die Proteuser, so will es die Satzung, haben ihre eigene Zeitrechnung und sie haben ihr eigenes Geheimvokabular, festgehalten im *Wörterbuch des Belchismus.* Proteusische Reminiszenzen tauchen gelegentlich in Hebels Briefen auf, der ignorante »Schwabenhammel«, »Proteopolis«-Lörrach, »Öchslein« als Gegenstand eines Wunsches und angenehmer Fund (auch mineralogisch), nicht zu vergessen das »Cose felicet«, als dessen Teil die Proteuser, die »Coseseligen«, sich glücklich fühlen. »O Zenoides« beginnt Parmenides-Hebel noch Jahrzehnte später seine Briefe und unterzeichnet »Parm.«. Hebels Hymnus *Ekstase*, das pathetische Belchen- und Proteuser-Gedicht, ist einer seiner frühesten dichterischen Versuche, der sich erhalten hat, jedoch erst im 20. Jahrhundert, dank Wilhelm Altwegg, als poetischer Text wahrgenommen wird. Als »Bettel da vornen« ist der Hymnus Teil eines Briefs, den Hebel im Dezember 1793 an Hitzig schickt.

Die Geheimsprache verdankt ihren Namen dem 1414 m hohen Schwarzwaldberg Belchen, dem Proteuser-Heiligtum, das auch im Säuseln, Sausen und Brausen der *Ekstase*, in ihrer Geister- und Freundesbeschwörung unablässig umkreist wird. Im Sommer 1791, also wenige Monate, bevor er Lörrach verlässt, hat Hebel gemeinsam mit Hitzig den Belchen tatsächlich bestiegen. In späteren Briefen taucht der Berg aller Berge dann und wann wieder auf, er hebt sich ab über den Wolkenschwaden des proteusischen Fabulierens um Nichts und Etwas als der Ort, an dem das Wesentliche und Wahre zuhause ist, wo sich die Welt von »höherem Standpunkte und in reinerem Medium« erschließt. Mit »leichtem Fuß« sprang man einst vom Belchen herab und trank in Wislet bei dem Bläsischafner ein Schöpplein, erinnert sich Hebel 1823 in einem Brief an Gustave Fecht.

Hebels Anstellungsurkunde datiert vom 28. März 1783. Ende 1791, nach knapp neun Jahren, wird er ans Gymnasium illustre in Karlsruhe wechseln. Der Wechsel ist ein deutlicher Karrieresprung, von der Provinz in die Residenzstadt, aber auch in eine übergeordnete Bildungsinstitution, in einen jener Planeten, um den die Pädagogien wie Monde kreisen – um bei einem Bild Hebels zu bleiben. Dokumente aus den Lörracher Jahren zeigen zum einen, wie Hebel als Schulmann Profil gewinnt, zum anderen wie er an seinem beruflichen Fortkommen arbeitet, auch wenn dieses Fortkommen noch unterschiedliche Richtungen offenlässt. Der bis in die Protokolle vorgedrungene Wunsch, »sich dem Schulstand ganz zu wiedmen« scheint zunächst eine klare Sprache zu sprechen. Hebel hat den maßgeblichen Stellen zu verstehen gegeben, wo seine Präferenzen liegen: Nicht Pfarramt, sondern Schule. Doch neben dieser offiziell gewünschten Zukunft wälzt der Präzeptoratsvikar noch ganz andere Pläne. Er habe sich in Lörrach lange mit dem Gedanken getragen, Medizin zu studieren, wird Hebel später Gustave Fecht bekennen. Dass er umsatteln und sich auf völlig neues Terrain begeben will, lässt das ganze Theologiestudium nachträglich als Fehlgriff erscheinen, als berufliche Sackgasse, in die ihn äußere Zwänge und eine gewisse Bildungsautomatik gedrängt haben. Tatsächlich gilt das relativ kostengünstige Theologiestudium als das klassische Studium sozialer Aufsteiger, zu denen der Dienersohn Hebel ja gehört. »Die Schwierigkeiten waren groß«, heißt es weiter über das ins Auge gefasste Medizinstudium, und man geht wohl nicht fehl in der Annahme, dass diese Schwierigkeiten vor allem finanzieller Natur sind.

Während der Präzeptoratsvikar Hebel also insgeheim über ein ganz anderes Leben nachsinnt, über Lockungen und Risiken des großen Ausbruchs, hält er weiterhin Woche für Woche seine 26 Stunden an der Sekunda des Pädagogiums. Konkrete Schritte zu seinem beruflichen Aufstieg – nicht Ausstieg – wird er erst 1789 unternehmen. Doch schon ein Jahr nach seiner Anstellung in Lörrach gibt es Anzeichen, dass er die Entscheidung *für* den Schuldienst – und *gegen* das Pfarramt – mit einer behördlicherseits nicht vorgesehenen Konsequenz umzusetzen gedenkt. Mit anderen Worten: Hebel weigert sich, die kirchlichen Dienste, die auch in den Aufgabenbereich des Präzeptoratsvikars fallen, zu versehen. Er schreibt einen renitenten Brief an seinen Kollegen, den Diakonatsvikar, der in der Hauptsache mit dem Predigen betraut ist und für den Hebel einspringen soll. »Mich deucht, daß Tage, wie der Samstag ist, Tage der Erholung für den sein sollen, der eine Woche lang in die Schulstube eingesperrt war.« Und wenn schon keine Erholung, so Hebels weitere Argumentation, so bleibe er doch lieber über seinen Berufsgeschäften sitzen, als sich in ein neues Geschäft binden zu lassen, das ihn in seiner gegenwärtigen Lage nichts angehe. »Nebensachen« sind diese anderen Geschäfte für ihn, deretwegen er seine Pflicht, »die mir anvertrauten und am Herzen ligenden Schulen« nicht vernachlässigen wolle. Man mag sich wundern, dass die beiden Lörracher Vikare ihre Sache nicht mündlich aushandeln. Eben dem scheint aber schon der Diakonatsvikar Sonntag ausgewichen zu sein, hat er doch Hebel sein Ansinnen in einem *Billet* unterbreitet. Da Hebel überdies klagt, dass ihm »die Geschäfte an der Kirche immer mehr zur Schuldigkeit gemacht werden«, so kann man davon ausgehen, dass hier schon seit einiger Zeit ein Konflikt schwelt und der Präzeptoratsvikar die Feder ergriff, um erstens seinen Unmut loszuwerden und sich zweitens grundsätzlich zu äußern. Hebels Brief vom 26. November 1784 ist der früheste aller erhaltenen Hebel-Briefe, und der Zufall will, dass der Dichter, der in seiner ganzen späteren beruflichen Laufbahn Rücksichten und Verbindlichkeiten wahrt, sich in seinem allerersten Brief geradezu aufmüpfig zeigt.

Hebels Brief hat Folgen. Der Pflichtenstreit der Kollegen, die sich per *Billet* Predigtaufträge zuschieben, wird amtlich, und wenn Hebel die Konfrontation mit der Obrigkeit auch nicht von Anfang an gesucht hat, so ist er offenbar ebensowenig gesonnen, ihr auszuweichen. Auf Hebels ausdrücklichen Wunsch, wie es heißt, übergibt Vikar Sonntag das brisante Schreiben dem Leiter der Diözese. Dieser Leiter, *Spezial* genannt, der kränkliche und betagte Kirchenrat Hitzig, wendet sich seinerseits direkt an den Markgrafen, dem er seine Nöte schildert: Er müsse schon seit sechs Wochen das Bett hüten, auch sonst erschwerten ihm sein hohes Alter und »chiragrische Umstände« die Administration des heiligen Abendmahls. Aufgrund seiner Kränklichkeit falle eine großer Last zusätzlicher Aufgaben an den Diakonatsvikar, der schon »alles mögliche« getan habe, während dem Vicario Hebel »weiter nichts zugemuthet wurde.« Ob dieser seinen Brief »aus Bosheit oder Verhetzung« geschrieben habe, wolle er nicht beurteilen, doch gibt es eine Reihe guter Gründe, warum sich Hebel der Kirchenarbeit nicht zu entziehen habe: Die Kirchenpflichten sind in der Anstellungsurkunde mitenthalten. Kein Vorgänger habe je damit Schwierigkeiten gemacht. Wenn Hebel »auswärts« – etwa in Weil – predige, so könne er das wohl auch in Lörrach tun. Zeit zur Erholung bleibe ihm allemal genug.

Im Januar 1785 ergeht in der Angelegenheit eine Entschließung des Kirchenratskollegiums. Zunächst wird bemerkt: Hebel habe sich mit seiner Beschwerde nicht an den Dienstweg gehalten. Darüber ist ihm das *Missfallen* des Kollegii zu eröffnen. *Befremden* findet seine Weigerung, die Kirchendienste zu erfüllen. Als junger Mann, den niemand mit Arbeit überladen will, solle er sich vielmehr freuen, nicht ganz aus der Übung zu kommen. Insbesondere »zur Beihülfe in der Administration des heil. Abendmahls« sei er anzuweisen. Man mag die Tatsache, dass ausdrücklich nur von Hilfe beim Abendmahl und nicht von Predigt die Rede ist, als Teilerfolg Hebels verbuchen, eine – wenn auch recht moderate – Zurechtweisung stellt die Entschließung trotzdem dar. Ein Hauch von Revolte, von Vikaren-Revolte, weht durch diese Episode, und man fragt sich, ob Hebel gelassen, belustigt oder doch eher besorgt die Rolle spielt, in die er sich selber wissentlich oder ungewollt – auch das bleibt in der Schwebe – hineinmanövriert hat.

Der Rüge wird 1787 eine zweite folgen. Wachsame Augen sind in den Unterrichtsprotokollen über einen Passus gestolpert, der der Klärung bedarf. Die wachsamen Augen gehören dem schon bekannten Kirchenrat Hitzig, der das Tun und Lassen des predigtscheuen Präzeptoratsvikars seit dem geschilderten Zwischenfall vermutlich mit besonderem Misstrauen verfolgt. Es ist eine Eintragung im sogenannten *Schematismus,* die zum Stein des Anstoßes wird. In diesem *Schematismus,* der Lehrplan, Schülerlisten und behandelten Lehrstoff enthält, ist von Hebels Hand zu lesen, dass der kleine Lutherische Katechismus auswendig gelernt wurde, »mit Ausnahme der Stellen, welche die symbolische Gültigkeit dieses Buches nicht anerkennen«. – Der Kirchenrat mag die Stirn gerunzelt haben. Was verbirgt sich hinter der Pedanterie des Eintrags? Wird da von unbefugten Kräften am Religionsunterricht herumgedoktert? Dieser gar als »Nebensache tractirt«? Vorsicht scheint in jedem Fall geraten, und dem Vicario Hebel ist eine Erklärung zu seinem Eintrag abzufordern. Wie diese Erklärung gelautet hat, ist nicht erhalten, jedenfalls scheint sich der Vicarius in der Folge auf knappere Auskünfte verlegt zu haben. »Catechismus minor recitatus« – »Der Kleine Katechismus wurde vorgetragen.« Wer viel sagt, bietet viel Gelegenheit, missverstanden zu werden.

Neben Religion unterrichtet Hebel in seiner Sekunda Latein – mit 12 Stunden der Löwenanteil des Wochenpensums – dazu Griechisch, Geometrie, Rechnen, Geographie und deutsche Sprache. In Schülerlisten, etwa jener erhaltenen vom 23. September 1783, werden nicht nur Name und Alter des Schülers und der Beruf des Vaters vermerkt, sondern auch *Mores*, *Studium* und *Ingenium*. Betragen, Arbeitseifer und Begabung der Elf- bis Vierzehnjährigen klaffen nicht selten auseinander, wie der Präzeptoratsvikar feststellt. Der eine lernt, was er nur vermag, ist aber nicht mit Kräften zur Vernunft ausgestattet, der andere hätte ganz erfreulichen Verstand, lernt aber keinen Buchstaben. Recht Unterschiedliches gibt es auch über die *Mores* der Knaben zu sagen. Neben den Schülern mit angenehmem und redlichem Benehmen findet sich ein »ziemlich munterer« Bursche, dann einer, der »lachend sein Leben verbringt«, und schließlich ein gewisser Joh. Nikol. Balthasar Bögner, über den es leider gar nichts Erfreuliches zu berichten gibt; »loquax, mendax, edax«, heißt der Befund: »geschwätzig, lügnerisch, gefräßig«.

Der Präzeptoratsvikar taxiert Fleiß und Talente und übt sich in pädagogischer Buchführung. Er richtet seinen Pädagogenblick aber nicht nur auf die Schüler, sondern auch auf die Institution selber, ihr Angebot an Bildung und die Art der Vermittlung. Tatsache ist, dass das Lörracher Pädagogium in eben jenen Jahren, in denen Hebel dort arbeitet, an einem spürbaren Schülerschwund leidet. Statt der rund 60 Schüler, die in guten Zeiten das Institut besuchten, sind es 1786 nur noch 44, 1789 gar nur 34, »welche Zahl doch sichtbar für 4 Lehrer sehr gering ist«, wie die Protokolle vermelden. Hebel wird Zeuge jenes Phänomens, das man als Krise des Lateinschulwesens bezeichnet hat, als Krise einer nicht auf Universitätsbesuch abzielenden höheren Bildung, die gleichwohl das Lateinische als Haupt- und Kernbereich zu bewahren sucht und die Naturwissenschaften aussperrt.

Eben an diesem Punkt setzen die Reformvorschläge an, die der Prorektor und der Präzeptoratsvikar des Lörracher Pädagogiums auf Anweisung des Kirchenrats, also der obersten kirchlichen Behörde des Landes, ausarbeiten. Der Rückgang der Schülerzahlen hat die Behörde so weit alarmiert, dass sie einen Aufruf an ihre Lehrer ergehen lässt, den Schematismus neu zu ordnen, um das Pädagogium eventuell in eine Realschule umzuwandeln. Die maßgeblichen Lehrer des Lörracher Pädagogiums, Prorektor Ferdinand Zandt, der 1790 Tobias Günttert nachgefolgt ist, und Präzeptoratsvikar Hebel plädieren in ihren Gutachten übereinstimmend für eine Verringerung der Lateinstunden und den Einzug *nützlicher Wissenschaften*. Zehn Wochenstunden Latein statt bisher zwölf, nur mehr eine Stunde Griechisch, im Gegenzug eine Erweiterung des Deutschunterrichts von einer auf vier Wochenstunden. Fünf Wochenstunden sollten der Einführung in die Realien gewidmet werden – das sind, kurz gefasst, die wesentlichen Forderungen, die Hebel am 29. Oktober 1790 unter dem Titel *Einige Gedanken, wie die bisherige Einrichtung der Lektiones des Pädagogiums, besonders in Rücksicht der zweiten Klasse nach den Umständen könnte abgeändert werden* einreicht.

Die von Hebel angeregte Aufwertung der naturwissenschaftlichen Fächer entspricht dem Zug der Zeit, das pädagogische Prestige der Realien ist allgemein im Steigen. Doch es geht nicht nur um eine zeitgemäße Neugestaltung des Lehrplans, sondern auch um das Lernen als solches. Hebel unterbreitet am Beispiel des Lateinischen grundsätzliche Überlegungen, wie Lernen »in weniger Zeit mit bessern Erfolg betrieben werden« könnte, wenn »nur die Hindernisse, die es bisher erschwerten, weggeräumt würden«. Das Erlernen des Lateinischen wird vereinfacht, wenn die nötigen Vorkenntnisse, insbesondere in Grammatik, vorhanden sind, die Inhalte sollten dem Alter und der Vorstellungswelt der Schüler gemäß sein. Denn: »Nichts kan der Jugend verdrießlicher seyn, und die Erlernung der Sprache selbst mehr hindern, als wenn sie Sachen lesen und übersetzen soll, wovon sie keinen Begriff hat, die also weder ihren Verstand beschäftigen noch ihre Aufmerksamkeit binden«. Dies gilt genauso für die Auswahl der Autoren, und Hebel zeigt anschaulich, wie alle Bemühungen ins Leere gehen müssen, wenn die Texte den Kindern fern und fremd sind: »Oder darf man erwarten, daß 12jährige Knaben in Teutschland ein Buch verstehen, und mit Vergnügen lesen sollen, bey dessen Verfassung sich der Schriftsteller vor 1800 Jahren römische Männer, Zeitgenossen und oft Augenzeugen der Begebenheiten dachte.« Nein, man darf es nicht erwarten. Anteilnahme und Verständnis können nicht voraussetzungslos eingefordert werden, sie bedürfen vielmehr, wie ein chemischer Prozess, genau berechneter Bedingungen und Zutaten. Der Pädagoge Hebel analysiert die Kunst erfolgreichen Lernens und Lehrens von der Person des Schülers her, so wie der Dichter Hebel beim Leser Maß nimmt für seine Texte. Die pädagogischen Appelle des Präzeptoratsvikars und die späteren Überlegungen zur »ächten Popularität« sind, so gesehen, unterschiedliche Einkleidungen ein und derselben Grundfrage, wie nämlich der Lernende oder Lesende am besten für das Neue zu gewinnen sei, das sich vor ihm ausbreitet. Indem dieses Neue auch Altes und Vertrautes beherbergt, lautet die Antwort, indem die Bilder der Welt so beschaffen sind, dass sie immer auch Selbstbilder sind, in denen sich der Leser wiederfindet. *Es hat mit dir zu tun!* – das ist wie eine magische Reibung, ein Funke, der überspringt. Es ist freilich nur *eine* mögliche Antwort, eine elementare Antwort gleichwohl, mit der Hebel, der Hausfreund, ein facettenreiches Spiel treibt, denn er setzt auf Nähe und Ferne gleichermaßen, heftet an ferne, exotische Welten die Botschaft, dass alles ganz nahe sei, und an die Nähe das Überraschungsgesicht des Fremden. Und doch scheint jenes *Es hat mit dir zu tun!* immer wieder als Quintessenz am Ende zu stehen, nun nicht mehr als erzählerische Schlinge, die das Leserinteresse einfangen soll, sondern als Erkenntnis, zu der der Gang durch Nähe und Ferne geführt hat.

Gutachten und Denkschriften, wie sie der Prorektor und der Präzeptoriatsvikar auf Wunsch ihrer Behörde vorlegen, sind gängige Verfahren, um Ideen zu sammeln und Reformen zu entwickeln. Dass Prorektor Zandt sein Plädoyer für eine vorsichtige Reduktion der *studia humaniora* zugunsten der *nützlichen Wissenschaften* in lateinischer Sprache vorlegt, zeigt, ganz nebenbei, das Ausmaß an Rücksichten, das auf allem Veränderungswillen lastet.

Als Hebel sich sechs Jahre nach seinem Dienstantritt um beruflichen Aufstieg bemüht, unterdrückt er wohl aus taktischen Gründen jeden Hinweis auf Präferenzen. So strebt er denn ganz allgemein nach Beförderung und will die Übermittlung seines Wunschs nicht durch Zusatzwünsche noch gewagter machen, als das ganze Unterfangen ohnehin schon ist. In diesem Sinn fertigt er ein Bittschreiben an den Durchlauchtigsten Markgrafen, seinen Gnädigsten Fürsten und Herrn:

Die große Gnade, womit vor beinahe sechs Jahren Euer Hochfürstliche Durchlaucht das Präceptorats Vikariat an dem Pädagogium zu Lörrach mir zuzuwenden geruhten, macht mich kühn, wenn ich seit iener Zeit auf diesem Anfangsplatze meine Kräften zu einem weiteren Wirkungskreise bereitet habe, Euer Hochfürstlichen Durchlaucht gegenwärtig um weitere Beförderung anzuflehen, und der hohen Gnade, womit Höchstdieselben meine Vorgänger an diesem Platz beglükten, mich unterthänigst anzuempfehlen; der ich in tiefster Unterwürfigkeit verharre

Euer Hochfürstlichen Durchlaucht unterthänigst, treugehorsamster J. P. Hebel

Hebels Schreiben in vorbildlichem Untertanen-Deutsch datiert vom 11. Februar 1789, ein knappes halbes Jahr also vor der Erstürmung der Bastille und rund zwei Jahre, bevor Freiheit und Gleichheit in Frankreich auch den Sprachgebrauch revolutionieren. Als *freiheitstötende Ausdrücke* werden dort die rhetorischen Kniefälle geächtet. Friedrich Christian Laukhard, der rastlose, abenteuernde Chronist seiner Zeit, ehemals Student der Theologie wie Hebel, Universitätslehrer mit gescheiterten Hoffnungen auf eine eigene Pfarre, gerät als Soldat auch in französische Dienste und schreibt in seiner Lebensgeschichte, nie habe er seine Würde als freigeborener Mensch lebhafter gefühlt als in jenem Moment, da er zwischen mächtigen französischen Generälen saß und »in allen Stücken gleich gehalten wurde«. Reden wie ein freier Mann? Im Nachbarland Baden mag man in andere Definitionen von Freiheit ausweichen, und wenn der Präzeptoratsvikar Hebel eine Neigung zum Rebellieren in sich verspürte, dann wohl eher gegen *Spezialat* und Kirchenrat als gegen den ehrwürdigen Markgrafen. Als »Frohnknecht« eben dieser Instanzen hat er sich denn auch später bezeichnet, doch mit welchen Gedanken er 1789 von Lörrach aus nach Frankreich blickte, darüber hat sich nichts erhalten.

Das Schreiben vom 11. Februar wird befürwortend weitergeleitet, trifft am 20. Februar in Karlsruhe ein und erhält Monate später, nämlich im August, den Vermerk, dass es bei zukünftigen *Promotionen* berücksichtigt werden solle. Vom 6. Dezember desselben Jahres datiert Hebels zweiter und nunmehr ganz gezielter Vorstoß. Er bewirbt sich um das Prorektorat des Lörracher Pädagogiums. Denn eben diese Stelle wird frei, wenn der bisherige Prorektor Tobias Günttert tatsächlich mit der von ihm angestrebten Pfarrei Weil betraut werden sollte, die ihrerseits frei wird, weil der bisherige Pfarrer, August Wilhelm Sievert, zum Dekan bzw. Spezial von Auggen aufsteigt. Hebel unterbreitet dem Markgrafen seine Hoffnungen und Bitten:

Bald sind es sieben Jahre, daß ich als Präceptorats Vikarius an dem Pädagogium zu Lörrach in Euer Hochfürstlichen Durchlaucht Diensten stehe, und dem Unterricht der Jugend meine Zeit und Kräften widme. Ich wage daher die unterthänigste Bitte, im Fall daß mit dem Prorektorat an diesem Pädagogium eine Veränderung vorgehen sollte, daß Euer Hochfürstliche Durchlaucht die Stelle eines Prorektors mir in Gnaden zuzuwenden geruhen mögen, da ich zu höchsten Hulden mich unterthänigst empfehle, und in tiefster Ehrfurcht verharre

Euer Hochfürstlichen Durchlaucht unterthänigster J. P. Hebel

Der Prorektor Tobias Günttert wird laut Dekret vom 17. Juni 1790 nach Weil berufen, wo er bis zu seinem Tod im Jahr 1821 als Pfarrer wirkt. Neuer Prorektor wird allerdings nicht Hebel, sondern der bereits genannte Ferdinand Zandt, der eine mehrjährige Lehrtätigkeit in der Schweiz als beruflichen Trumpf vorweisen kann und zudem die Stelle des Prorektors »sehnlich wünscht«, anstatt der Pfarrei Pforzheim-Altstadt, die ihm ursprünglich zugedacht war. Das Konsistorium entscheidet pro Zandt und kontra Hebel, der sich mit seinem neuen Prorektor zumindest beruflich arrangiert zu haben scheint, wie die gemeinsame Gutachtertätigkeit zur Reform des Pädagogiums erkennen lässt. Ein Fehlschlag bleibt die Angelegenheit trotz allem, weshalb die Episode nach einer späteren Briefformulierung Hebels als »unbeklatschter Akt von anno 90« in die Autobiographie eingehen sollte.

Dass die von Zandt ausgeschlagene Pfarrei Pforzheim-Altstadt in eben jenen Monaten der Um- und Neubesetzungen auch Hebel angeboten und von ihm abgelehnt wurde, ist ein dokumentarisch nicht gesichertes Moment seines beruflichen Werdegangs. Zumindest existieren aus jener Zeit fragmentarisch erhaltene Überlegungen Hebels – als Abschrift, nicht im Original –, in denen er Argumente gegen die Übernahme einer Pfarre sammelt: das Predigen greife seine Stimme an, seine ungesicherte berufliche Situation verbiete ihm zudem zu heiraten, und ein Leben als »lediger Pfarrer in einem abgelegenen Dorfe, der der Haus- und Landwirthschaft unerfahren ist«, sei ohnehin unvorstellbar.

In der Realität seines Lebens bleibt Hebel der einmal eingeschlagenen Laufbahn treu, doch scheint ihn das Gedankenspiel zu reizen, sich noch einmal oder aufs neue am Scheidewege zu befinden. Mit Ernst denke er jetzt daran oder wünsche wenigstens mit Ernst bald auf eine Pfarrey zu kommen, schreibt er im März 1795 an Gustave Fecht. Vier Jahre später, an dieselbe Adressatin, in derselben Angelegenheit: Er sehne sich schon lange, und immer, und oft sehr lebhaft. Das klingt bei allem ausdrücklichen Ernst mehr nach Vertröstung und Feierabendträumerei, als nach Tatendrang. Doch das Besetzungskarussell dreht sich in regelmäßigen Abständen weiter, und so kann es nicht ausbleiben, dass unter den vakanten Pfarreien auch die eine oder andere ist, die den entschiedenen Pädagogen tatsächlich ins Schwanken bringt. Man glaubt Hebel, der inzwischen zum Professor avanciert ist, geradezu vor sich zu sehen, wie er Argumente in die Waagschale wirft und die Herausforderung, um nicht zu sagen: Versuchung eines beruflichen Neuanfangs als Landpfarrer schließlich doch von sich weist. Zu bitter waren offenbar die Anfangsjahre, zu schlimm sind die Erinnerungen, als dass Hebel sich noch einmal freiwillig an einen ungewissen Platz stellen will. Ein Brief aus dem Jahr 1805 an seinen Freund Hitzig, selber Pfarrer in Rötteln, Schopfheim und Auggen, zeigt eindringlich den Zwiespalt, in dem er sich befindet, genauer gesagt: Hebel wendet alle sprachliche Kunst auf, die Anfangsmisere in eindringlichen Farben zu malen und den Briefempfänger, der Pfarrer ist, verständnisvoll zu stimmen für seine Entscheidung gegen das Pfarrertum. Es geht um die Pfarrei Schopfheim. Etwas, das seinen Wünschen noch näher käme, ist schwerlich zu denken. Trotzdem schreibt er: »Aber ich scheute, nicht die Geschäfte, sondern die Kirche, die ich kenne und mit meiner Brust und Stimme maß, und die Strapatzen, wenn man seinem Amt Genüge thun will, wie ich möchte. Ort und Gegend wären mir die liebsten zwischen allen Meridianen und Paralellcirkeln des großen Erdenrundes, in unserm Thal und in eurer Nähe! Wie wollten wir das alte Leben neu anfangen […]! Aber hole der Henker eins! Als 22iähriger Schulmeister und beylaufender Frohnknecht bald des Pfarramts, bald des Consistorii will ich, wenn ich einmal den großen Wanderstecken in die Hand und den kleinen Bündel auf den Rücken nehme, nicht einer Schindpfarrey und abermaligem Frohndienst, nemlich einem Specialat, sondern für das, was noch hinterstelliger Zeit im Fleisch ist, einem Plätzlein entgegengehn, wie es ia auch ie eines bey euch gibt, wo man ein geruhiges und stilles Leben führen kann«.

Dass Hebel vor allem in späteren Jahren den Traum von der Landpfarre nostalgisch pflegt, gehört zu den Fixpunkten seiner Biographie. Was er aber einerseits als Ideal beschwört, verwandelt sich in eine höchst zwiespältige Angelegenheit, sobald es ihm als konkrete Wirklichkeit entgegentritt. Es mag Schopfheim sein oder, im selben Jahr, eine Pfarrei in Freiburg – alles, was als reale Alternative am Horizont auftaucht, ist eben nicht mehr das Ideal, sondern mit den Makeln der Wirklichkeit behaftet, mit Schattenseiten, allerhand Haken und Häkchen, an denen sich die erste Begeisterung verfängt. Mit am schwersten fällt dabei wohl ins Gewicht, dass man einen alten, liebgewordenen Traum, die Vision einer heiteren Gegenwelt, in die man sich in dunklen Zeiten zurückzieht, ein für allemal der prekären Realität opfern müsste. Es gibt also Gelegenheiten, die sich bieten, aber es gibt nie einen, der sie beim Schopf ergreift, der aufspringt und das alte Leben freudig von sich wirft. Hebel zögert und zeigt sich erleichtert, wenn Entscheidungen sozusagen *schicksalhaft* und ohne sein direktes Zutun fallen – gegen die Pfarrei und für den Status quo, versteht sich.

Wonach sich Hebel am Höhepunkt seiner beruflichen Karriere als Gymnasialdirektor, als Mitglied der evangelischen Kirchensektion und Prälat tatsächlich sehnt, das mag so etwas wie eine Rückkehr zum einfachen Leben gewesen sein, einfach und überschaubar auch im Sinne der Aufgaben, die es zu erfüllen gilt, eine Rückkehr zu Natur und Beschaulichkeit, zu stiller Beobachtung und Muße im Baumschatten, unbehelligt von den Geschäften, Abhängigkeiten und Pflichten, die kein Ende nehmen und zu großen Stücken öde Verwaltungsarbeit sind. Im Jahr 1818 schreibt Hebel an seinen Freund Georg Friedrich Dreuttel, Pfarrer und Dekan in Müllheim: »[…] es hat mich schon oft beelendet, daß ich kein Pfarrer worden bin. Es machte mir doch nur Ein Special und nur Ein Schulmeister das Leben sauer und wenn Ihr mein Special wäret, nicht einmal – Einer. Denn wir zwei verstünden einander.« Im nächsten Satz zieht Hebel das Resümee seines nie Wirklichkeit gewordenen Pfarrerlebens: »Item, ich hab lange genug darauf gewartet von 1780 bis 1792 […]; und wenn ein braver Pfarrer an mir sollte verlohren gegangen seyn, so hats der liebe Gott selbst gethan, dessen Gedanken nicht meine Gedanken waren. Wiewol bei Freiburg bin ich ihm ein wenig von der Hand gegangen. Selbiges kann ich nicht läugnen.«

Seine Klage lässt, mit einer Einschränkung, den Werdegang als göttliche Fügung erscheinen, gegenläufig dem eigenen Wollen. Die Kürzestfassung seiner Biographie, die Hebel im Brief an Dreuttel 1818 entwirft, ist sozusagen jener Keim, der sich später in der *Antritts-Predigt* zu homiletischer Blüte entfaltet. Er ist authentisch und doch ein Kunstprodukt, subjektiv wahr und zugleich stimmungs- und adressatenabhängig. Keine Rede mehr von »Frohndienst« oder »Schindpfarrey«, wie noch 1805, geschweige denn von jener frühen Option, »sich dem Schulstand ganz zu wiedmen«, die der junge Hebel mit Konsequenz verfolgt hat.

Das Prorektorat am Lörracher Pädagogium blieb Hebel verwehrt. Die von ihm gewünschte Beförderung sollte sich in anderer Form verwirklichen. Am Gymnasium illustre in Karlsruhe, dessen Schüler Hebel von 1774 bis 1778 gewesen war, sind zwei Stellen zu besetzen. Ferdinand Zandt, der Prorektor des Pädagogiums, scheint sich kurzfristig dafür zu interessieren, lehnt aber ab, als ihm einer der Posten tatsächlich angeboten wird. Statt Zandt kommt Hebel zum Zug, seine Anstellungsurkunde als Subdiakon und Assistent (Fachlehrer zur Unterstützung der Klassenlehrer) bei den Klassen Prima und Sekunda datiert vom 2. November 1791. Bereits ein halbes Jahr später sucht Hebel in einer Eingabe an den Markgrafen um Beförderung vom Subdiakon zum Diakon an, am 12. Dezember 1792 wird ihm der Titel Hofdiakonus verliehen. Sein Lehrdeputat beträgt 24 Stunden, er unterrichtet in den folgenden Jahren im wesentlichen die Fächer Religion, Latein, Hebräisch, Griechisch und Geographie, daneben auch noch Mathematik und Naturkunde. Zu seinen Aufgaben gehört außerdem eine monatliche Predigt in der Schlosskirche und die Aushilfe bei Predigten in dringenden Fällen.

Am 19. Februar 1792 verfasst Hebel für Gustave Fecht eine detaillierte Beschreibung seiner Arbeitswoche. Er unterrichtet also, wie dem Plan zu entnehmen ist, an allen Vormittagen von Montag bis Samstag zwei oder drei Stunden, beginnt um acht, am Dienstag erst um neun Uhr, dazu kommen ein bis drei Nachmittagstunden, Mittwoch- und Samstagnachmittag sind frei. »Die ganze Last ist also ziemlich leicht«, versichert er Gustave, »und was das Predigen betrift so freue ich mich von einer auf die andre. Ueberhaupt, da mirs mein Schicksal nicht gönnte in Lörrach bleiben zu können, oder in Tüllingen, oder sonst wo in der Nähe des Lebens froh zu seyn, so wünschte ich auch sonst an keinem andern Ort zu seyn, als wo ich bin.« Was folgt, ist eine für Hebel charakteristische Kehrtwendung. Gerade noch glaubt man verstanden zu haben, dass er sich zu Karlsruhe bekennt und das Abwägen und Vergleichen ein Ende hat, schon ist alles wieder hinfällig. Denn sein Endpunkt ist in Wahrheit nur der Punkt, an dem sich der Gedanke erneut in die Gegenrichtung abstößt: »Aber freilich auf dem Tüllingerberg, wär es noch gar viel feiner und lieblicher, wo man doch auch Schnee sieht im Winter, und Blüthen im Frühling und wo es im Sommer donnert und blitzt, als wenn der liebe jüngste Tag im Anzug wäre.«

34 Jahre, bis zu seinem Tod 1826, wird Hebel in Karlsruhe zubringen und in diesen Jahren, ganz wie er es in der eingangs zitierten *Predigt vor einer Landgemeinde* darstellt, von Stufe zu Stufe steigen. Es ist eine ansehnliche Karriere, deren zeitraubende Mühen und Bürden Hebel zwar beklagt, aber keineswegs ein Aufstieg wider Willen, ist er doch beseelt von dem Wunsch, als »tüchtig« zu gelten. Der glanzvolle Aufstieg von Stufe zu Stufe wird in der Darstellung der *Predigt* mit demütiger Dankbarkeit hingenommen, es ist Gottes unerforschlicher Wille, der sich in der nie erbetenen Gabe äußerer Triumphe manifestiert, bevor sich die letzte entscheidende Schicksalswende vollzieht, die ersehnte Einkehr ins einfache Leben eines Landpfarrers. Gottes Gedanken seien nicht Hebels Gedanken gewesen, heißt es im Brief an Dreuttel. In seiner fiktiven *Antritts-Predigt* lässt der Dichter beides in Harmonie zusammenklingen. Dass sich dem Ich-Erzähler der *Predigt* das späte Glück eines eigenen Pfarramts auftut, diese schöne, ergreifende Schlusspointe rückt den Text in die Nähe der beispielhaften Lebensläufe aus dem *Rheinländischen Hausfreund*. Er ist »lehrreich und aufmunternd« wie die Geschichte des *Jakob Humbel* und eine weitere Illustration der Verse »Weg hat er aller Wege, / an Mitteln fehlt's ihm nicht«, mit denen die Erzählung *Franziska*, aber auch das Kapitel über den Propheten Elias in den *Biblischen Geschichten* schließt. Hebels *Antritts-Predigt vor einer Landgemeinde* gehört, so gesehen, zu jenen literarischen Stärkungsmitteln, die den Leser zu einem unverdrossenen Fortschreiten auf dem Weg christlicher Tugend ermuntern und ihm vor Augen führen, wie das Vertrauen in göttliche Weisheit letztlich seinen Lohn findet. Dass dieser Lohn nie Realität geworden ist, sondern Dich-

terphantasie bleibt, verleiht dem Stärkungsmittel einen interessanten Beigeschmack. Aber ist es nicht so, dass all die Geschichten, die die Leser trösten und stärken, ihren Trost und ihre Stärkung auf das menschliche Fassungsvermögen abstimmen müssen? Und sind nicht die Abrundungen der Geschichten, die das Leben vorenthält, der Dichter aber hinzufügt, notwendige Hilfskonstruktionen, um nicht zu sagen: Tricks, um eine Brücke zu schlagen von der göttlichen Unerforschlichkeit zum kleinen, beschränkten Menschengeist?

Dass Hebels kleiner autobiographischer Entwurf in ein Wunschleben mündet und die historischen Daten und Fakten von der Phantasie mühelos überflügelt werden, erinnert ein wenig an Jean Pauls *Lebenserschreibung*, an Konjektural-Biographie und Autobiographie als Möglichkeitsform, in der das Schreiben dem Leben den Rang abläuft. »Die wahre Welt ist die vom Autor gemachte.« Das imaginäre, erfundene Ich und sein Schicksal ist Dichtung und – als Dichtung – doch auch zugleich Wahrheit, die herkömmlichen Oppositionen halten nicht mehr, sondern verknüpfen sich zu einem Geflecht von Synthesen und Bezüglichkeiten und bringen neue Oppositionen hervor. In einem Brief der *Flegeljahre*, den ein fiktionaler J. P. F. Richter, nämlich der zur Romanfigur avancierte Autor verfasst, heißt es vielsagend über diese wissentlich und willentlich verkehrte Welt: »In jeden Druckfehler soll sich Verstand verstecken und in die Errata Wahrheiten«. Hebel, der fleißige Jean Paul-Leser, hat wohl auch dieses Verwirrspiel goutiert. Nicht zuletzt deshalb, weil die Vermischung von Fiktion, gar: Flunkerei, und wahrheitsgetreuem Bericht, die Vertauschung und Entlarvung von Sein und Schein, von Wahrheit und Lüge seinen eigenen Texten als entscheidendes – inhaltlich-didaktisches – Prinzip »eingemauert« ist, nach einem von Hebel gern gebrauchten Jean Paul-Wort.

Sein eigenes Ich hat Hebel demgegenüber lieber verborgen als zur Schau gestellt, gemäß der Erkenntnis, »daß man oft an sich selber merkwürdig findet, was andern nicht so scheint«. Die Zurückhaltung, die Hebel gegenüber Außenstehenden wahrt, bedeutet jedoch nicht, dass er sich einer zeitgemäßen, aufgeklärten Selbstbeobachtung und Eigenerforschung verschlossen hätte. Wissenschaftliche Seelenanalyse, wie sie etwa Karl Philipp Moritz mit seinem *Gnothi sauton* [Erkenne dich selbst] *oder Magazin zur Erfahrungsseelenkunde* (1783–1793) betreibt, ist Wahrheitssuche auf schwierigem Terrain, zeichnet doch all die Phänomene, denen man sich dabei beschreibend nähert – »Schwärmerey«, Einbildungskraft, Erinnerung – eben das aus, was auch die kritische Beschäftigung mit Geister- und Gespensterglauben so diffizil macht: Es geht, wie Hebel in seiner Abhandlung *Geister und Gespenster* formuliert, um unsichtbare Ursachen wahrnehmbarer Wirkungen. Exemplarisch hierfür ist der Traum, der demgemäß auch an prominenter Stelle in der psychologischen (Eigen-)Forschung der Zeit steht. Bereits 1792 erscheint der *Versuch einer psychologisch-teleologischen Beurtheilung des Träumens*, verfasst von dem Erfahrungsseelenkundler G. Ch. Rapp, der darin u. a. festhält, dass die »wohlthätige Täuschung der Träume« als Ersatz für die Wirklichkeit diene, dass Menschen gemäß ihrer Persönlichkeit träumten, der Melancholische von einer hässlichen Welt, der Menschfeind von einer bösen, dass einem gelegentlich im Traum Lösungen schwieriger Aufgaben einfallen und, nicht zuletzt, dass dabei oft »der Verzagteste standhaft, der Feigste muthig, der Furchtsamste kühn« sei. Jean Paul, um auf ihn zurückzukommen, hat seinerseits einen methodischen *Blick in die Traumwelt* (1814) versucht. Er bestimmt Gehirn, Geist, das »körperliche Gedächtnis der Fertigkeit« und die Außenwelt als Mitarbeiter am Traume, bezeichnet Träume als »die ersten Blumen des vom Schlaftau gestärkten betauten Gehirns« und preist die morgendliche Wiedergeburt des Bewusstseins mehr als die träumerische Schein-Welt: »Das wahre Bewußtsein – dessen Trübung im Seelensarge des schlafenden Leibes mich immer trübe macht – ist das wahrhafte Gottähnliche am organisierten menschlichen Erdenkloß, und über dieses gleichsam absolute Bewußtsein hinaus können wir uns nicht erheben zu einem noch höheren helleren«. Die »Sonne der Menschheit«, wie Jean Paul andernorts Vernunft, Bewusstsein und Freiheit nennt, geht jeden Abend unter und lässt dafür das »weite Geisterreich der Triebe und Neigungen« aufsteigen. Trotzdem erfahren auch die *Scènes détachées* des Traums ihre Würdigung: als schönstes Spielfeld der Phantasie und »unwillkürliche Dichtkunst«.

Dass Hebel mit den Traum-Theorien seiner Zeit in Berührung gekommen ist, ist nicht belegt und ebensowenig auszuschließen. Feststeht, dass er über einen Zeitraum von mehr als zehn Jahren hinweg – die erste erhaltene Eintragung datiert vom 23. November 1804 – seine Träume notiert und Mutmaßungen über deren Zustandekommen anstellt. »Es scheint mir, die erste Entstehung der Träume sei ein unwillkürliches Spiel der Sinnennerven, besonders der *Retina*. Dort entstehen die ersten Bilder, Schwingungen und Eindrücke mechanisch und leiten sich alsdann zum Sitz der Seele fort, wo sie die nämlichen Wirkungen thun, als ob sie von wirklicher Wahrnehmung außer uns herrührten. Erst hinterher schafft sich die Seele Gedanken dazu, veranlaßt dadurch neue Bilder und bindet sie so gut sie kann in Einheit. Wenigstens mache ich bisweilen die Erfahrung, daß ich mir wirkliche äußere Eindrücke, z. B. Schmerz eines Gliedes oder Töne in dem Traum, den ich gerade alsdann habe, verwebe. Gewöhnlich wenn an dem Ort, wo ich lebe, die Sturmglocke geläutet wird, träume ich eine Feuersbrunst ein paar Minuten vorher, eh' ich zum wirklichen Erwachen komme.« Hebel sammelt und analysiert also seine Träume, wie er Mineralien und Pflanzen sammelt: mit wissenschaftlicher Neugier. Seine Traumwelt spiegelt ihrerseits deutlich die naturwissenschaftlich-theologische Sphäre des Träumers wider. Schmetterlinge, ein Löwe und seltsame schmutzig grüne Käfer tauchen auf, er hält eine Predigt, ist Zuschauer bei der Weltschöpfung, speist mit Christus und den Aposteln und tut einen Blick in die Hölle: »Ich sah etwas von der Hölle. Die Verdammten lagen in der Gestalt heißer Fische und anderer Seethiere in einem warmen Zimmer zwischen Buchenblättern. Ich hauchte einen an, das that ihm wohl. Er sagte: ›Die Luft, die du wieder ausathmen mußt, weil sie dir schon zu warm geworden ist in der Brust, die kühlt mich. So heiß ist es mir.‹ Ich wollte ihm noch mehr Kühlung zuhauchen. Aber er streckte mir den Kopf mit einem so entsetzlichen Ausdruck des Wohlbehagens entgegen, daß ich vor Grauen nimmer länger in der Nähe bleiben konnte.« Als er in einem der Träume an einem Palais der Frau Markgräfin vorbeikommt, geht er in den Hof, »wo unter anderm Geflügel zwei Engel gehalten wurden, ein Männlein und ein Weiblein. Das Weiblein war schwanger.« Die früh verstorbene Mutter begegnet ihm mehrfach. Und einmal sieht sich der korrekte Schulmann gar in politische Machenschaften verstrickt. Für das Verschwinden seiner Personalakten im Gymnasium hatte er Sorge getragen – wenn es denn so war –, seine Traumnotate haben sich erhalten, und so kann man folgende bedenkliche Geschichte nachlesen: »Ich war in Paris als Spion ertappt, und verleugnete meine Herkunft. Man ersuchte alle deutschen Stände, Volkszählung zu machen, wo ein Mann fehle. Er fehlte in Baden. Man fand in meiner Tasche ein Moos. Ein Botaniker, welcher geholt wurde, urtheilte, daß dieses Moos bei Karlsruhe hinter Gottesaue wachse. Man ließ einen Schneider kommen, der in Karlsruhe gearbeitet hatte. Dieser erklärte meinen Rock als Arbeit des Leibschneiders Crecelius. Man wollte ihm denselben zur Rekognition schicken, da gestand ich.«

Ein erzwungenes Geständnis legt der Dichter ab, was für einen, der die Geschichte seiner Person nicht von fremden, sondern von eigenen Kräften gestaltet sehen will, für einen, der Spionage treibt, aber selber unerkannt bleiben möchte, tatsächlich an die Schrecken einer Leibesvisitation herankommt. Aber das alles ist eben nur ein Traum, ein Alptraum vielleicht, wie rückblickend manches wirkliche Erlebnis ein Alptraum war, dem man mit Not, aber doch noch glücklich entstiegen ist und aus dem sich alsbald die besten Erzählungen schöpfen lassen. Man kann sich vorstellen, dass Hebel mit einem erzählerischen Auftritt als Spion im Freundeskreis für einige Heiterkeit sorgte, so wie seine Geschichte in der *Antrittsrede* für Belehrung sorgt, aber eben nicht ausschließlich und nicht in letzter Instanz von der Frage handelt, wer er sei.

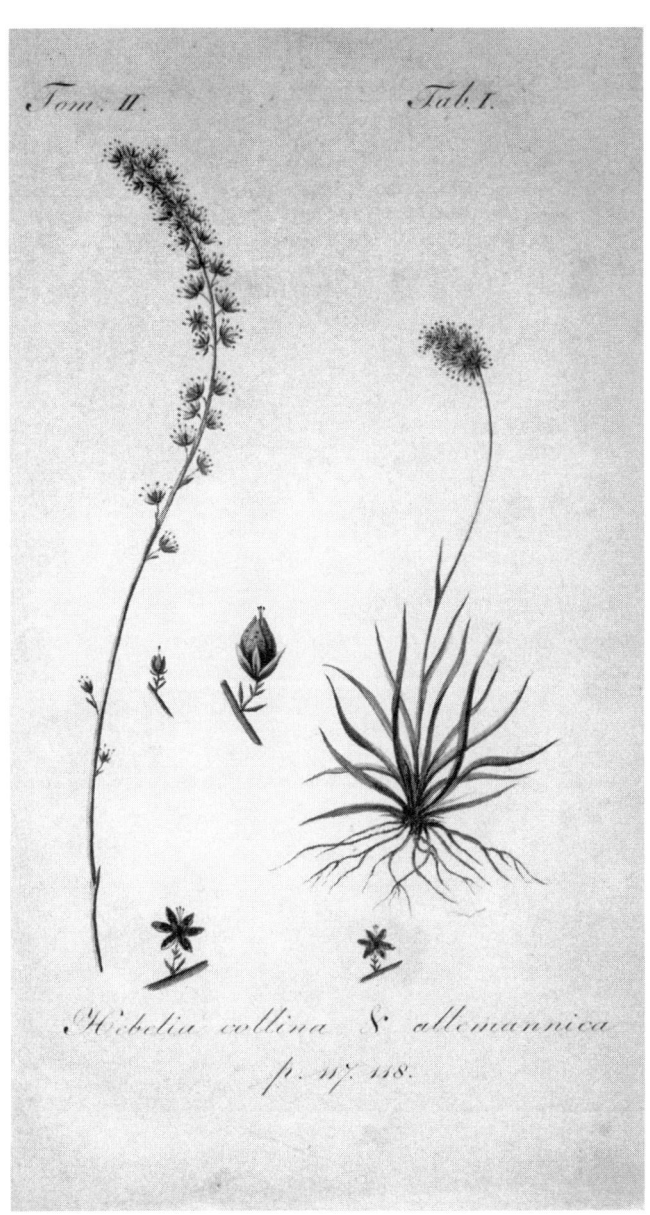

Die Hebelie aus Gmelins »Flora Badensis«

Natur in Gesängen und Systemen

Orte der Kontemplation und der Lebenssteigerung.
Das Arkadien der Landpfarre. Bezwungene Naturwunder.
Der Forscher: Mineralogie, Botanik,
Zoologie. Vom Nutzen.

Hebel hat seine *Allemannischen Gedichte* den Freunden »ländlicher Natur« gewidmet. Dass er sich nicht einfach damit begnügt, von »Natur« zu sprechen, dass er die Blickrichtung noch mit einem zweiten Fingerzeig – »ländlich« – absichert, diese kleine terminologische Überschärfe ist aufschlussreich. Zum einen warnt schon *Adelungs Grammatisch-Kritisches Wörterbuch der Hochdeutschen Mundart* (1798), dass »Natur« ein sehr vieldeutiges Wort sei, oft schwankend und unbestimmt im Gebrauch, zum anderen hat Hebel diese Vieldeutigkeit in seinem eigenen Natur-Bezug selber durchschritten. Er hat sich dem großen Thema auf unterschiedlichen Wegen genähert: Als Stadtbewohner mit Landsehnsucht, als Dichter, als Forscher, und als solcher seinerseits gespalten in einen, der zweckfrei seinen wissenschaftlichen Liebhabereien frönt, und einen, der als Volksaufklärer praktischen Fortschritt in die Häuser bringt. Dass der naturwissenschaftliche Amateur dem Volksschriftsteller dabei in die Hände arbeitet, ist ein schöner Nebeneffekt solcher Doppelgleisigkeit.

Natur ist Inbegriff und Grundlage des Lebens, Zeugungskraft und Geburt, der Etymologie nach. *Natura naturans* und *natura naturata*. Schöpfung in aktivem und in passivem Sinne, die erschaffene Welt und die zeugende, wirkende, verändernde, erhaltende Kraft in der Welt, in jedem einzelnen Körper und in allen Körpern zusammengenommen. »Natur! Wir sind von ihr umgeben und umschlungen. […] Sie ist alles. Sie belohnt sich selbst und bestraft sich selbst, erfreut und quält sich selbst. […] Sie ist ganz, und doch immer unvollendet. So wie sie's treibt, kann sie's immer treiben«, heißt es in einem 1780 erschienenen Essay, dessen mutmaßlicher Verfasser Goethe ist. Segensreich und schrecklich zugleich ist die Natur, sie ist das ewig unauslotbare Wunder, das der Dichter mit seinen Liedern ehrt und mit seinem Gesang begleitet. Die Verse zu Beginn der *Wiese*: »Loos, i will di jetz mit miine Liederen ehre, / un mit Gsang bigleiten uf diine freudige Wege!« könnten durchaus als Motto der ganzen Gedichtsammlung voranstehen. In aufgeklärten Zeiten ist die Schöpfung freilich nicht nur Gegenstand von Verehrung und wissenschaftlicher Neugier, sondern ein Reservoir, aus dem die Physiokraten den Reichtum des Staates heben. Man propagiert neue Verfahren, um die Erträge zu sichern, wenn nicht gar zu steigern. Vieles, was vordem höhere Gewalt oder Zufall schien, dem sich der Landwirt schlichtweg zu fügen hatte, wird unter aufgeklärter Perspektive zu einer Frage der Information, wird menschlicher Kenntnis und menschlichem Geschick überantwortet. »Nützliche« Mittel und Rezepte erlauben es, den Gang der Dinge günstig zu beeinflussen, das ist das Ressort des Kalendermachers, der immer wieder einschlägige Beiträge in sein Programm aufnimmt. Einfache Handgriffe sind es mitunter, die das Leben erleichtern, Arbeit ersparen, die Gesundheit befördern. Hebel spendet Tipps und Tricks, er propagiert, ganz ohne literarischen Ehrgeiz, *Mittel, die Baum- und Rebpfähle (Rebstecken) dauerhaft zu machen*, und kämpft gegen die Bekleidungs-Sitte der Männer und Jünglinge, ihre Strümpfe unter dem Knie mit einem starken ledernen Riemen festzuschnüren. Bildreich sucht er die nachteilige Wirkung für den Blutkreislauf darzustellen, auch wenn die Sache, wie er einräumt, manchem »geringfügig und vielleicht lächerlich scheinen« mag.

Naturerforschung und allgemein greifbarer Fortschritt gehen solcherart Hand in Hand. Natur ist die Materie, in deren geheimnisvollen Gängen und Windungen sich der Wissenschaftler vorwärtstastet, sie wird abgeklopft, auseinandergenommen, rubriziert, doch ist sie neben allen wissenschaftlichen und ökonomischen Beutegängen auch immer wieder Gegenstand des reinen Schauens, eine unendliche Sammlung von Bildern, in die sich der Betrachter versenkt und die er auf sich einwirken lässt, auf seine Seele und seinen – immer schon irgendwie vorgeformten – Sinn für Ästhetik. Nicht um Nutzen oder Wissen geht es, sondern um ein Betrachten und Erleben, wie es Wanderungen, Bergbesteigungen oder auch schon das behagliche Sitzen im Baumschatten bescheren.

Betrachten setzt Muße voraus, Spaziergänge sind das Privileg eines freien, selbstbestimmten Handelns. Der Weg ist mehr als sonst das Ziel, das Tempo dem Schauen angemessen, und das Schauen wiederum so beschaffen, dass es zur Sprache finden will. Zwar war »alles wie gewöhnlich und fast überall«, heißt es in der kurzen Erzählung *Der Spaziergang an den See,* »aber man meint, man müss' es sagen«.

Jene Momente, in denen sich Hebel der Naturbetrachtung und dem Naturerleben widmen kann, erscheinen also in doppelter Weise gesegnet, nach Ort *und* Zeit, und ihre Schilderungen leuchten als Szenerien des Glücks, als geradezu biedermeierliche Idyllen aus seinen Briefen hervor. Hebel setzt dabei Naturfrömmigkeit neben Kirchenfrömmigkeit, aus der Feder eines Kirchenrats ein recht bemerkenswertes Bekenntnis. Fromm und gerührt wie in der Andacht könne er sein, schreibt er im Mai 1807 an Gustave Fecht, wenn er »den ganzen Sonntags Morgen, in Beuertheim im Hirschen, im Grasgarten unter den Bäumen im Freien, bey einem halben Schöpplein Rothen und Butterbrod in der Sonntagsstille, unterbrochen von Glockengeläut und Bienensumsen sitze und im Jean Paul lese.« Und auch fast zwanzig Jahre später ist der Ort, an den sich der Dichter hinwünscht, ein Platz unter Bäumen, unter den prachtvollen Kastanien- und »Welschnußbäumen« des Bühler Tals, mit einem lustigen Bächlein daneben.

Die Lieblingslektüre, eine kleine Stärkung und ungestörte Ruhe in einer freundlichen, sonnigen Natur – es braucht nur wenig zum Glück, aber dieses Wenige will genau bedacht sein. Menschen spielen in dem Entwurf vom gelungenen Dasein, in diesem Ideal der wohltemperierten Bedürfnislosigkeit offenbar keine entscheidende Rolle, zumindest solange sie nicht zum Kreis vertrauter Freunde zählen und ihre Gesellschaft nur Synonym ist für Konvention, Zwänge und Langeweile. Aus der Distanz scheinen die Menschen dem Dichter lieber als in unmittelbarer Nähe, in der Einzelbegegnung lieber als in Ansammlungen. Den Plan, Ferientage in einem Badeort zuzubringen, wie es gesellschaftliche

Sitte ist, lässt er denn auch kurzerhand wieder fallen, um ihn gegen ein einsameres und ursprünglicheres Natur-Programm zu tauschen. So geschehen im Sommer 1799, über den er ausführlich an Gustave Fecht berichtet: »Den Tag eh' ich fortwollte fiel mir ein, ein hoher Berg sei lieblicher als ein feuchter Badkasten, und reine frische Luft gedeihlicher als warmes Wasser, und stille Beobachtung der ländlichen Menschheit interessanter als ein Gewühl von 400 Badgästen […]. Ich schnallte also den andern Morgen kurz und gut den Mantelsack auf mein Rennthier, das sich von den andern Rennthieren darinn unterscheidet, daß wir auf unsern Reisen neben einander gehen, daß es statt Moos Weißbrod frißt, und statt Schneewasser Wein sauft, und catholischer Religion ist. Mittags 12 Uhr waren wir auf dem Tobel. […] Tobel ist ein hoher Berg hinter Frauenalb, mit einem Wirtenbergischen Pfarrdorf, das ein sehr wohl eingerichtetes Wirthshaus hat; auf 3 Seiten dunkler Tannenwald umher, auf der 4ten eine freie heitere Aussicht über den Rhein.«

Was Hebel eindrucksvoll einen »hohen Berg« nennt, ist eine im Grunde bescheidene Erhebung von knapp 690 m, südlich von Karlsruhe gelegen. Doch der Wanderer, der aus dem Flachland kommt, begrüßt schon Hügel dankbar als landschaftliche Höhepunkte, bieten sie doch das, was die Ebene so schmerzlich vorenthält: Ausblick und Fernsicht. Um einiges höher als der im Sommer 1799 besuchte Tobel (oder Dobel) ist der Belchen (1414 m), am Nordende des Wiesentals, einer der viel beschworenen Berge in Hebels nicht gerade reicher und auch nicht spektakulärer Gipfel-Sammlung. Der Belchen ist der Berg der Heimat, eine der höchsten Erhebungen im Schwarzwald, die den Blick freigibt auf andere und höhere »höchste Erhebungen«, auf die Rigi am Vierwaldstädter See, auf die Alpen mit Eiger (3970) und Aletschhorn (4195), die Dents du Midi und, bei guter Sicht, auf den rund 230 km entfernten Montblanc. Der Belchen-Gipfel selber ist eine rundliche Kuppe, kaum imposant zu nennen, aber für den, der oben steht, ein deutlicher topographischer Mittelpunkt, nehmen hier doch rundum die Täler ihren Ausgang. Dass es in der Region (Jura und Vogesen) insgesamt noch vier weitere Namensvettern des Belchen gibt, deren Position obendrein ein astronomisches Beobachtungssystem bildet, hat zu der Annahme geführt, keltische Druiden könnten die Erhebungen als Kalenderberge genutzt haben. Der Name würde demnach auf Belenus oder Belakus, den Sonnengott der Kelten, zurückgehen. Unabhängig von Theorien dieser Art, die neueren Datums sind, hat Hebel den Schwarzwald-Belchen für sich als mythischen Ort entdeckt. Er ist Sitz des Proteusertums, jener spielerisch-phantastischen und zugleich ernst gemeinten Privat-Philosophie, die ihre Entstehungszeit in Hebels Lörracher Jahren hat. Das Nicht-Seiende des Parmenides haben die Proteuser zum Mittelpunkt ihres Denkens erhoben, es ist das »erste, reinste Principium«, das ihnen als unentstanden, ewig, unveränderlich, vollkommen gilt. Der Denkansatz des Parmenides wird damit gewissermaßen ins Gegenteil verkehrt, so Gertrud Staffhorst in ihrer Untersuchung zu *Johann Peter Hebel und die Antike*, und die wagemutigen Proteuser begeben sich auf einen Weg, »den der Philosoph für unbegehbar hält.«

Nicht unbegehbar ist der Belchen, der heilige Berg der Proteuser, seine Besteigung Ende des 18. Jahrhunderts aber zumindest ungewöhnlich. Zweimal hat Hebel im Sommer 1791 zusammen mit seinem Freund Hitzig und in Begleitung eines ortskundigen Führers das Abenteuer unternommen und solcherart den Bergenthusiasmus der Dichter und Denker mitgetragen. In späteren Jahren erinnert er sich an die frohe Zeit, der Berg selber wird aus der Ferne beschworen: »Lebe wohl o Proteuser!«, endet Hebel im September 1804 einen Brief an Hitzig, »der Urgeist umgeb dich! / das Lispeln der heiligen Buchen umschweb dich / Die Reinheit des Aethers vom Belchen durchbeb dich.« Der heilige Berg, der Schwarzwald-Olymp gab und gibt, was wörtlich und metaphorisch den Aufenthalt so erstrebenswert macht: höheren Standpunkt und reineres Medium.

Die Höhe erlaubt den Blick in die Weite. Hebel lobt die »freie heitere Aussicht«, als er sich auf dem Tobel befindet. Das *Freie* und mit ihm die Freiheit, die ihn da oben empfängt – das ist wohl nicht nur ein verblasstes sprachliches Bild, sondern wahrhaft als anderer Zustand empfunden. Freizeit und Freiheit sind die zwei gleichermaßen schönen Seiten ein und derselben Medaille. Ihr Besitz gewährt, was nur die Natur in so unvergleichlicher Weise zu bieten hat und was schon als Glücksversprechen im Wort selber liegt: schöne Aussichten.

In doppeltem Sinn ist die Rückkehr in den Alltag bitter. Karlsruhe ist bekanntlich eine Stadt ohne Erhebungen und Anhöhen, auch das Umland vermittelt in seltener Konsequenz das Erlebnis der Ebene. Nirgendwo die Möglichkeit, einen höheren Standpunkt zu beziehen und den Blick in die Weite zu richten. Entsprechend düster geraten die Schilderungen, die Hebel entwirft, wenn er aus der freien Natur in Alltagspflichten und Stadtmauern heimkehrt. Jetzt von neuem und erst recht fühle er, was für einen Fluch ihm der Himmel auferlegte, dass er ihn nach Karlsruhe sandte, schreibt er im Oktober 1793 an Gustave Fecht. »Ach es war so lieblich und so heimlich und so ruhig in den verborgenen Thälern und so frey und hehr auf den Anhöhen, wo ich herum kletterte, und alles dem Oberland so ähnlich. Jezt lauf ich wieder in dem Geräusch der Stadt umher allenthalben umgeben von Häusern und Mauern, die doch noch den Vortheil haben, daß sie meinem Auge, die unfreundliche langweilige Sandfläche, das leere todte Wesen der ganzen Gegend verbergen.«

Was sich in Karlsruhe selber und in der näheren Umgebung an Natur findet, hat unter diesen Voraussetzungen einen schweren Stand. Zwar gibt es in der Residenzstadt einen botanischen Garten, dessen Aufsicht seit 1784 Carl Christian Gmelin innehat. Gmelin, Professor am Gymnasium illustre wie Hebel, außerdem Direktor des markgräflichen Naturalienkabinetts, hat sowohl naturwissenschaftliche als auch medizinische Studien absolviert und in Erlangen mit einer Arbeit über Farnkräuter den Doktorgrad erworben. Sein Name ist verknüpft mit der *Flora badensis* und einer Mineralienbeschreibung Badens, aber auch mit Untersuchungen über den Einfluss der Naturwissenschaft auf das Staatswohl. Gmelin zählt zum Karlsruher Freundeskreis des Dichters und ist für ihn Stütze und Ansprechpartner in allen naturwissenschaftlichen Belangen.

Als Aufseher über den Botanischen Garten sorgt Gmelin dafür, dass die verwilderten und vernachlässigten Gartenanlagen rund ums Schloss wieder in einen ansehnlichen Zustand gebracht werden, der stark zurückgegangene Pflanzenbestand wird aufgestockt. Hunderte Pflanzen und an die 1500 neue Samen bringt der Naturwissenschaftler von seiner Reise nach Frankreich und Spanien mit, so dass in dem 1790 herausgegebenen *Catalogus plantarum horti Carlsruhani* stolze 4000 Arten aufscheinen. Das Weingartner Moor, östlich der Stadt, ist so wie der Botanische Garten ein Ort naturwissenschaftlicher Erkundungsgänge, wo sich der Forscher und Sammler umtut. Und dann wäre da noch ein »sehr angenehmes verlassenes Gärtchen im Hartwald« zu nennen, einstiger Lieblingsort des Gymnasiasten, von dem Hebel berichtet, dass er dort die letzten Träume seiner Kindheit verträumt, so manches Vogelnest gewusst, so manche Erdbeere gepflückt und später so manches Buch gelesen habe. Doch all das ist nicht mehr als ein kümmerlicher Ersatz. Die domestizierte Natur innerhalb der Residenzstadt und in ihrer unmittelbaren Nähe kann mit der Welt der »freien heiteren Aussichten« nicht konkurrieren, sie gehört nicht wirklich zur Gegenwelt, sondern bildet bestenfalls kleine Refugien in der grauen Ordnung des Alltags, die vom Gleichmaß der Stadtarchitektur und dem Regelwerk der Stundenpläne beherrscht wird. Nach Ort *und* Zeit bestimmt sind das Glück in der Natur wie das Unglück in der Stadt.

Das Dilemma, dort sein zu müssen, wo man nicht gerne ist, und nicht dort sein zu dürfen, wo man gerne wäre, der Zwiespalt zwischen Stadt- und Landleben, den Hebel für sich durchspielt, erscheint einerseits recht modern, setzt dieser Konflikt doch die keineswegs selbstverständliche Vertrautheit mit zwei unterschiedlichen Lebensweisen voraus. Andererseits darf nicht vergessen werden, dass die Abneigung gegen die städtische Zivilisation schon seit der Antike dichterisch gepflegt wird und die Begeisterung für das Ländliche – auch ironisch gebrochen, etwa bei Horaz – dem Altphilologen Hebel bestens vertraut war. Gleichzeitig steht fest: Hebels Sehnsucht nach der weiten und freien Natur der Heimat darf in ihrer Authentizität keineswegs angezweifelt werden.

Zumindest indirekt, als Herder-Leser, ist Hebel zudem mit dem zivilisationskritischen Gedankengut Rousseaus in Berührung gekommen. Dem radikalen Verdikt, dass der denkende Mensch ein »animal dépravé«, ein verdorbenes, heruntergekommenes Tier sei, hätte Hebel, der abtrünnige Kant-Leser, wohl mit Kant entgegengehalten: Nur im Vernunftgebrauch bleibt der Mensch seiner Natur verbunden. Dem großen Wanderer Rousseau hingegen, dem Stadtflüchtling und Freund der Natur hätte der Dichter seine Sympathie vermutlich nicht versagt. Doch jenseits solcher spekulativen Verbindungslinien ist die Kenntnis und Wertschätzung Herders eine verbriefte, eine Reihe seiner Schriften findet sich in Hebels Bibliothek, und als Kant 1804 stirbt, schreibt Hebel an Hitzig: »Wie mögen nun er und unser Herder, der Critiker und der Metakritiker sich dort ansehen? Herder war auch dismal der Kluge, daß er die Zeit gewann, und voraus gieng.«

Gegenläufig zur aufsteigenden Entwicklung, wie sie die Aufklärung behauptet, gegenläufig zum stufenweisen Fortschreiten vom Guten zum Besseren richtet Herder sein Augenmerk auf den Zauber des Ursprungs, und Hebel ist Herders Apotheose des Uranfangs und der Ur-Poesie in mehrfacher Weise gefolgt. In der Verherrlichung des Morgenländischen etwa, wie in der Vision einer wahrhaft ursprünglichen Naturpoesie, als deren Geburtshelfer sich der Verfasser der *Allemannischen Gedichte* sieht. In seinem Brief an den Sprachforscher Gräter verleiht Hebel der Hoffnung Ausdruck, dass durch seine Gedichte »irgend wo am Schwarzwalde oder an den Alpen, im dunklen Tannenhain oder auf der lachenden Trift der schlummernde Dichtergeist eines reingestimmten Natursohnes geweckt würde durch diese heimischen Töne, er nähme mir die Harfe ab und zauberte uns durch reiner geschöpfte Naturgesänge in die verwehten Tage der Vorzeit zurück«.

Ein schöner Gedanke: Der sentimentalische Dichter bringt – nach Schillers Unterscheidung und in direkter Umkehr des Entwicklungsverlaufs – den naiven hervor, der *reingestimmte* Natursohn gelangt durch Hebels volkstümliche Dichtung zur Kunst, die nicht Artistik, sondern wahrer Naturgesang ist und die seine Zuhörer zurückzaubert in die Vorzeit.

Natur und Naturgesänge sind Teil eines Paradieses, aus dem der gelehrte Professor und Stadtbewohner Hebel schon lange vertrieben wurde. Cherubim mit flammenden, blitzenden Schwertern bewachen den Eingang, doch gebe es, so Hebels tröstliches Bild, »unbewachte Seitenpförtchen« wie die Dichtung, durch die man zumindest für Augenblicke wieder hineinschlüpfen könne. Wohlgefallen an der Natur, soweit sich Dichter und Philosophen des ausgehenden 18. und beginnenden 19. Jahrhunderts darüber verständigen, ist immer schon reflexiv gebrochen, ist Erinnerung an verlorenen Einklang mit sich selber und deshalb ihrem Wesen nach nicht ästhetisch, sondern moralisch. »Was hätte auch eine unscheinbare Blume, eine Quelle, ein bemoßter Stein, das Gezwitscher der Vögel, das Summen der Bienen u.s.w. für sich selbst so gefälliges für uns? Was könnte ihm gar einen Anspruch auf unsere Liebe geben? Es sind nicht diese Gegenstände, es ist eine durch sie dargestellte Idee, was wir in ihnen lieben. Wir lieben in ihnen das stille schaffende Leben, das ruhige Wirken aus sich selbst, das Daseyn nach eigenen Gesetzen, die innere Notwendigkeit, die ewige Einheit mit sich selbst.« Wehmut und Sehnsucht vereinen sich in dem moralischen Wohlgefallen, das die Kultur der Natur entgegenbringt, Erinnerung an früheres Sein und der Wunsch, einst einmal wieder diese in sich ruhende Einheit als höchste Vollendung zu erringen: Die Blumen, Vögel, Bienen etc. »sind, was wir *waren*; sie sind, was wir wieder *werden wollen*. Wir waren Natur, wie sie, und unsere Kultur soll uns, auf dem Wege der Vernunft und der Freyheit, zur Natur zurückführen«. Im derzeitigen Zwischenstadium ist der Mensch jedoch von beidem gleich unerreichbar weit entfernt, von der »unverstümmelten« Natur der Kindheit und Vorzeit wie von dem Ideal, dem er entgegenstrebt: »Unser Gefühl für Natur gleicht der Empfindung des Kranken für die Gesundheit.« Verwundert es da, dass der Kultur-Mensch sein ganzes Ich dichtend und träumend nach der verlorenen Einheit mit der Natur ausstreckt?

Den Traum von einer Landpfarre hat Hebel lange Jahre hindurch genährt, es ist eine letztlich recht ambivalente Sehnsucht, die in seinem Leben einen festen Platz einnimmt – realer Wunsch, solange er nicht erhört wird, Traum um des Traumes willen, sobald sich die Wirklichkeit mit Angeboten meldet, sobald eine Landpfarre in greifbare Nähe rückt und in der Nähe auch ihre Schönheitsfehler offenbart.

Konnte Hebel auf seinen Sommerreisen die Freuden des Landlebens genießen, so hadert er bei seiner Rückkehr mitunter recht heftig mit dem Schicksal. Nun fühle er erst, heißt es einmal, »wie feind der Himmel einem Menschen seyn muß, den er zum Schulmeister und in eine Stadt verdammt hat.« Hebels Bitterkeit lässt aufhorchen. Doch die Lebenstragik, die der Dichter intoniert, ist nicht nur Karlsruhe anzulasten. Hier spricht der, der widerstrebend in die Stadt als Ort der Pflichten zurückkehrt. Und er spricht ganz anders, wenn ländliche Natur nicht als Synonym für Muße und Freiheit steht, sondern sich in potentielle Arbeitswelt umformt. Am 25. Oktober 1801 schreibt er an Gustave Fecht von seinem Besuch auf der Pfarrei Ottoschwanden: »Anderthalb Stunden von Emmendingen, bergein und auf verbreitet sich nah am Himmel über unzählige Hügel und Thälchen hin, drei Stunden weit im Durchschnitt eine Pfarrey von 2000 Seelen in lauter vereinzelten Höfen. Man muß zu dem was man sieht, zu dem romantischen Anblick der Höfe, zu den niedlichen Parthieen von Obst- und Tannenbäumen neben und untereinander, zu den grün bewachsenen Hügeln, und unbewachten Heerden darauf, zu den fernen und nahen Begränzungen von Wald und noch höhern Bergen auch noch die Phantasie und gute Meinung ein wenig zu Hülfe nehmen um die Gegend recht interessant zu finden; nemlich man muß sich das Innere der Wohnungen, was man nicht sieht, als den Sitz des stillen Friedens, einer unverdorbenen brüderlichen Menschenklasse des ländlichen Wohlstandes und einfacher patriarchalischer Sitten denken. So erschien mir die Gegend, und ich wünschte mir die feste Gesundheit des Pfarrers daselbst, um mich einst, wenn mein Maß in CRuhe gar voll ist, um Ottoschwanden zu melden, und dort, geschieden von der Welt und bis auf wenige sie vergessend zu leben zu wirken und zu sterben.« Der Reisende sieht sich in einem ländlichen Idyll angelangt, in einem Idyll freilich, das er eingestandenermaßen selber mitgeschaffen hat, dank »Phantasie und guter Meinung«. Die glänzend schöne Außenseite weist die Gegend als *locus amoenus* aus, die dem Betrachter verborgene Innenseite – Wohnungen

und Seelen – ist nur bei großzügiger Verleugnung aller Menschenkenntnis als würdiges Gegenstück zu denken. Doch Hebel ist zu sehr
illusionsloser Realist, um der eigenen Sehnsucht nach der heilen Welt
ernsthaft zu erliegen. Er ist, wie die ironischen Querstriche in seiner
Schilderung zeigen, keineswegs der Nachbeter schwärmerischer Empfindsamkeit, als den man ihn gelegentlich gesehen hat, sondern vielmehr Satiriker, dem »Widerspruch der Wirklichkeit mit dem Ideale«
auf der Spur, misstrauisch und selbstkritisch auch gegenüber den
eigenen Bildern vom Schönen und Guten. Da er die allerorten aufbre-
chenden Widersprüche »mit Heiterkeit« ausführt, ist seine eigentliche
Domäne, nach Schillers Definition, die *scherzhafte* Satire. Und da sich
das Ideal in der Gattung der Idylle so harmonisch eingebettet findet,
müssen die Einsprengsel defizitärer Wirklichkeit desto greller heraus-
stechen – Idylle und Satire haben nicht von ungefähr ein reizvolles
Verhältnis wechselseitiger Verstärkung.

Zurück nach Ottoschwanden: Auch der befreundete Pfarrer, den Hebel besucht, erscheint weniger glückgesättigt, als man bei so viel land-
schaftlicher Schönheit erwarten könnte. Das liegt zwar am Pfarrer, der
aus Karlsruhe stammt und die große Welt und ihre Formen der Geselligkeit vermisst. Dass er »fast närrisch« bei Hebels Anblick wurde, ist
immerhin ein Warnzeichen dafür, wie schwierig es ist, über den rechten
Lebensort zu befinden. Und hat nicht schon Seneca darauf hingewiesen, dass es keinen Ort gäbe, wohin uns das Schicksal nicht folgen
könnte, dass »unsere Leiden nichts mit den Örtlichkeiten zu tun haben,
sondern mit uns selbst zusammenhängen«?

Trotz aller Sehnsucht nach »freien heiteren Aussichten« in der Natur und ungeachtet diverser ländlicher Lebensentwürfe, die durch die
Briefe geistern, hat Hebel also in Karlsruhe und am Gymnasium illustre ausgeharrt. Wenn er die Stadt verlässt, dann für wenige Ferien-
wochen, in denen er Freunde im Oberland oder in Straßburg besucht.
Seine Naturerlebnisse beschränken sich auf ein nicht allzu weit
gestecktes Gebiet: den Südwesten Deutschlands, den Rhein hinauf bis
Bingen, die nördliche Schweiz und das Elsass. Andere Landschaftsfor-

men kennt Hebel nicht aus eigener Anschauung, nur vermittelt, durch die Erzählungen von weiter gereisten Freunden und Bekannten, als Leser von Reiseberichten und Betrachter von Veduten und Kupferstichen, wie sie etwa auch im *Museum*, dem Lese- und Kulturzentrum Karlsruhes, zugänglich waren.

Der klassischen Italiensehnsucht seiner Zeit huldigt Hebel bestenfalls ansatzweise, in dem zaghaften Wunsch, vielleicht doch einmal südlich der Alpen sein zu können, einem Wunsch, dem von vornherein alle Zeichen der Unerfüllbarkeit anhaften. Auch die Alpen selber, die der damaligen Forscherneugier noch ausgiebig Material und die Sensation abenteuerlicher Aufstiege boten, sind Gegenstand vager, nie ernsthaft betriebener Pläne. Friedrich August Nüßlin, ein ehemaliger Schüler Hebels, ist 1803 als Präzeptor in Genf und winkt dem Professor mit Einladungen, lockt mit Italien und dem Montblanc. Ein magischer Gipfel ist der Montblanc zu jener Zeit. Lange galt er als völlig unerreichbar, bis im Jahr 1786 nach mehreren Anläufen die Erstbegehung glückt. Der Naturforscher und Physiker Horace-Bénédict de Saussure, eine der treibenden Kräfte dieser Eroberungstat, ist zwar nicht bei der Erst-, wohl aber bei der Drittbegehung 1787 dabei. Die Luft auf dem Gipfel ist dünn, trotz Atemnot und Schwächezuständen bestimmt Saussure mittels Barometer und Thermometer nach zwei unterschiedlichen Formeln die Höhe des Berges, er experimentiert u.a. mit Hygrometer und Elektrometer, bringt Wasser zum Sieden, misst sich und seinen Begleitern den Puls und lässt eine Pistole abfeuern, was so gut wie keinen Lärm verursacht. Saussure wird die Expedition publizistisch auswerten, sein *Kurzer Bericht von einer Reise auf den Gipfel des Montblanc* – der erste dieser Art – ist Teil seiner großen Studie *Voyages dans les Alpes*. Als Werkstätte der Natur bezeichnet Saussure darin die langen Gebirgsketten, als einen Behälter, aus dem die Natur das Gute wie das Übel nimmt und der dem forschenden und bewundernden Geist des Naturkundigen reiche Nahrung bietet. Forschend und bewundernd, ein Zusammenklang ganz im Sinne Hebels, der Saussures vierteiliges Werk auf deutsch in seiner Bibliothek stehen hat. Die Eroberung des Montblanc macht europaweit Furore, Montblanc-Besteigungen finden nunmehr fast jährlich statt, manche der Besucher begnügen sich damit, von Chamonix aus den Blick nach oben zu richten, andere erklimmen den 1913 m hohen Montenvers und bestaunen von dort die mächtigen Gletscher und Gipfel. Hebel ist weder bei den einen noch bei den andern. Er brauche nicht auf ihn zu warten, schreibt Hebel im August 1803 an Nüßlin. »Wie gerne möchte ich Ihnen sagen, Sie sollten auf mich warten! Denken Sie dafür an Ihren Freund oben auf dem kalten Montblanc!«

Eine richtige Bildungsreise hat Hebel wenige Zeit später unternommen. Als Mentor zweier junger Barone begibt er sich im Spätsommer 1805 in die Schweiz. Vom 22. August bis zum 22. September ist Hebel mit seinen Schützlingen unterwegs und führt über die besichtigten Sehenswürdigkeiten ein Journal, das wohl vor allem dazu dient, die pflichtgemäße Erfüllung des Bildungsauftrags gegenüber der Familie zu dokumentieren. Einer der Höhepunkte der Reise ist die Besichtigung des Rheinfalls bei Schaffhausen, die auch den sonst eher lapidar protokollierenden Hebel sprachlich beschwingt: »Nachmittag giengen wir eine Stunde weit über Neuhausen an den Rheinfall. Die ganze Masse des Stroms stürzt hier über und zwischen den Felsen bey kleinem Wasser 50, bei hohem 80 Fuß mit fürchterlicher Gewalt hinab und bildet den grösten Wasserfall in Europa. Wir nahmen den ersten Standpunct am Drahtzug. Hier blicket man noch oberhalb des Sturzes in das wilde Gewühl der Wellen, die sich theils fürchterlich an den Felsen aufstemmen, dort kühn und trotzig hinabstürzen. Dann fuhren wir wogend über den Rhein, an der ganzen Fronte seines Falles vorüber an das jenseitige Ufer. Hier führt ein leichtes jedoch wohl eingefaßtes hölzernes Gerüst bis zur Berührung des Rheinfalls hinaus, wo der Sturz am mächtigsten und wildesten und die ganze Uebersicht bey weitem am inntereßantesten ist. Unbeschreiblich ist die Erhabenheit und Mannigfaltigkeit dieser Scene, dieser wilde Kampf und Sturm, diß ewige Zerstieben und Zernichten und Wiederkommen, diß betäubende Getöse und dann wieder der feine Silberduft von aufgelöstem Wasserstaub, der das ganze umfliegt und durch die schiefeinfallenden Sonnenstralen mit allen Farben des Regenbogens bemahlt wird. Eine steile Anhöhe nach dem Schloß Laufen hinauf führt endlich in einen Pavillon hinaus auf den 3ten Standpunkt, wo man von der luftigen fast senkrechten Höhe herab, bey einem Becher Wein die Rheinfläche oben und unter dem Sturz und ihn zwischen beiden, mit wieder gesammelten Sinnen überschauen und bewundern kann. So thaten wir, begrüßten auf dem Rückweg zum erstenmal die hohen Schneeberge, die uns aus einer Ferne von vielleicht 20 bis 25 Stunden im Schimmer der Abendsonne entgegenglänzten und kamen auf der rechten Rheinseite über die Brücke wieder in Schafhausen an.«

Der Rheinfall als superlativisches Naturereignis fällt in eine andere Kategorie des Schauens und Erlebens als jene harmlosen Allerwelts-Landschaften, jene Hügel, Bächlein und Baumgruppen, die rein private Schönheiten sind und bewundert werden dürfen, wie es beliebt. Hier am Rheinfall werden die Besucher auf vorgegebenen Routen von Schauplatz zu Schauplatz dirigiert, auf Gerüste und in Pavillons, die ihnen beste Ausblicke bei gleichzeitiger Gefahrlosigkeit verbürgen. Die spektakuläre Natur wurde im wahrsten Sinn des Wortes in ein Schauspiel verwandelt, dessen ästhetische Zuordnung im Einklang mit den Konventionen der Zeit erfolgt. »Erhabene Gegenstände« sind die tosenden Wasserfälle nach damaliger Übereinkunft, erhaben ist die wilde Natur, wenn sie als Beispiel göttlicher Größe verstanden wird, und der Rheinfall hält in seiner Kategorie den unüberbietbaren Rekord. Um dem Naturwunder gerecht zu werden, fahren die Naturdichter und Reiseschriftsteller der Zeit schweres Geschütz auf: Heinrich Sander, Professor in Karlsruhe und Verfasser von Reisebeschreibungen, glaubt angesichts der ungeheuren niederstürzenden Wassermassen die »Natur in ihrer Geburtsstunde« anzutreffen, »das Meer gebiert ein Meer« dichtet Goethe, nicht unähnlich, und assoziiert Bilder von Schlacht und Soldatenkolonnen; zerstäubte Kanonenkugeln sieht auch Wilhelm Heinse in seiner wuchtig aufgeregten Schilderung. Die Sprache misst sich an der Natur und gibt sich nach großen Wortanstrengungen doch geschlagen: »Unbeschreiblich«, resümiert der Natur-Tourist Hebel konform dem Zeitgeschmack, »ist die Erhabenheit und Mannigfaltigkeit dieser Scene«.

Gewöhnlich geht Naturbeobachtung bei Hebel nicht einher mit Fassungslosigkeit, im Gegenteil, gerade der genaue Blick – im Kleinen wie im Großen, auf Spinne oder Weltall – ist Zulieferer einer genauen Sprache, die sich auch angesichts dramatischer Ereignisse nicht in Pathos auflöst, sondern maßvoll und beherrscht bleibt, knapp und ausbalanciert. Diese Sprache wird durchströmt vom demokratischen Grundsatz der Gleichheit, ist doch alles in der Natur in gleicher Weise wert betrachtet zu werden. Lohnende Beobachtungen sind oft gerade da zu machen, wo menschliche Unkenntnis vorschnell ihr Urteil gefällt hat. »O Tierli, wie hesch mi verzückt! Wie bisch so chlei un doch so gschickt!« heißt es in der *Spinne*. Man muss nicht unbedingt den Konventionen folgen und sich von entfesselten Naturmächten in Bann schlagen lassen. Das Unscheinbare ist spektakulär genug, das Gesetzmäßige wunderbarer als manche Wunder, die einer genauen Überprüfung nicht standhalten. So lautet das Credo des Naturdichters in den *Allemannischen Gedichten*, aber auch im *Rheinländischen Hausfreund* – ein Credo, aus dem nicht nur die Bereitschaft herausklingt, Urteile gegen den Strich zu bürsten, sondern auch entschiedener Forschergeist und eine methodisch-wissenschaftliche Annäherung an die Materie.

Hebel hat sich auf verschiedenen Gebieten der Naturwissenschaft umgeschaut. Er tut dies als Autodidakt, als Leser einschlägiger Werke, aber auch im Fachgespräch mit Freunden und Kollegen, er hat Steine und Pflanzen gesammelt, Bergwerke besichtigt und in Zeiten der Personalnot den Naturkundeunterricht am Gymnasium illustre übernommen. In seinem Nachlass finden sich rund 37 einschlägige Werke zu Naturgeschichte, Physik und Chemie, überdies zehn Hefte der *Ménagerie du Muséum national d'histoire naturelle* (Paris 1801), 25 Hefte *Donau-Ansichten vom Ursprung bis zum Ausfluß ins Meer*, eine Partie Landkarten, ein Herbarium und eine Mineraliensammlung mit Gipsabdrücken.

Schon die erhaltenen Exzerpthefte (1781–1802) dokumentieren, dass sich die Interessen des Hauslehrers, Präzeptoratsvikars und Professors nicht auf Theologisches und auch nicht auf Literarisches beschränken, sondern breit gestreut sind. Ob Schmetterlinge, Bienenzucht oder die medizinische Wirkung von rotem Fingerhut (*Digitalis purpurea*) – Buchvorstellungen zu diesen Gebieten, etwa in der *Allgemeinen Literatur-Zeitung* oder der *Gothaischen gelehrten Zeitung*, finden ebenso seine Aufmerksamkeit wie Bergmaße und Bergbau-Terminologie, Eingeweidewürmer oder Diätempfehlungen. Ausführliche Notizen verfertigt Hebel zu den *Aphorismes de Mesmer*, vorgestellt im September 1786 in der *Allgemeinen Literatur-Zeitung*. Entgegen seiner sonstigen Gewohnheit lässt sich Hebel zu eigenen Kommentaren hinreißen; anders als der Rezensent der *ALZ*, der über Chimären, Schwärmersysteme und Herabwürdigung der Vernunft wettert, scheint er den Lehrsätzen bei aller kritischen Distanz eine gewisse dichterische Sympathie nicht zu verwehren, »gefällt« und »gut erdacht« setzt er in Klammern hinzu. Die Mesmersche Provokation, Instinkt sei natürlich, Vernunft durch Kunst erworben, lässt freilich auch er nicht unwidersprochen: »Sollte nicht die Vernunftfähigkeit im Menschen auch eine Wirkung der ihm eigenthümlichen Harmonie und Ordnung, ihr Gebrauch mesmerischer Instinkt, und eine sicherere Regel wenigstens aller Handlungen sein wenn sie kultivirt und geübt wird. Was unterscheidet sonst den mesmerischen Menschen von dem Vieh, das alle Instinkte, die man eigentlich so nennt, mit ihm gemein hat?«

Die Vernunft ruft mit strenger (der Rezensent) oder milderer (Hebel) Stimme zur Ordnung, doch die abgründigen Zusammenhänge von Seele und Körper lassen der Theoriefreudigkeit nicht weniger Raum als das unermessliche Weltall, über das sich der Präzeptoratsvikar gleichfalls die eine und andere Kontroverse notiert. Etwa die, ob die Mondkrater, die mit dem Fernrohr wahrgenommen werden können, vulkanischen Ursprungs sind, wie der Astronom Herschel behauptet, oder nicht, wie Kant in seiner kleinen Schrift *Über die Vulkane im Monde* (1785) darlegt. Aufzeichnungen aus späteren Jahren, vermutlich Konzepte für den Unterricht, enthalten grundsätzliche Überlegungen Hebels zur Astronomie: sie scheint unter allen mathematischen Wissenschaften »die interessanteste zu seyn«, »enthüllt uns die größten

Geheimniße«, »erhält uns in der größten Spannung« und hat »den ausgebreitetesten Einfluß auf die Menschheit durch Schiffahrt und Handel«. Astronomie, so andernorts geradezu feierlich, »erhebt den Menschen über sich selbst und bringt ihn der himmlischen Natur näher«. Der *Rheinländische Hausfreund* wird dem »Weltgebäude« ein ganzes kleines Kompendium widmen, mit falschen Vorstellungen aufräumen und zugleich die Grenzen des Wissens abstecken, denn auch die gelehrten Leute »reiten manchmal auf einem fahlen Pferd«. Nie aber dürfe man sagen: »Wo ich nichts mehr sehe, dort ist nichts mehr.«

Weniger spekulative Erträge bringen Reisebeschreibungen und Expeditionsberichte. Ein besonderes Ereignis in diesem Zusammenhang ist James Cooks zweite Weltumsegelung in Begleitung des Naturforschers Johann Reinhold Forster und seines Sohns Georg. Der junge Hebel macht sich Notizen zu Vater Forsters *Bemerkungen über Gegenstände der physischen Erdbeschreibung, Naturgeschichte und sittlichen Philosophie auf seiner Reise um die Welt,* übersetzt und mit Anmerkungen vermehrt von Georg Forster, ein Werk, das später auch den Weg in seine Bibliothek gefunden hat. Was immer den Forschern in ihre Netze geht, ob Sichelschwanz (*Harpurus*) oder neue Arten des Pelikans, muss ins *System,* nämlich das Linnésche, überführt werden, das entsprechend erweitert, manchmal gar umgestaltet wird. Dem Geschlecht der Pinguine etwa verschaffen die Entdeckungen »ansehnlichen Zuwachs«, nachdem sie bei Linné ein Schattendasein zwischen Albatros und Tropikvogel führten.

Exotisch im wahrsten Sinn des Wortes mutet an, was sich Hebel mit viel wissenschaftlicher Akribie über die Tierwelt in Java notiert, über fliegende Katzen, die boshaft sein sollen, über Papageien und das listige, raubsüchtige Beuteltier. Der Kasuar verschlinge alles, Kupfer, Stahl, glühende Kohlen, gebe es aber unverdaut, oft erst nach einem Jahr, wieder von sich. Seine Stärke sei in den Füßen, mit denen er wie das Pferd hinten ausschlägt. Fürchterlich anzusehen, aber nicht giftig seien die fliegenden Eidechsen, sehr giftig hingegen der Gecko, nicht nur durch seinen Biss, sondern auch durch die Ausdünstungen der Fettklümpchen an seinen Zehen, so dass die Speisen, über die er laufe, schädlich werden. Es gebe Schlangen, die bis zu 24–36 Fuß (also an die 10 Meter) lang würden, ein solches Exemplar, das an einem Hirsch erstickt war, musste von sechs Personen weggeschleppt werden. Hebel ist schon damit beschäftigt, Material zu sammeln – Jahre bevor er im *Rheinländischen Hausfreund* damit an die Öffentlichkeit tritt.

Am 1. März 1799 wird Hebel zum Ehrenmitglied der *Mineralogischen Gesellschaft* zu Jena ernannt; mit dem Gefühl der »innigsten Freude« bedankt er sich bei Johann Georg Lenz, dem Begründer der Societät, und hofft, »den Erwartungen derselben einigermaßen entsprechen zu können, und einer Verbindung, die so viele gelehrte und verdienstvolle Naturforscher und berühmte Männer umfaßt, nicht unwerth zu scheinen«. Damit erschöpfen sich freilich auch schon die Zeugnisse von Hebels Mitgliedschaft bei der Mineralogischen Societät, die sich immerhin rühmen kann, die weltweit erste dieser Art gewesen zu sein. J. G. Lenz, der sie 1796 ins Leben ruft, hatte zunächst als Aufseher der naturwissenschaftlichen Sammlung im Schloss zu Jena gewirkt, über die *Bildung von Erzgängen* dissertiert und danach an der Universität Jena Mineralogie gelehrt, und zwar als selbständiges Fach der Philosophischen Fakultät und nicht, wie sonst üblich, als Teilgebiet der Medizin. Die von ihm begründete Gesellschaft zählt in ihrer Blütezeit von 1797 bis 1832 an die 2500 Mitglieder aus ganz Europa, darunter namhafte Geowissenschaftler und Naturforscher, Pfarrer, Lehrer und Bergleute. Alexander von Humboldt gehörte der Societät an, aber auch Friedrich von Hardenberg, genannt Novalis, der 1797 an der Freiberger Bergakademie ein Studium aufnimmt. Neu ernannte Mitglieder bezeugen mit einer Sachspende ihren Dank für die Mitgliedschaft, das Tauschen geowissenschaftlicher Exponate stellt – neben Vorträgen und Publikationen – generell eine der Hauptaktivitäten der Gesellschaft dar. Goethe, zu dessen Regierungsgeschäften die Belange der Universität Jena gehören, fördert Lenz und seine Unternehmungen und übernimmt 1803 die Präsidentschaft der Mineralogischen Gesellschaft. Wie Hebels Mitgliedschaft zustande kam, ist nicht mehr zu rekonstruieren, die Vermutung liegt nahe, dass eine Verbindung besteht zwischen Hebels Ernennung und der seines Freundes Gmelin, Professor für Naturgeschichte am Karlsruher Gymnasium, die ein gutes halbes Jahr zuvor erfolgte – eine plausible Annahme, für die sich allerdings keinerlei Belege finden. 1802 wird Hebel als korrespondierendes Mitglied in eine weitere naturwissenschaftlich orientierte Gesellschaft berufen, in die *Vaterländische Gesellschaft der Ärzte und Naturforscher Schwabens*, die der rührige Arzt Franz Xaver Mezler 1801 ins Leben gerufen hat. Unter den Gründungsmitgliedern findet sich nicht nur der Karlsruher Stadtphysikus Christian Ludwig Schweikhard, sondern auch ein Kollege Hebels, Johann Lorenz Böckmann, Professor der Physik, der allerdings bereits 1802 verstirbt. Mezler, als verdienstvoller Hygieniker, Vorkämpfer für die Pockenschutzimpfung und Meteorologe gelobt, Mitglied mehrerer medizinischer und naturwissenschaftlicher Gesellschaften, darunter der Mineralogischen Gesellschaft zu Jena (seit 1805), sucht nach dem Vorbild ausländischer Gelehrtenvereinigungen die Wissenschaft in seiner Region zu fördern; so sollen die Mitglieder die im Programm der Gesellschaft niedergelegten Fragen über die Anwendung der Naturgeschichte auf Technologie, Handwerk, Kunst, Gewerbe etc. beantworten, sie sollen Verzeichnisse heimischer Naturprodukte anlegen, Topographien erstellen und »Beobachtungen über physikalische Erscheinungen, über naturhistorische Seltenheiten, sowie über praktische Methoden und Vorteile in der Ökonomie und Technologie« einliefern. In seinem Dankschreiben an Mezler gibt Hebel der Hoffnung Ausdruck, dass er »viel Gelegenheit« gewinnen möge, die in ihn gesetzten Erwartungen zu erfüllen. Eben dies sollte allerdings nicht der Fall sein, denn bereits 1808 löst sich die Gesellschaft, zu der kurz nach Hebel auch Gmelin gestoßen ist, wieder auf.

Zwei Dankschreiben ohne greifbare Vor- und Nachgeschichte können als Indiz gelten, wie dürftig die erhaltenen Spuren des Naturforschers – vor allem des Mineralogen – Hebel sind. Aus einem Brief an Gustave Fecht erfährt man immerhin, dass er 1794 in Obermoschel in die Quecksilberbergwerke »kroch« und diese »sehr interessant« fand. Anfang 1804 berichtet Hebel seinem vertrauten Freund Hitzig über den Charaden-Taumel der Karlsruher Gesellschaft, macht seinen Brief selber zur Charade und flicht ganz nebenbei ein, dass er ein einziges

Mal in seinem Leben eine Küche hatte, die er »bekanntlich in eine Steinschleiferey umschuf«. Bekanntlich – mit dem Wörtchen tut sich zwischen dem heutigen Leser und dem in seiner Küche werkenden Hebel ein ganzer Abgrund des Nichtwissens auf.

Theoretische Kenntnisse verschaffte sich Hebel mit einer Reihe damals maßgeblicher Werke, darunter der *Versuch einer Mineralogie*, d. i. eines Mineralsystems, des schwedischen Mineralogen Axel Frederic von Cronstedt (Kopenhagen 1770), der *Grundriss des Mineralsystems zu Vorlesungen* (Berlin 1786) von Carl Abraham Gerhard und die *Grundzüge der Natur-Geschichte des Mineralreichs* (Weimar 1801) von August Johann Georg Batsch, Professor der Naturgeschichte in Jena. Schließlich die *Naturgeschichte des Mineralreichs*, (Heidelberg 1825) von Carl Cäsar von Leonhard, Mitglied der Bayerischen Akademie der Wissenschaften zu München, seit 1806 Herausgeber eines *Taschenbuchs für die gesammte Mineralogie, mit Hinsicht auf die neuesten Entdeckungen* und langjähriger Briefpartner Goethes in mineralogischen Angelegenheiten. Nach Leonhards eigenen Angaben besteht auch zwischen ihm und Hebel Briefkontakt, in Heidelberg sind der Dichter und der Geologe überdies persönlich zusammengetroffen. »Leben und Heiterkeit« wusste der Dichter zu verbreiten, an »seinem ruhig klaren Wesen« habe er sich erfreut, erinnert sich Leonhard, Hebels Briefe an ihn »tragen das Gepräge des Wohlwollens, Schmeicheleien war man, bei seinem strengen Wahrheits-Sinn, nicht gewohnt von ihm zu hören.« Nicht unter den nachgelassenen Büchern Hebels findet sich Gmelins *Beschreibung der Mineralien im Großherzogtum Baden*, erschienen 1824, also im selben Jahr wie Hebels *Biblische Erzählungen*.

Wie hat sich Hebels theoretische und praktische Beschäftigung mit Mineralien, mit Geologie in seinem eigenen literarischen Werk niedergeschlagen? Ein Bergwerk ist Schauplatz einer der berühmtesten Kalendergeschichten, *Unverhoftes Wiedersehen*. Ein junger Bergmann kehrt von seiner unterirdischen Arbeit nicht mehr zurück, fünfzig Jahre später wird seine Leiche zwischen zwei Schachten, »gute dreyhundert Ehlen tief unter dem Boden« wieder entdeckt, er ist äußerlich »unverwest und unverändert«. Eine chemische Verbindung, Eisenvitriol, hat dem Zerstörungswerk der Zeit Einhalt geboten. Neben allen Deutungen, die Hebels scheinbar schlichte und in Wahrheit hochkomplexe Erzählung erlaubt, ist der schaurige Fund für sich besehen ein Fall von beträchtlichem wissenschaftlichem Interesse. Als solchen hat ihn Gotthilf Heinrich Schubert in seinen *Ansichten von der Nachtseite der Naturwissenschaft* (1808) präsentiert, seine Ausführungen werden 1809 in der Zeitschrift *Jason* – in der auch Hebels *Sendschreiben* über die Juden erscheint – wiederabgedruckt, sie sollen die zündende Idee zu einem literarischen Wettbewerb liefern und die deutsche Balladendichtung beflügeln. Hebel verfertigt aus der Vorlage eine Kalendergeschichte. Doch während Schubert in seiner Vorlesung detailliert über die Veränderungen des konservierten Körpers berichtet, der zunächst weich war, dann, als man ihn an die Luft brachte, hart wie Stein wurde und letztlich zu einer »Art von Asche« zerfiel, nennt Hebel zwar den Namen der Verbindung, die so Seltsames zustande bringt, geht aber auf Einzelheiten nicht weiter ein. Der Fokus der Geschichte liegt woanders.

Wissenschaftliche Rätsel und Scheinrätsel stehen im Zentrum der Textfolge *Mancherley Regen* (Kalender für 1806). Die einzelnen Texte bieten eine Palette kurioser Erscheinungen und als solche eine sorgsam abgestufte Lektion zum kritischen Umgang mit Erklärungsangeboten. Ganz im Sinne von Kants berühmter *Beantwortung der Frage: Was ist Aufklärung?* warnt Hebel vor geistiger Trägheit, die schuld daran sei, dass viele die unvernünftigsten Dinge gelten ließen und lieber etwas Unglaubliches als etwas Natürliches glaubten. Der *Steinregen* (Hebel behandelt dieses Phänomen im Kalender für 1809 noch einmal) stellt in dieser Sammlung einen Grenzfall dar, bringt er doch selbst die Gelehrten in Verlegenheit. »Denn auch diese wissen freylich noch lange nicht alles.« Fälle von Steinregen werden aufgelistet, der letzte ereignete sich am 26. April 1803 in Frankreich, der vorletzte am 16. Juni 1794 in Italien, es ist der sogenannte *Steinregen zu Siena*, der schon Georg Christoph Lichtenberg beschäftigte. Dass dem Steinregen von Siena ein Vesuvausbruch voranging, begünstigt Theorien, die Zusammenhänge sehen, doch verweist Lichtenberg abschließend auch auf die Schrift von

Ernst Florens Friedrich Chladni, die sich in ganz andere Richtung bewegt. Tatsächlich ist Chladni mit einer 1794 publizierten Abhandlung über Feuerkugeln und Meteore einer der wissenschaftlichen Vorkämpfer für die extraterrestrische Herkunft solcher Steine, während die übrige gelehrte Welt, allen voran die Académie Française sich nachdrücklich gegen derartige Volkssagen verwahrt. Erst mit dem auch bei Hebel genau bezeichneten Steinregen im französischen l'Aigle 1803 setzt ein Umdenken ein. Das Akademiemitglied Jean-Baptiste Biot erstellt einen Bericht, die Steine werden eingehend untersucht und als außerirdische Objekte anerkannt. Es ist eine Art Aufklärungsprozess in umgekehrter Richtung, der hier abläuft, die wissenschaftliche Meinung ist der Aberglaube, den es zu therapieren gilt, die angebliche Volkssage hingegen die Summe empirischer Beobachtung. Die Fragen rund um die Meteorite sind damit noch lange nicht erschöpft. »Woher nun solche Steine kommen, oder wie sie sich in der Luft, wo doch keine Berge und Steinbrüche sind, erzeugen können, darüber können die Gelehrten bis auf diese Stunde noch keine sichere Auskunft geben. Denn auch diese wissen freylich noch lange nicht alles. Einige vermutheten sogar, daß solche Steine aus dem Mond herab zu uns kommen.« Augenzwinkernd setzt der Hausfreund hinzu: »Was wohl für ein muthwilliger Schleuderer dort sitzen mag!«

Am schönsten schildert der Amateur-Mineraloge Hebel sich selber und das Schicksal seiner Objekte in einem Gedicht, das er seinem Freund Hitzig widmet. Das Gedicht, mit gesellschaftskritischer Doppeldeutigkeit angereichert, ist die Zugabe zu einem Stein-Geschenk, einem vermutlich selber gefundenen und nunmehr geschliffenen Jaspis:

's muß Alles in der Welt geschliffen seyn,
was g'fallen soll; 's hat gleich 'n schönern Schein,
wenns schon an Werth das nemlich bleibt,
und kleiner wird, ie länger man dran reibt.
Wir in Karlsruh wenigstens poliren
Ohn Unterlaß an Sitten und Manieren,

bald am Kopf, bald am Herzen, bald auch an Steinen.
Bald auf der rauhen Scheib' bald auf der feinen.

  's wird Alles feiner
  und Alles glänzender
  und Alles schwänzender
  mitunter auch brüchiger und kleiner

Diß als Prolog zum Jaspis hier.
Sechs gegen Eins! – Er schmeichelt dir.
So glatt ist er, so spiegelhell und rein,
und ist doch nur ein Feuerstein,
Wie sie dem Hertinger Bauern beym Pflügen
Zum Dutzend vor den Füßen liegen.
Wär er nicht nach K.Ruh spatzirt,
Hätt' ihn nicht der Steinschleifer Meyer
Um einen Zweyer oder Dreyer,
Zum schönen Schaustück polirt,
So läg er bey Schliengen rauh und eckigt,
Unbesehn und dreckigt.
Jetzt sucht er seines gleichen unter den Steinen.
Lieber! b'sieh dich drinn, wirst einen
Gespahn erschaun, auf der Fläche glatt,
Der mir schon lang nicht geschrieben hat.

Präsenter als der Mineraloge erscheint aus heutiger Sicht der Botaniker Hebel. Über sein Herbarium berichtet er im Jahre 1795 voll Stolz an Gustave Fecht, dass es »sieben- bis achthalbhunderterley natürliche Pflanzen« umfasse, »iede in ihrer Blüthe, zwischen Fliespapir getrocknet, beysammen und bei ieder den Namen und die Heimath. Davon sind viele aus Asia, Afrika und Amerika die aber hier im botanischen Garten gezogen werden, und viele vom Belchen, von Nonnmattweier usw.« Die Menge der Pflanzen ist beeindruckend, sie spiegelt zudem die zeittypische Allianz wider, in der sich Sammelleidenschaft, das Renommee der hohen Zahl und die Vorstellung von wissenschaftlichem Fortschritt vereinigen. Die Größe einer Sammlung erscheint proportional zu ihrem wissenschaftlichen Wert, weshalb denn auch die damaligen Naturalienkabinette zu einem ungeordneten und unkontrollierten Wachstum neigten, zu einem Wachstum, das angetrieben wurde von »Komplettierungswahn und Neuheitssucht«, wie Wolf Lepenies formuliert.

Nicht von Wahn oder Sucht, aber von »botanischer Wuth« spricht Hebel, es scheint sich um ein und dieselbe Krankheit zu handeln. So ergeht an Friedrich August Nüßlin, den Freund in Genf, der Hebel nach Italien und auf den Montblanc zu locken sucht, die eindringliche Warnung, sich nicht zu sehr mit der Botanik einzulassen. »Sie thut's einem an, wie ein schönes Mädchen, und man hat keine Ruhe mehr.« Keine Ruhe hat der Botaniker, der vom Sammelfieber gepackt wurde. Als Schatzjäger durchkämmt er die Natur, und sein hungriger Spezialisten-Blick ist das genaue Gegenteil jenes gemütvollen, unverblendeten Schauens, zu dem doch der Verfasser der *Spinne* eingeladen hat. Hebel zeichnet ironisch und ganz offensichtlich aus eigener Erfahrung das Bild eines solcherart Besessenen, der blind geworden ist für Zusammenhänge und unfähig zur Andacht. Fatalität des Expertentums: Erweiterung des Fachwissens ist mit einer gleichzeitigen radikalen Verengung der Perspektive unauflöslich verbunden. Der »Genuß der Natur im Großen, der freie frohe An- und Umblick in der Natur auf ihren Spazirgängen ist für Sie verloren. Sie heften Ihren Blick von den Alpenhöhen und Morgensonnen über Ihnen zur Erde hinab, suchen und finden lauter Stigmata und Antheren, und Petala und Folia panduriformia und pinnata supradecomposita und pinnatifida, retrorsum et sursum serrata, dentata, crenulata, integra, integerrima, subinteger-rima, mutica, triquetra etc., und werden für alles, was Sie darüber an Genuß verlieren, erst dann schadlos gehalten, wenn Sie in der erklärten botanischen Wuth sind, und Ihnen in nächtlichen Träumen Prachtgestalten von Blumen aufgehen, die kein Linné gesehen hat, noch beschreiben kann, und der ganze Himmel Ihnen zu Einem Lichen wird, und der Mond und alle Sterne zu Scutellen.« Flechten und als Sterne daraufgesteckt die – man erstaunt beim Blick ins Lexikon – Saugorgane an der Grasfrucht der Süßgräser: das ist tatsächlich ein Himmelreich, wie es sich nur wahre Enthusiasten ihres Fachs ausdenken können.

Der Triumph, eine neue Pflanzenart zu entdecken, bleibt Hebel verwehrt. Immerhin aber hat die Freundschaft und Zusammenarbeit mit Gmelin den Versuch begründet, durch Namengebung eine ganz persönliche Botschaft in die wissenschaftliche Botanik einzuschleusen. Am 20. Februar 1805 berichtet Hebel an Hitzig über die *Flora Badensis*, deren erster Band in Kürze erscheinen soll: »Ich habe in der Vorrede, über die ich mit der glatten Hand ein wenig gefahren bin, nicht nur selber den Belchen heilig gesprochen, sondern auch den Verfasser vermocht eine neue Species vom Gnaphalium (Buseröri) die der Altar trägt mit dem Namen Gnaphalium Protei in der Botanik einzuführen.« Schlägt man in der *Flora Badensis* nach, muss man feststellen, dass es sich anders verhält. Unter der Vielzahl der *Gnaphalia* findet sich kein *Gnaphalium Protei*, allerdings ein *Gnaphalium dioicum*, als dessen deutschsprachige Bezeichnungen *Katzenpfötgen*, weiße und rote *Mausöhrlein*, *Engelsblümlein* genannt werden. In Klammer, als regionalsprachlicher Name, taucht zumindest das *Belchenröslein* auf. Eine neue Spezies, wie Hebel meinte, war bei den *Gnaphalia* offenbar nicht zu begründen. Dafür findet sich unter den *Hexandria Trigynia*, VI. Klasse, 3. Ordnung (zweigeschlechtlicher Blüten mit sechs freien Staubgefäßen und drei Griffeln), genau das, was den Wissenschaftlerstolz einer derartigen Veröffentlichung ausmacht: ein *Genus novum*. Name der Neuentdeckung: *Hebelia*, davon zwei Arten, die *Hügel-Hebelie* und die *allemannische Hebelie*. Dass die Namengebung zu Ehren des Professors der Theologie und der orientalischen Sprachen, des äußerst verdienstvollen Botanikers und Verfassers der so geistreichen und unnachahmlichen *Allemannischen Gedichte* geschieht, wird in einem Notabene ausdrücklich hervorgehoben. Schon im Vorwort nennt Gmelin den Dichter einen seiner wunderbarsten Begleiter auf botanischen Streifzügen, doch die Blumen-Taufe, seine schöne Freundschaftsgeste, hat sich wissenschaftlich nicht durchgesetzt. Das Fehlen eines allgemein angenommenen Namens und eine ungeheuer lange Synonymie wird seitens der botanischen Fachwelt beklagt, und die badische *Hebelie* als

Bezeichnung für die Simsenlilie, heutige *Tofieldia calyculata* (Wahlenberg 1812), ehemaliges *Anthericum calyculatum* (Linnaeus), landet auf den historischen Rängen.

Vor den Wirren der Napoleonischen Kriege flüchtet der badische Markgraf Karl Friedrich 1796 mitsamt seinem Hof ins preußische Ansbach und bezieht Quartier in Schloss Triesdorf. Mit auf der Flucht ist Carl Christian Gmelin, der in seiner Funktion als Direktor der fürstlichen Naturaliensammlung die wertvollsten Stücke in Sicherheit bringen soll.

Der Abwesenheit Gmelins verdankt Hebel neue Pflichten am Gymnasium, denn er übernimmt Gmelins naturwissenschaftliche Lektionen. Die Nachwelt verdankt dieser Abwesenheit eine Reihe von Briefen Hebels, die wohl am genauesten und eindringlichsten über den Naturforscher in ihm Aufschluss geben, über seinen Kampf als Professor mit der ungewohnten Materie, aber auch über seine kritische Auseinandersetzung mit aktuellen Fragen der Zeit.

Beim Unterricht sei er »oft sehr in der Klemme« und froh, wenn er nicht noch durch Fragen zusätzlich in Verlegenheit gebracht werde, schreibt Hebel an Gmelin. »Ihnen mag ich wohl gestehen, daß bisweilen unter den Mammalien und Vögeln, und besonders unter den Fischen schon Chaos vorkam, aber den Zuhörern habs ich verborgen, so gut ich konnte.« Kopfzerbrechen bereiten ihm speziell die Brüche im System der Fische, und er erbittet dringend Aufklärung. Nachdem eine erste Anfrage offenbar nichts gefruchtet hat, kommt Hebel im übernächsten Brief wieder auf die Angelegenheit zu sprechen: »Daß ich Sie schon ein mal gefragt habe, was im System der Fische die Brüche $1/12$ etc. bedeuten, weiß ich gewiß. Vielleicht verstehn Sies selber nicht? – Wie? Was? – Na verzörn Er sich nicht! Sag Er's, wenn Ers weiß! – Wirklich möcht' ich Sie mit dieser boshaften Vermuthung nur bewegen, mir desto geschwinder Auskunft zu geben. Aber kehren Sie mir den Stiel nicht um: Sagen Sie mir nicht: Hätt Er aach was g'lernt, na so wüßt' Ers selber. – Sonst kehr ich den Stiel noch ein mal um, und sag meinen Zuhörern: Na, 's gibt hauchgstudirte Doktor, die wißens aach nit.« Das Ultimatum scheint nicht zu wirken, und wenn es doch gewirkt haben sollte, so ist der Brief nicht bis zu seinem Adressaten gelangt. Rund ein halbes Jahr später unternimmt Hebel einen neuerlichen Vorstoß: »Auf meine widerholte Frage, wegen den Fischen haben Sie mir abermal keine Antwort gegeben, und mich nun völlig überzeugt, daß Sies selber nicht wissen, und sich schämen den H. Präs. v. Schreber, ders Ihnen im Collegium einst wohl wird gesagt haben, noch einmal zu fragen. Ich brauchs iezt auch nimmer. Denn ich habe meinen Schülern – oha! – Zuhörern!! bereits gestanden, daß die Frage sehr difficil, und vielen sehr gelehrten Naturbeschreibern, wie z. B. Herrn Doktor Gmelin in Erlangen, selber zu schwer sey.« Endlich scheint der geplagte Aushilfslehrer Gehör zu finden. Gmelin erteilt Auskunft, doch leider nicht zu der Frage, die Hebel bewegt. Die Brüche im System der Fische sind und bleiben ein wissenschaftliches Mysterium: »Was Sie mir über die Fische sagen, hab ich, wie Sie richtig bemerken, selber gewußt. Aber so geht's, wenn man die Antwort über Jahr und Tag aufschiebt, so weiß man nimmer wie die Frage lautete. Ich wünschte von Ihnen zu hören was die Bruchzahlen bedeuten z. B. Sparus Spinus D. 13/23 V.11/5 A.7/16, ob ichs recht verstehe, wenn ich doppelte Flosen voraussetze, und die obere Zahl für die Radien der einen und die untern für die Radien der andern nehme. Aber es ist schon, wie ich sage, Sie wissens selber nicht.«

Dieser Brief ist der vorletzte der erhaltenen Briefe an Gmelin. Ob Hebel die wissenschaftliche Erklärung noch zuteil wurde, um die er so zäh gerungen hat, bleibt offen. Immerhin bot sich die Fachsimpelei als Unterfutter an für freundschaftliche Scherze und imaginäre Streitgespräche, die neben allen zoologischen Sorgen Hebels Lust am Dialoghaften, am dichterischen Scheindialog dokumentieren.

Schwierigkeiten gibt es für Hebel nicht nur bei der Einteilung der Fische, auch in der Botanik macht sich gelegentlich Verwirrung breit. Was etwa besagen in den Charaktern der Euphorbien die Ausdrücke quinquefida: bifida: dichotoma? »Ich stelle mir wohl vor«, meint Hebel, »wenn aus einem Punkt 5 Stiele aufsteigen, daß es eine umbella quinquefida sey, und wenn an einem solchen Stiel wieder 3 Stielchen ausgehn, daß es dann eine umb. quinquefida: trifida, oder bey zweyen eine bifida sey. Aber was alsdann noch eine umbella dichotoma seyn soll, kann ich nicht ins reine bringen, ob ich gleich verstehe, was an sich dichotoma sagen wolle; Sie haben ia einmal die Figur im Examen an die Tafel gezeichnet. Ferner wünsche ich von Ihnen zu hören ob ich bey dem generischen Charakter einiger Diadelphisten die Zeichen 1/1, 2/3 etc. recht erkläre. Ich stelle mir vor, daß da mit die zwey Labia des Kelchs gemeint seyen, und die Zahlen über und unter dem Strich, die Zähne oder Lappen des obern und untern Labii anzeigen. Hab ich recht gerichtet?«

Einem Irrgarten gleicht mitunter die wissenschaftliche Ordnung. Immer wieder stößt der Laie in Gebiete vor, wo entscheidende Wegweiser fehlen und er ratlos mit seinen eigenen Erklärungsversuchen herumlaboriert. Die Fachliteratur spendet reichlich und bereitwillig Auskunft, aber eben *nicht* – fast wie der so inständig befragte Gmelin selber – auf die Unklarheiten, die einen bewegen. In Hebels Bibliothek finden sich einige Naturlehren und Naturgeschichten für den Schulunterricht, außerdem das Haupt- und Zentralwerk jedes botanisch Interessierten, Linnés *Systema vegetabilium secundum classes ordines genera species etc.* (Göttingen 1784), dazu von Eugen Johann Christoph Esper *Naturgeschichte im Auszuge des Linné'schen Systems* (Nürnberg 1784).

Carl von Linnés Bestimmungsmethode ist seit dem Erscheinen seines Hauptwerks *Systema naturae* im Jahre 1735 richtungsweisend für die Beschreibung und Einordnung von Pflanzen. Dass Systematik und begriffliches Instrumentarium im Einzelfall Verwirrung stiften, hat man gesehen. Dass Linnés Einteilungskriterien – für Blütenpflanzen z. B. nach der Struktur der Blütenorgane – auch Widerspruch wecken, liegt gewissermaßen in der Natur wissenschaftlicher Entscheidungen. Zu willkürlich in der Wahl der Kriterien, zu künstlich-pedantisch in der Art der Klassifikation, hatte etwa Goethe zu beanstanden. Zwar sei von Linné, nach Shakespeare und Spinoza, die größte Wirkung auf ihn ausgegangen, bekennt er in der *Geschichte meines botanischen Studiums*, allerdings gerade durch den Widerstreit, zu welchem ihn der Naturwissenschaftler aufforderte.

Derart grundsätzliche Aussagen sind von Hebel nicht überliefert. Dass die fortschreitenden wissenschaftlichen Erkenntnisse jedoch auch Veränderungen am System des Gründervaters Linné notwendig und wünschenswert machen, kommt im Briefdialog mit Gmelin sehr wohl zur Sprache. Anlässlich des Erscheinens von Georg Franz Hoffmanns *Flora* (2. Teil) unterbreitet Hebel in aller wissenschaftlichen Bescheidenheit eine »Layenfrage«, betreffend die sogenannten kryptogamischen Pflanzen: »Warum hat man, da so viel an dem System gerüttelt, und in der 24 Classe gleichsam eine neue Welt geschaffen wird, warum hat man diese Classe, die gegen die andern zu einem monströsen Umfang anwächst, und die ungleichartigsten Pflanzen zusamen faßt, nicht schon lange ebenso, wie die Phaenogamisten, in mehrere Classen zerlegt, was vielleicht Linné schon gethan hätte, wenn er den Reichthum der Kryptogamisten ebenso wie der Phaenogamisten überschaut hätte. Ein vortrefflicher Wink! Sie werden ihn in Ihrer flora bad. benutzen, und sich einen allgemeinen Beifall erwerben. Bitte meinen Namen nicht dabei zu vergessen.«

Als nicht ganz freiwilliger Lehrer der Zoologie und Botanik müht sich Hebel also redlich, die Stellung zu halten und wissenschaftliche Klippen ohne größere Pannen zu umrunden. Hartnäckig versucht er, Unklarheiten zu tilgen. Doch dann überrascht der offenbar so skrupulöse Lehrer seinen wissenschaftlichen Vertrauten und Freund Gmelin mit der Nachricht, dass er Zoologie »dismal nach einem ganz eigenen Plan lese«, der ihn »selber sehr amüsirt«. Er habe »wo der Faden in der 24sten Claße der Pflanzen ausgeht, den Uebergang aus dem Pflanzenreich ins Thierreich gezeigt, und sogleich mit der Claße der Gewürme angefangen. Diesen folgten die Insekten. Die Natur fühlt gleichsam daß sie bei der Einrichtung die sie diesen Thieren gab, nirgends von den Gränzen des Pflanzenreichs wegkommt; sie trift also auf einmal eine Aenderung, theilt das Herz in Fächer, verschaft der Luft durch Athmen wirksamern Einfluß auf die animalischen Operationen. Das Blut färbt sich, die Säfte werden konsistenter, geistiger, – kompakter die festen Theile, der Körper bekommt ein inneres Gerüste von Knorpel oder Knochen. Rothblütige Thiere. Die einfache linienförmige Bildung der

Schlangen ist die Grundidee, aus der die übrigen Gestalten sich bilden. Die Schlange schlüpft ins Waßer und wird zum Fisch, Erscheinung von Extremitäten in den Flosfedern. Der Fisch geht ans Land, die Flosen verwandeln sich in Füße, kriechende Amphibien. Das Herz theilt sich noch einmal, das Blut wird warm. Hier erscheinen zu erst die Vögel. Auf zwey Wegen macht sich die Natur den Uebergang zu den quadrupeden 1. aus dem Wasser Cetacea, Palmata, 2. aus der Luft, Chiroptera. Diesen folgen die Th. mit freyen Zehen. Die Zehen verwandeln sich in Hände. Affen. Noch ein Schritt und die Schöpfung vollendet sich in ihrem Meisterstück, dem Menschen.«

So weit, so gut. Doch die schöne durchgehende Entwicklungslinie, die der Zoologe Hebel da entwirft, hat eingestandenermaßen ihre strukturellen Schwächen: Wo soll man die Tiere mit einfachen und gespaltenen Hufen einschieben? Zudem erscheint der Plan an sich so gewagt, dass Hebel die Fassungslosigkeit Gmelins gleich vorwegnimmt und stellvertretend für den Fachmann den Kopf schüttelt: »Das ist Spielwerk, wobei die Gründlichkeit des Systems verlohren geht? Lieber Herr, da sehn Sie zu! Warum haben Sie Ihr Geschäft einem Libertiner anvertraut, der in Ihr Gewissen, auf Ihre Gefahr, und an Ihren Leuten pfuschen kann, wie er will?« Hebel schließt mit der Versicherung, trotz allem wissenschaftlich seriös zu bleiben und »das System nie aus den Augen« zu verlieren.

Am *System* wird nicht gerüttelt. Gleichzeitig imaginiert Hebel eine *Kette der Wesen*, die den kontinuierlichen Zusammenhang der Geschöpfe in auffallender Weise auf die zeitliche Ebene verlagert, »werden« und »verwandeln« sind die zentralen Begriffe, mit denen er sich von Stufe zu Stufe vorarbeitet. Damit setzt Hebel fließende Übergänge, wo traditionell strenge Trennung herrscht, und wird mit dem »Spielwerk« des Laien, mit seiner evolutionären Phantasie, um es einmal so zu nennen, zum Mitträger jener wissenschaftlichen Umwälzungen, mit denen sich das ausgehende 18. und beginnende 19. Jahrhundert aus dem Denken früherer Zeiten löst. Unveränderlichkeit der Gattungen und Arten lautet das alte Dogma, heißt es doch schon im ersten Buch Mose, dass Gott in einzelnen Schöpfungsakten die Tiere schuf, »ein jedes nach seiner Art«. Der ursprüngliche Schöpfungsplan müsste sich, nach Linné, mittels einer weltweiten Bestandsaufnahme auch wieder erkennbar machen lassen. Was für eine – relativ – kurze Beobachtungsspanne gilt, wird absolut gesetzt: Unveränderlichkeit als unabdingbare Voraussetzung, um überhaupt von Gattungen und Arten sprechen zu können. Ohne stabile Merkmale gibt es weder Gattung noch Art, ohne Beständigkeit weder System noch Ordnung.

Wissenschaftlich wirksam bestritten wird die Unveränderlichkeit der Arten erst im 19. Jahrhundert, zunächst durch Jean Lamarck, später durch Darwin. Hebels Vorstellung von einer einfachen Bildung als Grundidee, aus der sich die Vielfalt der Arten sukzessive herausformt, lässt sich durchaus als poetische Vorwegnahme der Abstammungslehre begreifen. Eine Anregung dazu dürfte er in Christoph Girtanners Schrift *Über das Kantische Prinzip für die Naturgeschichte* gefunden haben, die ihn mit einer recht ähnlich lautenden Hypothese des Philosophen bekannt macht, nämlich dass »gewisse Wasserthiere sich allmählig zu Sumpfthieren, und aus diesen, nach einigen Zeugungen, zu Landthieren ausbildeten.« Langsam, aber unaufhaltsam erobert der Faktor Zeit das wissenschaftliche Denken über die Arten und untergräbt ebenso unaufhaltsam die Lehre von ihrer Unveränderlichkeit. Die Arten rücken einander dabei in bestürzender Weise näher. Dass die Tiere »der Menschen ältere Brüder« seien, wie Herder sagt, oder zwischen Affe und Mensch Vetternschaft bestehe, wie Lichtenberg formuliert, ist noch nicht kühn genug gedacht, sondern wird bis hin zu einer direkten Abstammungslinie revidiert werden müssen. Genealogie ist das Schlüsselwort, der verborgene rote Faden in der Mannigfaltigkeit der Naturdinge, der neue Ordnung schaffen wird. Universalen Gesetzen und inneren Zusammenhängen auf die Spur zu kommen, ist die Herausforderung der Wissenschaften.

Ob Hebels »Spielwerk«, seine Idee einer Entwicklungslinie, bei Gmelin auf Zustimmung oder Ablehnung stieß, ist nicht mehr auszumachen. Unübersehbar aber ist, dass Hebel seine Position als wissenschaftlicher Laie gerne mit ein wenig Provokation paart. Girtanners Schrift kann er Gmelin gegenüber gar nicht enthusiastisch genug loben: »Da ist Licht und Warheit, und Nahrung für den Geist, wenn er sich an euerm magern Natursystem hungrig genagt hat. O was seid ihr für Mikrologen und Wortdüftler ihr Schulsystematiker, und wißt nicht einmal, daß eure ganze Wissenschaft nicht einmal Nat.Geschichte sondern nur Naturbeschreibung ist.« Naturbeschreibung, so stellt Girtanner gleich zu Beginn seiner Schrift dar, ist »die Kenntniß der natürlichen Dinge, wie sie jetzt sind. Unrichtig hat man sie bisher Naturgeschichte genannt.« Naturgeschichte hingegen ist »die Kenntniß von demjenigen, was die natürlichen Dinge ehemals gewesen sind«. Girtanner lässt keinen Zweifel, wo seine Prioritäten liegen: Für die Naturbeschreibung sei seit Linné viel getan worden, das gegenwärtige Schulsystem der Naturbeschreibung ordne die natürlichen Dinge sehr bequem für das Gedächtnis, allein es tue nichts für den Verstand: »Ein physisches Natursystem für den Verstand kann man nur von der Naturgeschichte erwarten«. Für naturgeschichtliche Gedankenspiele, wie sie der »Libertin« Hebel und mit ihm einige andere treiben, hat Girtanner allerdings nichts übrig. Kants Hypothese über die Entwicklung von Wasser- zu Sumpf- und weiter zu Landtieren wird als pure Spekulation energisch zurückgewiesen. »Eine *generatio heteronyma* kennen wir bis jetzt nicht; das heißt: wir kennen kein Beispiel, daß spezifisch von einander verschiedene organische Wesen aus einander erzeugt würden«. Es könnte wohl sein, dass sich Hebels Vorbehalte genau auf diesen Punkt beziehen, wenn er etwa meint, der Autor verfahre seiner Ansicht nach gelegentlich etwas »unstatthaft«, indem er »statt aus Faktis die Naturgesetze zu abstrahiren, letztere a priori zuvor aufstellt, und die Wahrheit von den Faktis um deswillen in Zweifel zu ziehen scheint, weil sie den aufgestellten Principien widersprechen«.

Für mehr naturgeschichtliche Zusammenhänge und weniger Klassifikation spricht sich auch ein weiterer angesehener Naturwissenschaftler der Zeit aus, Johann Christian Polykarp Erxleben, dessen Schriften *Anfangsgründe der Naturlehre* und *Anfangsgründe der Naturgeschichte* gleichfalls zu Hebels Buchbestand gehören. Für Erxleben sind Werke wie Linnés Natursystem nur »Register«, aber keine wahren Kompendien über die Naturgeschichte, die man im Zusammenhang und im Ganzen betreiben müsse. Was Erxleben vorschwebt, ist ein Pendant zur Universalhistorie: die Universalnaturgeschichte. Daneben propagiert er mit wahrem aufklärerischem Impetus den Nutzen der Naturlehre, also der Physik. Diese Wissenschaft gebe »die sichersten Quellen zur Erkenntniß der Macht, Weisheit und Güte des erhabenen Wesens ab, von welchem diese Körper ihren Ursprung haben. Sie erweitert unsere Einsichten; sie lehrt uns Wahrheiten, deren Wissen uns allemahl vollkommner macht, und schützt uns vor tausend ungläubigen und abergläubischen Einfällen und Thorheiten.«

Die Naturwissenschaft wirkt nutzbringend in den Köpfen der Menschen, indem sie klare, logische Anschauung befördert. Sie wirkt nutzbringend aber auch auf das wirtschaftliche Wohlergehen, indem sie Entscheidungshilfen liefert und unnötige Mühen und Ausgaben vermeiden hilft. Dass Fortschritt nicht nur eine geistige Dimension hat, sondern eine ganz vitale, dokumentiert eindrücklich das Schaffen Gmelins, der neben seiner *Flora Badensis*, neben der *Beschreibung der Mineralien im Großherzogtum Baden* und einer Abhandlung über Wirbeltiere auch eine volkswirtschaftliche Schrift *Über den Einfluss der Naturwissenschaft auf das gesamte Staatswohl* (1809) verfasst hat. Die Schrift ist keineswegs theorielastig, wie man aus dem Titel schließen könnte, sondern ein eindringlicher Appell, Naturgeschichte, Naturlehre, Mathematik und Mechanik als Grundlage aller Lebensbereiche gebührend anzuerkennen und zu fördern: »Der lezte Zweck der Naturwissenschaft ist die Anwendung und Benutzung der natürlichen Körper, welche sie uns kennen lehrt, zur Verbesserung des allgemeinen Wohlstandes.« In der Folge liefert der Verfasser zahlreiche Vorschläge zur Verbesserung von Wiesen-, Getreide- und Kartoffelbau, zur Auswahl von Schafweiden, zu Bienenzucht, Bergwerken und Bausteinen. Ein nicht unwesentlicher Teil beschäftigt sich mit Surrogaten, die in Zeiten der Kontinentalsperre heimischen Ersatz für Kolonialwaren wie Zucker, Kaffee, Kakao oder den Farbstoff Indigo bieten sollen. Was den Kaffee betrifft, so warnt Gmelin vor Fertigmischungen, deren genaue Zusammensetzung man nicht kenne, und empfiehlt neben den bereits eingeführten Zichorien-, Gelbe Rüben- und Erdmandel-Mischungen Weintraubenkörner, getrocknet und nicht zu stark geröstet. Versuchsreihen entwickeln sich auch rund um mögliche Rohrzucker-Ersatzstoffe, der Sirup aus Maisstängeln und jungen Maiskörnern eignet sich laut Gmelin zur Süßung von Wein; von Kartoffelmehlsirup hält Gmelin nichts, die hiesigen Chemiker aber, wie Hebel an Hitzig schreibt, alles. Hebel testet das neue Produkt an einem Sommersonntag des Jahres 1812, er habe »den ersten Caffe mit Cartoffelsyrup« gekostet, berichtet er an Gustave Fecht, die Sache bekomme eine Gestalt.

Als Ratgeber in Alltagsfragen ist Gmelins Schrift vom selben Geist beseelt wie die auf praktischen Nutzen ausgerichteten Kalendertexte, in denen Hebel seinen Lesern in kleinen Portionen naturwissenschaftliche Unterweisung erteilt. *Allgemeine Betrachtungen* und *Fortgesetzte Betrachtung über das Weltgebäude, Von den Schlangen, Fliegende Fische, Vorbereitung des Getraides zur Aussaat, Belehrung über das Wetterglas* oder *Der Comet von 1811* fallen in diese Kategorie. Die Erde ist rund, lautet eine der ersten grundsätzlichen Lektionen, und auch sonst solle man dem Augenschein nicht immer glauben – das ist die übergeordnete Lektion, die ganz nebenbei verabreicht wird. Zwischen den Ausführungen über Sonne, Erde, Mond, Planeten und Fixsterne wirft der Hausfreund einen Seitenblick auf den geneigten Leser und konstatiert mit suggestiver Zufriedenheit, dass dieser »nun bereits ein ganz anderer Mann« sei als vor zwei Jahren um diese Zeit. Gelegentlich schlägt der Erzähler seinen Lesern freilich auch ein Schnippchen, etwa wenn er ihnen unter dem Titel *Baumzucht* nicht praktische Unterweisung vorführt, sondern einen Adjunkten, der sich wie ein Taugenichts an fremden Früchten delektiert, ein Lied auf den Kirschbaum singt und die kaiserlichen Wohltaten der Bäume preist.

Dass die Natur in mancher Hinsicht durch kluges und richtiges Vorgehen zu lenken sei, dass ihr Schaden oder Nutzen zum Teil in Menschenhand liege, sucht der Hausfreund seinen Lesern gleichermaßen zu vermitteln wie die Tatsache, dass noch allerhand wissenschaftliche Rätsel der Erklärung harren – etwa was den mysteriösen *Steinregen* betrifft – und die voraufklärerisch schreckliche, ungezähmte und bedrohliche Natur nach wie vor bereit ist, ihre Fäuste und Zähne zu zeigen. Der Kalendertext *Große Schneeballen* schildert einen verheerenden Lawinenabgang am Arlberg, der sich am 11. Februar des Jahres 1807, abends um 7 Uhr ereignete. Nicht nur was den Zeitpunkt betrifft, auch bei den Folgen ist der Kalendermann präzise: »Vier Häuser und acht Ställe wurden fortgerissen und überschüttet. Von 18 Personen, welche in diesen Häusern aßen und tranken, spinnten und haspelten, sind nur Drey lebendig gerettet worden. Dreyzehn sind todt hervorgegraben worden, oder doch bald an ihren Verwundungen gestorben, und zwey Männer hat man gar nicht mehr gefunden. Dabey giengen 10 Pferdte, 36 Stücke Rindvieh, 20 Geißen, 11 Schaafe und eine Sau verloren, und der Schaden beläuft sich nach einer gerichtlichen Schätzung auf 12,977 fl. In wenig Minuten war alles richtig.« Man erinnert sich bei dieser Episode an die Erschütterung, die ein gutes halbes Jahrhundert zuvor, im Jahr 1755, das Erdbeben von Lissabon mit seinen mehr als zehntausend Opfern in der philosophischen und literarischen Welt bewirkte. Das Erdbeben zerstörte nicht nur Menschenleben und Häuser, es zerstörte nachhaltig den Glauben an die Welt als beste aller möglichen Welten. Der Optimismus der Aufklärer war mit einem Schlag und auf drastische Weise ad absurdum geführt. Ist der Blick einmal geschärft für die Katastrophen des Lebens, für die Willkür, mit der Vernichtung und Unglück hereinbrechen, bleibt wenig, was sich dem entgegenhalten ließe. Bei Voltaire ist es die schlichte Ermunterung, den Garten zu bestellen und Arbeit vor fruchtlose Grübelei zu setzen: »Travaillons sans raisonner, c'est le seul moyen de rendre la vie supportable.«

Das Ausmaß einer Katastrophe, mag sie nun anderthalb Dutzend Opfer fordern oder viele Tausend, ändert nichts an der Unbegreiflichkeit des Schicksals. Die pseudorationalen Überlegungen, mit denen sich die Menschen in Sicherheit wiegen, greift Hebels Kalendertext *Große Schneeballen* scheinbar bestätigend auf, doch nur, um sie im nächsten Moment desto wirkungsvoller beiseite zu fegen. Ja, gewiss, man könnte annehmen, das Lawinenunglück soll den Leser dankbar stimmen dafür, in einer Gegend zu wohnen, in der dergleichen nicht passieren kann,

allerdings vergisst er dabei, dass Unglück nicht nur in Gestalt von La-
winen hereinbricht. In einem Atemzug und in einem syntaktischen
Bogen ist alles geschehen: ein tröstlicher Gedanke gefunden, die Notwendigkeit des Tröstlichen überhaupt zur Sprache gebracht und die
Denkleistung, mit der man sich weiterhelfen will, als Trugschluss wieder vernichtet: »Da ists doch besser in der Ebene zu leben, und in den
anmuthigen Thälern zwischen den kleinen Bergen, wenn schon auch
nicht alles ist, wie mans wünscht, und kommt manchmal etwas Ungerades, bald von oben herab, bald von der Seiten, rechts oder links.« –
»Etwas Ungerades« trifft Baden im Jahr 1816, dem »Jahr ohne Sommer«: eine Naturkatastrophe, die nicht schlagartig kommt, sondern
quälend dahinschleicht. Es will und will in diesem Jahr nicht warm werden, Regen und Überschwemmungen sorgen für Missernten, noch im
Frühjahr 1817 schneit und stürmt es ohne Ende. Die Hungersnot treibt
zwanzigtausend Badener aus dem Land. Die Ursache dieser Wetterkap-
riolen sollte erst sehr viel später geklärt werden. Bei einem gewaltigen
Vulkanausbruch auf den Sunda-Inseln waren Unmengen von Gestein
bis in 70 Kilometer Höhe geschleudert worden, hatten sich über die
ganze Erdatmosphäre verteilt und weltweit für Abkühlung gesorgt.

Alles liegt letztendlich in Gottes Hand, darauf weist Hebel immer
wieder hin. Dies schließt auch die bohrende Frage nach dem Sinn mit
ein. In diesem Zusammenhang sei noch einmal an die Erzählung *Spaziergang an den See* erinnert, deren Eingangsszene ganz im Zeichen
der Naturschönheit steht: ein schöner Sommerabend, schöne Landschaft, eine schöne junge Frau. Da taucht ein missgestalteter Mensch
auf und mit ihm die Frage nach Sinn und Rechtfertigung: »Was thut
solch ein unglückliches Wesen, eine so verwachsene und verkrüppelte
Ungestalt auf der Welt?« Der Doktor mit seiner »Kunst, Alles zu erklären«, ist gefordert. Er verweist darauf, dass dieser Mensch »nur
eine unverstandene Chiffer in dem Buch der Weissagung« und alles
Schlimmste »nur Bürgschaft für das Beste« sei. Doch der Prozess des
Erklärens, der sich als Synthese versteht, ist selber nur eine dünne, dis-
kursive Linie innerhalb eines vielschichtigen, eigengesetzlichen Geschehens. Die Sonne geht währenddessen unter, sie geht sinnbildlich

auf für das junge Paar, das sich küsst, Hebels Kunstgriff der Simultaneität zeigt auch hier seine Wirkung: im Querschnitt betrachtet sind menschliche Erklärungsversuche, sei es die kleine bescheidene Philosophie des Alltags oder diejenige groß angelegter Systeme, nur *ein* Teil des weiter rollenden, unbegreiflichen Lebens.

Was das Geschehene *bedeute*? Es bedeute nichts als Gottes Allmacht, heißt es im Aufsatz über den Kometen. Katastrophen und Unglücksschläge, gegen die der menschliche Scharfsinn mit seinen Fragen und Erklärungen anrennt wie gegen eine Mauer, hat die unberechenbare Natur zur Genüge vorrätig. Doch auch wenn dem so ist, schickt Hebel seine Leser nicht weg zur Gartenarbeit, wie Voltaire. Der Leser soll ja gerade befähigt werden, fruchtloses und fruchtbares Nachdenken zu unterscheiden, soll darin geübt werden, geistige Spreu vom Weizen zu trennen, sich keinen Bären aufbinden lassen, weil er die Tricks der Betrüger kennt und weiß, auf welche menschlichen Schwächen sie setzen. Dass das Unbegreifliche unterschiedlicher Substanz sein kann, in manchen Fällen auflösbar durch Wissen oder Logik, in anderen nicht, gehört mit zu den wichtigsten Botschaften des Dichters Hebel und seines alter ego, des *Rheinländischen Hausfreunds*.

Napoleons Rückzug aus Deutschland

Geschichte und Geschichten

Große Perspektive: Verfall und göttlicher Gedanke.
Koalitionskriege, revolutionäre Bewegungen in Baden.
Badens Herrscherfamilie, Ränke und Reformen.
Napoleon. Freiheitskämpfe und Befreiungskriege.
Badische Verfassung, Reaktion im Aufwind.

Im Herbst 1802 berichtet Hebel in seinen Briefen von archäologischen Grabungen bei Ettlingen. Die Siedlungsreste aus der Römerzeit, über deren genauere Bestimmung – Villa oder Bad? – noch Unklarheit herrscht, finden sein lebhaftes Interesse. Fast täglich legt er den eineinhalbstündigen Weg zur Grabungsstätte zurück, wo die versunkene Antike Stück für Stück aus Waldboden und sumpfigem Wiesengrund herausgeschält wird. Für Hebel, der es nie bis nach Italien geschafft hat, ist die römische Geschichte im spannungsvollen Moment einer Entdeckung in greifbare Nähe gerückt.

Die Anlage, die als *Villa rustica am Hedwigshof* in die Archäologie eingehen wird, verrät großen Umfang. Dass man »überall auf den Fundamenten« sei, wie Hebel berichtet, dämpft seine wissenschaftlichen Erwartungen, andererseits vermeldet er eine Reihe von Einzelfunden, u.a. eine Bronzelampe, einen Schlüssel, viele Scherben, darunter eine mit der Aufschrift *Erial (is)*. An Gustave berichtet er aber auch, dass er auf dem Heimweg in Rüppurr einkehre und mit seinem Butterbrot und seinem Wein an dem Tisch sitze, an dem »Erzh. Carl den Plan zum Rückzug machte«. Die römischen Ruinen und der geschichtsträchtige Sitzplatz – all dies lädt dazu ein, »Betrachtungen über die Hinfälligkeit der menschlichen Dinge« anzustellen. »Wo sind jene Gebäude hin, zu welchen noch die Fundamente in der sumpfigen Etlinger Almende liegen? Wo ist Oestreichs Ruhm und furchtbarer Einfluß?«

Die Hinfälligkeit der menschlichen Dinge, des Menschen selber und seiner Werke – das ist eines von Hebels großen Themen. Die Zeitläufte bestätigen, was frühe Kindheitserfahrung und geistiger Werdegang zum Glaubenssatz formten: eine Philosophie des Vagabundischen, umdunkelt vom *Memento mori.* Proteus, der wandelbare Meeresgott, gibt Hebels und Hitzigs Geheimbund den Namen, die ketzerischen (Wort-) Spiele der Proteuser mit dem Nichts sind die leichte, mutwillige Seite dieser Lebensphilosophie, ein mahnendes »Mitten wir im Leben sind / mit dem Tod umfangen« ist die ernste. Der Mensch hat auf der Erde »kein bleibend Quartier«, zitiert Hebel aus dem Wallenstein. Vergänglichkeit des Irdischen, Vergänglichkeit nicht nur des Menschen selber, sondern auch seiner ehrgeizigen, auf Dauer berechneten Werke sieht, wer um sich schaut, als unumstößliches Gesetz.

Die Ruinen nennt sich ein Prosaentwurf Hebels, eigentlich eine lose Gedankensammlung, datiert mit November 1811. Ruinen sind die Marksteine oder, wie Hebel einmal salopp formuliert, die »Eselsohren« im großen Buch der Geschichte. Es sind die kümmerlichen, auch schaurigen Zeugen »alter Größe, Pracht, Eitelkeit, Barbarei«, die den »ewigen Wechsel im Menschenwerk« eindrücklich vor Augen führen. Aber ist ewiger Wechsel tatsächlich jene letzte, nicht hintergehbare Wand, an der sich menschliche Sinnsuche stößt? Ist die Hoffnung auf ein »neues schöners Zeitalter« tatsächlich mit dem Blick auf die Vergangenheit zu entkräften: »Es wird immer so fortdauern. Krieg und Frieden, wo Nationen sich ablösen. Andere Ruinen wieder zu diesen sich gesellen, und sie ersetzen, Kirchen, Kriegsburgen.« Also Bewegung ohne Fortschritt? Wiederkehr des Immergleichen? Da bringt der Dichter überraschend die Annahme einer übergeordneten Instanz ins Spiel, die Regie führt hinter der scheinbar so beliebigen Bilderfolge von Aufbau und Zerfall, Altern und Werden. »Ein göttlicher Gedanke«, heißt es da, »zieht und entwickelt sich durch das Ganze fortwirkend zu einem großen unbekannten Ziel.« Man denkt unwillkürlich an Stifters Bild der Blumenkette, die durch die »Unendlichkeit des Alls« hängt und einen Zusammenhang begründet, der sich erst in ferner Zukunft retrospektiv erschließen wird. Sinn und Trost werden in Aussicht gestellt und zugleich in äußerste Ferne gerückt, an einen Ort, wo menschliches Denken kaum mehr hinreicht, dementsprechend spärlich sind denn auch die wärmenden Strahlen, die von diesem fernen Ort ins Hier und Jetzt fallen. Das düstere Bild, mit dem Hebel seine Gedankensammlung beschließt, fasst das Motiv der *vanitas vanitatum* radikal, planetarisch: »Auch die Erde wird einst Ruine sein unter den Sternen.« Es ist diese bestürzende Endzeitvision, in die schon *Die Vergänglichkeit* mündet: eine verbrannte, verkohlte Erde, auf der alles Leben erloschen ist, »'s isch alles öd un schwarz un totestill«.

Der Kalendertext *Der Comet von 1811* ist die Vorwegnahme jener Eschatologie, die Hebel in den *Ruinen* wie in der *Vergänglichkeit* beschwört. Der Komet, so meint der Dichter, führe das zukünftige Schicksal der Erde vor. Was der Erde noch bevorstehe, habe jener schon hinter sich: den jüngsten Tag und seine Verklärung. Es ist, »als wenn er hätte sagen wollen, ich bin auch einmal eine Erde gewesen wie du, voll Schneegestöber und Gewitterwolken, voll Spitäler und rumfordischer Suppenanstalten und Kirchhöfe.« Und während Hebel den Blick des Lesers von bedrängter Gegenwart in astronomische Zeitfernen richtet, wird die zentrale Frage, die Frage »was hat der Comet bedeutet und was hat er auszuweisen gehabt?« beantwortet und zugleich für unbeantwortbar erklärt. Denn er bedeute »Nichts als Gottes Allmacht, des Sternsehers Witz, einen reichen Herbst und einen langen, schönen Nachsommer«.

»Nichts als Gottes Allmacht« – damit möge sich menschlicher Erklärungshunger zufriedengeben. In einer seiner unauslotbar hintergründigen Formulierungen hat Hebel das *Nichts* und das *Alles* zusammengeführt, mit »Gottes Allmacht« seinen Lesern eine Erklärung vorgesetzt, die ihnen hart und lapidar erscheinen mag und doch die umfassendste aller möglichen Erklärungen ist.

Ob Naturerscheinung oder Menschheitsgeschichte – der göttliche *Gedanke*, von dem Hebel in seinem *Ruinen*-Text spricht, die Zusammenknüpfung der Zufälle zu Sinn und Ziel ist und bleibt im Verborgenen. Was der Mensch selber zu beobachten und zu deuten vermag, ist nur das beschränkte Repertoire seines geistigen und körperlichen Strebens, die Fortdauer des Alten im neuen Gewand, was mit Fortschritt, wie kurzsichtige Betrachter behaupten mögen, nicht unbedingt viel gemein hat. Genau dies ist das Material, aus dem der *Rheinländische Hausfreund* seine historischen Streifzüge zusammenbaut, er führt seinen Lesern vor Augen, wie sich die Antriebskräfte menschlichen Handelns durch die Jahrhunderte hindurch gleich bleiben – womit dem geneigten Leser auch klar werden dürfte, warum das ersehnte neue und schönere Zeitalter immer noch auf sich warten lässt.

Drei Kalendertexte aus den Jahren 1813, 1814 und 1819 sind den »merkwürdigsten Begebenheiten der vaterländischen Geschichte von den ältesten Zeiten an« gewidmet. Im ersten Text, der *Berühmten Schlacht der Markomannen* beginnt Hebel seine Geschichtslektion damit, dass er den Leser behutsam auf eine urtümlich wilde Szenerie einstimmt: Fast alle Berge und Hügel waren damals bis an die Ebene hinab bewaldet, der Rhein und die wilden Waldströme, größer und reißender als jetzt, hatten freien Lauf. In den Wäldern hauste wildes Getier, »ungeschlacht und rauh« waren die Menschen. Die Gründe, aus denen sich diese frühen Menschen bekämpfen, unterscheiden sich freilich nicht von jenen späterer Epochen. Es ist, biblisch gesprochen, das *Begehren* nach des *Nächsten Haus*, das in allen kriegerischen Energien als Keim steckt, genauer noch und in Hebelsche Euphemismen gegossen, das *Wohlgefallen* an einem fremden Land, was allein genügt, um sich als dessen Besitzer zu behaupten. Die Römer gehen als Sieger aus der Schlacht der Markomannen hervor und bleiben »200 Jahre lang nach Christi Geburt im ruhigen Besitz des Landes bis ein neues deutsches Volk, die Allemannen einbrachen«.

Die Allemannen am Rheinstrom sind denn auch, im Kalender 1814, Gegenstand der zweiten Geschichtslektion. Wiederum wird zunächst die Kluft zwischen einst und jetzt anschaulich vorgeführt – und mit einem Nachsatz wegretuschiert. Als Menschen »voll Kraft und Muth und Trutz, fröliche Trinker und Spieler, ohne Kenntnisse« schildert der Dichter die alemannischen Stammväter und fügt hinzu: »Es geht noch manchem ein wenig nach.« Zweihundert Jahre kämpfen Alemannen und Römer in unversöhnlichen Kriegen, dem »geneigten Leser müßte es wohl ein wenig bange werden, ob es möglich sey, daß er nach anderthalbtausend Jahren noch von diesem Heldenvolk abstammen und auf die Welt kommen werde«. Die alemannischen Helden könnten sich vor lauter Kampfeslust darum gebracht haben, Stammväter zu werden? Zumindest erzählerisch steht der Hausfreund den kriegerischen Vorfahren ganz nahe, er schlüpft ins *Wir* des Heldenvolks, das er einige Kämpfe und blutige Niederlagen später wieder fallen lässt, um es schließlich im Moment des Triumphs und der höchsten Macht im Jahr 496 noch einmal wirkungsvoll hervorzuziehen. »Damals konnte ein Allemanne sich etwas einbilden, wenn er sagte: *Wir*.«

Die Endlichkeit irdischer Herrschaft ist je nach Standpunkt zu bedauern oder zu begrüßen, der Hausfreund simuliert Parteilichkeit und demgemäß tiefstes Bedauern, dass die alemannische Glanzzeit nicht auch der Schlusspunkt der Geschichte ist: »Der Hausfreund möchte gerne hier aufhören und dem Leser diese Freude an seinen Voreltern ein Jahr lang gönnen. Aber was man angefangen hat, muß man auch enden, und mit der allemannischen Macht wird es geschwind geendet seyn.« Es folgt ein kleiner Seitenhieb gegen die Landsleute: »Denn die Deutschen wissen von nichts anderm, als wenn sie keinen fremden Feind zu bekämpfen und zu verderben haben, so thun sie einander den Gefallen selber. Sie meinen, es sey besser, wenn die Feinde auch mit einander in der nemlichen Sprache reden können.« »Die Deutschen« sagt der Hausfreund, und er bringt damit eine politisch diffuse, aber rhetorisch stark umworbene Größe ins Spiel, die mit der Auflösung des Rheinbunds 1813 und der Niederlage Napoleons tatsächlich in neuer Weise zur Nation zusammenwachsen könnte. Ist also Hebels kritischer Seitenhieb nicht eigentlich ein Appell, Partikularinteressen über Bord zu werfen und – vor allem – die gemeinsame Sprache nicht als Medium des Streits, sondern des Konsenses zu nutzen? Zu eben jener Zeit, als Hebel seinen Kalenderlesern die Geschichte ihrer »Voreltern« erzählt, verlässt er für einen kurzen Moment das Terrain der Kalendergeschichten, der historischen Abrisse und kritischen Einwürfe, um sich direkt und ohne Doppelbödigkeiten als politischer Autor zu betätigen: *An den Vetter! Patriotisches Mahnwort* wird im Januar 1814 als Werbeblatt für den Beitritt zum Landsturm geschrieben, bleibt allerdings ungedruckt und findet nur handschriftliche Verbreitung. Während Hebel als

Kalenderschriftsteller die Phrasen der Heerführer und Kampfeswütigen hohl klingen lässt und wünscht, dass der Krieg »nie ins Herz der Menschen« komme, gibt er sich als Verfasser des *Mahnworts* martialisch, nennt den Kampf einen »himmlischen Beruf« und ruft alles auf, was »deutsch spricht und ist«, Deutschland von der Fremden »Joch und Schimpf« zu befreien. Dass es sich bei dem *Mahnwort* um eine Auftragsarbeit handelt, könnte ein wenig über den forschen Ton hinwegtrösten. Dabei ist keineswegs auszuschließen, dass sich der sonst so vorsichtig, maßvoll und realitätsnah hoffende Dichter von der nationalen, von Preußen gesteuerten Propaganda kurzzeitig blenden ließ.

Die Befreiungskriege, die Napoleons Niedergang besiegeln, sind ein historischer Wendepunkt, doch keine Zäsur im Sinne Hebels. Kein neues, besseres Stück beginnt auf der Weltbühne, die Machthaber sind nicht geläutert und die Leiden der Menschen kein Dornenweg, an dessen Ende ein schöneres Leben als wohlverdientes Geschenk wartet. Bester Trost ist weiterhin, was der Hausfreund schon 1809, in den *Folgen des Tilsiter Friedens,* vermerkt:»Wohl dem, der von weitem zuschauen kann, wie es manchmal drunter und drüber geht, und muß nicht dabey seyn, wenn die langen Messer drein hauen und die großen messingenen Orgelpfeifen brummen, oder wenn die alten Königsthronen schwanken und umfallen.« – »Wohl dem«, der auf die Rolle des welthistorischen Zuschauers gesetzt ist, der am Rande stehen darf und nicht ins Visier der Großereignisse und ihrer Akteure gerät. Es ist ohnehin ein höchst prekärer Trost, denn so planmäßig die Machthaber vorzugehen glauben, so unberechenbar ist doch zugleich der Funkenflug von Gewalt und Zerstörung. Ohne jede Vorwarnung überspringt das Unglück die Barriere, hinter der sich der Beobachter in Sicherheit wähnte, und wer Belege für die Instabilität menschlicher Verhältnisse sucht, wird von der Welthistorie nicht weniger gut bedient als von Naturkatastrophen.

1792, in dem Jahr also, in dem Hebel seine Tätigkeit am Gymnasium illustre in Karlsruhe aufnimmt, beginnt der ersten Koalitionskrieg Preußens und Österreichs gegen das revolutionäre Frankreich. Der rö misch-deutsche Kaiser Leopold II. und der preußische König Friedrich Wilhelm II. hatten mit der Erklärung von Pillnitz am 27. August 1791 das Schicksal des französischen Königs zur internationalen Angelegenheit erhoben. Am 21. September 1792 wird Frankreich Republik, im Januar 1793 wird Ludwig XVI. hingerichtet, worauf dem Bündnis gegen Frankreich auch England, Spanien und das Deutsche Reich beitreten. Am 17. September 1793 unternehmen die Franzosen den Versuch, den Rhein bei Hüningen zu überschreiten, werden von den Österreichern aber zurückgewiesen. Hebels Beschreibung (Oktober 1794) seiner Reise nach Bingen, Mainz und über den Hunsrück ist durchsetzt mit kriegerischen Episoden und Zwischenfällen, mit Unglück, das Freunden zustieß, und Umwegen, die man zu nehmen gezwungen war. All das hindert ihn nicht daran, in Mannheim die *Comödie* zu besuchen. »Was kann man bessers thun, wenn der Feind vor den Thoren kanonirt, als Singen und Musizieren und der Zukunft Bitterkeit vertreiben?« Frieden, so meint er, werde so bald nicht sein.

Wie zutreffend diese Prognose war, zeigt sich wenig später in der Verschärfung der Lageberichte. »Kriegsoperationen« und »wildes Mordkriegsgetümmel« sind zu vermelden. »Kaum hab ich das Herz, Ihnen zu sagen«, schreibt Hebel im August 1795 an Gustave Fecht, »daß wir unaufhörliche Truppenmärsche hier haben, vorige Woche 11 Bataillons Grenadier auf einmal, gestern 12 Bataillons Musketiers und diese Woche nach 53 Eskadrons Kavallerie und 10 Kompagnien Jäger. Alles geht über den Rhein. Wenn sie nur da blieben. Sie kommen doch wieder, was nicht ins Gras beißt.« Zu diesem Zeitpunkt hat Preußen bereits einen Separatfrieden mit Frankreich geschlossen, Österreich setzt den Krieg fort. Ende Juni, Anfang Juli des Jahres 1796 rücken die Franzosen vor und Erzherzog Karl muss den Rückzug antreten. Am Abend des 11. Juli sind die Franzosen in Karlsruhe und Durlach. Der Markgraf Karl Friedrich und sein Hofstaat, mit ihnen Hebels Freund, der Naturforscher Carl Christian Gmelin, fliehen ins preußische Ansbach. Sigismund Freiherr von Reitzenstein, der sich als »treffsicherer Staatsmann opportunistischen Schlages« und »Freund des kecken Zugreifens« einen Namen machen wird, führt die Verhandlungen mit Frankreich und erwirkt einen badisch-französischen Geheimvertrag. Die Titulierung Badens als *pays neutre* verwandelt sich freilich mit dem Sieg, den Erzherzog Karl über die Franzosen erringt, in ein taktisches Danaergeschenk. Am 5. Oktober 1796 zieht der Erzherzog als Sieger in die badische Residenz ein, am 6. November berichtet Hebel an Gmelin: »Die Kayserlichen, die wir als Freunde erwarteten, kamen nun als Feinde, und scheinen nur auf eine andre Art, als die Franzosen das Land vollends ruiniren zu wollen.« Am 22. November 1796 kehrt der badische Markgraf aus dem Exil zurück. Die Friedensverhandlungen auf dem Kongress von Rastatt werden vom neu aufflammenden Kriegsgeschehen überrollt. Als die vier französischen Gesandten dem österreichischen Ultimatum Folge leisten und Rastatt verlassen, werden sie in der Nacht vom 28. auf den 29. April 1799 vor den Stadttoren Opfer eines Anschlags, zwei Gesandte werden ermordet, zwei können entfliehen. Die Urheber des Anschlags können – oder sollen – nie ermittelt werden, desto reicher blühen Spekulationen, die gleichermaßen überzeugend Österreich wie Frankreich, und auf der Seite Frankreichs gleichermaßen überzeugend das Direktorium wie Emigrantenkreise für schuldig erklären. Kaiserliche Szekler Husaren waren zweifelsfrei am Tatort zugegen, dies aber, so argumentiert rund hundert Jahre später ein österreichischer Historiker, mache sie noch nicht zwingend zu Tätern. Hätten die Mörder sich doch in französischer Sprache an die Gesandten gewandt, in einer Sprache, die die ungarischen Husaren gar nicht beherrschten. Also Franzosen, die als österreichische Soldaten verkleidet waren? Widersprüchlich fallen auch die Erklärungen aus, warum die französischen Gesandten trotz der Kriegsumstände bei Nacht ihre Reise antraten. Sie seien schon in der Frühe reisefertig gewesen, am Tor lange aufgehalten worden, eine Eskorte habe man ihnen überdies abgeschlagen, wissen die einen zu berichten. Sie hätten die Reise bequem auf den nächsten Tag verschieben können, »alle Welt« riet ihnen davon ab, sich im Dunkeln auf den Weg zu machen, allein Hochmut und Anmaßung bestimmten sie dazu, sich über die Risiken hinwegzusetzen, lautet eine andere Version.

Das blutige Ereignis hat in Hebels Korrespondenz keine Spuren hinterlassen, dass es Gesprächsthema war, steht außer Frage. Der Geheime Rat Brauer verfasst ein Gutachten *Über die Verunglückung der französischen Minister bei Rastadt* (1. Mai 1799). Jakob Friedrich Theodor Zandt, ein späterer Kollege Hebels und sein Nachfolger in der Direktion des Gymnasiums, wird als »Freund der historischen Wahrheit« in dem Fall tätig, seine Aufzeichnungen bringt allerdings erst sein Sohn Emil Zandt 1869 heraus. »Als ein Mann von strenger Rechtlichkeit«, berichtet der Sohn über den Vater, habe dieser »die allgemeine Entrüstung über den Gesandtenmord« geteilt.

Die Beziehung Badens zum revolutionären Frankreich ist nicht auf allen Ebenen nur von diplomatischem Kalkül diktiert, der republikanische Gedanke findet unter der Bevölkerung auch entschlossene Parteigänger, die bereit sind, ihren Überzeugungen Taten folgen zu lassen. In Gasthäusern finden Versammlungen statt, Flugblätter werden verteilt, die Bauern bewaffnen sich. Es gärt, und die Revolutionsbestrebungen brechen trotz Verhaftungen auch in den kommenden Jahren immer wieder auf. 1799 erscheint in Basel der *Entwurf einer republikanischen Verfassungs-Urkunde, wie sie für Deutschland taugen möchte*, der Entwurf wird ballenweise über den Rhein geschafft und findet reißenden Absatz.

Politische Vision ist die Schaffung eines »unabhängigen Freistaats« am südlichen Oberrhein, doch der Umsturz scheitert, bevor er richtig beginnen kann, nicht zuletzt wegen der unklaren Haltung Frankreichs. Zwar hatte das Direktorium am 23. April 1796 den Beschluss gefasst, die Bevölkerung am Oberrhein zur Unterstützung der französischen Armee zu »revolutionieren«, von Straßburg aus scheint General Augereau das Projekt einer deutschen Republik zu unterstützen. Militärische Hilfe wird den oberrheinischen Republikanern mehrfach zugesagt, letztlich bleibt es jedoch bei leeren Versprechungen. Keine Revolution hinter dem Rücken der Armee, lautet der Bescheid, mit dem die oberrheinischen Bittsteller, die auf Einhaltung der Zusagen pochen, im rechtsrheinischen Hauptquartier von Generalstabschef Reynier (auch: Regnier) abgefertigt werden. Über die politischen Aktivitäten eines Georg List, eines Karl Fahrländer, Christoph Hoyer und Ernst

Alexander Jägerschmid finden sich auch in der jüngeren Geschichtsforschung noch kontroverse Meinungen. So gelten sie wahlweise als *badische Jakobiner* und *Aufwiegler* oder Teil jener Minderheit, die das Fundament zu einer deutschen Republik legen wollten und deren Aufstand an der Haltung des Direktoriums und der Generäle scheiterte.

Nachdem der Markgraf in den Kriegswirren Baden den Rücken kehrte und – so die Erinnerungen seines Sohns – sein Reich fast schon aufgegeben hatte, tritt er wenig später erneut die Flucht an, diesmal die Flucht nach vorne. Die politischen Unruheherde der Markgrafschaft, wozu u.a. Lörrach und Rötteln gehören, werden einer genauen amtlichen Überprüfung unterzogen, um zu ermitteln, auf »welcherlei billige Weise« dem »treugesinnten Theil« der Untertanen durch »Erleichterungen ein früheres Vergessen des erlittenen Drucks« ermöglicht werden könnte. Tatsächlich fördern die Visitationen einiges an Missständen und wirtschaftlichen Notlagen zutage. Steuersenkungen, Auszahlung rückständiger Gelder und ähnliches sollen umgehend Hilfe bringen. Der Versuch, eine Krise mittels politischer Vernunft zu beheben, scheint aufzugehen, die Lage beruhigt sich, die Begeisterung für die oberrheinische Republik, die da und dort aufflackerte, ist zwar keineswegs erloschen, aber offenbar doch entschieden eingedämmt. Als der Markgraf im März 1798 persönlich nach Lörrach kommt, kann er sich jener Beliebtheit und Verehrung erfreuen, die ihn durch die langen Jahre seiner Regentschaft so ungetrübt und, wie es heißt, mit gutem Recht begleiten.

Von zweien der *Revolutionäre* lässt sich eine Verbindunglinie zu Hebel ziehen. Ernst Alexander Jägerschmid, der 1800 als »Haupt« revolutionärer Umtriebe genannt wird, ist der jüngere Bruder von Carl Victor Jägerschmid, Rechnungsrat in Karlsruhe, Leiter des Gymnasiumsverlags und Mitglied der Kalenderdeputation, mit dem Hebel ein – in Anbetracht des revolutionären Bruders – recht harmloses Duell der Gutachten und Gegengutachten zur Umgestaltung des Badischen Landkalenders ausficht. Der zweite, der im Bannkreis republikanisch-revolutionärer Aktivitäten steht, ist Ernst Ludwig Posselt. Posselt besuchte wie Hebel das Gymnasium illustre und ist wie dieser Mitglied der lateinischen Societät. Fünfzehnjährig schreibt er seinem drei Jahre älteren Mitschüler ins Stammbuch: »Sich nicht rächen, auch dann nicht, wenn Rache Gerechtigkeit wäre, das ist edel. Erhaben ist es, den Beleidiger zu lieben, ihn mit geheimem Wohltun erquicken, ist göttlich.« Nach dem Studium der Rechtswissenschaften in Göttingen und Straßburg unterrichtet Posselt am Gymnasium illustre, lehrt in Göttingen Rhetorik, publiziert Schriften zu historischen und juristischen Themen, tritt als Redner hervor und gibt von 1785 bis 1788 das *Wissenschaftliche Magazin für Aufklärung* heraus, aus dem Hebel einiges in seine Exzerpthefte übertragen hat. Neben Posselt wirken Professoren des Karlsruher Gymnasiums als Beiträger des *Magazins*, die Lektüre mag für Hebel, der im Jahre 1785 als Präzeptoratsvikar in Lörrach sitzt, auch aus diesem Grund reizvoll gewesen sein.

Nachfolgeschrift des *Magazins für Aufklärung* wurde das erstmals 1790 erscheinende *Archiv für ältere und neuere vorzüglich Teutsche Geschichte, Staatsklugheit und Erdkunde.* Aufklärung ist auch hier Posselts Credo, insbesondere politische Aufklärung, wobei er die Lage des Volks in drastischen Farben malt, das Recht auf Revolution propagiert und zugleich König Friedrich II. von Preußen als Vorbild und Gegenbild pflichtvergessener Despoten preist. Was Posselt in der Vorrede seines *Archivs* über deutsche Verhältnisse schreibt, lässt sich als polemischer Kommentar zu den oben geschilderten Bauernunruhen, dem »Gären« im Volk lesen – auch wenn der badische Markgraf wohl einer der letzten ist, den Posselt im Sinn hatte: »Auch in Deutschland fing hie und da Bürger und Bauer an, sich die dumpfe Stirne zu reiben, und war im Begriff, der deutschen Tugend des Gehorsams zu vergessen. Dank sei's den Franken! Mancher Duodez-Sultan zog wohlbedächtlich die Segel ein, tat einige Tätchen, die seine Pflicht schon längst von ihm erfordert hätte, und ließ in den Zeitungen baß posaunen, welch ein Landesvater er sei!« Posselt, der feurige Rhetoriker, der die Tyrannei der Fürsten gleichermaßen brandmarkt wie die der französischen Jakobiner, gerät in der Folge in Verdacht, beteiligt zu sein an den oben skizzierten Umsturzplänen zur Errichtung eines süddeutschen Freistaates. Wenig später ziehen Verschwörungen ganz anderer Art ihre Kreise. Ein royalistisches Komplott gegen Napoleon wird aufgedeckt, der Herzog von Enghien, als angeblicher Drahtzieher, von napoleonischen Truppen aus Baden verschleppt und kurzerhand von einem Militärgericht zum Tod verurteilt. General Moreau, Anführer der Rheinarmee und mit Posselt nicht nur flüchtig bekannt, wird als einer der Mitverschwörer unter Anklage gestellt. Posselt sieht sich schon zu Unrecht der Beteiligung an einem Staatsstreich beschuldigt und begeht 1804 Selbstmord.

Hebel war Posselts *Magazin für Aufklärung* bekannt und wohl auch das weitere Schicksal des freimütigen Zeitgenossen. Ein direkter Kommentar Hebels hat sich nicht erhalten. Dass die vielen weißen Flecken auf der Landkarte seines politischen Meinens und Urteilens sich vor allem dem Zufall einer doch recht spärlichen Überlieferung verdanken, daran ist kaum zu zweifeln. Gewiss war Hebel nicht der Mensch, der sich politisch leichtfertig exponierte, aber ebenso gewiss kann man einige Briefstellen als sicheres Indiz nehmen, dass er mit Personen seines Vertrauens die Tagesaktualität nicht schweigend überging, sondern pointiert und durchaus auch mit einem gewissen Geschmack an Eklat und Skandal beredete. Hat ihn die rhetorisch-politische Energie eines Posselt befremdet, irritiert? Weil er derartige Energien als selbstgefährdend eher denn als systemgefährdend einstuft? Hat Hebel schon in jüngeren Jahren der Ökonomie und Effizienz der kleinen, wohlbedachten Schritte gehuldigt, dem geordneten, planvollen, unspektakulären Gang der Vernunft, wie er es später im *Rheinländischen Hausfreund* tut? Immerhin, so mag man gegen eine derartige Kontinuität der Bedachtsamkeit einwenden, immerhin findet sich in den Exzerptheften auch ein Paradetext der *in tyrannos*-Literatur, nämlich eine Abschrift von Schubarts *Fürstengruft*.

Nach den Koalitionskriegen und dem Frieden von Lunéville intensiviert sich die Beziehung Badens zu Napoleon und Frankreich in mehrfacher Hinsicht. 1803 war mit dem Reichsdeputationshauptschluss die territoriale Umstrukturierung Deutschlands in Angriff genommen worden. Die Befürchtung, Baden könnte wie zahlreiche andere deutsche Kleinstaaten ganz verschwinden, bewahrheitet sich nicht, im Gegenteil. Die Markgrafschaft wird vergrößert, auch noch im Zuge des Preßburger Friedens 1805, und zum Kurfürstentum erhoben – sie erlebt auf den ersten Blick so etwas wie einen glanzvollen Aufstieg, den freilich Scheinsouveränität und die tatsächliche politische Abhängigkeit von Frankreich trübt. Karl Friedrich sieht sich der Peinlichkeit eines »Eroberers wider Willen« ausgesetzt und klagt, als Markgraf sei er reich und Herr gewesen, als Kurfürst arm und ohnmächtig. Jung-Stilling, in diesen Jahren Wirtschafts- und Staatswissenschaftler an der Universität Marburg, zerstreut die Herrscher-Sorgen mit dem schönen Argument, dass die neuen Untertanen auch in schlechte Hände hätten geraten können, so aber kämen sie an einen Herrn, zu dem sie Zutrauen hätten und der sie alle glücklich machen werde. Der Landgewinn sei als »wolthätige väterliche Fügung Gottes« anzusehen. 1806 wird der Rheinbund geschlossen, der sechzehn deutsche Staaten unter Napoleons Prorektorat stellt. Baden ist mehr denn je ein Vasallenstaat, darf sich dafür aber nunmehr Großherzogtum nennen, der Rang des Großherzogs wird zudem mit der Titulatur *Königliche Hoheit* vergoldet. Um die Allianz zu konsolidieren, knüpft man Heiratsbande.

Stéphanie Beauharnais, Nichte von Joséphine Beauharnais, wird dem badischen Erbprinzen Karl zugesprochen. Was außenpolitisch ein kluger Schachzug sein mag, trifft bei einzelnen Mitgliedern der großherzoglichen Familie auf erbitterten Widerstand. Für Karls standesbewusste Mutter, Markgräfin Amalie, ist die Ehe schlicht und einfach eine Mesalliance, in die sie erst einwilligt, als Napoleon die Nichte seiner Gattin adoptiert und zur Kaiserlichen Hoheit und *fille de France* erklärt. Ein Fehlgriff bleibt die Verbindung trotz aller prunkenden Titel, sanktioniert allein von der Logik der Macht, der sich die Markgräfin in diesem Fall unterwerfen musste, während sie als *Schwiegermutter Europas*, mit Töchtern auf Kaiser- und Königsthronen in St. Petersburg, Stockholm und München, Glanz und Einfluss in ihrem Sinn erworben hatte.

Im Juli 1806 hält Stéphanie ihren Einzug in Karlsruhe, ein Ereignis, dem die Öffentlichkeit »mehr Neugierde und Pflicht als Theilnehmung und Freude« zollt, wie Hebel seinem Freund Hitzig berichtet. Auch der Dichter hegt einige Bedenken: »Gott weiß, dachte ich, als der Wagen durch das Thor einfuhr, was für Wohl oder Weh für uns in dieser Chaise sizt, und freilich weiß es auch bis auf diese Stunde noch niemand als Gott.« Doch die persönliche Begegnung entzückt nicht nur ihn, sondern auch die anderen Honoratioren, von Kirchenrat Volz bis zu Professor Gmelin: »Die neue Prinzessinn hat gestern als sie die Aufwartungen von uns annahm allgemein überrascht, und iedermann für sich gewonnen. Im einfachen weißen Gewand mit einigen Blumen in dem Geflecht der Haare, die man spitzbübischer Weise für roth ausgegeben hatte, da sie doch bräunlich sind, stand sie mehr mit iugendlicher und iungfräulicher Anmuth als mit fürstlicher Würde ungezwungen unverlegen da, nahm die Bewillkommnungskomplimente freundlich an, und sprach, aus den Minen zu schließen, viel Artiges, das ich nicht verstand. Sie hat mittelmäßige Größe, gegen das kleine hinneigend, ein gesundes Aussehen, ein bedeutendes Auge, und wurde von den Meisten für schön gehalten. Schwerer zu befridigende Kenner gestehn wenigstens, daß ihre Anmuth an das Schöne gränze. Spec. Volz gab ihr heute schon im Kirchengebet das Prädikat der Liebenswürdigen. Von Temperament soll sie sehr lebhaft und frölich sein, ein Virtuose im Clavier. [...] Schon am ersten Abend soll sie über der Tafel den lieben alten Herrn auf das Angenehmste unterhalten haben. Die Marggrävinn ist in Darmstadt und kam nicht zum Empfang.«

Karl Friedrich ist zum Zeitpunkt der Geschehnisse ein 78jähriger Greis, dessen Autorität mehr ideeller als realer Natur ist. Integrität und Beliebtheit des Kurfürsten überdauern als Bestandteil seiner politischen Persönlichkeit den geistigen und körperlichen Niedergang. In der langen Zeit seiner Regierung hat er als absoluter Herrscher entschieden den Kurs der Aufklärung verfolgt, bereits 1783 die Leibeigenschaft aufgehoben und im Urteil der Zeitgenossen als »wohlgesinnter Landesvater, [...] kluger Staatswirt, [...] Freund und Beschützer edler Geister« bestanden. So der Diplomat und Schriftsteller Karl August Varnhagen von Ense, in dessen Lob etwa auch Herder, Lavater und der Tyrannen-Bekämpfer Schubart einstimmen. Rückblickend kann festgestellt werden: »Unter den deutschen Herrschern im 18. Jahrhundert gibt es keinen, der von namhaften Vertretern des zeitgenössischen Geisteslebens so ausnahmslos anerkannt, gelobt und verehrt worden wäre wie Markgraf Carl Friedrich von Baden.«

Karl Friedrich, der sich sein Volk »frei, opulent, gesittet und christlich« wünscht, hat seine Regentschaft in sehr unmittelbarer, persönlicher Weise verstanden und ausgeübt, bürgernah, auf Lokalaugenschein und direkte Kontakte bauend. Der Fürst besucht seine Untertanen in ihren Häusern, aber auch das Gymnasium illustre, um sich vom Prüfungsgeschehen ein Bild zu machen. Die »fast beständige Gegenwart des H. Marggraven und Erbprinzen« habe das Examen »splendider als gewöhnlich« gemacht, berichtet Hebel im April 1800 an Gustave Fecht. »Sie waren bei mir in 3 Lektionen«. Den Dichter lädt Karl Friedrich ins Schloss zur Privatlesung. Hebel schildert Gustave Fecht die literarische Audienz: »Schon vorigen Sonntag und gestern wieder mußt ich dem Marggraven (der das erstemal im Bett, gestern aber bis 8 Uhr auf war) daraus vorlesen. Prinz Louis, der Erbprinz, Gräfin v. Hochberg waren auch da. Ich muß mich wundern, wie der Marggr. alle Dörfer und Nester, Stauden und Hecken von Utzenfeld bis Lörrach hervor kannte und immer sagen konnte: das ist das, und ia so ists. Aber sonderbar ists mir doch vorgekommen, als ich so unter ›Fürsten und schönen fürstlichen Frauen‹ die 17te Seite las.« Also jene Stelle aus der *Wiese*, wo von den verfallenen Mauern des Röttler Schlosses die Rede ist. Der weltlichen Macht wird ihre Endlichkeit vorgeführt, nicht mit erbittertem Triumph wie in der *Fürstengruft*, beileibe nicht, sondern diskret, nostalgisch abgetönt, aber gleichwohl unmissverständlich: »In vertäfelte Stube, mit goldene Liiste verbendlet, / henn sust Fürste gwohnt un schöni fürstlichi Fraue, / Heeren un Heeregsind, un d'Freud isch z'Röttle deheim gsi. / Aber jetz isch alles still.«

So unangefochten einerseits die politische Persönlichkeit Karl Friedrichs und seine Verdienste dastehen, so deutlich zeichnet sich andererseits ab, dass es um eine würdige Nachfolge, vor allem nach dem Unfalltod des ältesten Sohns Karl Ludwig im Jahr 1801, schlecht bestellt ist. Die beiden Brüder des Verunglückten, Markgraf Friedrich und

Markgraf Ludwig, leben in »stiller Unscheinbarkeit«, wie es heißt, Ludwig allerdings insgeheim auf dem Posten und da und dort an den Fäden ziehend. Erbprinz Karl, Sohn des verunglückten Karl Ludwig, gilt als träge und wenig tatkräftig, so dass sich an seine zukünftige Regentschaft kaum kühne politische Hoffnungen knüpfen lassen. Mit umso glühenderem Eifer strebt Karl Friedrichs zweite Ehefrau, die vierzig Jahre jüngere, nicht standesgemäße Luise Geyer von Geyersberg, späteren Gräfin Hochberg, die Erbberechtigung ihrer Söhne an. Auch sonst scheint ihr an politischem Einfluss zumindest insoweit gelegen, als sie ihre recht ansehnlichen Privatschulden allzu gerne auf die Staatskasse abgewälzt hätte. Dass sie auch vor Komplott und Staatsstreich nicht zurückschreckt, um missliebige Minister auszuschalten und die Verfassung in ihrem Sinne zu ändern, bezeugt die Affäre Sternhayn, über die Hebel im November 1808 an Haufe und Hitzig berichtet: »Der Pulverturm sollte angezündet werden.« Der angezettelte Staatsstreich, bei dem der greise Großherzog als ahnungsloser Handlanger fungiert, kann im letzten Moment verhindert werden, mehrere hochrangige Gefangene sitzen scharf bewacht, darunter der genannte von Sternhayn, Baddirektor und Vertrauter der Gräfin Hochberg, der in der neuen Regierung den Finanzminister geben sollte. Die geplatzte Kabale hat zur Folge, dass Erbgroßherzog Karl ab nun seinem Großvater bei wichtigen Beschlüssen assistiert.

Während Hebel sich 1806 in seinem Brief an Hitzig zum Sprachrohr macht für »alle guten Wünsche und Erwartungen«, die man in Karlsruhe der neuen Prinzessin entgegenbringt, ist Stéphanies Leben am Hof, an der Seite eines labilen, wenig entschlossenen Mannes, umgeben von Missgunst, Intrigenspiel und heimtückischen *Fallstricken* denkbar unerfreulich. Knapp zwei Jahre nach der Hochzeit, im Januar 1808 berichtet Hebel an Gustave Fecht über die neueste Zuspitzung der Dinge. Aus Frankreich seien dem Großherzog Karl Friedrich sowie dem Erbgroßherzog Karl kaiserliche Beschwerdebriefe ausgehändigt worden, in denen die Vernachlässigung der Erbprinzessin Stéphanie durch ihren Gatten beanstandet und eine gewisse Hofkamarilla der antifranzösischen Machinationen beschuldigt wird. Die Briefe zeigen Wirkung.

Prinz Ludwig, der Onkel des Erbgroßherzogs und Hauptbeschuldigte, legt seine Ämter nieder und zieht sich nach Salem zurück. Das junge Paar soll sich gemeinsam in Mannheim niederlassen. Alles scheint auf Aussöhnung des Erbgroßherzogs und seiner Gemahlin berechnet zu sein, schreibt Hebel.

1811, im selben Jahr, als Karl nach dem Tod des greisen Karl Friedrich die Regentschaft übernimmt, kommt das erste Kind des Fürstenpaars zur Welt, ein Mädchen, ein Jahr später der ersehnte Sohn und Nachfolger. Doch anders als den Töchtern sollte den männlichen Nachkommen Karls und Stéphanies kein langes Leben beschieden sein. Gerüchte und Ungereimtheiten ranken sich um das Schicksal der beiden Söhne, die Ungereimtheiten gehen so weit, dass auf manchen Stammtafeln gar nur ein Nachkomme aufscheint. Der erste, namenlos gebliebene Sohn stirbt wenige Tage nach der Geburt an »Gichtern und Steckfluss«. Eine öffentliche Erklärung des großherzoglichen Leibarztes, dass das Leben des Kindes nicht zu retten war, wird in die Staatszeitung gesetzt und soll offenbar anderslautenden Meinungen Einhalt gebieten. Der zweite Sohn, Alexander Maximilian Karl, geboren 1816, erkrankt knapp einjährig schwer und stirbt wenige Tage nach seinem ersten Geburtstag. All dies, so war man mancherorts geneigt zu glauben, sei kaum mit rechten Dingen zugegangen.

An handfesten Motiven mangelt es jedenfalls nicht. Da ist zum einen die männliche Nachkommenschaft aus der zweiten Ehe Karl Friedrichs, deren Erbberechtigung und Sukzessionsfähigkeit 1817 per Hausgesetz beschlossen und 1818 auf dem Kongress zu Aachen von den Großmächten anerkannt wird. Da sind zum anderen territoriale Spekulationen, denen zufolge bei Erbfolgeproblemen Gebiete wie die Pfalz von Baden an Bayern fallen könnten.

Als am 26. Mai 1828 in Nürnberg ein sonderbarer junger Mann auftaucht, der unter dem Namen Kaspar Hauser Berühmtheit erlangen wird, scheinen sich frühere Ahnungen zu bestätigen. Der angeblich kurz nach der Geburt verstorbene erste Sohn Karls und Stéphanies sei, so heißt es, in Wahrheit gegen ein krankes Kind ausgetauscht worden. Kaspar Hauser sei demnach der legitime Erbe der badischen Großherzogswürde. Nach Karls frühem Tod im Jahr 1818 hatte inzwischen dessen Onkel Ludwig, in Hebels Briefen *Prinz Louis*, die Regentschaft übernommen. Als Ludwig 1830 stirbt, ist nun tatsächlich der älteste Sohn der Gräfin Hochberg, Leopold, am Zug. Kaspar Hauser, der Prinz oder Hochstapler, wird 1833 von einem Unbekannten erstochen, ein erster Attentatsversuch war bereits 1829 erfolgt.

Das Erscheinen Kaspar Hausers, dessen Geheimnis selbst mit den modernen Methoden der Gen-Analyse noch nicht zu entschlüsseln war, hat Hebel nicht mehr erlebt. Den Pädagogen, so darf man vermuten, hätte das Schicksal des Burschen, der zwar auf Verlangen seinen Namen schreiben konnte, ansonsten aber das Verhalten eines kleinen Kindes zeigte, gewiss bewegt – auch ohne das Rätsel, das seine Identität umgibt.

1811 also, nach dem Tod des allseits verehrten und beliebten Großherzogs Karl Friedrich, tritt sein Enkel Karl die Nachfolge an und wird die Geschicke Badens bis 1818 lenken. Karl August Varnhagen von Ense, der 1816 als Diplomat in preußischen Diensten nach Karlsruhe kommt, hat in seinen *Denkwürdigkeiten* das Leben am Hof und in der Residenzstadt detailreich und aus unmittelbarer Anschauung geschildert. Auch wenn in seiner Chronik Dichtung und Wahrheit gelegentlich ineinandergreifen mögen, wenn man ihm seinen Spott über das »Perückenliliput« Baden verübelt hat und man seinem Liberalismus ankreidet, dass er über »säuerliche Kritik und doktrinäre Phrasen« nicht hinausgewachsen sei – die *Denkwürdigkeiten* aus der Zeit seines Aufenthalts in Baden sind trotz all dieser Vorbehalte eine wichtige Quelle. Das Bild des jungen Regenten, das Varnhagen darin entwirft, ist wenig schmeichelhaft. Unfähig zu ernster Arbeit und ohne Willenskraft sei der Großherzog, er folge einzig dem Hang zum Sinnengenuss. »Immer größere Zerrüttung und frühzeitige Abstumpfung waren die traurige Folge dieser Lebensweise. Seit der Rückkehr vom Wiener Kongreß war er nun auch kränklich, und in mißmutiger Abspannung und gleichgültiger Trägheit brachte er seine freudelosen Tage hin. Er verhehlte sich nicht, daß er die Kraft zum Regieren nicht habe, aber so viel Kraft gerade war ihm geblieben, das, was er selbst nicht vermochte, auch Andern nicht zu gestatten.« Umso überraschender, was ein anderer Zeitzeuge, nämlich Hebel, Anfang August 1811 seinem Freund Hitzig anvertraut. Während die Großherzogin, die einst so einnehmende und anmutige Stéphanie, »etwas übel« aussehe und ihre jugendliche Unbefangenheit verloren habe, gebe es über den neuen Landesherrn nur Gutes zu berichten: »Der Groß-Herzog fährt fort, sich als einen Mann von scharfer Beurtheilung, ungemeiner Thätigkeit und Energie zu bewähren.«

Hebels Lob steht einsam gegen den Chor negativer Stimmen. Gilt das Lob dem Elan des Anfangs, der sich schon bald verflüchtigte? Oder übt sich Hebel, der Untertan, generell gern in Zuversicht und freundlicher Betrachtung seiner Landesväter? Denn so viel steht fest: Wer wünschte sich nicht die Obhut eines guten Vaters? Auch Karls Nachfolger Ludwig darf sich bei Hebel über ein überraschend günstiges Urteil freuen: »Der iezige Groß-Herzog übertrift alle guten Hofnungen und beschämt alle Zweifel und Besorgnisse selbst denen, welche einst nicht daran dachten, daß er noch würde ihr Souverän werden. Er sagte zu seinem Vertrauten: ›Ich will allen verzeihen. Wie könnte ich sonst auf Gottes Beistand hoffen, wenn ich Rachsucht trüge?‹« Die Geschichtsschreibung findet weniger freundliche Worte: schwunglos, dabei intrigant, ein »konservativer Autokrat« und Anhänger der Restaurationspolitik, der staatsbürgerliche Rechte lieber einschränkte als gewährte. Dass Ludwigs Regentschaft »keine glänzende, aber eine nützliche« gewesen sei und dem Land Konsolidierung gebracht habe, mutet im Vergleich dazu schmeichelhaft an.

Wie scharf auch immer die Urteile der Mit- und Nachwelt ausfallen, die Zeichen der Zeit haben die badischen Fürsten – und ihre Berater – richtig zu deuten gewusst: Seite an Seite mit der Siegermacht, zum Absprung entschlossen, als das Schiff des Franzosenkaisers zu sinken beginnt. Preußen und Russland drängen schon seit Monaten die Rheinbundstaaten, das fremde Joch abzuschütteln, Sachsen und Württemberg wechseln noch während der Völkerschlacht bei Leipzig die Seiten – ein Schritt, vor dem der badische Großherzog, der Schwiegersohn Napoleons, zurückschreckt, sein Wunsch wäre es, neutral zu bleiben.

Doch derselbe Staatsmann, der wenige Jahre zuvor die Bündnis- und Heiratspolitik mit Frankreich forcierte, der Realpolitiker Reitzenstein fordert jetzt, so entschlossen wie pragmatisch, die Kehrtwende. Mit Erfolg: Am 20. November 1813, einen Monat nach der Völkerschlacht bei Leipzig verlässt auch Baden den Rheinischen Bund. »Dieselbe Hand, die den Baseler Sonderfrieden unterschrieben und dadurch den Markgrafen mit der Revolution verkettet hatte, unterzeichnete das Abkommen, das den Großherzog von ihr losriß und der Restauration entgegenführte. Aus ihren Händen hatte Karl das endgültige Urteil entgegenzunehmen, wieviel ihm von den Errungenschaften der bonapartistischen Epoche verbleiben sollte.«

Das Urteil fiel günstig aus. Der Wiener Kongress, dessen Schlussakte am 9. Juni 1815 unterzeichnet wurden, sanktioniert die territorialen und verfassungsmäßigen Veränderungen, die das Land als Vasallenstaat Napoleons erfahren hatte. Hilfreich für das politische Überleben waren die seinerzeit von Markgräfin Amalie gestifteten Familienbande mit Russland, ist doch Zar Alexander I., der *Befreier Europas* und einer der dominierenden Fürsten auf dem Kongress, seit 1793 mit einer Schwester des badischen Großherzogs verheiratet. Anzüglichkeiten und Zweifel an der politischen Zuverlässigkeit muss man trotzdem einstecken. So äußert der preußische König Friedrich Wilhelm III. die Befürchtung, der Großherzog könne sich nach Napoleons Rückkehr von Elba im März 1815 seinem Schwiegervater anschließen. Preußen, meint Hebel zu Hitzig, würde »immer hochsprechender«.

Die außenpolitischen Veränderungen, die in raschen Wellen über das Land hinweggegangen waren, die es von der Markgrafschaft zum Kurfürstentum und Großherzogtum aufsteigen ließen, die aus Verbündeten mit einem Schlag Feinde und aus Feinden Freunde gemacht hatten, durchpulsten auch das innere Staatsgefüge mit Umwandlungen und Reformschüben. Die beträchtlichen Gebietserweiterungen stellten die Regierung vor die Aufgabe, aus einem willkürlich zusammengewürfelten Territorium ein homogenes Staatsganzes zu schaffen. Mit dem Ende des Heiligen Römischen Reiches Deutscher Nation und der Errichtung des Rheinbundes 1806 ergab sich zudem die Notwendigkeit,

die obsoleten Reichsgrundgesetze durch eine neue einheitliche Rechts-
grundlage zu ersetzen. Während der Geheime Rat Brauer für die Orga-
nisations- und Konstitutionsedikte der Jahre 1803 und 1807 sowie für
die Einführung des *Code Napoléon* verantwortlich zeichnet, ist Sigismund Freiherr von Reitzenstein bei der Neuorganisation 1809 feder-
führend. Nach französischem Vorbild werden die fünf klassischen
Fachministerien – Auswärtiges, Justiz, Inneres, Finanzen und Krieg –
geschaffen, das gesamte Staatsgebiet wird in zehn Kreise von annähernd gleichem Umfang aufgeteilt. Die Kreisdirektorien, dem Präfek-
tursystem nachgebildet, sind als oberste Behörden mit weit reichenden
Machtbefugnissen ausgestattet, neben Finanzen und Gerichtsbarkeit
erstreckte sich ihre Zuständigkeit auch auf das Kirchen- und Schulwesen. Über den Kreisdirektorien stehen die fünf Ministerien, darüber als
oberste Behörde die Minsterialkonferenz, so dass sich alle Behörden
des Landes zu einer streng durchkomponierten Pyramide der Macht-
befugnisse geordnet finden. Rationale Ökonomie, Logik und Klarheit
sollen im Staatswesen ihren Einzug halten und das dunkle Gewirr alt-
gedienter Traditionen mit ihren verschlungenen Kompetenzen ablösen.
Nichts im badischen Staatsgefüge darf, so scheint es, sein vertrautes
Gesicht behalten, die neue Verwaltungsorganisation ist ein reformato-
risches Großereignis, was ihr den Spott- oder Schreckensnamen einer
»Orkanisation« verschafft.

Wenige Jahre später, nach dem Fall Napoleons, weht der Reformwind
aus einer anderen Richtung. Kritische Stimmen gegen die eingeführten
Neuerungen werden laut, die Kreisdirektorien etwa als »ägyptische
Frohnvögte« verunglimpft, dafür steigt das Prestige des Altbewährten,
so dass man da und dort versucht, das Rad zurückzudrehen. Brauer, so
wird dem in Heidelberg lebenden Reitzenstein hinterbracht, versuche
sein Reformwerk wieder zunichte zu machen.

Das innenpolitische Hü und Hott bleibt nicht ohne Auswirkungen
für das Kollegium des Karlsruher Gymnasiums. Der 1807 geschaffene
Evangelische Oberkirchenrat, der die reformierte und lutherische Kirche vereinigt, wird im Zuge der Neuorganisation 1809 zum *Evangelischen Kirchlichen Departement*, 1814 lässt man die Bezeichnung *De-*

partement wieder fallen und verwandelt die Departements in Sektionen. Johann Peter Hebel wird noch im selben Jahr Mitglied der Evangelischen Sektion (auch: Kirchenministerialsektion).

Die oberste Kirchenbehörde ist traditionell zugleich oberste Schulbehörde. 1807 wird diese Oberaufsicht, ohne Unterschied der Konfession, einer Generalstudienkommission übertragen, fünf Jahre später kehrt man wieder zur konfessionellen Trennung der Institutionen zurück. »Es war zu frühe«, meint Hebel schon Anfang Oktober 1809 zu Hitzig, »die protestantischen und cathol. Schulen, zumal die Deutschen über einen Kamm scheeren zu wollen. Die cathol. sind obstinat und wollen nirgends nachgeben«. Neue »Schulplane« sind in Arbeit, die »ins Große« gehen, ohne dass man so recht weiß, wohin dass alles führen wird. Einen Monat später scheint zumindest gewiss, dass die Studienkommission, »die so thätig und wohlthätig war«, ein Auslaufmodell ist. Hebel resümiert philosophisch: »Viel gutes wird geschehen, viel Unkraut wird der Teufel unter den Waizen säen.«

Gerüchte über »insgeheime« Aktivitäten, über organisatorische Umbauten oder Umbauversuche gibt es auch in den Folgejahren zu berichten. Das altbekannte Spiel also: Man sucht die Kompetenzen neu zu arrangieren, führt notwendige Verbesserungen ins Feld und streckt heimlich – oder unverhohlen – die Hand nach ein bisschen mehr Macht aus. Was aber, so die bedrängende Frage hinter all den mühsamen Reformschritten, was aber ist aus den großen Visionen der Zeit geworden? Aus Freiheit, Gleichheit, Brüderlichkeit? Aus dem europäischen Kräfteringen, das wenig mehr mit diesen Visionen zu tun hat? Und aus dem Herrscher und Eroberer, der wie kein anderer vor ihm – und darin gehen auch zweihundert Jahre später die Urteile konform – als Ausnahmeerscheinung das politische Geschehen Europas bestimmt hat?

Der Dichter und Theologe Johann Peter Hebel, neun Jahre älter als Napoleon Bonaparte, hat versucht, die geistigen und kriegerischen Erschütterungen, die in Frankreich ihr Epizentrum haben, zu verarbeiten. Zu welchem Urteil kommt er? Die Frage hat nicht wenige Hebel-Forscher bewegt, die Antworten sind keineswegs einhellig ausgefallen. Zu komplex ist die geistige Topographie des *Hausfreunds*, als dass die Position des Verfassers zweifelsfrei zu benennen wäre. Faktenkundig und doch nie ohne wertende Beigabe knüpft er den roten Faden der *Weltbegebenheiten*, fällt seine Urteile, streut Sentenzen aus, bewegt sich in souveränen Sprüngen über politisch schwankenden Boden und weiß gleichermaßen souverän mit politischen Bekenntnissen zu jonglieren. Seit der Völkerschlacht bei Leipzig bürste er wieder an seiner »guten alten deutschen Pelzkappe«, heißt es im Vorspann der *Weltbegebenheiten* für den Kalender 1815, herzliche Freude begleitet die wiedergefundene eigene Identität, das »leichte fremde Hütlein« hat ausgedient, wiewohl er es ohnehin »nicht von Herzen, sondern bald aus Muthwillen, bald aus Unmuth, bald aus Klugheit, oder weil's Mode ist, und nobel aussieht« trägt. Augenzwinkerndes Bekenntnis, nachgeschneidert jenen Opportunisten, die im Grunde immer schon auf der richtigen Seite waren, oder Echo jener Phrasen, mit denen sich die einstigen Vasallen Napoleons auf ihre nationale Eigenständigkeit besinnen? Oder beides in einem? In jedem Fall begibt sich der Hausfreund auf eine letzte *Reise nach Paris*, in der er die Ereignisse bis zur Friedensverkündung am 31. Mai 1814 Revue passieren lässt. Ein wirklicher Schlussstrich soll der Friede diesmal sein und allen Kriegen, den »gegenwärtigen heiligen« wie den »vorhergegangenen unheiligen« ein Ende machen. Heilige und unheilige Kriege – die saubere Unterscheidung des Hausfreunds ist ein Muster an postnapoleonischer *political correctness*, so mustergültig, dass man fast »Gedanken haben könnte«. Gedanken etwa, ob die Praxis dem hochtrabenden Anspruch denn auch standhalte. Der Kalendermann, offenherzig raffiniert wie immer, sagt Ja und Nein zugleich und verbindet die suggestive Wiederholung der politischen Suggestion mit ernsten Worten, die mahnend und doch wie nachgesprochenes Pathos klingen: »Der heilige Krieg verlangt keinen Nutzen, auch keine Wiedervergeltung, sonst wärs ein unheiliger.«

Zum Kriegsberichterstatter wird Johann Peter Hebel in den Jahren der Kalenderredaktion öfter als ihm lieb ist, darf doch ein »wohlgezogener Kalender« die Augen vor den Schrecken der Zeit nicht verschließen, sondern soll ein »Spiegel der Welt« sein. Der Kalender tut seine

Pflicht und reflektiert, wenngleich mitunter recht eigenwillig, die Peripetien der Welthistorie, die im Zeichen von Napoleons Aufstieg und Fall steht.

»Den Anfang dazu machte Preussen«, heißt es im Kalender 1808. Die Rückzugsforderung der Preußen »verstand der französische Kaiser unrecht«. Es folgt die Schlacht bei Jena mit dem Sieg der Franzosen, wobei Hebel nicht vergisst, ein Friedensangebot Napoleons an den preußischen König zu erwähnen. »Der Brief wurde dem König erst nach der Schlacht übergeben, als es zu spät war.« Der Waffenstillstand der Schweden mit den immer weiter vorrückenden Franzosen wird löblich erwähnt, als ein Beispiel, dem alle in diesen Krieg verwickelten Mächte folgen mögen. Doch während der Hausfreund noch seinen Friedensappell in Worte fasst, sind die Machthaber unvermutet schon einen Schritt weiter. Am 7. Juli 1807 wird der Frieden von Tilsit geschlossen, ein Ereignis, auf das Hebel mit einem *Nachtrag* zu seinem Kalenderbeitrag reagiert. »Napoleon hätte mir keinen schlimmern Possen spielen können«, schreibt er am 30. August an Hitzig. Sein *Nachtrag* ist gewissermaßen durchbebt vom Kopfschütteln über die politischen Kapriolen; die drei kriegführenden Monarchen, so weiß Hebel zu berichten, gebärden sich wie »die besten Freunde«, speisen miteinander und reiten miteinander spazieren. Wenn damit an seinem Artikel über den *Preussischen Krieg* kein Wort mehr wahr ist, so bleibt nur zu hoffen, dass der plötzliche Friedenswille nicht ebenso plötzlich wieder einem Kriegswillen weichen muss. Gott, so die Bitte des Hausfreunds, wolle dem Frieden eine lange Dauer verleihen.

Die Folgen des Tilsiter Friedens werden in einer ausführlichen Besprechung der *Weltbegebenheiten* (Kalender 1809) erörtert. Dass politische Diagnosen jederzeit von »schlimmen Possen« über den Haufen geworfen werden können, ist die Erkenntnis, die der Hausfreund nunmehr seinen Lesern weiterreicht: »In der Welt sieht es kurios aus. Gestern so, heute anders, und wer weiß was morgen kommt? Der Friede geht schwanger mit dem Krieg, der Krieg gebiert wieder den Frieden, und ist nicht immer gut dabei Gevatter zu stehn.« Zu berichten ist unter anderem von der Annexion Portugals und Spaniens durch Frankreich, die der Hausfreund in stilistisches Understatement und geradezu aufreizende Harmlosigkeit verpackt. Zwei Könige seien von ihren Thronen »herabgestiegen«, heißt es. Als die königliche Familie Portugals sich zur Flucht nach Brasilien einschiffte, »kam« der französische General Junot und nahm dieses Königreich im Namen des Kaisers Napoleon in Besitz und in Verwaltung. In Spanien sind es die Querelen zwischen König Karl IV. und seinem Sohn Ferdinand VII., mit denen die zerrüttete Monarchie ihr Schicksal selber besiegelt, so dass ihr nicht mehr anders zu helfen gewesen sei, »als der Kayser Napoleon nehme sich ihrer an. Der Kayser wars zufrieden.« Mehr erzählerischen Aplomb legt der Hausfreund in die ganz alltägliche, unmonarchische Moral, die sich aus der Episode filtern lässt. Ein böser Sohn – nämlich Ferdinand VII. – und Missachtung des vierten Gebots sind der Kern des Übels, von dem aus das Verhängnis seine historischen Kreise zieht. Dem alten spanischen König und seiner Familie ist gleichwohl ein versöhnliches Ende beschieden: Es werden ihnen in Frankreich »anständige Palläste und Güter angewiesen, wo sie in vergnüglicher Ruhe ihr Leben zubringen können.«

Was wünscht man mehr? Der eine oder andere Leser könnte sich wohl denken, dass der alte spanische König keinen schlechten Tausch gemacht hat. Und er könnte weiter denken, dass man gut daran tut, sich dem großen Kaiser Napoleon nicht unnötig in den Weg zu stellen. Nicht in Taten, und auch nicht in Meinungen. So streut der Hausfreund moralische Ächtung über Napoleons Erzfeind England aus, das »ruhig auf seiner Insel« sitzt, den Welthändeln auf dem festen Lande zusieht und lacht. Nicht genug damit. Aus purem Neid auf die Gebietserweiterungen der anderen Großmächte lässt es das friedliche Dänemark in Schutt und Asche schießen. »Dieß ist das Schicksal von Dänemark, und die Freunde der Engländer sagen, es sey nicht so schlimm gemeynt gewesen. Andre aber sagen, es hätte nicht können schlimmer seyn, und die Dänen meynens auch.«

Der *Zustand von Europa im August 1810* (Kalender 1811) ist schwer einzuschätzen, da und dort üben sich Armeen im Stillhalten, Staaten kapitulieren vor der Macht Napoleons, Bündnisse werden geschlossen, es schwelt unter der Oberfläche. Offener Krieg herrscht zwischen Russen und Türken. Was aus all dem werden wird? Der Hausfreund verweigert jede Prognose: »Wie es übers Jahr um diese Zeit aussehen wird, will der Hausfreund für sich behalten, damit die Leute das Vergnügen haben es selber zu erleben. Sonst könnt er's so gut voraus sagen, als das Wetter.«

Nach längerer Pause meldet sich der Hausfreund im Kalender für 1814 mit neuen *Weltbegebenheiten*. Vorbei die Zeiten, in denen Kaiser Napoleon und Zar Alexander »beste Freunde« waren. Frankreich und Russland führen Krieg, Napoleon rückt bis Moskau vor, das von den Russen in Brand gesetzt wird. *Der Brand von Moskau* ist eines jener historischen Ereignisse, bei dem der Hausfreund das erprobte Terrain der Berichterstattung verlässt und nicht nur Fakten und Zahlen, sondern bewegende Bilder aufbietet, um seinen Lesern einen Eindruck vom Ausmaß der Katastrophe zu vermitteln, einer Katastrophe, deren Chronologie er allerdings erzähltechnisch ein wenig verwischt. Denn als Mitte September 1812 die französischen Truppen in Moskau einziehen, werden sie von öden Straßen und Totenstille empfangen, die meisten Bewohner haben die Stadt auf höheren Befehl bereits fluchtartig verlassen. Eine Geisterstadt wird in den kommenden Nächten und Tagen dem Feuer geweiht, was der Hausfreund nicht erwähnt, er schildert dafür eindringlich die Tragödie der fliehenden Zivilbevölkerung – ob es sich um eine Flucht *vor* oder *aus* dem Flammenmeer handelt, bleibt kunstvoll in der Schwebe. Er schildert die Verzweiflung und Not der unzähligen Menschen, »Männer, Weiber, Kinder, Greise, Gebrechliche, Kranke, Fürsten, Bettler« summarisch, in der erdrückenden Menge des Flüchtlingsstroms, als auch in – imaginierten – Einzelschicksalen. 400 000 Menschen sind von dem Unglück betroffen, zwei Mütter, eine wohlhabende und eine arme, lässt der Dichter stellvertretend für alle sprechen und klagen. Über allem hängt die Frage, wer nun Schuld trägt an dem Unglück und ob es zu verhindern gewesen wäre. Eine verpasste Chance ist jener Moment, als Napoleon in Moskau einzieht: »Hier wäre ein Wort vom Frieden zu sprechen gewesen, wenn man gewollt hätte, aber man wollte nicht. Lieber die eigene Stadt verbrannt und den

Feind wieder heraus getrieben.« – Tatsächlich hatte Rostopschin drei Tage vor der Räumung Moskaus die Devise durchgegeben: »Besser zum Teufel fahren, als in Feindes Hände fallen.« »Wer Moskau angezündet hat«, heißt es abschließend im *Rheinländischen Hausfreund*, »hat viel zu verantworten. Ist ein anderer Mensch, als er schuld daran, daß die siegreiche Armee des französischen Kaisers sich mitten im Winter und in der fürchterlichsten Kälte aus Mangel an Aufenthalt und Lebensmitteln und mit namhaftem Verlust zurückziehen mußte?«

Die Art und Weise, wie Hebel die Schuldfrage löst – nämlich so, dass ihm Napoleon, der »große Kaiser«, gar nicht erst in die moralische Schusslinie kommt –, erscheint zumindest verwunderlich. Die Person des Haupt-Aggressors wird schlichtweg ausgeblendet, die Schuldfrage auf die nächste Ebene verlagert, auf die Ebene derjenigen, die sich unsinnigerweise widersetzen und die Friedensangebote des Eroberers ablehnen. Zeugnis einer heimlichen Napoleonverehrung, die man dem Dichter zutrauen möchte, oder doch Satire? Richtet Hebel seinen Blick von vornherein auf andere Mitspieler, weil über die Initialschuld, die verursachende, treibende, scheinbar unaufhaltsame Kraft, die durch Europa fegt, ohnehin kein Zweifel besteht? Weil in dem mit Frankreich verbündeten Baden die Taten des großen Kaisers auch als große Taten abzuhandeln sind, selbst wenn man zu diesem Zweck davon absehen muss, dass es nicht nur mit dem französischen Kaiser, sondern auch mit dem russischen Zaren Familienbande gibt? Wie sehr die Kalenderredaktion einem politisch-rhetorischen Balanceakt gleicht, veranschaulicht jene kleine Anekdote, die Jacob Grimm seinem Bruder Wilhelm im Januar 1814 mitteilt: »In einem fürs badische Land gedruckten hinkenden Boten ist nämlich der rußische Krieg nach der französischen Ansicht vorgetragen worden und es stehen einige Ausfälle und Albernheiten auf Kosten der Rußen darin. Wie nun der Großherzog neulich nach Freiburg reist, um aufzuwarten, läßt ihn Alexander erst ein halbe Stunde im Vorzimmer stehen, hält ihm, als er endlich eingeführt wird, den Calender vor, fragt ob das in seinem Land gedruckt werde? und auf Bejahen, spricht er: das ist abscheulich, soll ihn zerrißen und dem Großherzog vor die Füße geworfen haben, entfernt sich sogleich und hat ihn nachher nicht weiter mehr sprechen wollen, worüber dieser sehr mismuthig heimgereist seyn muß.« Die Anekdote ist zwar nicht verbürgt, wie Grimm einräumt, aber immerhin »Erzählung des Volks« und wurde als solche wohl mit entsprechender Genugtuung weitergereicht, deckt sie doch den schmählichen Betrug der Sprachregelungen auf. Eben dies macht Hebel zum Thema in seinen *Brassenheimer Siegesnachrichten vom Jahr 1813*. So war über die Völkerschlacht von Leipzig, bei der badische Truppen mitkämpften, »auch lange nichts anders« zu hören »als lauter Liebes und Gutes, wer nemlich französisch gesinnt war, und niemand hatte bei Thurmstrafe das Herz, etwas anderes zu wissen, noch viel weniger zu sagen«. Da nicht ist, was nicht sein darf, werden Siegesmeldungen über alle Realität hinweg hochgehalten und sind gerade so viel wert wie die Viktoria-Schreie in der lehrreichen kleinen Komödie, die der Spielmann in Brassenheim aufführen lässt. Ein Mann wird geschlagen und schreit nach seiner Frau, die Viktoria heißt. Je mehr er geschlagen wird, desto lauter ertönt der vermeintliche Siegesschrei.

Auffallend in den gesamten *Weltbegebenheiten* ist, dass sich Napoleon bei seinen Eroberungszügen gleichsam frei von wertenden Kommentaren bewegen darf, sein »Kommen« und »Nehmen«, um in Hebels aufreizend euphemistischer Sprache des politischen Übergehorsams zu bleiben, vollzieht sich in aller Selbstverständlichkeit, nirgends scheint seinen Taten etwas wie Unrechtmäßigkeit und Usurpation anzuhaften. Als Kommentator des Weltgeschehens verhält sich der Hausfreund so, wie sich seiner Ansicht nach auch die Herrscher der anderen europäischen Länder verhalten sollten: defensiv im Sinne der Schadensbegrenzung, ausweichend vor einer Kraft, die auf ihrem Weg zur Universalmonarchie ohnehin nicht zu bremsen ist. »Ich wünsche dem Napoleon Sieg, damit es doch wieder einmal Ruhe wird«, schreibt Hebel im Mai 1807 an Gustave Fecht.

Widerstand ist in diesem politischen Kontext gleichbedeutend mit Blutvergießen und Blutvergießen immer die schlechte Alternative. Fatal ist es, auf angestammte Rechte zu pochen. Klug und vernünftig hingegen, sich dem fremden Eroberwillen zu beugen, die Schaltstellen der Macht zu räumen und damit Leid und Elend einzudämmen, statt es durch Gegenschläge zu vergrößern. Was der Hausfreund propagiert, ist neutestamentarische Feindesliebe, nach Lukas 6, Vers 29 – »wer dir das Deine nimmt, von dem fordere es nicht wieder« –, verbunden mit einem ganz pragmatischen Blick auf die elementaren menschlichen Bedürfnisse. »Viele tausend tapfere Krieger kamen um«, heißt es in dem schon zitierten Bericht zum *Brand von Moskau*. »Denn gegen den Winter ist mit Bajonet und Sturmmarsch nicht viel auszurichten, und ein warmer Pelz und ein Kalbsschlegel leisten da ganz andere Dienste, als eine Brust voll Heldenmuth.« Eben diesen handfesten Pragmatismus, die ungenierte Vorrangstellung vitaler Bedürfnisse vor dem hohen Ideal haben ihm Leser wie Wilhelm Grimm verübelt: »Was mir nicht gefällt, ist der Schluß von der Erzählung der Zeitereigniße; das Ganze kann seiner Lage leicht nachgesehen werden, aber es sollte kein Volksschriftsteller sagen: ›ein guter Kalbsbraten thut dann beßere Dienste, als eine Brust voll Heldenmuth.‹«

Hebel, der mit so herzhaften Bildern dem Körper und der menschlichen Natur ein Recht einräumt, der den Heldenmut in eine nahrhafte Erde pflanzt und nicht als Luftgewächs ansieht, als Ideal, das aus anderen Idealen seine Kraft bezieht, hat sich eben gerade damit – entgegen Grimms Verdikt – als Volksschriftsteller behauptet. Als Schriftsteller, der nicht mit Durchhalteparolen den Machthabern zur Hand geht, sondern zum Fürsprecher wird für die Vielzahl jener, die von den Eroberern der Zeit so selbstverständlich für ihre Eroberungszüge verplant, als Kanonenfutter auf den Weg geschickt und auf schauderhaften Schlachtfeldern zurückgelassen werden. Die Große Armee, die zu Beginn des Russlandfeldzugs 675 000 Soldaten zählte – davon nur ein geringer Teil aus Frankreich, über 7000 allein aus Baden –, war wenige Monate später auf 18 000 Mann geschrumpft. Auch von dem badischen Kontingent kehrte nur ein Bruchteil zurück.

Hebels provokant biederes Notabene, dieser Einwurf eines Anti-Helden, darf freilich nicht als Aufforderung zum politischen Ungehorsam missverstanden werden, als Signal an den »gemeinen Mann«, nun sel-

ber das Ruder in die Hand zu nehmen. Die Aussagen des Kalendermanns über die Tiroler Freiheitsbewegung sprechen da eine deutliche
Sprache. 1811 berichtet er über *Andreas Hofer*, dessen kurzer, heftiger
Kampf zu diesem Zeitpunkt schon Vergangenheit und Gegenstand einer
umso reicheren Mythenbildung ist. Während ein Napoleon-Feind wie
Joseph von Eichendorff in seinem Gedicht *An die Tiroler* (1810) die
Selbst-Retter preist, ihren Tod glorreich nennt und mit dem Wunsch
endet, die »Lohe« der Freiheit möge sich über »alle deutschen Lande«
ausbreiten, geht Hebels Intention in die entgegengesetzte Richtung:
Was er aus den historischen Begebenheiten destilliert, ist einschränkungslos und ungemildert ein Lehrstück über ein schlechtes Beispiel.
Sonst eher sparsam im Gebrauch der moralischen Rute, scheut er hier
nicht vor drastischer Rhetorik zurück. »Als im lezten Krieg die Franzosen und Östreicher in der Nachbarschaft von Tirol alle Händevoll miteinander zu thun hatten, dachten die Tiroler: im Trüben ist gut fischen.
Sie wollten nimmer bayrisch seyn. Viel Köpfe, viele Sinne, manchmal
gar keiner. Sie wußten zulezt selber nimmer recht was sie wollten.« Vom
Aufstand zur Anarchie ist es nur ein kleiner Schritt, das Verhängnis
nimmt seinen Lauf, »ungeheure Grausamkeiten wurden verübt«, »jedes Dorf, fast jedes Haus hatte seine Leichen, seine Wunden und seinen
Jammer, da dachten sie zulezt, es sey doch besser bayerisch sein«.

Hier wäre nun der Punkt, an dem der Versuch eines Aufbegehrens
gegen die Ordnung sein Ende hätte finden können, wären da nicht ein
paar »Tollköpfe« wie der Andreas Hofer gewesen, die vor jeder Einsicht
»lieber zuerst ein wenig erschoßen oder gehenkt« sein wollten. Hofer,
der Wirt und Viehhändler, ist als politischer Akteur in dieser Version
seiner Geschichte nichts als ein Parvenü, er maßt sich ein Mitbestim-
mungsrecht auf der politischen Bühne an, das ihm von Herkunfts wegen gar nicht zusteht. Hebel inszeniert eine geradezu mittelalterliche
Superbia-Geschichte: Wie einst der Bauernsohn Helmbrecht auszog,
um Ritter zu werden, hat sich Andreas Hofer im »großen Fürstlichen
Residenzschloß« eingenistet und lässt sich's wohl sein. »Selber essen
macht fett. Er sagte: ich bin lang genug Wirth gewesen. Jetzt will ich
auch einmal Gast seyn.«« In diesem durch und durch tendenziösen Por-

trät findet sich nur eine einzige hellere Stelle. Andreas Hofer sei »kein ganz roher Mann« gewesen, räumt der Kalendermann ein, er habe immerhin »viel Unglück [...] verhütet, wo er wehren konnte«. Die Gesamtbilanz kann damit nicht verbessert werden: »Aber größer war das Unglück, das er durch seine Hartnäckigkeit gegen alle Einladungen zum Frieden und durch seine Treulosigkeit verursachte.« Das schreckliche Ende ist somit selbst verschuldet und als gerechte Strafe für ein ganzes Bündel an Vergehen anzusehen, der Erzähler schließt mit einem didaktischen Tusch: »Vorgethan und nachbedacht, hat manchen in groß Leid gebracht.«

Mit seinem *Andreas Hofer*-Text liegt Hebel ganz auf der Linie der offiziellen badischen Berichterstattung. Dass man das Treiben der Tiroler Rebellen mit wachsamen Augen verfolgte und politische Sprengkraft fürchtete, ist den damaligen Zeitungsberichten ebenso zu entnehmen wie der Versuch, mit Schauermeldungen mögliche Sympathien im Keim zu ersticken. »Die rasenden Tyroler Insurgenten begehen an den Kriegs-Gefangenen Grausamkeiten, vor denen die Menschlichkeit zurückbebt, und deren Her-Erzählung ein Brandmaal für unsere Zeiten wäre«, berichtet am 22. September 1809 die *Carlsruher Zeitung*. Entgegen der gelobten journalistischen Zurückhaltung wird bei nächster Gelegenheit doch recht detailliert geschildert, wie die Aufständischen über Dörfer herfallen, wie sie plündern, sich berauschen und Kirchentüren aufsprengen. »Solche Gräuel verüben Menschen, welche die Religion und das Vaterland zu beschützen vorgeben.« Der Anführer dieser wilden Horde, der »berüchtigte« Sandwirt Andreas Hofer – schon äußerlich mit allen Merkmalen des Schurken ausgestattet, nämlich kleinen schwarzen tiefliegenden Augen und einer intriganten Miene – ist jener böse Geist, »der so oft sein gegebenes Wort brach und nicht aufhörte, das Volk durch falsche Eingebungen zu verführen.« Mit Hofers Verhaftung verliert sich freilich die »widrige Gemüthsstimmung« der Tiroler Aufständischen bald, von denen man noch wenige Monate zuvor kolportierte, dass sie sich von aller Welt lossagen wollten und den Zeitgeist ganz geeignet fänden, »unabhängigen Republiken zur Hebamme zu dienen.«

Tatsächlich rumort es nicht nur in Tirol, sondern auch direkt vor der Tür des Großherzogtums. In Vorarlberg, das wie Tirol durch den Frieden zu Preßburg von Österreich an Bayern abgetreten wurde, formiert sich ebenfalls antifranzösischer und antibayerischer Widerstand. Als Österreich im April 1809 Frankreich angreift, steht der Rechtsanwalt Franz Anton Schneider an der Spitze der Freiheitskämpfer. Am 29. Juni 1809, also wenige Tage vor den entscheidenden Schlachten von Wagram und Znaim, überqueren Aufständische den Bodensee, erbeuten in Konstanz Geschütze und nehmen Soldaten gefangen. Frankreich fordert exemplarische Bestrafung, der Großherzog ernennt eine Hofkommission mit Brauer als Vorsitzenden, um den Fall zu untersuchen. Schneider, der den nicht ganz zutreffenden Beinamen eines Vorarlberger Andreas Hofer führt, stellt sich freiwillig, um, wie es heißt, Repressalien gegen das eigene Land zu vermeiden. Am 1. Oktober 1809 berichtet Hebel seinem Freund Hitzig über den Stand der Verhöre: »Daß der Insurgentenchef Schneider eine Larve aufgesezt oder abgezogen hat und behauptet, er habe sich aus patriotischen Absichten an die Spitze gestellt, um die Insurecktion unschädlich zu machen, daß er Einladungen und Anbietungen aus dem Würtembergischen und Badischen District haben soll, den Aufruhr bis an den Rhein fortzusetzen, wenn er sie hätte benutzen wollen, daß wenigstens Geheim Rat Brauer an der Spitze von einer Comission [...] nach Freyburg und von da nach Lindau abgegangen sind, wird euch auch nimmer neu seyn.«

Die Lage ist kompliziert genug. Gerüchte, Bekenntnisse, schwelende Unruhen, echtes und offiziell gebotenes Entsetzen. Napoleon gibt den Takt vor, er erobert, siegt und fordert, seine Kontrahenten sitzen üblicherweise auf Königsthronen, nicht in Wirtshäusern und Bauernstuben. Hebel selber sitzt in einem fügsamen Gefolgsland Napoleons, das seine eigene Souveränität schon seit Jahren an den Nagel gehängt hat. Da meldet sich unerwarteter, erbitterter Widerstand in jenen südlichen Gebieten, die als militärische Beute verschoben werden, ein Widerstand, der sich jedoch nicht nur gegen die fremde Macht richtet, die keine Härte scheut, sondern auch gegen die missliebige Politik eines Grafen von Montgelas, die im Zeichen von Säkularisierung, Aufklärung und Fortschritt steht. Ein antiaufklärerisches Zwielicht fällt auf das Freiheitsbegehren des Tiroler Volks. Und die viel beschworene Freiheit selber?

Für seine eigene Person hält es Hebel wohl auch hier mit der Stoa und Seneca: Frei ist der, der sein Schicksal bejaht. Wo doch das Leben ohnehin mehr aus Beschränkungen, Rücksichten und Bedingtheiten denn aus Freiheiten besteht. Und er hält es wohl auch mit Luthers *Freiheit eines Christenmenschen*, der im Glauben die einzig wahre »rechte, geistliche, christliche Freiheit« sieht. Aber darüber hinaus, wenn man auf das Europa der Jahre 1809 und 1810 blickt? Schiller hat in seinem Gedicht zum *Antritt des neuen Jahrhunderts* den Befund geschrieben: »Ach umsonst auf allen Länderkarten / Spähst du nach dem seligen Gebiet, / Wo der Freiheit ewig grüner Garten, / Wo der Menschheit schöne Jugend blüht«. Sein Volksstück *Wilhelm Tell* feiert Erfolge auf den Bühnen Deutschlands, ungeachtet der obrigkeitlichen Versuche, Aufführungen zu verhindern. Im Frühjahr 1809 wird *Wilhelm Tell* auch am Karlsruher Theater gegeben. Von Selbsthilfe gegen Tyrannenmacht wird auf der Bühne gehandelt, edle, schlichte Figuren führen vor, dass Revolution gelingen und »der Freiheit Land« neu begründet werden kann. Man weiß nicht, wie Hebel zu Schillers Stück stand, eine spärliche Notiz in seinem Nachlass deutet immerhin an, dass ihm Geßlers Ermordung durch Tell ein heikler Punkt ist, »nur alsdann zu rechtfertigen, wenn ein großer Erfolg je den Meuchelmord rechtfertigen kann«. Doch dies ist wohl eine recht theoretische Frage. Die Tiroler Insurgenten jedenfalls haben mit dem Theaterkampf der unterdrückten Eidgenossen nichts, aber auch gar nichts gemein. In jeder Facette ist Hebels *Andreas Hofer* so angelegt, dass es absurd erscheinen muss, Parallelen auch nur ansatzweise entdecken zu wollen.

Legationsrat Kölle, der Adjunkt des Hausfreunds, hat angemerkt, dass Hebels Artikel »von Oben veranlaßt« war, nicht anders also als wenige Zeit später das Patriotische Mahnwort *An den Vetter!*, in dem der Dichter ins Pathos der Befreiungskriege einstimmt. Hebels Darstellung mochte regierungskonform sein, von seinen Zeitgenossen erntete er dafür wenig Beifall, wurde vielmehr »oft und hart angegriffen«. Es fällt schwer zu glauben, dass Hebel nur aus Gehorsam gegen die Obrigkeit, aus Anhängerschaft an Napoleon und mangelnder »deutscher Gesinnung« so scharf mit dem Tiroler Freiheitskämpfer ins Gericht ging, vielmehr ist zu vermuten, dass er auch hier die politischen Ereignisse antagonistisch liest, als Wechselspiel einander sich ausschließender Bestrebungen, Freiheit auf der einen, Frieden auf der anderen Seite. Den kurzen Moment der Befreiungskriege abgerechnet, hängt Hebel mit tiefster Überzeugung den handfesten, greifbaren Vorteilen des Friedens an, nicht etwaigen politischen Idealen, unter deren unmittelbarer Einwirkung sich die Kampfschauplätze nur vervielfältigen. Ein Mehr an Kampf bringt unweigerlich ein Mehr an Tod und Zerstörung, besser ist es, sich in Demut zu üben und auf Gott zu vertrauen, sich klein zu machen, nicht groß, sich im Sturm zu ducken und still zu halten. Das ist die schlichte Rechnung, und Hebel bleibt ihr treu, auch auf Kosten historischer Objektivität, auch wenn gelegentlich der Zweck die Mittel heiligen muss und der Leser allzu deutlich die Absicht spürt und verstimmt ist.

Noch hat Napoleon nicht ausgespielt. Für das Jahr 1813 (Kalender 1814) gibt es einen wenig vertrauenswürdigen Waffenstillstand zu vermelden, im Kalender 1815 findet der schon genannte politische Kostümwechsel statt, bei dem der Hausfreund die »gute alte deutsche Pelzkappe« aufbürstet und das »fremde Hütlein« plötzlich »leicht« erscheint. Das finale Kräftemessen zwischen Napoleon und den Alliierten wird chronologisch aufgerollt, die Völkerschlacht von Leipzig gerät zum geschichtlichen Wendepunkt. Als habe man an einer Drehorgel ein Register gezogen, geht auf einmal »ein anderes Stücklein und eine andere Melodie los. Viele schimpften jetzt, denen vorher alles recht schien. Das muß man nie thun. Andere dachten in der Stille darauf, nimmer lang französisch zu seyn, und wie sie sich mit Glimpf aus der Sache ziehen wollten. Der Hausfreund nicht. Auf einen Kalendermacher schauen viele Augen. Deßwegen muß er sich immer gleichbleiben, das heißt, er muß es immer mit der siegenden Parthie halten. Es ist immer ein gutes Zeichen für eine kriegführende Macht, wenn die Kalendermacher des Landes auf ihrer Seite sind.« Die kleine Passage ist in all ihrer Schlichtheit ein Bravourstück doppelbödigen und doppeldeutigen Sprechens, sie verquickt Kritik – direkt und als nachgeahmte Attitüde des Besserseins: »Der Hausfreund nicht« – mit Bekenntnislust, die Fehler in Vorzüge umfärbt. Der Hausfreund ist bekennender Opportunist, eben als Opportunist bleibt er sich immer gleich.

In den *Weltbegebenheiten* des Jahres 1814 ist also nicht nur vom Sieg der Alliierten zu berichten, sondern auch von der Abdankung Napoleons. Der Kaiser, der von der Weltmonarchie träumte, erhält die Insel Elba zugesprochen. Die Fallhöhe ist groß, und der Hausfreund lässt die Gelegenheit nicht ungenutzt, die Machtfülle, aus der der Sturz erfolgt, eindrücklich zu schildern. »Es ist ein Beispiel, bei dem man Gedanken haben kann.«

Damit verschwindet Napoleon aus dem Kalender, er verschwindet gleichermaßen aus Hebels Korrespondenz. Sein Tod am 5. Mai 1821 hat keine Spuren hinterlassen. Nur die *Hundert Tage*, als er durch seine Flucht von Elba noch einmal die Macht an sich riss, haben ihm auch bei Hebel einen letzten Auftritt beschert. Am 14. April 1815 schreibt er an Hitzig: »Welche schweren Stürme bedrohen wieder unser unglückliches Vaterland – Unius ob noxam, nemlich Alexanders et furias Aiacis Oilei, nemlich Napoleons. Gott nehme euch in seinen Schutz und lasse, was geschehen soll, wenigstens schnell vorüber gehn. Wenn ich nur eine Stunde bei euch seyn und dir meine Gedanken, die ich dem sichersten Brief nicht anvertrauen möchte, im Garten unten oder den Teichen entlang mittheilen könnte«.

Wir heute wären gerne mit von der Partie gewesen bei diesen Spaziergängen im Garten oder an den Teichen und hätten so erfahren, welche Gedanken Hebel denn um keinen Preis seinem Brief anvertrauen wollte. Was dem heutigen Leser bleibt, ist wenig aussagekräftig, aber vielleicht liegt in eben dieser Zurückhaltung, in der strikt privat – um nicht zu sagen: geheim gehaltenen Wertung und Interpretation die eigentliche Aussage. Wenn Hebel vom »großen Kaiser« spricht, folgt er der offiziellen Diktion. Zeichen ausdrücklicher Heldenverehrung liefert er ebenso wenig wie Zeichen der Abneigung, interessanterweise lässt sich selbst das, was auf den ersten Blick eindeutig erscheint, gegen den Strich lesen. So die Stelle über den *Premie Consul* in der Epistel an Gysser 1802, in der es heißt, dass der »Premie Consul d' Schatzig b'leit, und 's Volch regirt mit bluetige Hände«. Ein Subjekt und zwei Tätigkeiten, nämlich Steuern eintreiben und Volk regieren, möchte man meinen. Oder doch zwei Subjekte, nämlich Napoleon und das Volk, womit der Erste Konsul zumindest syntaktisch reingewaschen wäre. Trotz allem Nachdruck, mit dem diese Lesart verteidigt wurde, bleibt die Angelegenheit doppeldeutig. Hebel lässt sich nicht leicht in die politischen Karten schauen, während Deutungen des Phänomens Napoleon rundum in Deutschland Hochkonjunktur haben. In keinem Land außerhalb Frankreichs, heißt es, habe Napoleon so viele Anhänger, Bewunderer, Verehrer gefunden. Ein Zeitgenosse, Graf Ségur, analysiert die Faszinationskraft 1824, also wenige Jahre nach Napoleons Tod, folgendermaßen: »Die Deutschen, besiegt und unterworfen, schienen aus Eigenliebe oder aus Neigung zum Wunderbaren den Glauben zu hegen, Napoleon sei ein übernatürliches Wesen, erstaunt und gleichsam bezaubert wurden diese gutmütigen Völker in der allgemeinen Bewegung fortgerissen.« Für Goethe ist Napoleon die Verkörperung des Dämonischen, erhaben über Vernunft und Moral, nicht mit normalen Maßstäben zu messen, schlichtweg: »zu groß«, Hegel sieht in ihm die Inkarnation des Weltgeists.

Hebel seinerseits schwärmt nicht und dämonisiert nicht. Er umgeht, schreibend und dichtend, das de facto Unumgängliche, nicht zuletzt wohl auch weil Helden und Heldengröße seine Domäne nicht sind. Der einzige Kalenderbeitrag, der der Person Napoleons gewidmet ist, rückt nicht den erfolgreichen Eroberer in den Mittelpunkt, sondern ein vergleichsweise unspektakuläres Wohlverhalten: die späte, aber großzügige Rückzahlung seiner Schulden bei der Obstfrau von Brienne. »Ihr sollt nicht vergessen seyn!«, hatte er ihr als junger Mann versprochen, und er hielt Wort, als er Jahre später, nunmehr als französischer Kaiser, wiederkam. Plutarch, der zu den Lieblingsautoren des jungen Napoleon gehörte und dessen Doppelbiographien auf dem Programm des Karlsruher Gymnasiums stehen, hat einleitend zu seinem Lebensbild Alexanders bemerkt: »Hervorragende Tüchtigkeit oder Verworfenheit offenbart sich nicht durchaus in den aufsehenerregendsten Taten, sondern oft wirft ein geringfügiger Vorgang, ein Wort oder ein Scherz ein bezeichnenderes Licht auf einen Charakter als Schlachten mit Tausenden von Toten und die größten Heeresaufgebote und Belagerungen von Städten.« Genau das, könnte man meinen, tut Hebel mit seinem Kalenderartikel. Aber vielleicht geht es ja gar nicht so sehr um Napoleon, sondern vielmehr um die gute Eigenschaft, die in Szene gesetzt wird und zwar umso wirksamer, je herausragender die handelnde Hauptfigur ist? Dem Hausfreund wäre auch dies zuzutrauen.

Am 30. April 1814 schreibt Hebel an seine Freunde in Straßburg: »Bald wirds nun hoffentlich klar seyn, und der große 20jährige Gährungsproceß ein Ende haben. O, daß aller Haß und Hader, alle Leiden und alle Thränen und wenn es möglich wäre, alle Erinnerungen daran sich als Hefe niederschlügen oder ausschieden und nur ein reiner süsser Lebensmuth für uns oben stünde«. Wenige Tage später an Karl Friedrich Sievert: »Wie wild ist der Sturm des Krieges auch durch euer Thal gezogen. Aber welche Hütte und welchen Palast hat er ungefährdet gelassen. Dieser heilige Krieg, wie man ihn nennt, hat große Opfer gefordert, nur fange ich an zu zweifeln, ob er so sehr heilig war.« Und am 13. Mai an Hitzig: »Du hast mich durch deine heitern Ansichten von der Zeit und ihrer Zukunft wieder ein wenig aus der Indolenz, in die ich mich aus Mißmuth künstlich eingehüllt hatte, heraus galvanisirt. Es sind ein par Frühlingsstralen in meinen politischen Igelsschlaf hineingefallen. Aber ich weiß nicht. […] Ists permittirt, wenn Europa mit zusamengerafter lezter Kraft seine bluttriefende, voll gefressene zu aller Rache reif gewordene Feindinn besiegt, um die Lorbern und Früchte des Sieges, und sich, zu den Füssen der Besiegten niederlegen zu können, und ihr die schönsten Triumphe zu bereiten, die sie ie noch gehabt haben. Müssen wir nicht mit Wehmuth hinüberschaun, und wünschen, daß der Freund Feindesgnade an uns hätte beweisen mögen, und noch möchte, wenn er wieder kömmt? Ist um Warheit und Freiheit, um Recht, um Rache um Ehre gekämpft worden, oder war es eine große Schach-Parthie? Womit hat sich dieser Krieg als den heiligen, wofür ihn eine Parthie ausgab, charakterisirt? Mit dem deutschen

Nachtmal, das in Sodom gehalten worden? O Zenoides erkennt dein erleuchtetes Auge nicht, daß ein großes Trauerspiel aufgehört (wenn anders aufgehört) hat, und eine Posse an seine Stelle getretten ist.«

Nichts als »eine große Schach-Parthie« war die Zeitgeschichte, sie war es schon zuvor gewesen, als sich die Herrscher einmal als beste Freunde die Hände reichten, ein andermal ihre Soldaten aufeinandertrieben und sich befehdeten, um dann Kaiserehen zu schließen und »frisch von den blutigen Schlachten weg [...] eine lange Reihe von Feier- und Freudentagen von Wien bis nach Paris« zu begehen. Aber, bitterste Erkenntnis, auch die Befreiungskriege, mit all ihren hochtönenden Attributen, sind nichts als eine weitere Folge europäischer Machtspiele, in alter und nur scheinbar neuer Besetzung, die Bourbonen-Dynastie ist restauriert, woraus sich denn das Paradox ergibt, dass Frieden nicht mit dem Feind, sondern – so Hebel in den *Weltbegebenheiten pro 1815* – mit dem Freund geschlossen wird.

Tiefe Düsterkeit hat Hebel angesichts der jüngsten politischen Entwicklungen erfasst. Innerhalb kurzer Zeit kippt die Hoffnung auf einen Neuanfang, die im Brief nach Straßburg vielleicht ohnehin schon mehr eine theologische Anstrengung war, und macht unverhüllt schmerzlicher Ernüchterung und einer wahren Depression Platz. Vorbei die Aufbruchsstimmung, die Hebel dem *Adjunkten* Kölle in seinem Brief vom 1. Februar 1814 beschreibt. Im Karlsruher *Museum*, dem Drehpunkt des gesellschaftlichen Lebens, sind die Rechenrätsel »längst verdunstet, dagegen werden Armeen commandirt, Contributionen erhoben, Thronen besetzt, und ein träger Genosse, der irgend etwas gelten läßt oder gar gutheißt, was irgend ein anderer sagt und dafür hält«. Vorbei auch der kurze Moment, als Hebel selber das Wort vom »heiligen Krieg« wie eine Fahne geschwenkt und in seinem patriotischen Mahnwort *An den Vetter!* (Januar 1814) zum Landsturm aufgerufen hat – fern jener spöttischen Nonchalance, mit der sich Hebel in früheren Zeiten über »Zumuthungen« auslieR, ihn dichterisch vor den Kriegskarren spannen zu wollen. So etwa im Oktober 1805, als er nach Straßburg berichtete, dass »alle hießigen Schneider, Schuhmacher, Sattler und ich, in militarische Requisition gesetzt sind, um Monturen, Schuhe, Sättel und Kriegslie-

der für die Badischen Brigaden über Hals und Kopf zu verfertigen«.
Kein Mensch solle es ihm übelnehmen, wenn er »die Kriegslieder aber
in einem so muthigen Ton dichte, daß sie zur Retirade, die Gott verhüte,
noch eben so passend und begeisternd werden zu singen seyn, als zum
Aufmarsch«.

Neun Jahre später kämpferisches Pathos, das durch keinerlei Ironie
abgemildert wird, Erwartung einer historischen Zäsur und schließlich
die schmerzliche Erkenntnis, dass alles beim Alten geblieben ist. Schlimmer noch: dass die unzähligen Schlachten, Opfer, Verwüstungen, Trä-
nen sich nicht retrospektiv in Sinnkonstrukte einbetten lassen, wenn
die Geschichte am Ende wieder da ankommt, wo sie ihren Ausgang genommen hat. In Paris, so berichtet der Hausfreund in seinen *Weltbegebenheiten*, ertönten die Rufe »Es lebe Alexander! Es leben die Alliir-
ten!«, aber auch »Es leben die Bourbonen! Es lebe der König!« – »Der
Hausfreund hat fast ein wenig wollen erschrecken, daß der Zeiger der
großen Weltuhr wieder so auf einmal auf das Jahr 1789 zurückschnellte,
wie man erschrecken mag, wenn man auf einem Kirchthurm neben
dem Uhrenhaus steht, und denkt an nichts. Auf einmal schießt es wie
ein Zorn in das Räderwerk, als wenn das jüngste Gericht und der Welt
Ende durch den Kirchthurm fahren wollte. Wenn es aber geschlagen
hat, Eins oder Zwei, wirds auf einmal wieder stille, daß man fast vor der
Stille erschrecken möchte, und nur der alte Perpendikel geht wieder
fort, als wenn nichts geschehen wäre.« Geschehen ist indessen genug,
ungeheuer war das Aufgebot an Armeen, an Kämpfen, die nun, wo der
Augenblick gekommen ist, Bilanz zu ziehen, nur als grausige Erinnerung bestehen. Eine bessere Zukunft haben sie nicht gebracht. »Ein und
der andere geneigte Leser hätte auch nicht nöthig gehabt sich auf das
Morgenroth des goldenen Zeitalters zu freuen, wiewohl das Zeitalter
war unterdessen roth genug.«

Was als Versprechung eines goldenen Zeitalters begann, entpuppte
sich als blutiger Kreisgang der Verwüstung, Wiederkehr des Immergleichen im Zeitraffer. Der Fortschrittsoptimismus, mit dem Hebel ausgerechnet im Kalender 1814 seinen Rückblick auf die Alemannen beschließt: »Gottlob es sind jetzt gleichwohl bessere Zeiten«, schmeckt

nach Sarkasmus. Am 22. April 1815, in Zeiten allgemeiner Kriegsvorbereitung knapp zwei Monate vor Napoleons Waterloo, schreibt Hebel an Hitzig: »Was wird aus uns werden. Die Weltangelegenheiten immer krauser, Preußen immer hochsprechender, die Maul- und Federdeutschen immer patziger. Der Leichtsinn, die Frivolität immer größer. Wird uns Gott noch einmal durch unsere Fehler helfen, wie die Sieger von 1814 einmüthig gestehn, daß es geschehn sey?«

In die kurze Zeit der Regentschaft Karls fallen der Wiener Kongress und die Gründung des Deutschen Bundes, dem Baden allerdings erst nach der endgültigen Niederlage Napoleons beitritt. Zähe Gebietsforderungen Bayerns bedrohen das Großherzogtum ebenso wie die bereits erwähnten dynastischen Probleme, die mit dem Hausgesetz vom 4. Oktober 1817 behoben werden. Innenpolitische Sorgen bereiten die zerrütteten Finanzen, Unordnung und Willkür in der Verwaltung, eine Hungersnot im Jahre 1817 und die zunehmende Kränklichkeit von Großherzog Karl, der an »Brustwassersucht« leidet und seinem Trübsinn und seiner Lethargie kaum mehr zu entreißen ist. »Seine Faulheit war gränzenlos«, urteilte der preußische Staatsmann vom und zum Stein. Entsprechend mühsam gestaltet sich der Weg zu Landtag und landständischer Verfassung, wie sie auf dem Wiener Kongress für alle Staaten des Deutschen Bundes beschlossen wurden. Die Einberufung einer landständischen Versammlung, die für den 1. August 1816 angekündigt war, lässt der Großherzog kurzfristig wieder absagen. Der schon mehrfach genannte Varnhagen von Ense, der in eben diesen Jahren als preußischer Gesandter seinen Dienst in Baden versieht, schildert die Verfassungsarbeiten als Tauziehen zwischen freisinnigen und konservativen Kräften, aus denen schließlich die »freisinnigste aller der deutschen Verfassungen« hervorgehen sollte; »unbedenklich die liberalste unter den bis dorthin erschienenen«, urteilt auch der Jurist und Historiker Karl von Rotteck, selber Mitglied des Landtags. Die badische Verfassung, wenngleich vom Großherzog oktroyiert, gilt als diejenige im Deutschen Bund, die dem Volk den stärksten Einfluss auf das politische Leben einräumte und die Macht der Krone am stärksten einschränkte. Es gibt zwei Kammern, die erste für Standesherrn und Junker, die zweite für die eigentliche Volksvertretung, 63 durch Wahlmänner gewählte Abgeordnete. Die Entscheidung für eine Zweikammerordnung lässt sich interessanterweise in ganz unterschiedlichem Licht darstellen. Fortschrittlich: sie soll verhindern, dass der Adel der eigentlichen Volksvertretung schädlich werden kann. Konservativ: sie sei ein Gegengewicht gegen die Schwärmereien der Revolution. Die Fürsprecher des Einkammersystems wollten nur alles nivellieren, verwirren und demokratisieren. Am 22. August unterschreibt der Großherzog die Verfassungsurkunde, die Verkündigung der Verfassung erfolgt am 29. August 1818 durch Abdruck im Staats- und Regierungsblatt.

Großherzog Karl stirbt im Dezember 1818, Vergiftungsgerüchte ranken sich um seinen Tod. Ludwig, der Onkel Karls, tritt die Nachfolge an. Er bestätigt die Verfassung, die erste Ständeversammlung wird für den 1. März 1819 anberaumt. Hebel wird dieser historischen Premiere als Mitglied der Ersten Kammer beiwohnen.

Von den Ereignissen jener Jahre, die der Chronist Varnhagen als *Denkwürdigkeiten* vermerkt, die die Gemüter bewegen und die sich als Marksteine deutscher Geschichte bis in die heutige Zeit behaupten, bleiben einige im schmalen Textkorpus des Johann Peter Hebel in Dunkel gehüllt, unkommentiert und ungenannt. Stille und Schweigen beschert der Zufall der Überlieferung da, wo mit Bestimmtheit viel zu bereden, zu meinen und zu urteilen war. Das gilt für das Wartburgfest im Oktober 1817, das die Burschenschaft der Universität Jena zur Erinnerung an das Reformationsjubiläum und an die Völkerschlacht bei Leipzig feierte und das mit seiner Forderung nach Gleichheit und Freiheit zur großen Demonstration der Metternich-Opposition geriet. Das gilt auch für die Ermordung Kotzebues am 23. März 1819.

August von Kotzebue galt schon der damaligen literarischen Kritik als Vielschreiber trivialen Zuschnitts und als solcher, nicht als Mordopfer und politische Figur, hat er Kurzauftritte in Hebels Briefen. Recht launig berichtet Hebel Ende Dezember 1803/Anfang Januar 1804 an Nüßlin, dass der »deutsche Abgott in Paris« wie ein Komet manuskriptenschwanger durch den Zenit gegangen sei und dem Theaterdirektor

Vogel auch ein Stück durch den Kamin fallen ließ. »Sein literarisches Unwesen«, so Varnhagen von Ense, »war längst durch die öffentliche Meinung zu sehr verurteilt, als daß ihm große Bedeutung hätte zugeschrieben werden können; allein man wußte, daß er zugleich ein Beauftragter der russischen Regierung war, und da konnte es nicht gleichgültig sein, welche trügerische Nachrichten und gehässige Angebereien dorthin gelangten, von wo die deutschen Angelegenheiten fortwährend großen Einfluß erfuhren.« Kotzebue, der im Ruf eines Vaterlandsverräters steht, wird in Mannheim von dem Studenten Karl Ludwig Sand, einem Kandidaten der Theologie und Mitglied der Jenaer Urburschenschaft, erstochen. Sand bekennt sich zu seiner Tat, sein anschließender Selbstmordversuch scheitert.

Der Mord an dem so prominenten wie zwielichtigen Kotzebue sorgt für beträchtlichen Aufruhr. Das Volk sympathisiert mit dem Täter, der Mord wird als »Heldentat eines edlen vaterländischen Jünglings« gepriesen, der Mörder selbst zum Märtyrer stilisiert. Während also vor dem Hospital, in dem Sand untergebracht ist, Beifall und Vivat-Rufe ertönen, sieht sich der Adel unangenehm aufgeschreckt, Angst vor Hintermännern, fanatisierten Studenten, verschwörerischen Netzwerken und weiteren politischen Morden macht sich breit. Der badische Staatsminister Berstett sucht politisches Kapital aus der Affäre zu schlagen: »Von Tag zu Tag gingen neue Mitteilungen ein, Aufschlüsse, Warnungen, Fingerzeige; die badischen Beamten entwickelten die größte Tätigkeit. Polizei und Gericht setzten sich mit den ausländischen Behörden in Verbindung. Berstett schrieb an die fremden Minister, erklärte seine tapfere Gesinnung, er wolle die Rotte der Meuchelmörder ausspüren und vernichten, müßte er auch selber darüber das Opfer ihrer Dolche werden.« Im Mai 1820 wird Sand auf dem Schafott hingerichtet. Seine Tat markiert, wohl gerade wegen des gefährlichen Beifalls, den sie gefunden hat, einen Wendepunkt in der Entwicklung der Verhältnisse zwischen Regierung und Volk. »Jetzt war von keinem Fortschreiten mehr die Rede, von keiner Nachgiebigkeit gegen den Zeitgeist, von keinen Gewährungen der Volkswünsche, im Gegenteil verhärtete man sich im rohen Streben die Willkürgewalt zu behaupten, die Freiheitsregungen zu unterdrücken, das Heraufbilden des Volkes zur Selbstständigkeit auf alle Weise zu verhindern.« Was Varnhagen von Ense hier als allgemeine Tendenz entwirft, konkretisiert sich in Baden als Katzenjammer des Hofs über die erst vor wenigen Monaten beschlossene Verfassung, für deren Fortschrittlichkeit man sich vom Ausland gerne hatte loben lassen. »Wie beklagte man, sich solch unbequeme und gefahrvolle Last aufgebürdet zu sehen, wie beschuldigte man die unnötige Freisinnigkeit, welche von Nebenius unter Reizenstein's und Tettenborn's Aufsicht und Billigung hineingearbeitet worden; man klagte diese Männer der strafbaren Übereilung an. Die Öffentlichkeit der Verhandlungen, selbst für die Erste Kammer durch die Verfassung bestimmt, die Preßfreiheit, das Recht der Steuerbewilligung, die Ausdehnung des Stimm- und Wahlrechts, das doch noch lange nicht das erforderte allgemeine war, alles dies erschien wie frevelhaftes Übermaß, das man trachten müsse, möglichst auf ein geringeres zurückzubringen.«

Gerne möchte man auch die badische Staatsuhr wieder zurückdrehen, so wie die große Weltuhr 1814 auf das Jahr 1789 zurückzuschnellen schien. Statt stolz die »freisinnigste aller Verfassungen« zu schwenken, verlegt man sich nun mit Eifer auf die Erfüllung der restriktiven Karlsbader Beschlüsse und erlässt – zur Sicherheit des Staates, wie es heißt – eines der strengsten Pressegesetze. Das 1819 errichtete Oberzensurkollegium wacht über die Unanstößigkeit aller im Großherzogtum erscheinenden Schriften, inklusive der zugelassenen fremden Zeitungen. Hebel wacht mit, als Mitglied des Oberzensurkollegiums, und engagiert sich zugleich, als Mitglied der Ersten Kammer des badischen Landtags, für eine Rückkehr zur Milde des Edikts von 1803. An Haufe in Straßburg, der sich wohl besorgt über die amputierten Freiheiten im Großherzogtum äußert, antwortet Hebel abschwächend: »Ich versichere Sie daß man, wenigstens hier recht frei und froh sich bewegt, und spricht, und denkt ohnehin. Doch fast sollte ich auch hierauf mit einem Spaß antworten, z. B. ob Sie der Carlsruher Zeitung etwas ansehen, daß sie verschwiegener oder uninteressanter geworden wäre. So viel von der Preßfreiheit.«

Als Organ politischer Mitbestimmung hat der Landtag den ersten Schwung des Anfangs bald eingebüßt. Varnhagen von Ense spricht von einer widrigen Wendung, von kleinlichem Gezänk und nachlässiger Teilnahme an den Sitzungen. Hebel selber hat sich dem Ritual der Sitzungen, der »Motionen«, die als Wünsche und Erwartungen an die Regierung ergehen, und der Protokollführung ohnehin mehr duldsam als enthusiastisch unterzogen. Zwar stehen offiziell die wichtigsten Interessen des Staates und Vaterlandes zur Debatte, doch im Streit um Prioritäten, zwischen Fortschrittswillen, Standesdünkel und persönlicher Eitelkeit mögen diese Interessen gelegentlich zur Nebensache werden, ja überhaupt verschwimmen und verschwinden. Viel Zeit und viele Worte nähren ein schwaches Feuer, auf dem sich wenig Entscheidendes schmieden lässt. Denn ist nicht das Instrument der Mitbestimmung ohnehin so gebaut, dass es zahm und gefahrlos bleibt, ja seine Nichtachtung keinerlei Konsequenzen hat? Diese Tatsache anzuprangern ist radikaleren Köpfen vorbehalten. Georg Büchner nennt, gut zehn Jahre später, die Landtage nichts als »langsame Fuhrwerke, die man einmal oder zweimal wohl der Raubgier der Fürsten und ihrer Minister in den Weg schieben« könne, und die Verfassungen nichts als leeres Stroh, »woraus die Fürsten die Körner für sich herausgeklopft haben«.

Hebel seinerseits übt sich in Geduld und Zuversicht: »Möge, wenn denn auch langsam, nur alles Gute zu seiner Reife gedeihen.« Eine langsame Gangart hat sich breitgemacht, so langsam, dass man gelegentlich glauben könnte, es wäre schon Stillstand eingetreten. Statt die Sturzflut der *Weltbegebenheiten* für seine Kalenderleser aufzubereiten, verfasst Hebel *Biblische Geschichten* für Kinder. Er hat sich eine neue Aufgabe gesucht, weit weg vom brenzligen Ressort der Zeitgeschichte und Tagespolitik – aber doch nicht so weit weg, dass er nicht »finstere Gesichter« und die Nichtachtung der gelehrten Welt für sein Unternehmen erntet.

Einer der letzten Kalenderbeiträge Hebels trägt den Titel *Das Blendwerk* und hat auf den ersten Blick mit allerhand Lebensklugheit, nur nicht mit Politik zu tun, lässt sich aber, und darin besteht seine Genialität, durchaus als politische Parabel lesen: »Manche Leute, wenn sie etwas sehen, das sie nicht begreifen, noch weniger nachmachen können, so sagen sie kurz und gut, das ist ein Blendwerk. Nemlich daß man etwas zu sehen glaube, wo nichts ist, oder daß man die Sache anders sehe als sie wirklich ist.« Der Hausfreund zählt allerlei Beispiele von Blendwerk auf und kommt dann zu jenem Fall, dem die eigentliche Erzählung gewidmet ist, dem Glauben, dass etwas ein Blendwerk sei und ist doch keines. Ein Gaukler vollführt Wagestücke auf seiner Bühne, bis diese einstürzt. In das Not- und Zetergeschrei der Zuschauer hinein mahnt einer, der am Balken zu hängen gekommen ist: »›Habt doch nur Geduld sagte er, und seyd verständig! Man muß sich ja schämen vor dem fremden Mann. Merkt ihr denn nicht, daß es nur *Blendwerk* ist.‹« Zusammenbruch, Not, Unglück – alles ist, bei entsprechender Betrachtung, nur »Blendwerk«, während doch die »besseren Zeiten« nicht aufhören anzubrechen. Wirklichkeitserklärung und Wirklichkeitsverfälschung sind sich gefährlich nahe, was nicht nur den Trickkünstlern zustatten kommt, die von Berufs wegen ein X vor das U machen, sondern auch jenen Demagogen, die der Fehlsicht nachhelfen und eindrücklich erklären, alles sei in bester Ordnung. »Habt nur Geduld und seid verständig«, wird das schreiende, klagende Volk ermahnt, es ist ja nicht die wirkliche Wirklichkeit, die euch auf den Kopf fällt und unter euch einstürzt. Man kann, wie gesagt, Hebels unprätentiöse kleine Geschichte in mancherlei Hinsicht verstehen, so handfest praktisch wie andere »nützliche Lehren«, aber eben auch gleichnishaft, und in diesem Sinne mag sie hier als Kommentar zur Restauration und als politisches Schlusswort stehen.

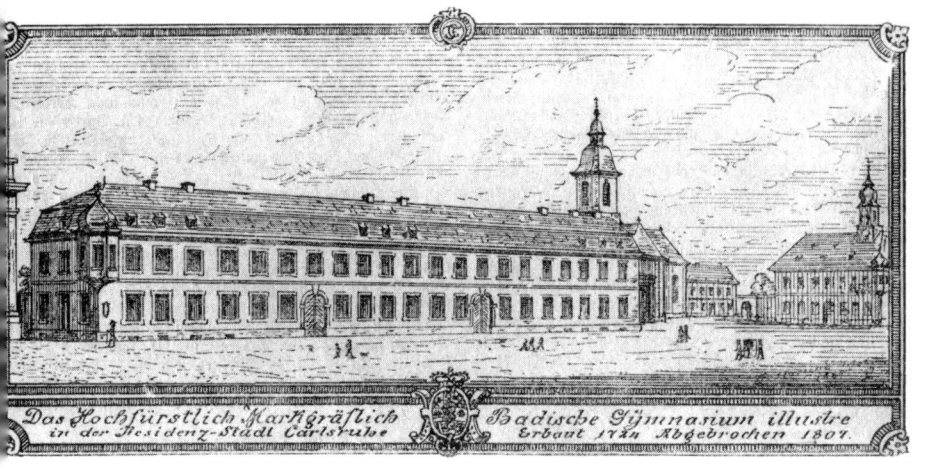

Das Gymnasium illustre

Die Mühsal der Ämter und Würden

Die Lebensjahre 1791–1826. Kalenderprogrammatik.
Karriereschritte, Abbruch der Kalenderredaktion.
Kirchenunion. Politische Aufgaben. Hebel als Stilist.
Die *Biblischen Geschichten*.

Mit Hebels Ernennung zum Subdiakon am Gymnasium illustre in Karlsruhe beginnt sein beruflicher Aufstieg. Neun Jahre hat er am Pädagogium zu Lörrach als Präzeptoriatsvikar ausgeharrt, durchaus engagiert und mit eigenständigen Ideen zur Verbesserung und Neustrukturierung der Institution, aber auch absprungbereit und nach Veränderung ausspähend.

Ende 1791 ist es soweit: Hebel tritt am Karlsruher Gymnasium die Nachfolge des im August verstorbenen Ernst Ludwig Wolf, Professor der orientalischen Sprachen, an. Die altehrwürdige Bildungsanstalt, die 1724 von Durlach nach Karlsruhe verlegt wurde, konnte wenige Jahre vor Hebels Dienstantritt, im November 1786, ihr zweihundertjähriges Jubiläum feiern. Ihr gehören zu dieser Zeit rund 200 Schüler an, die von etwa einem Dutzend Lehrer unterrichtet werden. Zu den Dienstpflichten des neu ernannten Subdiakons zählen, wie bereits erwähnt, nicht nur der Unterricht in Prima und Sekunda, sondern auch eine monatliche Predigt in der Schlosskirche und in dringenden Fällen die Aushilfe beim Predigen. In den ersten Karlsruher Briefen an Gustave Fecht nehmen diese Aufgaben einigen Raum ein; etwas vom Glanz der Residenzstadt gelangt so, samt ironischen Gegenlichtern, bis in die Provinz. »Hören und Sehen« sei ihm vergangen, schreibt Hebel, als er sich bei seiner ersten Predigt »von einem Meere von Hauben und Frisuren umfluthet sah«. Obendrein hätten die Leute unter den Hauben und Frisuren alle »so kennerisch« ausgesehen, weshalb er besonders stolz sei, dass »kaum die Hälfte Zuhörer, höchstens 2 oder 3 mehr, einschlieffen«. Die Predigt selber will er für Gustave Fecht abschreiben und ihr schicken, das ist auch noch Thema des nächsten Briefes, die Predigt sei sein »liebes Herzenskind«, eigentlich aber sei sie eine »alte, wiewohl ziemlich umgearbeitete Predigt« – ein Geständnis, das er im nächsten Satz gleich wieder zurücknimmt. »Mein Lebtag würde ich das nicht thun, eine alte Predigt zum zweiten mal und noch gar in K. Ruhe wieder aufzutischen.« Der Briefschreiber verwirrt, fast schon wie der zukünftige *Hausfreund,* mit lauter ehrlichen Bekenntnissen. Die heimliche Genugtuung über einen zeitsparenden Kniff, die nicht heimlich bleibt, die sich in Widerruf und Beschämung windet und doch von innerem Vergnügen durchdrungen ist – diese Ambivalenz aus Pflichtbewusstsein und listigen kleinen Strategien der Arbeitsökonomie blitzt immer wieder einmal in den Briefen durch.

Was Hebel zwei Monate später über seine Antrittspredigt bei Hof berichtet, ist ebenfalls in Selbstironie getaucht, eine Persiflage möglicher Wirkungen und Erfolgsträume, hinter der sich gleichwohl ein Stück realer Hoffnung verbirgt. So schreibt er, dass er im Geist vorausgesehen habe »wie sich alles in Thränen badete, wie der Sigrist mit einem Regenschirm in der Hand, den Klingelbeutel einziehen muste, wie der Marggrav mir ein Patent als Hofdiakonus mit einer Zulage von 200 fl. ins Haus schickte.« Leider geschieht nichts dergleichen. »Man konnte so trocknes Fußes durch die Kirche wie durch einen geheizten Bakofen gehen, auch ist der Lauffer von Hof noch nicht gekommen.«

Damit der *Lauffer* mit Frohbotschaften losgeschickt wird, braucht es mehr als eine ergreifende Antrittspredigt. Doch schon im Dezember 1792 kann sich Hebel über eine erste Beförderung freuen und den Subdiakon gegen den ansehnlicheren Hofdiakonus eintauschen. Sechs Jahre später, mit 21. März 1798, erhält Hebel den Titel und Lehrbereich eines *Professors extraordinarius der dogmatischen Theologie und hebräischen Sprache.* Hebräisch und Theologie unterrichtet er bei den *Exemten,* den Schülern der höchsten Klasse, deren Ausbildung schon halb universitären Charakter hat. Dazu lehrt er in der Prima Griechisch und Latein, in Griechisch stehen das Neue Testament und Autoren wie Plutarch, Xenophon und Anakreon auf dem Programm, in Latein je eine Stunde *Rhetorica* und *Stilus extemporalis*, d. h. die aktive Sprachbeherrschung des Lateinischen, die der eigentliche Gradmesser für die Leistungsfähigkeit eines Schülers ist. Von Predigtpflichten ist er dispensiert. Das Arbeitspensum des Professors nimmt sich als Kurzbericht für Kenner des Systems folgendermaßen aus: »Ich bekomme Herodot, den ich liebe, Theokrit, auf den ich mich freue, den Plutarch, den der Teufel hole, Ovids Metamorphosen und den lateinischen Stil, behalte das Hebräische und die Rethorik [sic], dann noch Xenophon und Anakreon in Prima und Nat.Gesch. an der Realschule«.

Hebel ist in seinem Beruf tüchtig, und er will es auch sein. Dass der Wille zur Tüchtigkeit einer ausgestreckten Hand gleicht, die gefüllt werden möchte mit Aufträgen, Ämtern und Pflichten – das entfaltet eine fatale Eigendynamik, die Hebel in zunehmendem Maße zu spüren bekommt, die er selbstkritisch durchschaut, oft genug beklagt, aber nie wirklich durchbricht. Anfang Oktober 1802 schickt er Gustave Fecht eine hellsichtige Analyse der eigenen Widersprüchlichkeit: »Es geht mir bitter übel. Wo es etwas zu arbeiten gibt, muß ich dazu, und ärgere mich darüber. Warum soll ich denn von allem haben? Aber wenn man mich ein einzig mal verschont, so nehme ichs übel und meine man halte mich nicht für tüchtig dazu.« Hebel ist tüchtig und er will es sein, nicht ohne seine eigene Tüchtigkeit gelegentlich ein wenig zu desavouieren, als wäre der Bürgerfleiß ein Mäntelchen, das man ihm gegen seinen Willen umgehängt hat, oder auch eines, unter dem sich allerhand unbürgerliche Machinationen gut verbergen lassen. Das kleine Feuer des Ungehorsams flackert da und dort auf, schon im *Almanach des Proteus* hatte Hebel ein Loblied des *far niente* angestimmt, in seinem *Sendschreiben* (1809) nutzt er die Auseinandersetzung mit einem ganz anderen Thema, um zwischendrin eine Polemik gegen *ora et labora* anzubringen: »und wenn irgendwo Arbeit von einer Betglocke bis zur andern, falls man leben will, Bedingung ist, so sind daran nur fehlerhafte Staatsverfassungen und Staatsverwaltungen, eine daher rührende verhältnißlose Vertheilung dessen, was die Natur hinreichend für alle gab, und erkünstelte Bedürfnisse Schuld, die die Natur zu befriedigen nicht schuldig ist«. Ein scharfer Satz, der zeitkritischer gedacht ist als er verstanden wurde. Im Grunde jedoch gehört bei Hebel die Selbstbefreiung vom bürgerlichen Arbeitsethos mitsamt ihren Heroen, den in der Sonne sitzenden Philosophen, den Nichtstuern und auch Nichtsnutzen, die Gelderwerb nach eigenen Spielregeln betreiben, nicht ins wirkliche Leben, sondern in die Ersatzwelt der Literatur. Zundelheiner und Zundelfrieder sind Sympathieträger, eben weil sie so leichtfüßig im rechtsfreien Raum wandeln und Arbeit und Tüchtigkeit in ihrem Sinne interpretieren. Ihr Dichter hingegen leistet sich höchstens ein paar zahme Phantasien des Aufbegehrens, etwa die, dass er das Pult mit den Akten umstößt, oder er schafft sich Luft mit einer *feinen Operation*, durch die er das offizielle Stundenkontingent von 18 auf 15 herabzusetzen weiß. In der Hauptsache begnügt er sich damit, seine Klage über zu wenig Muße und zu viele Ämter zu variieren – und weiterzuarbeiten.

Denn schließlich ist Arbeit auch ein Instrument der Mitbestimmung, sie ist die formende, lenkende Kraft, die der Zeit ihr Gepräge gibt, und der Schlüssel, der die Zukunft aufschließt. Wer, wie Hebel, das gesellschaftliche Mit- und Gegeneinander illusionslos in einfache, geradezu physikalische Gesetzmäßigkeiten zerlegt, wer mit mathematischer Akkuratesse Einsatz, Risiko und Ertrag abwägt, der sucht gegen das Gewicht der Verhältnisse nicht in großen Umstürzen, sondern in kleinen Reformschritten anzugehen. Nach jenen Aufsässigkeiten zu Beginn seiner Berufslaufbahn, als Hebel sich gegen allzu häufiges Predigen zur Wehr setzte, hat er sich für andere Strategien entschieden. Es ist das eigene stete Tun *innerhalb* der Institutionen, nicht *gegen* sie, mit dem die Entwicklung zum Guten vorangetrieben werden soll. In der Arbeit materialisiert sich die Tüchtigkeit, mit Arbeit ist aber auch jeder kleinste Baustein des Fortschritts verbunden, wenn es darum geht, das Bestehende, das als unzureichend und ungenügend erkannt wird, durch das selbst geschaffene Bessere zu ersetzen.

Neu geschaffen werden soll Ende des 18. Jahrhunderts die Gottesdienstordnung der Markgrafschaft. Hebel berichtet mehrfach über die Pläne des Kirchenratsdirektors Brauer und den Auftrag, bei der Reform der Agenden mitzuwirken. »Das alte soll so viel als möglich geschont und beibehalten werden«, fasst Hebel die Leitlinie der Umarbeitung zusammen und meint mit der für ihn typischen Skepsis: »Viel wird beim ganzen nicht herauskommen.« Und doch glaubt man eine gewisse Genugtuung herauszuhören, wenn es abschließend heißt, dass er einen »beträchtlichen Theil« zu den neuen Agenden zu liefern hatte. Als ungefragte Zugabe entstehen einige *Blätter mit Reflexionen über Kirchengebete*, die *Ideen zur Gebetstheorie*. Die Redaktion der Gebetstexte wurde für Hebel ganz offensichtlich zum Anstoß, jene grundlegenden Prozesse abzuhorchen, die Wort und Mensch – den zuhörenden und betenden – miteinander verbinden und lebendige Wirkung statt leerer Rituale erzeugen. Die Ergebnisse seines Nachdenkens reichen weit bis in spätere Werke hinein: Schöne Sinnlichkeit ist in Hebels *Ideen zur Gebetstheorie* ein erstes Stichwort, damit verbundene Popularität ein weiteres. Statt mit seitenlangen Weltbürger-Bitten alles und nichts zu meinen, solle man der Sphäre der Zuhörer treu bleiben, auf jenem Boden also verweilen, auf dem die Füße tatsächlich stehen und zu dem Unsichtbaren wie zu einem Sichtbaren reden. Er habe, meint Hebel in einem ausführlichen Brief an Christian Theodor Wolf, immer seine heimische Dorfgemeinde als Muster vor Augen gehabt, damit die Gebete dem »Volksgeist« angemessen seien.

Auf die Arbeit an den Gebeten scheinen rasch weitere Aufträge gefolgt zu sein. Im April 1801 schreibt Hebel an seinen Freund Hitzig: »Ich bin wie der Blinde zur Ohrfeige, durch ein Anbieten an Brauer, das ganz etwas anders sagen sollte, zum Auftrag gekommen, den Herderschen Catechismus zum Gebrauch des Landes zu revidiren und überarbeiten.« Zum Zeitpunkt des Briefes hat Hebel aus seiner Sicht die Umarbeitung bereits abgeschlossen, wird aber vom Initiator des Unternehmens, dem Vorsitzenden des Kirchenrats Brauer, zu weiteren Revisionen gedrängt. Ob es letztlich daran lag, dass Hebel die Vorlage zu sehr oder zu wenig revidierte – seine Umarbeitung findet nicht die Gunst der Pastoren. Dass sein Werk, nachdem es Brauers Prüfung ausgehalten hat, »von Seite der Orthodoxie Anfechtung erleiden würde«, trifft ihn völlig unerwartet. Die vergebliche Mühe und das Ärgernis, das dieser Misserfolg wohl darstellt, werden freilich rasch von einem viel bedeutenderen Ereignis verdrängt: dem Erscheinen der *Alleman-nischen Gedichte*. Es ist das einzige Werk Hebels, das ohne Auftrag und höhere Weisung zustande gekommen ist, ganz im Gegensatz zum *Rheinländischen Hausfreund*, für dessen Entstehung ebenfalls im Jahr 1802 erste Weichen gestellt werden. Wieder ist es der Geheime Rat Brauer, der den Anstoß gibt und in der Diskussion um den dahinsiechenden Landkalender einen entscheidenden Schritt setzt. Im April 1802 berichtet Hebel: »Brauer macht mich mit Gewalt zum Schriftsteller. Ich habe iezt mit Professor Böckmann den Landkalender zu befrachten«.

Überredungskunst, Hartnäckigkeit, Autorität – was immer hinter der *Gewalt* steckte, die Brauer anwandte, um Hebel für das Unternehmen zu gewinnen, man kann rückblickend nur feststellen, dass er damit sicheres Gespür bewies. Dabei war die Wertschätzung durchaus gegenseitig.

Der Jurist Johann Nikolaus Friedrich Brauer, seit 1774 im Dienste des Markgrafen Karl Friedrich, der »badische Bismarck«, wie er späterhin genannt wird, war eine der tragenden Säulen in der Verwaltung des Landes. Den Wandel von der Markgrafschaft zum Kurfürstentum und Großherzogtum hat Brauer mit seinen Organisations- und Konstitutionsedikten strukturiert und geordnet, wobei er behutsam und mit Respekt vor althergebrachten Traditionen in den einzelnen Landesteilen ans Werk ging. Besondere Verdienste erwarb sich Brauer durch die Bearbeitung und Kommentierung des *Code Napoléon*, der als *Landrecht für das Großherzogtum Baden* 1810 eingeführt wurde. Damit erhielt das Land ein einheitliches Zivilrecht, das dem verwirrenden Nebeneinander unterschiedlicher, teilweise ungedruckter und durch Verordnungen abgeänderter Provinzialrechte ein Ende bereitete. Rechtsunsicherheit, so hatte Brauer schon Jahre zuvor moniert, sei die Hauptquelle vieler Prozesse. In seinem Referat *Über die Gesetzgebung* (1806) geißelt er den Missstand, dass das deutsche Volk nach lateinisch geschriebenen Gesetzen regiert werde, die es nicht lesen könne, was zur Folge hätte, dass es dem »Proceßbedürfnis der Advocaten« und den »Meinungsverschiedenheiten der Richter« ausgeliefert sei. »Der beste Prozeß ist ein schlechter«, mahnt der Hausfreund noch 1819, in der

Reise nach Frankfurt. »Ein magerer Vergleich ist besser als ein fetter Prozeß«, heißt es nicht weniger pointiert in Brauers Erläuterungen zum *Code Napoléon*.

Brauer bekleidet im Laufe seines Lebens eine Reihe hoher Staats- und Regierungsämter (1788 Geheimer Hofrat, 1792 Geheimer Wirklicher Rat und 1808 Mitglied des Staatsrats), sieht sich im innenpolitischen Machtgeplänkel auch zeitweise an den Rand gedrängt – in Hebels Briefen an Hitzig fallen Andeutungen, doch gelingt es ihm offenbar, vor allem da er das Vertrauen Karl Friedrichs als auch des Enkels Karl auf seiner Seite hat, die Gewichte erneut zu verschieben. Nicht persönliche Eitelkeit, sondern Dienst an der Sache sind Motor seiner unermüdlichen Aktivität; dem politischen Weltbild nach ist Brauer, wie es heißt, in vorrevolutionärer Zeit verwurzelt, patriarchisch-*altbadisch*, sein Aufstieg, der sich keinem Adelsprädikat, sondern persönlicher Tüchtigkeit verdankt, ist demgegenüber ein Stück neuzeitlicher Erfolgsgeschichte und endet doch an den Karriereschranken der Epoche: Ministerposten sind nach damaligen Gepflogenheiten dem Adel vorbehalten, auch wenn die Privilegien der Geburt bei der Verteilung von Macht und Einfluss inzwischen zumindest hinterfragbar geworden sind. Aufhorchen lässt in diesem Zusammenhang eine winzige und angesichts seiner sonstigen brieflichen Diskretion überraschende Bemerkung, die Hebel 1815 in einen Brief an Hitzig einflicht, als es um die Neubesetzung des Kreises Durlach durch Obervogt Betz geht, »also wenigstens [!] durch keinen Adelichen mehr«.

Brauer hat sich mit gleicher Energie in wahrhaft allen Bereichen des öffentlichen Lebens verbessernd und erneuernd umgetan, eben auch beim Badischen Landkalender, für den er als Direktor des Kirchenratskollegiums zuständig ist. Auf den Hofdiakon Hebel ist Brauer offenbar recht bald aufmerksam geworden, noch vor dessen Erfolg als Verfasser der *Allemannischen Gedichte*, denn im Dezember 1795 berichtet Hebel an Gustave Fecht, dass er sich »in der Chaise des Hrn. G. R. Brauers nach Baden zu einer Schulcommission« begebe. »Doch hab ich lediglich nichts bei der Commission zu thun, sondern ich benuze nur die gütige Einladung des Hrn. Geh. Raths, Gesellschaft zu leisten und eine Veränderung zu machen«. Was Hebel Mitte Mai 1803 seinem Freund Hitzig über die schon genannten Organisationsedikte mitteilt, ist geprägt von Respekt und Bewunderung für die Leistung Brauers, ja mehr noch: von der Gewissheit, dass hier ein Garant des Guten und Richtigen am Werk sei: »So groß bisher die Meinung von ihm war, so zeigt er sich doch in der gegenwärtigen bedeutenden Lage als Staatsmann, gelehrter und moralischer Mensch noch größer.« 1815, zwei Jahre nach Brauers Tod, erinnert sich Hebel in einem Brief an Hitzig wehmutsvoll an den moralisch-geistigen Rückhalt, den er bei Brauer gefunden hatte: sein »Geist und Takt fehlt. Er lebt mir wieder auf, und besucht mich wie ein freundlicher Schatten, so oft ich ihn in den Akten finde, und wie oft dis geschieht, kannst du dir denken«.

1815, als Hebel dies schreibt, ist die Arbeit am Kalender schon fast wieder Vergangenheit, ein beinahe abgeschlossenes Kapitel. Nach Aufregung und Ärger rund um die Erzählung *Der fromme Rath* hatte Hebel die Redaktion niedergelegt. Doch zurück zu den Anfängen im April 1802, als er über seine *gewaltsame* Beförderung zum Schriftsteller und Kalenderredakteur berichtet. Er fährt fort: »Wird etwas schönes werden. Ich proponirte geschmackvolle Nachahmung des hinkenden Bott. Geschichte der neuesten Jahre, Chronikenartikel etc., populärästhetisch und moralisch fruchtbar vorgetragen, mit niedlichen Holzschnitten. Aber es hilft nicht. Das Consistorium schreibt vor, und viele Köche versalzen den Brei.«

Was Hebel hier stenogrammartig mitteilt, ist einer der Versuche, den zunehmend unpopulären Badischen Landkalender wieder auf Erfolgskurs zu bringen. Kalender waren neben Bibel und Gesangbuch in vielen Haushalten der wichtigste und oft der einzige weltliche Lesestoff. Aber all das, was vor nicht allzu langer Zeit die Beliebtheit des Kalenders ausgemacht hatte, war aufklärerischer Vernunft zum Opfer gefallen – ohne dass das Volk seiner von oben verordneten Erziehung viel abgewinnen konnte. Im 17. und 18. Jahrhundert boten die alten Kalender traditionsgemäß nicht nur zeitliche Orientierung, vorausschauend, aber auch rückblickend mit einer Chronik merkwürdiger Begebenheiten, sie enthielten zudem allerhand praktische, im Volksglauben verwurzelte Ratgeber, etwa das berühmte Aderlassmännlein, das Körperteile und Planeten, Krankheiten und Planetenkonstellationen in Zusammenhang setzte. Eben diese volkstümlichen Elemente gerieten Mitte des 18. Jahrhunderts ins Visier der Aufklärer, die den Aberglauben tilgen und stattdessen nützliche Inhalte und Belehrung verbreiten wollten, ein Konzept, dessen gute Absichten allerdings am Leserinteresse vorbeigingen. Zudem war der Absatz des Kalenders streng geregelt, es gab einen geschützten Distributionsbereich, und das vom Landesherrn an Druckereien oder öffentliche Institutionen verliehene *Kalenderprivileg* brachte folgerichtig *privilegierte* Kalender hervor, die exklusiv und konkurrenzfrei den Markt beherrschen sollten. Der *Kalenderzwang* gestattete den Kauf fremder Kalender nur als Zusatz zum landeseigenen, wer den landeseigenen Kalender verweigerte, dem war der Besitz eines fremden untersagt. Erst 1823 kam es zur Aufhebung der Pflichtabnahme. Inhaber des *baden-durlachischen Kalenderprivilegs* war seit 1750 das Gymnasium in Karlsruhe.

Die strengen Erlässe griffen freilich nicht wirklich, denn die für den Vertrieb zuständigen Stellen, die Buchbinder, Kolporteure und Bürgermeister setzten sich oft und gerne darüber hinweg, wie in den Kirchenrats- und Hofratsprotokollen nachzulesen ist. 1801 kam es in der zum Oberamt Durlach gehörenden Gemeinde Blankenloch gar zum Aufstand und einem regelrechten Kalender-Boykott. Zahlreiche Bürger weigerten sich, trotz Strafandrohung, den Landkalender zu kaufen und wurden beim Markgrafen mit ihrer Beschwerde vorstellig. Über die renitenten Blankenlocher wurden Gefängnisstrafen verhängt, im Februar 1802 allerdings ließ das für den Kalender zuständige Kirchenrats-Kollegium eine Konferenz *zu Bezweckung einer künftigen bessern Einrichtung des badischen Landkalenders* einberufen. Eine neue Kalenderdeputation sollte über die Gestaltung des Kalenders beraten, Hebel ist mit von der Partie und hat, wie die obige Briefstelle zeigt, recht klare Vorstellungen von einer *bessern Einrichtung*, ohne dass er sich damit in der Meinungsvielfalt der Deputation auf Anhieb durchsetzen kann.

In jedem Fall hatte die Konferenz neuen Schwung in die Kalenderarbeit gebracht. Statt sich, wie bisher, mit Nachdrucken und Auszügen aus Werken der Aufklärung zu begnügen, will man eigene, neue Beiträge schaffen und dabei nicht mehr ausschließlich auf nützliche Belehrung setzen, sondern auch dem Unterhaltungsbedürfnis der Leser entgegenkommen. Wie den Protokollen zu entnehmen ist, ergeht an Hebel im speziellen der Auftrag, »historisch-moralische Beyträge, wozu auch angenehme Volkslieder gehören« zu liefern. Diese bilden zusammen mit medizinischen Themen und Aufsätzen zu Land- und Gartenbau den fürs erste recht ansehnlichen Lektüreteil des Kalenders. Der Fleiß der Mitarbeiter erlahmt allerdings bald wieder, und im Februar 1806 legt Hebel der Kalenderkommission, der er selber angehört, ein *Unabgefordertes Gutachten über eine vortheilhaftere Einrichtung des Calenders* vor. Der rechtliche Boden, in dem der privilegierte Badische Landkalender wurzelte, hatte sich in den Jahren des politischen Umbruchs gewandelt, womit auch die Diskussion um Neugestaltung und Verbesserung mehr Brisanz denn je erhielt. Mit der territorialen Vergrößerung des Landes 1803 und 1805 waren Orte wie Mannheim und Lahr zu Baden gekommen, die ihre eigenen Kalender herausbrachten, *einheimische* Konkurrenzprodukte also, die sich nicht einfach ausschalten ließen, sondern eine tiefgreifende Reform des badischen Kalenderwesens notwendig machten. Gutachten wurden erstellt, u. a. von Johann Nikolaus Friedrich Brauer, und mündeten 1805 in eine Regelung, die auf Liberalisierung, Reduktion der »obrigkeitl. Direction« und marktwirtschaftliche Prinzipien abzielte.

In seinem *Gutachten* vom 18. Februar 1806, das sich zwar *unabgefordert* nennt, aber doch in eben jenen Moment fällt, in dem die Herausforderung eines freieren Marktes und Unzufriedenheit mit dem Status quo zusammentreffen, legt Hebel ein ganzes Maßnahmenbündel vor, das Inhalt, Gestaltung, Namen, Preis unter die Lupe nimmt. Ein einladender Name und eine ansprechende Gestaltung, besser etwas umfangreicher als zu dürftig, leserlicher Druck, Holzschnitte, Vignetten und – statt Einheitsschwarz – viel Rot zur Kennzeichnung von Feiertagen, Vollmond etc., dazu Wiedereinführung der astrologischen Praktika und des Aderlassmännleins bei insgesamt vertretbaren Kosten, das ist das Rezept, nach dem erfolgreiche Kalender, von denen Hebel namentliche Beispiele anführt, gemacht werden. Stimmt das Produkt, dann stimmt auch der Absatz, weshalb, so Hebels eindringlicher und wiederholter Appell, nicht knauserisch, sondern qualitätsorientiert vorgegangen werden müsse. »Im freien Handel ist imer die schlechteste Waare auch die theuerste, und nicht die absolut wohlfeilste, sondern dieienige, welche zu gleichem Preis mit andern, die beste ist, sichert den zahlreichsten Zuspruch.« Der größte Gewinn sei »nicht auf die möglichst karge Auslage, sondern auf die möglichst reiche Einnahme« zu berechnen. Das marktwirtschaftliche Argument, dem Hebel auch mit Unterstreichungen im Text allen erdenklichen Nachdruck verleiht, ist das seinerseits wohlkalkulierte Herzstück einer *vorteilhafteren Einrichtung*. In diesem Sinne plädiert er für Kontinuität in der Gestaltung und ungeteilte Verantwortlichkeit *eines* Redakteurs, statt der oben genannten vielen Köche, die den Brei verderben. In Inhalt, Ton und äußerer Gestaltung habe sich der Kalender den Wünschen und dem Geschmack der Käufer, sprich: des Volkes anzunähern. Es folgt jener vielzitierte Satz, der eigentliche Grundsatz rezipientenorientierten Schreibens, in dem Hebel, als versierter Pädagoge und Psychologe, das *prodesse* unter die Schutzmacht des *delectare* stellt: »Die Absicht zu belehren und zu nützen sollte nicht voranstehen, sondern hinter dem Studio placendi masquirt, und desto sicherer erreicht werden.« Der kluge Kalendermacher hängt seine erzieherischen Absichten nicht an die große Glocke, er weiß, dass der pure, unverdünnte Nutzen ein Saft ist, den keiner gerne einnimmt. Ganz anders, wenn sich dieser Nutzen vermischt und auflöst im Wohlgeschmack angenehm unterhaltender Lektüre. Statt die Vorlieben des Publikums zu verachten und zu beleidigen, sollte man sie zum »Vehikel« machen für die wahren Zwecke des Kalenders, von denen einer die Kenntnis der neuesten Vaterlandsgeschichte ist. Das Spektrum einer Vaterlandgeschichte, wie sie Hebel vorschwebt, ist im obigen Sinne weit gefasst, es reicht von politischen Begebenheiten über Mord und Diebsgeschichten bis zu Naturerscheinungen, edlen Handlungen und witzigen Einfällen.

Gutachten provozieren Gegengutachten, und so verfasst denn auch der langjährige Geschäftsleiter und Verwalter des Kalender-Privilegiums, Finanzrat Jägerschmid, seine *Bemerkungen über den Carlsruher Kalender nach Erfahrungen von den lezten 40 Jahren* als Ehrenrettung des Kalenders, wie er ist, keineswegs so reformbedürftig, wie man ihn darstellt, und kaum durch Reformen, wie Hebel sie *proponiert*, in einen Verkaufsschlager zu verwandeln. Der Finanzrat und Geschäftsleiter argumentiert mit Zahlen, und die scheinen zu belegen, dass sich bessere Papierqualität, Kupferstiche oder die Verwendung roter Farbe auf den Absatz gar nicht auswirken, insgesamt handle es sich also um unnötigen und kostspieligen Mehraufwand, der einem kurzlebigen Produkt wie dem Kalender ohnehin schlecht ansteht. Was das Aderlassmännlein und andere Relikte voraufgeklärter Zeit angeht, so sei das Volk dessen inzwischen »entwöhnt«. »Man hat es darüber aufgeklärt als man solche weg ließ.« Lediglich in Hinblick auf das eigentliche Erzählgut herrscht so etwas wie Übereinstimmung, sofern nicht vergessen wird, »am Ende einer jeden schauervollen Scene moralische Bemerkungen einzuschieben«.

Hebel erwidert den Gegenschlag mit *weitern Gedanken über eine vortheilhaftere Einrichtung des Calenders* und demontiert dabei mit einiger Schärfe Jägerschmids zahlengestützte Beweise, wonach eine bessere Aufmachung den Absatz nicht beflügele: »Mir wenigstens scheint aus allen Erfahrungen nur soviel zu erhellen, daß das Volk den Calender, den es haben muß, – *schwarz* pp. auch annimt, wenn es ihn *roth* pp. nicht haben kann. Aber wenn einmal der nemliche Calender in zweierley Ausgabe mit und ohne *Roth* ausgelegt würde, so ist nicht wohl zu zweifeln, daß fast ieder Käufer auf dem Lande zuerst nach dem rothen greifen würde«. Noch einmal macht Hebel sich zum Anwalt des Volks, dessen – ergebenes – Schweigen (die Blankenlocher nicht mitgerechnet) der Einfachheit halber gerne für Zustimmung genommen wird, »falls alles schweigt, was man hier nicht hört«, wie Hebel hinzusetzt.

Als Hebel anregt, die Verantwortung für den Kalender möge in eine Hand gelegt werden, denkt er sich als Idealbesetzung nicht einen Stadtbewohner, sondern einen, »der beobachtend mit und unter dem Volk lebt, an einen Landgeistlichen der Talent, guten Willen und Musse dazu haben kann« – er denkt nicht an sich selber, sondern an seinen Freund Friedrich Wilhelm Hitzig, Pfarrer in Rötteln, den er auch schon vorgeschlagen hat, wie er dem Freund brieflich gesteht. »Aber fürchte nichts. Es wird alles nach löblicher Sitte beim Alten bleiben.« Hitzig hat tatsächlich nichts zu fürchten, der Kelch der Kalenderredaktion geht an ihm vorüber, es bleibt aber, entgegen Hebels Prophezeiung, auch nicht alles beim Alten. Kirchenrat Theodor Friedrich Volz spricht ein Machtwort und gibt der Überzeugung Ausdruck, dass im ganzen Lande niemand zu finden sein werde, der zur Abfassung und Gestaltung eines neuen, verbesserten Kalenders »fähiger wäre als der Hl. KR. Hebel selbst«. Auf der Sitzung des Kirchenrats vom 14. Januar 1807 wird die Änderung endlich beschlossen und einen Monat später vom Geheimrat, der obersten Instanz, genehmigt. Hebel erhält die Verantwortung für die Leseartikel, der langjährige Kalenderredakteur Jägerschmidt ist für die Herstellung zuständig. Als passender Name, der ja, wie Hebel in seinem Gutachten betont, »einladend« und eine »Lockspeise« sein müsse, wird *Rheinischer Hausfreund* gewählt, später aus nicht mehr rekonstruierbaren Gründen in *Rheinländischer Hausfreund* umgeändert.

Anfang März 1807 berichtet er an Hitzig: »Zu einem andern Zeitvertreib und Verderb habe ich die Redaktion des Calenders ganz übernommen, bin aber durch Masgaben des Consistoriums zu sehr beschränkt, und habe für dieses Jahr zu kurze Frist um ihn mit und nach Laune zu bearbeiten. Deine Rathschläge, und wenn du etwas niedliches hast, deine Beyträge, werden mir sehr willkommen seyn, und etwas aus dem Kindlein machen helfen.« In aller Knappheit umreißt Hebel die zwiespältige Situation des Kalenderredakteurs: Zeitdruck, die Zwangsjacke des Konsistoriums, aber auch die literarische Sorge für ein neues »Kindlein«, das nun, nach dem »Wälderbüeblein«, d. h. nach den *Allemannischen Gedichten*, unter seiner Obhut ist. Beiträge aller Art sind willkommen. Gustave Fecht liefert Rechenexempel, die Mathematik ist nicht zufällig eine Stütze in Hebels Konzept. Denn: Wer sich auf dem soliden Boden der Grundrechenarten bewegt, lässt sich nicht in betrügerische Verwirrspiele und falsche Gewinnversprechen hineinziehen. Wer vorher gut rechnet, wird nachher nicht mit leeren Händen dastehen. Und wer begriffen hat, dass alles auf der Welt mit natürlichen Dingen zugeht, wird sein Glück nicht in windigen Abenteuern suchen.

Das *Notiz-* oder *Taschenbuch* des Vaters liefert Hebel Material, so wie der Freundeskreis Erzählungen und Anekdoten, daneben gibt es reichlich literarische Vorlagen, Schwanksammlungen wie Friedrich Nicolais Anekdotenbuch *Vademecum für lustige Leute,* andere Kalender wie Johann Heinrich Zschokkes *Schweizerbote,* aber auch jene Vorarbeiten, die Hebel in seinem lateinischen Übungsbuch selber geleistet hat. In diesem *Stilbuch,* das in der Zeit von 1789 bis 1806 entstanden sein dürfte, steht gleichfalls schon Fremdes neben Eigenem. Seneca, Cicero, die *Naturalis historia* das Älteren Plinius, Justins Geschichtswerk sowie eine zeitgenössische Zeitschrift *Zachs Monatliche Correspondenz* zählen zu den bevorzugten Vorlagen, einige der Kalendertexte sind als Vorform im Stilbuch anzutreffen, so das *Mittagessen im Hof,* dem seinerseits eine Anekdote aus dem schon genannten *Vademecum* zugrunde liegt. Der Übungstext, aus dem sich der *Kannitverstan* des *Rheinländischen Hausfreunds* entwickeln sollte, greift eine Episode auf, die der französische General Custine als Siebzehnjähriger in Amsterdam erlebte. Nachzulesen ist sie bei Charles de Peyssonel, in *Les Numéros* (1782), später auch in den *Anekdoten aus dem Leben des Generals Custine.* Die Serie der Missverständnisse, denen der junge Custine erliegt, ist der Preis seiner mangelnden Fremdsprachenkenntnis; für den Grafen wird die Episode zum Anstoß, Versäumtes nachzuholen, für Peyssonel zeigt der Vorfall eine allgemeine französische Unart. Bei aller offenkundigen Ähnlichkeit verschiebt Hebel in seiner Fassung entscheidend die Gewichte, lässt weg, modelliert eine neue Hauptfigur und handelt schließlich von Wahrheit und Erkenntnis statt vom Nutzen fremder Sprachen. Bezüge zu Horaz und Seneca sind im lateinischen Text des Stilbuchs noch greifbar, im deutschen erzählerisch aufgelöst, so dass der *Kannitverstan* eindrücklich zeigt, wie sich Hebels Dichtung gleichermaßen aus populären Anekdoten und weit zurückreichenden Traditionslinien nährt, die Traditionslinien neu ineinanderschlingt und als solche eine Literatur der Palimpseste *par excellence* ist, gefertigt aus bewährten, bekannten Materialien, aber doch in der vorliegenden Fassung von neuartiger Substanz.

Das gestrenge Konsistorium kontrolliert und entscheidet unterdessen, welche Beiträge tatsächlich in den Kalender aufzunehmen sind. Man hat ein waches Auge darauf, dass Hebel seiner volksaufklärerischen Aufgabe in gebührendem Maße nachkommt und den Lesern Belehrung und Moralität in ausreichender Menge verabreicht. So werden drei Mustererzählungen zunächst als unpassend abgelehnt, dann die Erzählung *Eine sonderbare Wirthszeche* zurückgewiesen, mit der Anordnung, sie durch eine »lehrreichere Geschichte zu substituieren«, und es bedarf ausführlicher Stellungnahmen und Grundsatzerklärungen seitens des Verfassers, um schrittweise Terrain zu gewinnen. In einem Schreiben an das Konsistorium vom 25. Mai 1807 betont Hebel ein weiteres Mal die Wichtigkeit einer thematischen Mischkost, um Leser »verschiedenen Humors« zu erreichen, ganz im Sinne auch von Goethes rezeptionsästhetischer Devise: »Wer vieles bringt, wird manchem etwas bringen«. Und er bekennt sich aufs neue ausdrücklich zum Nutzen einer eben nicht offenkundig nützlichen, sondern mit dem Hilfsmittel der Unterhaltung operierenden Lektüre: »Eine allzu besonnene, und eben daher leicht merkbar werdende Berechnung aller Artikel auf Belehrung und Moralität greift nicht durch, da kein Mensch, um belehrt und gebessert zu werden, sondern um Unterhaltung zu finden, den Calender list.« Davon abgesehen, so Hebel, der für seine Erzählung von der *Wirthszeche* kämpft, enthalte diese schon »im ersten Perioden [sic] einen Wink auf praktische Benutzung«. Hebels Plädoyer für den Nutzen von Unterhaltung stößt bei den Kontrollorganen nach wie vor auf erhebliches Misstrauen, doch zeigt er sich mit seinem Hinweis als korrekter Volksaufklärer, der seine vorgeschriebene Erziehungsarbeit ordnungsgemäß erfüllt. Die nützliche Lehre ist sozusagen der Passierschein für das Konsistorium und verschafft dem Kalendermacher freies Feld für erzählerische und gedankliche Umtriebe aller Art. Hebel erringt einen Etappensieg, weshalb seiner Geschichte an dieser Stelle ein später, ehrenvoller Auftritt zuteil werden soll:

Eine sonderbare Wirthszeche

Manchmal gelingt ein muthwilliger Einfall, manchmal kostets den Rock, oft sogar die Haut dazu. Dießmal aber nur den Rock. Denn obgleich einmal drey lustige Studenten auf einer Reise keinen rothen Heller mehr in der Tasche hatten, alles war verjubelt, so giengen sie doch noch einmal in ein Wirthshaus und dachten, sie wollten sich schon wieder hinaus helfen, und doch nicht wie Schelmen davon schleichen, und es war ihnen gar recht, daß die junge und artige Wirthin ganz allein in der Stube war. Sie aßen und tranken gutes Muthes, und führten mit einander ein gar gelehrtes Gespräch, als wenn die Welt schon viele tausend Jahre alt wäre, und noch eben so lang stehen würde, und daß in jedem Jahr, an jedem Tag und in jeder Stunde des Jahrs alles wieder so komme und sey, wie es am nemlichen Tag und in der nemlichen Stunde vor sechstausend Jahren auch gewesen sey. Ja, sagte endlich einer zur Wirthin – die mit einer Strickerey seitwärts am Fenster saß und aufmerksam zuhörte, – »ja, Frau Wirthin, das müssen wir aus unsern gelehrten Büchern wissen.« Und Einer war so keck und behauptete, er könne sich wieder dunkel erinnern, daß sie vor sechstausend Jahren schon einmal da gewesen seyen, und das hübsche, freundliche Gesicht der Frau Wirthin sey ihm noch wohl bekannt. Das Gespräch wurde noch lange fortgesetzt, und je mehr die Wirthin alles zu glauben schien, desto besser liessen sich die jungen Schwenkfelder den Wein und Braten und manche Bretzel schmecken, bis eine Rechnung von 5 fl. 16 kr. auf der Kreide stand. Als sie genug gegessen und getrunken hatten, rückten sie mit der List heraus, worauf es abgesehen war.

»Frau Wirthin, sagte einer, »es steht dießmal um unsere Batzen nicht gut, denn es sind der Wirthshäuser zu viele an der Straße. Da wir aber an euch eine verständige Frau gefunden haben, so hoffen wir als alte Freunde hier Credit zu haben, und wenns euch recht ist, so wollen wir in 6000 Jahren, wenn wir wieder kommen, die alte Zeche samt der neuen bezahlen.« Die verständige Wirthin nahm das nicht übel auf, war's vollkommen zufrieden, und freute sich, daß die Herren so vorlieb genommen. Zu gleicher Zeit aber stellte sie sich vor die

Stubenthüre und bat, die Herren möchten nur so gut seyn und jezt die 5 fl. 16 kr. bezahlen, die sie vor 6000 Jahren schuldig geblieben seyen, weil doch alles schon einmal so gewesen sey, wie es wieder komme. Zum Unglück trat eben der Vorgesezte des Ortes mit ein Paar braven Männern in die Stube, um mit einander ein Glas Wein in Ehren zu trinken. Das war den gefangenen Vögeln gar nicht lieb. Denn jezt wurde von Amts wegen das Urtheil gefällt und vollzogen: »Es sey aller Ehren werth, wenn man 6000 Jahre lang geborgt habe. Die Herren sollten also augenblicklich ihre alte Schuld bezahlen, oder ihre noch ziemlich neue Oberröcke in Versatz geben.« Dieß lezte mußte geschehen, und die Wirthin versprach, in 6000 Jahren, wenn sie wieder kommen und besser als jezt bey Batzen seyen, ihnen alles, Stück für Stück, wieder zuzustellen.

Dieß ist geschehen im Jahr 1805 am 17ten April im Wirthshause zu Segringen.

Unter dem Schutz der biederen Lehre spielt Hebel ein subtiles Spiel des Andeutens, des Querdenkens und der Anleitung zum Selbstdenken, er verfolgt sein ganz eigenes Programm der Volksbelehrung und bewegt sich zu diesem Zweck auf mehreren Erzählebenen gleichzeitig, auf der vordergründigen, hellen des *fabula docet* und der abgedunkelten einer unorthodoxen, mitunter kecken Gegen-Lehre. »Wer da!« schreit der Zundelfrieder mit herzhafter Stimme, als er sich dem Schilderhaus nähert, »Gut Freund!« antwortet der Söldner automatisch, ohne zu merken, dass er den falschen Part spricht. Die winzige Episode lässt sich geradezu als Parabel auf (literarische) Normen und (dichterischen) Scheingehorsam lesen, auf die hohe Kunst des Tarnens und Täuschens und auf die Möglichkeit des einzelnen, selber Regie zu führen, statt sich führen zu lassen.

Der Erfolg seines Kalenders gibt Hebel recht, auch wenn marktregulierende Maßnahmen zusätzlich den Verkauf begünstigen. Die 24 000 Exemplare für das Jahr 1808 sind rasch abgesetzt, die Texte, auch der folgenden Jahrgänge, werden gelobt, nachgeahmt, nachgedruckt. 1809 macht Johann Friedrich Cotta, der Klassiker-Verleger in Tübingen und später Stuttgart, Hebel den Vorschlag, die interessanteren Artikel des *Rheinländischen Hausfreunds* gesondert zu publizieren. Hebel stimmt diesem Vorschlag »mit Vergnügen«, wie es in seinem Brief heißt, zu. »Ich dachte ebenfalls schon an eine Sammlung und ausgebreitetere Bekanntmachung derselben, und es konnte sich mir keine willkommenere Hand dazu entgegen bieten.« Das *Schatzkästlein des Rheinischen Hausfreunds* erscheint 1811, in einer Auflage von 2000 Stück, eine 2. Auflage erscheint 1818. Es umfasst den größten Teil von Hebels Kalenderbeiträgen aus den Jahren 1803 bis 1811, vornehmlich erzählerische Texte, die zum Teil überarbeitet werden. Der veränderten Rezeptionssituation entsprechend fallen lokale Anspielungen weg, alemannische Wörter werden durch hochdeutsche ersetzt. Das ursprüngliche Medium, der Kalender, hatte die Geschichten geprägt, doch nun bestehen sie als Kalendergeschichten ohne Kalender.

Der *Rheinländische Hausfreund* hatte sich unter Hebels Leitung, im zähen Kräftemessen mit dem Konsistorium, zu einem vorbildlichen Volkskalender entwickelt. Der Erfolg wirkt sich auch in finanzieller Hinsicht positiv aus. Das Gymnasium, als Inhaber und Nutznießer des Kalenderprivilegs, kann 1812 die Pachtsumme, die es von Drucker und Verleger zu bekommen hat, um mehr als das Doppelte, auf 1160 Gulden pro Jahr, erhöhen. Hebels eigener Profit hält sich in Grenzen, er erhält knapp 50 Gulden Honorar im Jahr, wovon er wiederum einen Teil in die Qualität seines Kalenders, nämlich in die Ausstattung mit Holzschnitten investiert und so den Sparkurs des Konsistoriums aus eigener Tasche auszugleichen sucht.

Seit 1798, wie bereits erwähnt, führt Hebel am Gymnasium illustre den Titel eines *Professors extraordinarius*. Am 12. Dezember 1806 wird er zum Kirchenrat ernannt und damit Bischof von sechs Diözesen. Die Zahl der Unterrichtsstunden verringert sich, dafür erhöht sich das Pensum an Verwaltungsarbeit.

Zur selben Zeit lockt ein Angebot in Freiburg. Darüber schreibt Hebel am 3. Dezember 1806 an Gustave Fecht: »Denn wer nur Ja sagen darf, um Stadtpfarrer und Universitätsprediger in Freyburg zu seyn, das bin ich.« Das Angebot versetzt Hebel in heftigsten Zwiespalt, wie ein »Uhrenperpendikel« schwankt er unentschlossen hin und her. Soll er oder soll er nicht? »Fast glaube ich Ja«, schreibt er an Gottfried Haufe nach Straßburg. Letztlich wird ein Nein daraus, ein Nein, das nicht Hebel ausspricht, sondern der Großherzog, und das Hebel dankbar annimmt. »Es ist mir sehr lieb, daß mich der G.Herzog nicht fortlassen wollte, damit es mich nie reuen kann, daß ich nicht gieng«, berichtet Hebel an Gustave Fecht am 15. Februar 1807. Dass Freiburg mehrheitlich katholisch ist, mag den Gehorsam gegenüber dem großherzoglichen Willen zusätzlich erleichtert haben.

Im Jahre 1808 wird Hebel zum Direktor des Gymnasiums bestellt. Er wird diesen Posten sechs Jahre, also bis 1814, innehaben. Seine Amtszeit ist geprägt vom Kampf gegen die notorische Raumnot, hinter der sich als weitere Not die – auch kriegsbedingte – Geldnot verbirgt. Nachdem bereits einige Zeit vor Hebels Diensttantritt das alte, nur aus Holz errichtete Schulgebäude an der Langen Straße als baufällig und bedenklich eingestuft wurde, steht ein Neubau in Aussicht, dessen Umsetzung sich allerdings über Jahre hinschleppt. Erst 1807 kann ein Teil des neuen Gebäudes, der sogenannte Südflügel, bezogen werden, der sich zusammen mit seinem architektonischen Gegenstück, dem Nordflügel, an beiden Seiten der gleichfalls neu zu errichtenden evangelischen Stadtkirche erstrecken soll. Der südliche Lyceumsflügel kostet 48 139 fl, alle weiteren Geldmittel verschlingt der Bau der evangelischen Stadtkirche, während der Nordflügel weiterhin Wunschprojekt bleibt, ein ebenso dringliches wie vergebliches Anliegen aller, die mit der gymnasialen Bildung in Karlsruhe befasst sind. Großherzog Karl, der den Nordflügel 1818 endlich genehmigt, stirbt noch im selben Jahr, sein Nachfolger Ludwig beharrt auf einem Baustopp, erst 1822 kommt es zu einer Kehrtwende: der mit rund 50 000 fl veranschlagte zweite Trakt des Gymnasiums soll endlich Wirklichkeit werden. Allzu lang schon hat sich das gesamte Schulleben im Südflügel zusammengedrängt, das Erdgeschoss teilen sich jene fünf Klassen, auf die der Schulbetrieb inzwischen reduziert worden ist, den knappen Raum sucht man mit provisorischen Zwischenwänden zu »erweitern«. Trotzdem müssen Schüler abgewiesen werden, und auch für Abschlussfeierlichkeiten und Festakte fehlt der Platz, so dass Hebel darüber klagt, die *Promotionen* seien nicht mehr von der Kenntnis der Schüler abhängig, sondern von den Raummöglichkeiten, und sich 1811 den Museumssaal für die Schulfeiern erbittet.

Hebels Nachfolger, der dieses Amt beachtliche 23 Jahre lang ausübte, war Jakob Friedrich Theodor Zandt. Die Bilanz über Hebels Tätigkeit als Direktor, die rund fünfzig Jahre später Karl Friedrich Vierordt in seiner *Geschichte der im Jahre 1724 aus Durlach nach Karlsruhe verpflanzten Mittelschule* zieht, fällt ein wenig zwiespältig aus. Der »genialste in der Reihe unserer Rectoren« sei Hebel gewesen, doch bedurfte es »nichtsdestoweniger eines sorgsamen Nachfolgers für die Menge von Dienstgeschäften, die keine Aufgabe für die Genialität, aber dennoch von großer Wichtigkeit sind«. Möchte Vierordt damit andeuten, dass Direktor Hebel ein wenig Chaos hinterlassen hat? Und das trotz all der mühevollen Schreibtischarbeit, die er pflichtbewusst, aber auch immer wieder ächzend zu bewältigen suchte?

1814 wird Hebel Mitglied der Evangelischen Kirchenministerialsektion (auch: Kirchensektion), der obersten Kirchen- und Schulbehörde des Landes, die dem Innenministerium untersteht. Am 13. Mai 1814 schreibt er an Hitzig: »Man macht mich glauben, daß ich die Direktion des L[yzeums] und der Professur verlieren und ein Canzleiherr werden soll. Bone Deus in qua nos reservasti tempora.« Auf dem Umschlag notiert er die neueste Wendung der Ereignisse: »Ich werde die Professur behalten«. Am 24. September 1814 berichtet er an Henriette Hendel-Schütz: »Ich habe gar viel zu thun. Ich habe ein neues Amt und muß seit d. Mai um Abnahme des alten supplicieren. In 8 Tagen wird es endlich geschehen. Ließen Sie sichs träumen, daß der Rheinländische Hausfr. Ministerialrath würde? Er ists und streicht sich den Bauch.«

Während der neu ernannte Ministerialrat noch solch beeindruckende Nachrichten in die Welt schickt, braut sich Ärger um den *Rheinländischen Hausfreund* für das Jahr 1815 zusammen. Die Erzählung *Der fromme Rath* hat den Unmut einiger ganz und gar nicht *geneigter* katholischer Leser auf sich gezogen. Die Entrüstung geht so weit, dass der Kalender, der schon das Imprimatur der Zensur erhalten hat, bei Strafe von 20 Reichstalern nicht verkauft werden darf. Die anstößige Geschichte, die »ein Märlein der düsteren Vorzeit wieder aufwärme«, wie es im Erlass des Staatsministeriums heißt, muss entfernt und der Rest neu gedruckt werden. Eine schlechte Komödie, über die sich nach Hebels Darstellung nicht nur die Protestanten ärgern und die ihren Weg bis an die Spitze der Instanzen macht.

Spannungen zwischen Katholiken und Protestanten brechen im mehrheitlich protestantischen Großherzogtum immer wieder auf. Wie konfliktgeladen das konfessionelle Nebeneinander ist, zeigen etwa die Invektiven vom Direktor des katholischen Kirchendepartements, Anton Guignard, gegen den einflussreichen Staatsrat Brauer, der als »Katholikenfresser« verunglimpft und überdies, nebst einigen anderen, beim Großherzog als Freimaurer angeschwärzt wird. Dazu kommt, dass die kirchenpolitisch bedeutsame Schaltstelle der Nuntiatur in Luzern mit einem Geistlichen besetzt ist, der in bedingungsloser Treue zum Heiligen Stuhl agiert und in eben diesem Sinne über Glauben und kirchliche Ordnung wacht. Der papsttreue Nuntius Fabrizio Sceberras Testaferrata ist damit an mehreren Fronten zugleich im Einsatz, andere Konfessionen sind nicht weniger bedrohlich als das Gedankengut der Aufklärung, im speziellen der katholischen Aufklärung, die mit ihren Ideen innerkatholische Häresie sät. So geraten nicht nur protestantische Autoren ins Visier des Nuntius, sondern auch reformfreudige katholische Geistliche wie Ignaz Heinrich von Wessenberg, der später zu Hebels Briefpartnern zählt, der selbst literarisch tätig ist und mit Hebel poetische Aussprache pflegt, 1815 aber kraft seines Amtes zur offiziellen Gegenseite, den Bekämpfern des *Frommen Raths* gehört.

Wessenberg ist Generalvikar und Verweser des Bistums Konstanz, das 1801 durch den Frieden von Lunéville an Baden gefallen war, ein unerschrockener und konsequenter Reformer, der sich für die Verwendung der deutschen Sprache im Gottesdienst, für die reine einfache Lehre und gegen Reliquien- und Bilderkult ausspricht, der als erster ein – sehr beliebtes – Gesangbuch für sein Bistum herausgibt, der aber auch in Schulwesen und Volksbildung verbessernd eingreift. Während der Generalvikar seine Reformen unermüdlich weitertreibt, arbeitet der Nuntius hartnäckig daran, den Einfluss des Gegenspielers zu untergraben. Tatsächlich trägt Testaferratas Eifer Früchte. Wessenberg wird vom Generalvikariat entlassen, nachdem, wie es aus Rom heißt, Beschwerden wegen Irrlehren und böser Beispiele aus ganz Deutschland eingelangt seien. Er tritt eine – erfolglose – Romreise an, wird währenddessen durch das Domkapitel von Konstanz zum Bistumsverweser gewählt und 1822 zum Erzbischof Badens nominiert, eine unerwünschte Wahl aus der Sicht des damaligen Großherzogs, der die Zustimmung verweigert. Anders als Großherzog Karl, ein Gönner Wessenbergs, favorisiert sein Nachfolger, Ludwig I., die papsttreue Partei des badischen Klerus, die sogar versucht, Wessenberg von der Teilnahme am Landtag auszuschalten, obgleich er in seiner Eigenschaft als Bistumsverweser rechtmäßiges Mitglied der Ständeversammlung ist.

Auf dem Wiener Kongress, einige Jahre also vor dem Zusammentreten des ersten badischen Landtags, hatte sich Wessenberg für die Einheit der Nationalkirche ausgesprochen und auf Gleichstellung von Katholiken und Protestanten gedrängt. In eben jene Zeit fällt das Erscheinen von Hebels Kalendergeschichte *Der fromme Rath*, die folgende Begebenheit erzählt: Zwei Pater mit dem Allerheiligsten nähern sich aus entgegengesetzter Richtung einem gläubigen katholischen Jüngling, der in höchste Verlegenheit gerät, da er nicht weiß, vor welcher der beiden Monstranzen er seinen Kniefall machen soll. Doch der eine Pater lächelt »wie ein Engel« freundlich den Jüngling an und weist zum Himmel hinauf. »Nemlich vor dem dort oben soll er niederknieen und ihn anbeten.« Es fällt aus heutiger Sicht schwer, die Geschichte als jene religiöse Provokation zu lesen, als die sie damals von katholischer Seite, zumindest von einigen Vertretern, verstanden worden ist. Lag die Provokation einzig und allein darin, dass ein lutherischer Autor sich in fremdes Hoheitsgebiet begab? Ein Autor zudem, der nonchalant bekannte, noch nie einen Rosenkranz gebetet zu haben. Oder sah man in den beiden Geistlichen, von denen nur einer freundlich »wie ein Engel« lächelt, eine Art Allegorie auf gegensätzliche Strömungen innerhalb der katholischen Kirche? Andererseits glaubte man betonen zu müssen, dass die Geschichte ohnehin nur dem »rohen Pöbel« anstößig werden könne. Wie dem auch sei: *Der fromme Rath* fand den Weg zum Luzerner Nuntius Testaferrata, der der deutschen Sprache allerdings kaum mächtig war, sich ihr auch verweigerte und stattdessen Latein zur offiziellen Sprache der Nuntiatur erklärt hatte. Der Nuntius macht das von ihm angefeindete Generalvikariat in dieser Causa zum Sprachrohr seiner Entrüstung: im Februar 1815 berichtet Hebel an Hitzig, »daß der päbstliche Nuntius Testaferrata in Lucern scharfe Einsicht genommen, und das Vikariat in Constanz ein zum Todlachen grobes und unverständiges Schreiben deswegen an anher erlassen hat.« Hebel lässt einen der auf Befehl des Großherzogs verbotenen Kalender an Haufes nach Straßburg schicken und schreibt: »Zu meinem Trost für einiges Mißvergnügen in dieser Geschichte, hat sich der Päbstliche Nuntius in Luzern, Sua Eszellenza il Signiore di Testa ferrata gar höchlich erbost, und das Bischöfliche Vikariat vom Constanz veranlaßt, dem längst getödeten Kindlein auch noch einen tödlichen Stich zu geben.«

Doppelt getötet hält besser – das ist die kämpferische Logik der katholischen Administration, die sich angegriffen fühlt. Dass ihre Empfindlichkeit nicht nur leerer Wahn ist, zeigen jene Texte, in denen protestantische Autoren, etwa als Reiseschriftsteller, einen Blick auf katholische Bräuche werfen. Die nachfolgende Begebenheit, die der Karlsruher Theologe und Naturwissenschaftler Heinrich Sander von seiner Reise nach St. Blasien erzählt, ist dabei als Parallelsituation und Kontrastbeispiel gleichermaßen aufschlussreich. Sander berichtet, wie ein katholischer Geistlicher von einem Versehgang, also von einem Sterbenden, kommt, die Leute vor dem Venerabile scharenweise auf den Straßen niederknien und ein lautes Gebet anfangen. Für Sander ein Zeichen öffentlichen Aberglaubens, das ihn in Aufregung versetzt und ihn wünschen lässt, die Menschen möchten bald an eine vernünftigere Religion gewöhnt werden. An eine Religion, die nicht nur mit dem Aberglauben, sondern auch mit dem katholischen Müßiggang, mit Bigotterie, Scheinheiligkeit und Trägheit aufräumt, wie denn die aufgeklärten Schmähungen alle lauten. Auch ein *Frommer Rath* kann auf diesem erzählerischen Minenfeld wenig ausrichten.

Hebel nimmt den Zwischenfall zum Anlass, um sich der Kalenderredaktion zu entledigen. Das Ende seiner volksbildenden, aufklärenden Arbeit am *Hausfreund* fällt wohl nicht zufällig in jene Zeit, in der die Restaurationspolitik in Europa ihren Siegeszug beginnt. Die Tatsache, dass eine Geschichte, die bereits die Zensur passiert hat, nachträglich auf Befehl des Großherzogs aus dem Verkehr gezogen wird, mag in gewisser Hinsicht »zum Todlachen« sein, wie Hebel schreibt, ist ansonsten aber ein besorgniserregendes Zeichen der Willkür und der Zugeständnisse, zu denen eine Regierung gegebenenfalls bereit war.

Die Kalenderredaktion übernimmt bis 1818 der Schriftsteller, Professor für Ästhetik und Karlsruher Hofhistoriograph Aloys Schreiber, der sich zuvor schon als Redakteur diverser Wochenschriften, Kunstzeitungen und vaterländischer Blätter betätigt hat. Den Jahrgang 1819 des *Rheinländischen Hausfreunds* redigiert noch einmal Hebel: Nachdem sich der von Justinus Kerner initiierte Plan eines württembergischen Volkskalenders unter Hebels Leitung zerschlagen hat, kommen die Vorarbeiten, die Hebel dafür geleistet hat, dem *Hausfreund* zugute. Seine Briefe an den schwäbischen Dichterkollegen, vor allem sein erster in dieser Angelegenheit vom 20. Juli 1817, sind ein kostbares Nebenergebnis aus dem gescheiterten Kalenderprojekt, denn sie enthalten grundsätzliche Überlegungen zum Wirken und Bildungsauftrag eines *Nationalvolksschriftstellers*. Rechte Bekanntschaft mit den Lesern, ihren Eigentümlichkeiten und Vorurteilen ist hierbei von allergrößter Wichtigkeit, denn nur den Leser, den man kennt, kann man auch tatsächlich packen, oder, wie Hebel an Kerner schreibt: »Sie wissen was dazu gehört einem bestimmten Publikum das zu sagende so recht in die Wahrheit und Klarheit seines Lebens hinein zu legen und wie unerläßlich an einen Nationalvolksschriftsteller die Forderung ist, daß er während er quasi aliud agendo seine Leser belehrt, so viel als möglich zwischen ihren bekannten und ansprechenden Gegenständen sie herumführe, sie öfters an Bekanntes erinnere und sich ihnen gleiche«.

Auch wenn der württembergische Volkskalender nicht zustande kommt – um Hebels Zeitbudget steht es deswegen kaum besser. Nach schwer eruierbaren Anfängen – war es die Ernennung zum Kirchenrat 1806? Oder die zum Direktor 1808? Oder die Aufnahme in die evangelische Kirchen- und Prüfungskommission 1809? – wird der Zeitmangel immer drückender und zum Leitmotiv der letzten zwanzig Jahre von Hebels Leben.

Als ihm Hitzig 1810 die Leitung der theologischen Gesellschaft in Lörrach anträgt, blättert der Vielbeschäftigte sein Arbeitspensum auf: »Die Geschäfte der Schule, der Direktion, der Kirchenkommission, der Museumskommission, aus der ich zwar ausgehe, tausend unvermeidliche Abhaltungen und Zeitzersplitterungen, laune- und zeitfressende Geschäfts und Ehrencorrespondenzen, etwas Jurnal und Allmanachsschreiberey, worein ich nicht gegangen, sondern geschleppt worden bin, machen mich zum verbarmungswürdigsten angenagelten und angekreuzigten Martyrer für die gute Sache und für die schlimme bisweilen, wie das mein Herr und Gott erkennt, und ich es vollkommentlich nicht erkennen kann.« In Summe: »Das schöne Loos, täglich in ein paar freien Stunden schwelgen zu können, ist für mich dahin.« Wenige Monate später, am 13. April 1811, ergeht, wieder an Hitzig, eine womöglich noch verschärfte Variation zum Thema: »Den ganzen Tag auf dem Catheder sitzen, ist ein Feyertagsleben, ein Ostermontags Späßlein, nach dem ich mich zurücksehne. Aber daß ich über den heillosen Mechanismus des Ganzen wachen muß, daß sich mein Museum, meine Proteuskapelle in eine Canzleistube verwandelt hat, wo ich den ganzen Tag Berichte schreiben, Buch und Rechnungen führen, Red und Antwort geben, Akten durchgehen, Süddeutsche Miscellen censiren, statt daran zu arbeiten, examiniren, castigiren, Zeugnisse fertigen, mit allen Vätern aller Kinder des Lyceums corresondiren muß, das lehrt mich den Sinn der Worte verstehen: ›Ich sterbe täglich.‹ Soll ich den Pult umstoßen? Soll ich – Ein Bein hab ich daran.« Vom Karlsruher Schreibtisch aus verklären sich die Jahre in Lörrach: »Hab ich dazu Thau auf dem Belchen getrunken, und das Rauschen der sieben Buchen gehört, und den Räderschlag der Utzenfelder Mühle? Bin ich dazu 9 Sommer lang in der Wiese gelegen, und Einmal mit dem Kanderer Sonntag im Gräblein? doch ohne Spaß und Uebertreibung, es sind mir fast alle

Freuden aus dem Geschäft entflohen, und viele sogar aus dem Leben und es erfreut mich nur noch der Dank der mir für mein Märtyr und Marterthum wird in der Achtung und dem Wohlwollen des Publikums, Also gute Nacht, zweiter Theil der allemannischen Gedichte.«

Hebels berufliche Karriere, die ihm, wie es scheint, fast schicksalhaft zuteil wird, die so wenig mit Machtspielen und kämpferischem Ehrgeiz zu tun hat, beschert ihm Augenblicke des Triumphs, gewiss, des zufriedenen »Bauchstreichens«, doch im Alltag bedeuten die ehrenvollen Posten vor allem eines: eine endlose Liste an Pflichten, die sich kaum noch als ein Mitschaffen am großen Projekt aufgeklärten Fortschreitens legitimieren. Jede Menge öder Verwaltungsarbeit schwemmen die Ämter mit sich, Akten, die sich auf dem Schreibtisch ablagern und denen nicht durch geistige Brillanz und subtile Wortkunst beizukommen ist, sondern nur durch Geduld und eintönige Rechen- und Schreibübungen. Das Stundenkontingent des Professors reduziert sich im Laufe der Jahre, im Gegenzug vermehren sich die Aufgabenfelder; gibt er ein Amt ab, so 1814 die Direktion des Gymnasiums, dann um den Preis eines neuen, in der obersten Kirchen- und Schulbehörde des Landes. Es braucht etwas Geschick, um sich daraus einen Gewinn zu basteln: »Ich habs gut«, schreibt er im Dezember 1814 an Gustave Fecht. »Am Montag, wenn ich aufwache, denk ich, Gottlob, heute ist keine Session – am Dienstag, Gottlob, diesen Morgen brauch ich keine Lektionen zu geben.«

Jeder Tag und jedes Amt hat seinen eigenen Anspruch auf Zeit und Leben, und dem, der sich ganz »ohne Spaß« als »Märtyrer« des Schulwesens und der Schreibtischarbeit sieht, bleibt kaum etwas anderes übrig, als sich mit selbst ersonnenen Trost-Späßen am eigenen Schopf wieder aus der Missstimmung herauszuziehen. Nicht anders in jenem Jahr 1817, als Hebel mit Justinus Kerner korrespondiert und über seine beengte Zeit und Laune klagt. Gerade aus der Sicht der Evangelischen Kirchensektion ist dieses Jahr ein höchst bedeutsames, denn es wird des Jahres 1517 gedacht, in dem Martin Luther am 31. Oktober seine 95 Thesen an die Schlosskirche zu Wittenberg angeschlagen und damit die

Reformation eingeläutet hat. Das Reformationsjubiläum ist nicht nur in Baden, sondern auch in anderen deutschen Staaten ein Anstoß, sich erneut um Einigkeit *innerhalb* der evangelischen Religionsgemeinschaft zu bemühen. Durch den Reichsdeputationshauptschluss 1803 waren dem lutherischen Baden unter anderem die rechtsrheinischen Teile der Kurpfalz samt der Universitätsstadt Heidelberg und damit größere Gebiete mit reformiertem Bekenntnis zugefallen, noch im selben Jahr hatte Brauer im 1. Organisationsedikt Schritte zu einer Union der lutherischen und der reformierten Kirche im Gefolge Zwinglis eingeleitet, 1807 war der reformierte Kirchenrat aufgelöst und eine oberste Kirchenbehörde für Lutheraner und Reformierte (zunächst unter der Bezeichnung Oberkirchenrat, ab 1814 als Evangelische Kirchensektion) eingerichtet worden. Hebel, der der Kirchensektion angehört und dessen Eltern – Vater reformiert, Mutter lutherisch – mit ihrer Heirat bereits selber eine Art Union geschlossen hatten, beurteilt die Vereinigungspläne zunächst wenig optimistisch, hält sie für eine Utopie, fern der Lebenswirklichkeit. Am 12. Februar 1803 hatte er an Hitzig geschrieben: »Die neue Organisation ist fertig und bereits sind zwey Erlasse darüber im Druck. Was ich einstweilen davon merke, scheint mir sehr gut zu seyn. Gestern las mir Brauer bis gegen Mitternacht seine Vorschläge zur Union beider Protestantischen Religions Partheien vor, die künftige Woche ebenfalls in den Druck gehn. Ungemein viel schönes, wahres, scharfsinniges, Blicke voll Menschen- und Staatskenntnisse, und – Nichts. Ein Luftgebilde! Denn auf dem Wege, den er zu Realisirung seiner Ideen vorzeichnet, wird nie etwas daraus werden. Sie soll unter dem Einfluß der Geistlichen durch den guten Willen beider Partheien ohne Landesherrliche Mitwirkung zu Stande kommen und die Autorität der leztern erst zur Bestätigung nachfolgen. Herr, baue Du Jerusalem, und heile seine Risse!« – Das Ziel ist über jeden Zweifel erhaben. Dass es ohne Machtwort des Landesherrn zu erreichen ist, kann sich Hebel kaum vorstellen. So ist es denn auch nicht er, sondern sein Kollege und Freund Nikolaus Sander, der rund fünfzehn Jahre später auf lutherischer Seite zur treibenden Kraft des Unternehmens wird.

Vorbesprechungen und Besprechungen, Pfarrsynoden in allen 25

Diözesen des Großherzogtums und schließlich die Einberufung einer großen Generalsynode, die am 2. Juli 1821 in Karlsruhe beginnt, bereiten den Boden für die protestantische Gesamtkirche Badens, die ihre Einigkeit freilich nicht nur bekennen, sondern auch durch gemeinsame Lehrbücher dokumentieren muss. Hebels Freund Hitzig ist Mitglied einer 1818 eingesetzten Kommission zur Beratung über einen neuen Katechismus und schickt Teile seines Entwurfs zur Einsicht. Hebel ist voll des Lobs, sein Lob zugleich eine Verortung der eigenen theologischen Position: Es ist jener Brief, in dem er sich gegen die »theologischen Radicalreformer und Carbonari« ausspricht, die gewaltsam versuchten den »ehrwürdigen Rost und Grünspan« vom Evangelium wegzuschaben. Hitzigs Katechismus ist ihm hingegen wie »der Thau, der vom Hermon herab auf die Berge von Zion träufelt. Ich ergötze mich an dir und an ihm, an seinen schönen praktischen Tendenzen, worinn er alle, die ich kenne, hinter sich läßt, selbst an dem leichten Anflug der sogenannten Orthodoxie, der wie ein durchsichtiges Hemdlein das schöne nakte Evangelium deckt.« Für Hebel ist der Entwurf ein Glücksfall, sein Enthusiasmus wird jedoch von maßgebender Seite nicht geteilt. Der Heidelberger Theologe Friedrich Heinrich Christian Schwarz, Schwiegersohn Jung-Stillings, erhebt in den Beratungen der Generalsynode vehement seine Stimme gegen den Entwurf, verlangt weniger ein Lehr- als ein Bekenntnisbuch, das überhaupt von einem einzelnen nicht geschaffen werden könne. Die Union muss vorderhand ohne eigenen Unionskatechismus auskommen.

1819, also schon vor Abschluss der Kirchenvereinigung, wird Hebel erster Prälat der unierten Kirche Badens und als solcher ranghöchster Geistlicher der Landeskirche. Die Union selber findet am Reformationssonntag, dem 28. Oktober 1821 ihren feierlichen Abschluss. Dass die Synode im Zuge ihrer Beratungen so heikle Fragen wie eine Kirchenverfassung zu erörtern suchte, wurde als Eingriff in die Rechte des Regenten rasch abgeschmettert. Querelen dieser Art werden freilich von der allgemeinen Feierstimmung übertönt und schmälern nicht das Bewusstsein, dass für die ganze evangelische Kirche ein »neuer, schöner Morgen« angebrochen sei. Hebel erhält für seine Verdienste um die

Union den theologischen Doktortitel e. h. der Universität Heidelberg, eine Ehrung, die auch anderen Mitgliedern der Generalsynode zuteil wurde, Hebels Freunden Nikolaus Sander, Friedrich Wilhelm Hitzig und Christian Theodor Wolf sowie den reformierten Geistlichen Johann Bähr und Johann Karl David Reimold. Anfang 1820 war Hebel vom Großherzog das Ritterkreuz, wenig später das Commandeurkreuz des Ordens vom Zähringer Löwen verliehen worden.

Die Ernennung zum Prälaten zieht weitere Kreise, denn Hebel rückt damit – ohne danach gestrebt zu haben – an die politische Spitze des Landes vor. In seiner neuen Würde ist er einem Staatsrat gleichgestellt und Mitglied des badischen Landtags, der im April 1819 zum ersten Mal zusammentritt: »Die Eröffnung der Ständeversammlung erfolgte nach allerlei Aufschub endlich am 22. April mit ernster Feierlichkeit.« Dies notiert der preußische Gesandte Karl August Varnhagen von Ense, Gatte der Rahel Varnhagen, der in seinen *Denkwürdigkeiten* das Zeitgeschehen protokolliert.

Landtag und landständische Verfassung sind mühsam errungene Zugeständnisse an ein – vorsichtig dosiertes – politisches Mitspracherecht des Volks. Einfluss nimmt das Volk mittelbar durch die von ihm gewählten Repräsentanten, die in die Zweite Kammer des badischen Landtags einziehen, es sind die Vögte, aber auch Staatsbeamte und Pfarrer, darunter Hebels Freunde Hitzig und Gottlieb Bernhard Fecht. Während also in der Zweiten Kammer die eigentlichen Volksvertreter sitzen, werden die Mitglieder der Ersten Kammer vom Großherzog ernannt. Und hier, neben Ministern, Fürsten, Staatsgelehrten, ist denn auch der Platz des Prälaten der unierten Kirche Badens sowie des Repräsentanten der katholischen Kirche, dem schon genannten Bistumsverweser Ignaz Heinrich Wessenberg. Hebel berichtet an das Ehepaar Schütz: »Sie wissen ohne Zweifel, dass mich der G.Herzog zum Mitglied der ersten Kammer ernannt hat. O, was haben Sie dazu gedacht. Denken Sie Ihren armen anspruchslosen Freund in einem vergoldeten Lehnsessel unter den Fürsten, Ministern, Generalen, bei den Berathungen über die wichtigsten Interessen des Staates und Vaterlands.

Ich sehe meine theure Freundinn ein wenig dazu lachen, aber Sie mich schwerlich. Denn wer schaut tiefer und richtiger in mein Innwendiges?«

Hebel hat sich in dem neuen Wirkungsfeld, das ihm so ungefragt zufiel, im Hintergrund gehalten. Mehrere Gründe mögen dafür verantwortlich sein, dass der Volksdichter und Pädagoge, der die Wortklinge so souverän zu führen weiß, auf der politischen Bühne nicht in den Vordergrund trat. Hebels eigentlicher Wirkungsort wäre die Zweite Kammer gewesen, die demokratische Kammer der wahren Volksvertreter, und nicht die Erste, lautet eine der Thesen. Dass der Dichter sich in seiner neuen Rolle unbehaglich fühlte, zeigt der oben zitierte Stoßseufzer mehr als deutlich. Dass er in einem anderen politischen Umfeld mehr Stimmgewalt, mehr Präsenz und Energie entfaltet hätte, kann trotzdem bezweifelt werden. Zunächst schon deshalb, weil der Einsatz politischer Rhetorik, den die Bühne des Landtags verlangt, Hebels eigener Sprachkunst diametral entgegengesetzt ist. Überzeugend, wenn nicht gar mitreißend und unmittelbar wirksam will der politische Redner sein, Hebel hat sich in einigen wenigen Texten – man denke an sein *Patriotisches Mahnwort* – auf ein derart instrumentalisiertes Sprechen eingelassen, doch ist es im Grunde der genaue Gegenpol seiner subtil hintergründigen *Manier*, seines anspielungsreichen Stils, der nicht im Galopp auf sein Ziel losstürmt, sondern über Verschachtelungen und Durchblicke in vielgestaltige Tiefenlagen führt – eines Stils, der zwar weiter führt in der Kenntnis der Dinge, aber kaum vorwärts in der Dynamik des Lebens. Er ist, anders gesagt, tauglicher als Nachdenkhilfe denn als Medium eines lauttönenden Sprachkampfs. Dazu mag kommen, dass Hebel einer Politik der Debatten und »Motionen« – die nicht mehr sind als Bitten um Gesetzesvorschlag durch die Regierung – generell nicht allzuviel abgewinnen konnte. Die meisten Kriege seien »WortKriege«, meint Hebel einmal, eine sprachkritische Bemerkung, die zu denken gibt; für den Dichter liegt etwas Zermürbendes, unnötig Kräftezehrendes in dem verbalen Tauziehen, die großen und kleinen Anliegen drohen dabei in ihrer Bedeutung zu zerfallen, und es bleibt, statt dem Wunsch nach Fortschritt und Erfolg, nur noch der Wunsch nach dem Ende der Sitzung. Im Dezember 1822 schreibt Hebel an Gustave Fecht, dass sich »fast alles« nach dem Schluss des Landtags am 31. Januar sehne und das Missvergnügen von allen Seiten wachse. Ein Urheber dieses Missvergnügens ist offenbar Gottlieb Bernhard Fecht, Pfarrer und Dekan, ein Freund Hebels und Verwandter Gustaves, der in der Zweiten Kammer des Landtags seinen Sitz hat und dort hartnäckige Oppositionspolitik betreibt. Hebel bemängelt im schon zitierten Brief, Fecht wolle sich zum »Helden oder Martyrer« der Sache machen, die er für die gute hält – man weiß aus der Lektüre des Kalenders, dass Hebel Helden-Mythen wenig abgewinnen kann. Unnützer Kraftaufwand am falschen Ort und zur falschen Zeit, damit disqualifiziert sich für ihn, durchaus physikalisch gesprochen, jede Art exzessiver, aus dem Gleichmaß herausspringender Haltung. Statt sich opfermutig in den Kampf zu werfen, ist es besser, so der gedankliche Kurs des Hausfreunds, eine nüchterne Bestandsaufnahme zu machen, den Aufwand an Energie und persönlichem Risiko auf der einen Seite und den greifbaren Fortschritt auf der andern Seite abzuwägen, wobei sich zeigen würde, dass Heldentum nur selten weiterhilft und sich mitunter gar als kontraproduktiv erweist.

Auf kurze Sicht scheint Hebel mit seiner Missbilligung durchaus Recht zu behalten. Als Fecht sich 1822 in der Budgetdebatte gegen die geplanten Militärausgaben stemmt, die ihm angesichts der Notlage der Bevölkerung und im Vergleich mit anderen Ländern überzogen erscheinen, handelt er sich nicht nur persönliche Nachteile ein, sondern wird auch politisch kaltgestellt. Großherzog Ludwig, ein »konservativer Autokrat«, und seine Hofpartei haben für Kontroversen wenig übrig und machen kurzen Prozess mit politischen Gegnern, umso mehr als sie sich der Gunst und Rückendeckung des mächtigen Metternich gewiss sein können. Staatsdiener, die gegen den von der Regierung beschlossenen Militär-Etat stimmen, werden mit Versetzung bestraft, der Dekan Gottlieb Bernhard Fecht gar mit Entzug seines Dekanats. Bereits beim zweiten Landtag 1820 wurde Mitgliedern der Zweiten Kammer der Diensturlaub verweigert; statt Räumlichkeiten im Karlsruher Schloss erhielten beide Kammern nur mehr dürftige, enge Lokale für ihre Tätigkeit zugewiesen, ohne ausreichend Platz für Zuhörer, die sich aus Scheu vor dem Missfallen der Hofpartei aber ohnehin kaum herbeiwagten. Bei den Wahlen für den Landtag 1824 weiß die Regierung die Wiederwahl fast aller Oppositionellen, darunter auch Fecht, zu verhindern. Schlimmer noch: es werden Verfassungsänderungen durchgesetzt, die die Konstitution weiter entkräften und zum Alibi eines neuen Absolutismus degradieren. In einem Brief an seinen Freund und Lehrer, den Heidelberger Theologen Paulus nennt Gottlieb Bernhard Fecht die Repressalien der Regierung ein Opfer, das er »auf dem Altar des Vaterlandes niederlege« – ein Opfer, das für Hebel wohl so unsinnig war wie das Heldentum nutzlos. Trotzdem möchte man Fecht und seiner kompromisslosen Haltung Respekt zollen.

Der zurückhaltende Prälat Hebel und der unbeugsame, streitbare Dekan Fecht stehen für zwei gegensätzliche Positionen: offene Konfrontation oder eine politische Unanstößigkeit, die sich vielleicht nur als Selbstschutz, möglicherweise aber auch als Tarnung versteht? Soll man den Machthabern die Stirn bieten oder sich weiterhin in Fürstenehrfurcht üben, sei sie auch geheuchelt, um ungestört im Inneren des Staatsgehäuses agieren zu können? Ist Widerstand immer zwecklos und Macht per se unangreifbar? Gerade die allerjüngste Geschichte, der Sturz des Weltherrschers Napoleon, hätte Hebel und seine Zeitgenossen eines anderen belehren können. Vermutlich aber hatten sie vor allem gelernt, dass Blutvergießen, Tod und Zerstörung in ungekanntem Ausmaß kaum andere Spuren hinterließen als die einer tragischen Erinnerung. Nach einer gewaltigen Kraftanstrengung, nach Revolution und Eroberungshunger schien die alte Welt nur umso fester in den Angeln zu hängen. Hebel verhält sich unauffällig, seine berufliche Karriere ist, so gesehen, die makellose Erfolgsgeschichte eines Angepassten, der großen Gesten und aggressiver Rhetorik, aber auch freimütiger Kritik misstraut. Er sagt lieber wenig als zu viel und das, was er sagen möchte, lieber eingebettet in Unverfänglichkeit denn als öffentliche Provokation. Er legt, mit anderen Worten, die Waffen nicht auf den blanken Tisch der politischen Debatten, sondern verbirgt sie im scheinbar harmlosen Inventar seiner Geschichten. Kalendererzählungen wie

König Friedrichs Leibhusar, *Der verwegene Hofnarr* oder *König Friedrich und sein Nachbar* handeln von hoheitlicher Selbstherrlichkeit, die der Gegenspieler ungeachtet des Machtgefälles durch Geistesgegenwart, List und Unerschrockenheit korrigiert. In der letzteren Geschichte von 1819 weigert sich ein Müller, dem König seine Mühle zu überlassen, deren Klappern die Ruhe im Lustschloss stört. Geldangebote schlägt der Müller aus, so dass der König auf seine Rolle als Souverän rekurriert: »Wißt ihr auch, guter Mann, daß ich gar nicht nöthig habe, viel Worte zu machen? Ich lasse euere Mühle taxiren, und breche sie ab.« Der Müller verweist auf das Hofgericht in Berlin, wo er es auf einen »richterlichen Ausspruch« ankommen lasse. Dies ist der Wendepunkt, der König lenkt ein, das Hofgericht, auch wenn es die Unterordnung unter königlichen Willen im Namen trägt, muss nicht zum Handlanger herrschaftlicher Willkür werden. Der König »ließ von dieser Zeit an den Müller unangefochten, und unterhielt fortwährend mit ihm eine friedliche Nachbarschaft«. So Hebel über Eigentum, dessen Schutz und Gleichheit vor dem Gesetz – Grundsätze, denen 1817 und in den folgenden Jahren allgemeine Brisanz zukam.

Als Kammermitglied habe Hebel ohne Ehrgeiz gewirkt, überdies sei ihm »jede weitausschauende Zielstrebigkeit in den großen Fragen seiner Zeit« abgegangen, so dass seine kaum spürbare Tätigkeit als Parlamentarier im Zeichen eines »politischen Quietismus« stehe. Die Grundlage zu diesem Urteil aus dem Jahr 1926 hat wohl schon Hebels Zeitgenosse Karl August Varnhagen von Ense gelegt, der mit unverhohlener Enttäuschung das wenig spektakuläre Auftreten der beiden geistlichen Würdenträger, Wessenberg und Hebel, im badischen Landtag beschreibt. »Auch sein protestantischer Kollege, der zum Prälaten erhobene Kirchenrath Hebel, entsprach den Erwartungen, die man von ihm gehegt, in keiner Weise. Der liebenswürdige allemannische Dichter, der volksthümliche rheinländische Erzähler, verschwanden in dem unbeholfenen, zaghaften Kammermitgliede völlig, und nur die tiefe Demuth blieb sichtbar, die noch immer, wie einst in seiner Knabenzeit, in jedem Nebensitzenden einen vornehmen Herrn verehrte, bei dem seine Mutter ihm zurief: ›Zieh's Käpple!‹ – Aus diesen Beispielen

Wessenberg's und Hebel's glaubte man den Beweis entnehmen zu dürfen, daß Geistliche im Allgemeinen wenig geeignet seien, an politischen Körperschaften theilzunehmen.«

Zu den großen Fragen, die den badischen Landtag in jenen Jahren bewegen, zu den »Hauptforderungen des Zeitgeists« gehören Entscheidungen über die Altlasten feudalistischer Rechtverhältnisse, also über die vielfältigen Dienste und Abgaben, die sich aus der Leibeigenschaft herleiten. Ablösung oder unentgeltliche Aufhebung der drückenden Lasten stehen zur Debatte; die Ablösbarkeit, in der badischen Verfassung festgelegt, muss freilich folgenlos bleiben, wenn sie nicht in konkrete Vorschläge gegossen wird, wohingegen sich aus der unentgeltlichen Aufhebung der Lasten Entschädigungsforderungen der Fronherren an den Staat zu begründen scheinen, die schlimmstenfalls wieder »nur auf Unkosten der früher Befreiten« befriedigt werden. Zwar besagt die mit Beifall begrüßte junge Verfassung, die staatsbürgerlichen Rechte aller Badener seien gleich und alle müssten ohne Unterschied zu den öffentlichen Lasten beitragen, de facto herrscht jedoch keineswegs Einigkeit darüber, was überhaupt als Recht anzusehen ist, wo Rechtsnotwendigkeit besteht und wo man dieser zuwiderhandelt. Der Kampf mit den Standes- und Grundherren ist zäh, und der Teufel steckt, wie immer, im Detail. Ängste unter den Deputierten, die Steuerlasten weiter zu verschlimmern, Entscheidungszwang und falsche Alternativen, zu viel Eifer auf der einen Seite, zu wenig Zeit und Information auf der anderen – das sind die Faktoren, die fehlerhaften, weil ungerechten Gesetzen, noch dazu unter dem Namen einer »Wohltat«, den Weg ebnen. So zumindest in der Darstellung des liberalen Abgeordneten Karl von Rotteck, der als Hauptopponent der Ersten Kammer gilt.

Bei juristischen Streitfragen dieser Tragweite hat sich Hebel bedeckt gehalten, eher schaltet er sich bei Belangen ein, die ihm aus seiner Biographie und seiner Arbeitssphäre vertraut sind – womit er nach eigener Vorstellung wohl auch auf dem sicheren Boden der Sachkompetenz steht. In diesem Sinn hat Hebel in den Ständeversammlungen von 1819 bis 1825 nichts anderes getan, als die Linie weiterzuverfolgen, die er mit seinen vielfältigen Gutachten eingeschlagen hat. Abgesehen vom Schulwesen, seiner ureigensten Domäne, gilt sein Einsatz jenen Berufs- und Bevölkerungsgruppen, denen er selber nahesteht: Hilfsbedürftige Geistliche, Witwen und Waisen sollen durch Staatsgelder unterstützt, die Ausbildung der Volksschullehrer soll verbessert, ein Polytechnisches Institut – Vorläufer der späteren Technischen Hochschule – ins Leben gerufen werden. Hebels Ansinnen, die Geistlichen vom Wehrdienst zu befreien, weil »für den jungen Theologen die Laufbahn am wenigsten sich zieme, welche ihn aus dem theologischen Hörsaal durch Kasernen und Wachtstuben endlich zum Altar führe«, findet keine Mehrheit. Sein pazifistischer Vorstoß scheitert am Grundsatz der Gleichbehandlung. Wessenberg setzt sich insbesondere für die Errichtung eines Blindenheims und eines Taubstummeninstituts ein; Unterricht für Taubstumme hatte es in Karlsruhe zwar seit 1784 gegeben, doch war dieser 1817 mit dem Tod des langjährigen Lehrers und Betreuers Johann Wilhelm Hemeling zum Erliegen gekommen. Hebel unterstützt beide Vorhaben nach Kräften, durch stetes Nachfragen und In-Erinnerung-Rufen. Seine Korrespondenz mit Wessenberg in den Monaten zwischen den Landtagssitzungen dokumentiert den stockenden Fortgang der Projekte, die kaum, dass man sie aus den Augen lässt, wieder im Aktenwust dahindämmern. Am 27. November 1820 berichtet Hebel, Markgraf Wilhelm von Baden, Präsident der Ersten Kammer, habe ihm auf seine Erkundigung hin erklärt, dass »die Sache in dem Staatsministerium in der Berathung lige«. Anfang Februar 1821 lässt sich nicht mehr sagen, als dass die Sache »neuerdings in lebhafter Bewegung sey.« Ende Februar ist eine »Entschließung« des Großherzogs zwar noch nicht öffentlich ausgesprochen, die Errichtung inoffiziell aber so gut wie sicher, was mit »großem Vergnügen« mitgeteilt wird. Anfang Juni ist »nichts näheres« bekannt, doch zweifle er nicht, »daß die Regierung sich bald für diese gottgefällige Stiftung erklären werde«. Rund zwei Jahre später, im Mai 1823, Hebel wurde inzwischen zum Sekretär der Ersten Kammer gewählt, gibt es wieder einmal Aufbruchsstimmung, »da an die Errichtung des Taubstummeninstitutes nun mit Ernst scheint gedacht zu werden«. Erst 1826 wird in Pforzheim eine staatliche Taubstummenanstalt errichtet. In Bruchsal entsteht 1828 die *Großherzoglich Badische Erziehungs- und Bildungsanstalt für junge Blinde*.

Persönlich nahe ging Hebel wohl auch die Frage des *Presszwangs*, vor allem seit er sich mit Ende November 1819 in einer Doppelrolle befindet – als Autor einerseits und Mitglied des neu errichteten Oberzensurkollegiums andererseits. Es sind die Früchte der Karlsbader Beschlüsse, die hier reifen, mit dem Erlass eines Pressgesetzes und einer Zensurverordnung, in deren Folge das genannte Oberzensurkollegium ins Leben gerufen wird. Prälat Hebel ist laut Statuten mit der Kontrolle »aller auf die beiden evangelischen Kirchen sich sowohl in religiöser als pädagogischer Hinsicht beziehenden so wie aller philosophischen Schriften nebst der Aufsicht über das Lesezimmer und die Bibliothek des Museums zu Karlsruhe« betraut.

Als untertänigster Antrag aus beiden Kammern des Landtags dringt alsbald der Wunsch an die Regierung, die neue gesetzliche Schärfe zu mildern und zu dem großzügigeren Zensuredikt des Jahres 1803 zurückzukehren. In der Ersten Kammer ist es Karl von Rotteck, der den Antrag auf Aufhebung der bestehenden Bestimmungen stellt; Hebel, mit der Abfassung des Kommissionsantrags betraut, folgt im wesentlichen des Ausführungen Rottecks und plädiert insbesondere für Freiheit der wissenschaftlichen Forschung und Lehre. Man scheint an einem Strang zu ziehen, was die beiden Kammermitglieder Rotteck und Hebel nicht daran hindert, sich den einen oder anderen Schlagabtausch zu liefern. Rotteck, der als Verfasser historischer und juristischer Schriften selber unter der Zensur zu leiden hatte und in seiner großangelegten *Geschichte für denkende Geschichtsfreunde* Zeitkritik unter dem Schutzmantel allgemeiner Bemerkungen tarnt, geißelt die badische Kontrollwut. Hebel, als Vertreter des Oberzensurkollegiums, sieht sich bemüßigt, die Arbeit des Kollegiums zu verteidigen und tut dies offenbar nicht ohne Schärfe. Sogar Lob, so Rottecks Vorwurf, tilge die übereifrige Zensur; den erdrückenden Zwang, unter welchem man in Baden seufze, könne keine Weltlage rechtfertigen. Was Rotteck erzähle, könne nur bei einer *Provinzialzensur*, aber nicht mit Wissen des

Oberzensurkollegiums geschehen sein, weist Hebel den Vorwurf zurück. Er weist auch noch anderes zurück, was Rotteck vorbringt. Als dieser erklärt, in der Ersten Kammer seien alle drei Prinzipien der Gesellschaft, das aristokratische, das monarchische und das demokratische vereinigt, letzteres durch die Vertreter der Universitäten und der beiden Landeskirchen, ergreift Hebel das Wort, abwehrend, ausweichend und zugleich präzisierend. Insgesamt geht es ihm wohl darum, einer politischen Vereinnahmung der Kirche, und sei sie auch nur rhetorisch, den Riegel vorzuschieben: »Wenn der demokratische Sinn sich darin an den Tag lege, daß man das Wohl des gesammten Volkes lebhaft wünsche und nach bestem Vermögen zu befördern strebe, so können die Repräsentanten der Kirche allerdings nur demokratisch sein. Allein in diesem Sinne würden wohl alle Prinzipien verfassungsmäßig ein und dasselbe sein. In wiefern der Kirche als solcher eigene Vorzüge oder Rechte und ihren Dienern die Möglichkeit, für das allgemeine Wohl zu wirken, zu sichern sei, muß man bisweilen aber in jenem demokratischen Sinn aristokratisch werden. Ist von den verschiedenen, einander entgegenstehenden Prinzipien die Rede, so werden die Repräsentanten der Kirche in dem Sinn derselben handeln, wenn sie jederzeit auf der Seite stehen, wo sie das Recht und die Wahrheit zu finden glauben«.

Das Oberzensurkollegium, obwohl Kontrollorgan der Regierung, spricht sich seinerseits im Sinne der Kommissionsberichte und parlamentarischen Anträge aus. In aller Untertänigkeit verweist man auf die nachteiligen Auswirkungen, die ein allzu strenges Pressgesetz auf das geistige Leben im Lande habe. Ein Autor würde »mit einer fortwährenden schweren Verantwortlichkeit für den Inhalt seiner Schrift« belastet, könnte aber umgekehrt durch eben dieses strenge Gesetz nicht gehindert werden, »seine Werke an jeden auswärtigen Verlag und Druck zu übergeben, wohin es ihm beliebt, und durch das bloße Verschweigen seines Namens sich auf den Boden der Freiheit jedes Ausländers zu stellen«. Das euphemistisch »unmilder« genannte *Pressgesetz* ist also, wie stichhaltig gezeigt werden soll, einerseits ineffizient, andrerseits kontraproduktiv. Abwanderung der Verlagsaktivitäten und der geistigen Elite sind die Folge allzu großer gesetzlicher Schärfe, was der

Schlusspassus des Berichts noch einmal hervorhebt: »Aber es sind uns seit der Errichtung des OberCensurCollegiums gegen Erwartung so wenige, und unter diesen so unbedeutende Werke zur Censur gebracht worden, daß ihre Zahl zu einem Lande, das 2 Universitäten, das so viele denkende und geistreiche Köpfe, das (vielleicht 12) Verlagshandlungen und (vielleicht eben so viele, wenn nicht mehr) Preßen in seinen Grenzen umfaßt, nicht in ihrem Verhältnis zu stehen scheint.« Das Ringen um die Pressefreiheit wird tatsächlich von einem kleinen Erfolg gekrönt sein. Am 3. Februar 1821 schreibt Hebel an Wessenberg, dass »wegen des Censurwesens« noch nichts entschieden sei, aber fortwährend zu hoffen bleibe, das Edikt werde zurückgenommen. Hebel hofft nicht vergebens, die Brauer'sche Zensurordnung von 1803 tritt kurz nach Hebels Schreiben erneut in Kraft – soweit sie nicht den Karlsbader Beschlüssen widerspricht. Rund zehn Jahre später kommt es zu einem weiteren Liberalisierungsschritt, auf den umgehend die restriktive Kehrtwende folgt, als unter dem Druck Preußens und Österreichs das ausnehmend liberale badische Pressegesetz vom Dezember 1831 ein halbes Jahr später wieder fällt.

Man hat bemängelt, dass Hebel nicht nur in seinen Predigten, sondern auch in den Sitzungsberichten stilistisch weit hinter die Texte des Kalendermanns zurückfällt, ja dass er sich darin geradezu durch besondere Farblosigkeit und Schwerfälligkeit auszeichnet. Die Textsorte, so könnte man angesichts dieses Umstands behaupten, erschafft sich ihren Autor, nicht umgekehrt. Die Textsorte ist das Kostüm, auch das Prokrustesbett, in das sich der Autor hineinzwingt, was gerade ein Dichter wie Hebel, der da und dort mit literarischen Vorgaben jongliert, sie verfremdet und neu erfindet, bis zur perfekten stilistischen Mimikry beherrscht. Ob Predigt oder Kommissionsantrag – es gilt das Gebot der Textgattung, und Hebel folgt ihm mit Ernst und Akribie. Als Textgattung ist die Predigt sakrosankt, ein traditionsgehärtetes Gefäß, das der Prediger Hebel mit den vorgeschriebenen Ingredienzen füllt, nicht ohne recht entschieden Prioritäten zu setzen. Was er fürchte und zu vermeiden suche, ist der »trockene, todte Moralvortrag«, an dessen

Stelle er seine Reflexionen lieber aus historischen Texten ableite. Andernfalls halte er moralische Predigten für langweilig und unfruchtbar, »seyen sie in didaktischer Hinsicht so brav als sie wollen«. Denn es fehle den Menschen »wahrlich nicht am Wissen und Erkennen, sondern am lebendigen Impuls des Wollens«. So Hebel 1800 im Brief an Christian Theodor Wolf. Während er in den *Ideen zur Gebetstheorie* die Predigt als jenen Teil des Gottesdienstes bestimmt, der auf den Verstand wirkt und moralisiert, soll nun die Empfindung auch hier ihren Platz bekommen, als unverzichtbare Bundesgenossin der Vernunft. Nur so ist der »gewisse siegende Enthusiasmus« zu erzeugen, ohne den »nichts Mühsames und Schweres so oft es auch beschlossen und versucht wird« gelingt. Die Predigt, wie das Gebet, bahnt sich ihren Weg zu den Herzen, nicht nur zu den Köpfen, sie ist in gewissen Elementen pädagogisch, freilich nicht mäeutisch in der Weise, dass sie zum Selbstdenken anregt. Sie enthält, im Unterschied zum Kalendertext, keine Botschaft als die explizite, in unhintergehbarer Eindeutigkeit, darin mag die Enttäuschung wurzeln, die die literarische Nachwelt angesichts von Hebels Predigt-Schaffen erfasst. Anders die Zeitgenossen. Gustav Friedrich Sonntag, einer der ersten Hebel-Biographen, spricht vom »ausgezeichneten Beifall«, der dem Prediger zuteil wurde. »Er sprach mit Ruhe und mit tiefem Gefühle. Er bewegte nur selten seine Hände, aber um so bedeutungsvoller war der Ausdruck seiner Augen und seiner Gesichtszüge.« Theologische Streitfragen, unorthodoxe Positionen haben, wenn überhaupt, ihren Ort nicht in der Predigt, sondern im Briefwechsel mit Theologenfreunden oder in Aufsätzen, die der theologischen Gesellschaft seines Freundes Hitzig zugedacht sind. Sie sind nicht für die Versammlung der Gläubigen gedacht, sondern Teil eines Fachdialogs im Insider-Kreis und damit Teil jener wissenschaftlichen Freiheit, die Brauers Kirchenratsinstruktion von 1797 den Geistlichen des Landes zubilligt.

In den diversen Gutachten wiederum, die Hebel im Laufe seines Lebens verfasst hat, herrschen planmäßige Argumentation und breit angelegte Sachlichkeit. Was ist und was sein könnte, das Bestehende, das Wünschenswerte, das gegen das Wünschenswerte Einwendbare, die Unhaltbarkeit des Einwendbaren – all dies gilt es vorab zu bedenken, und so bewegen sich die Gutachten und Anträge, durchaus zeitgemäß, in einem komplexen Gestrick aus *wenn, dann* und *zumal,* in dem alles berücksichtigt und nichts vernachlässigt werden will. Hat Hebel auch hier, wie mancherorts behauptet wird, in der Erfüllung der Norm seinen höchsten Ehrgeiz gesehen, so dass seine Gutachten geradezu Spitzenreiter an Umständlichkeit sind? Dies von einem Autor, der anderen zu »Einfachheit und Faßlichkeit des Stils« rät? Hebels Umständlichkeit bestätigt seine stilistische Spannweite: Wenn es der Anlass erfordert, liefert er anstandslos die schwere Kost amtlicher Erklärungsfülle, was ihn nicht daran hindert, zur gleichen Zeit – sozusagen mit der freien Hand – luftige, lakonische, ketzerische Kurzprosa zu verfassen. Pointierte Schärfe ist in der wulstigen Überzeugungsarbeit der Gutachten und Anträge sicherlich die Ausnahme, anzutreffen ist sie durchaus, vor allem dann, wenn es nicht zu argumentieren, sondern zu urteilen gilt. Zu urteilen insbesondere über Dinge, die – nach den Worten des Oberzensurkollegiums – innerhalb »der Erfahrung liegen, welche wir in dem uns angewiesenen Wirkungskreis zu machen Gelegenheit hatten«.

Klare Worte findet Hebel etwa in seiner Funktion als Mitglied des Oberzensurkollegiums, wenn es in Religionsfragen zwischen Katholiken und Protestanten zu Misstönen kommt und die Zensur zum Eingreifen gedrängt wird. Eine Rezension von Kirchenrat Paulus wird zum Stein des Anstoßes, weil darin angeblich Animositäten genährt und überhaupt ein gewisser Geist der Intoleranz merklich vorherrsche. Gegenläufiger Beschluss des Oberzensurkollegiums: Es habe keinen hinreichenden Grund gefunden, aus welchem der eingeschickten Rezension das Imprimatur versagt werden könnte. Hebel wird grundsätzlich: »Es kann vieles, was geschrieben wird, von vielerlei Gesichtspunkten her betrachtet, mißbilliget, mit Recht mißbilliget werden und doch nicht Censur widrig seyn.« – »Unbenommen« müsse es dem Schriftsteller sein, eine wissenschaftliche Untersuchung zu schreiben, unbenommen im Gegenzug aber auch dem Rezensenten, in seinen eigenen

Forschungen mit dem Schriftsteller nicht einig zu sein. »Was wäre sonst eine Recension?«

Schon die sogenannten kleinen Verbesserungen verlangen ein gehöriges Maß an Ausdauer und Beharrlichkeit, wie Hebels Bemühungen um das Taubstummeninstitut, aber auch das Tauziehen um Milderung der Zensur dokumentieren. »Möge, wenn denn auch langsam, nur alles Gute zu seiner Reife gedeihen«, schreibt Hebel im Dezember 1820 an Wessenberg. Doch während eine politische Entwicklung, die mit der »freisinnigsten aller Verfassungen« und der Tätigkeit des Landtags gerade erst ins Leben gerufen wurde, noch ihren mühevollen, schwerfälligen Gang geht, wird an den Schalthebeln der Macht schon die Umkehr vorbereitet. Dass mit der Ständeversammlung erstmals Volksvertretern ein politisches Mitspracherecht eingeräumt wurde, ist den konservativen Kräften der Ersten Kammer von Anbeginn ein Dorn im Auge. Ein *Adelsedikt*, das u.a. von Staatsminister von Berstett angestrebt wird, soll Abhilfe schaffen, die Privilegien des Adels stärken und drohender Machteinbuße vorbeugen – ein Vorstoß, gegen den zwar auch die liberalen Vertreter der Ersten Kammer, wie Karl von Rotteck, opponieren, der naturgemäß aber vor allem in der Zweiten Kammer für heftigsten Protest sorgt, wofür sich deren Abgeordnete als Rotte von Bösewichtern und Jakobinern beschimpfen lassen müssen. Die Zweite Kammer, die Rückhalt im Volk und Ansehen in der öffentlichen Meinung hat, erweist sich für die Regierung als Unruheherd, als missliebiger Hemmschuh, etwa was die Pläne zur Sanierung des Staatsbudgets betrifft; sie ist der Ort, an dem sich unnachgiebige Neinsager wie der schon genannte Gottlieb Bernhard Fecht behaupten. Großherzog Ludwig I., der für politisches Mitspracherecht und liberale Tendenzen wenig übrig hat, bewegt sich nur widerstrebend auf dem konstitutionellen Weg, den sein Vorgänger, der 1818 im Alter von erst 33 Jahren verstorbene Großherzog Karl, beschreiten wollte. Sein eigentliches Vorbild ist der Staatsabsolutismus Metternichs, und so verwundert denn auch nicht, dass die Karlsbader Beschlüsse in Baden auf mehr als fruchtbaren Boden fallen. »Unbedingte« Gültigkeit erhalten die Beschlüsse im Land, dazu diverse Verschärfungen, wie etwa die schon genannten für die

Presse, die erst in mühsamer Kleinarbeit 1821 wieder zurückgeschraubt werden; die antikonstitutionelle Hofpartei hat Oberwasser, für alle andern sind es Zeiten eines »patriotischen Kummers«. Politisches Tauwetter stellt sich erst 1830 mit der Thronbesteigung Großherzog Leopolds ein.

Im Jahr 1824 erscheint Hebels letztes Werk, die *Biblischen Geschichten* oder *Biblischen Erzählungen,* wie der Titel im ersten Druck und in frühen Gesamtausgaben lautet. Ganz wie der *Rheinländische Hausfreund* haben auch sie ihre Wurzeln in internen Auseinandersetzungen, in Unzufriedenheit mit dem Ist-Zustand und Überlegungen, wie Besseres geschaffen werden könnte. Zunehmende Kritik richtet sich gegen die im Schulunterricht verwendeten, schon alterwürdigen *Biblischen Historien* von Johann Hübner, 1714 verfasst und 1748 offiziell in Baden eingeführt. Seinerzeit auch durchaus neu, methodisch wie inhaltlich, weisen die *Zweymahl zwey und funffzig Auserlesenen Biblischen Historien* eine straffe, didaktisch fundierte Struktur auf: jede Historie wird gefolgt von einem dreiteiligen Erarbeitungstext aus deutlichen Fragen und Antworten, nützlichen Lehren und gottseligen Gedanken, womit Gedächtnis, Verstand und Willen der Kinder – in dieser Reihenfolge – gefordert werden sollen. Was Mitte des 18. Jahrhunderts gelungen und verdienstvoll erscheint, ist rund dreißig Jahre später hoffnungslos obsolet. Die Verse, mit denen Hübner jede Historie beschließt, da ja »Poesie auch in den zarten Kinder-Seelen, sonderlich was das Gedächtniß betrifft, eine delicate Wirckung hat«, werden von Herder als schöne »Leberreime« verspottet. Missfallen findet das sperrige Pflichtprogramm der nützlichen Lehren, aber auch die Tatsache, dass Hübner den biblischen Text zwar gerafft, ansonsten aber unzensiert wiedergegeben hat. Eine zunehmend prüde bürgerliche Gesellschaft fordert das Verschwinden der »zu zweideutigen« Geschichten – von Jakobs »gedoppelter Heirat« über Simson bis zur »skandalösen« Bathseba – aus einem Kinderbuch; eine progressive Pädagogik richtet sich gegen die Überladung mit Fragen und Lehren. Die Überzeugung verfestigt sich, dass Ersatz für die einst so geschätzten *Biblischen Geschichten* Hübners gefunden oder geschaffen werden muss. Der reformierte Kirchenrat Johann Ludwig Ewald regt an, stattdessen die Biblische Geschichte des Pädagogen und Jugendschriftstellers Christoph von Schmid zu übernehmen. Dass Schmid Katholik ist, sorgt allerdings für heftigen Widerstand in der obersten evangelischen Kirchenbehörde, auch wenn Ewald vorsorglich schon Überarbeitungen angefertigt hat. Genau wie in der Auseinandersetzung um den Badischen Landkalender klinkt sich Hebel mit einem Gutachten (1815) in die Debatte ein: *Meine Bemerkungen über das mit Abänderungen in unseren Schulen einzuführende biblische Geschichtbuch von Schmidt* [sic]. Hauptargument Hebels, nicht neu, ist die echte und edle Popularität, die Schmid vermissen lasse, sowie die Fähigkeit, gut – gut für Kinder – zu erzählen. Die Lehre dürfe nicht weitschweifig sein, sondern sei umso fruchtbarer, je »kürzer, je körniger und sentenziöser« sie ausfalle. Und schließlich bemängelt Hebel, dass der lutherische Bibeltext aus Schmids Bibelgeschichte »bis auf die lezte Spur« verschwunden sei.

Wie im Fall des Badischen Landkalenders endet die Kontroverse damit, dass Hebel die Autorschaft und die Verantwortung für das Bessere und Neue zugeschoben wird. Im Mai 1818 erhält er den offiziellen Auftrag zur Abfassung einer Biblischen Geschichte, die 1824 erscheint und von der Evangelischen Kirchensektion als Schulbuch eingeführt wird. Im Dezember 1818 berichtet Hebel den Haufes über seine neue Aufgabe. Er schreibe »wirklich eine heilige Geschichte für die Kinder, für unsere Kinder in Klein Straßburg und lebe am Berg Tabor, unter den Palmen von Jericho, am Brunnen Jakobs am heiligen Grab, und wie gesagt bei euch«. Bis Ostern müsse die Arbeit fertig sein. An Gottlieb Bernhard Fecht berichtet er, wie er versucht, sich ins eigene Kindsein zurückzuversetzen, um den richtigen Ton zu treffen. »Sie und Hitzig und ich und ein halbes Dutzend verstorbene und lebende Schulkameraden zwischen 1768 und 1772 heraus müssen beständig vor mir stehen, wenn ich an der Bibelgeschichte schreibe. Uns Obgenannte muß ich unaufhörlich fragen, obs uns recht sei so und ob wirs auch verstehen, nämlich die 68er und 72er, und obs uns auch ans Herz geht. Ich bin schon an Samuel und David und glaube fast, Gott steht mir bei, daß ich etwas Besseres als das Gewöhnliche liefere«. Jede freie Stunde nutzt Hebel, doch erst im Januar 1823 kann er die Bitte an Cotta richten, das Manuskript als Eigentum zu übernehmen. »Ich weiß, daß Sie gegen das böse Beispiel meiner Saumseligkeit unanrührbar sind.« Im nächsten erhaltenen Brief an den Verleger pocht Hebel auf die ihm versprochene »Eitelkeit« einer »schönen Ausgabe«, ein »nettes Büchlein in klein Oktav ni fallor mit rothem Einband. Kinder lieben das Nette und Kleine.« Hebel erbittet Teile des Manuskripts für nicht näher genannte Überprüfungen zurück, mit der Versicherung, sie in wenigen Tagen zu retournieren. Er kündigt die baldige Übersendung der Zeittafel und einer fehlenden Nummer an und beschäftigt sich weiterhin, in aller demütig eingestandenen Inkompetenz, mit der Frage des Formats. Eine unangenehme Überraschung bescheren ihm die ersten übersandten Probebogen: von »grammatischer Correctheit« ist der Text offenbar weit entfernt, der zerknirschte Autor schlägt vor, das ganze Manuskript von einem aufmerksamen Korrektor sichten zu lassen. Fehler, die zu noch ärgeren Druckfehlern werden, halten ihn auch weiterhin in Atem: »Ich bemerke, Verehrtester in den vor einer Stunde erhaltenen Bogen ein par Druckfehler, die mich warhaft in Schrecken sezten. Ich sehe, wie nöthig es ist, daß das Manuscript hinsichtlich der Orthographie noch einmal genau revidirt werde, und wiederhole desfalls meine frühere Bitte. Gerne wollte ich das unerquickliche Geschäft selbst übernehmen, und sollte es auch. Aber abgesehen von der Verweitläufigung oder dem Aufhalt weiß ich zum Voraus, daß ich wieder die Hälfte der Fehler stehen ließe. Zu einer billigen Vergütung der Mühe verstehe ich mich gerne.« In einem weiteren Brief bittet er inständig, das Blatt mit den schlimmen Fehlern (Ende des Kapitels über die Sintflut, Beginn des Kapitels über Abraham) »doch ia umdruken zu lassen. Diese Versehen könnten leicht den Preis aller Druckfehler der nächsten Messe davontragen.« Der mitgesandte Bildvorschlag für den Einband sieht ihm »gar zu catholisch« aus.

Anfang 1824 werden fertige Exemplare an die Freunde gesandt, mit Begleitworten, die bei allem Scherz auch einigen Ernst enthalten: »Aufrichtig gesprochen, ich habe das Büchlein mit Liebe für mein Vaterland geschrieben, ob ich gleich das ausländische Geld nicht habe seitwärts liegen lassen. Ich habe fast bei jeder Zeile im Geist oberländische Kinder belauscht, zu welchen die Hanauischen auch gehören. Wenn es mir aber gelungen ist, so ist mir die auswärtige Celebrität in geehrten Blättern sehr sekundär, nachdem ich das Geld habe. Sie sehen also, daß ich von der Vaterlandsliebe, einiger Verdienstlichkeit um dasselbe und um die gute Sache und der Geldsucht harmonisch belebt bin«.

Das Landeskirchenamt Karlsruhe ordnet in einem »Circulare« allen badischen Dekanaten die Einführung des neuen Schulbuchs an. Trotz dieses offenbar reibungslosen Ablaufs scheint die Aufnahme zwiespältig. Von »finstern Gesichtern« berichtet Hebel Ende 1824 an Nüßlin, einige Wochen später klagt er, dass die gelehrte Welt »noch nicht viel Notiz hat nehmen wollen, so daß es fast scheint, es sey nicht einmal viel daran. Allein ich suche diesmal meine Recensenten wirklich nicht in den gelehrten Stuben, sondern in den Kinderstuben und bei den Gemüthreichen«. Immerhin halten sich Hebels *Biblischen Geschichten* 25 Jahre lang als Schulbuch, bis im Jahr 1849 pietistische Kreise massiv Stimmung gegen das »anstößige« Werk machen und die Rückkehr zur alten unverfälschten Lehre fordern – eine Forderung, der sechs Jahre später auf der Generalsynode entsprochen wird. Im Kreuzfeuer der Kritik steht der »unbiblische Kalenderton« Hebels – und tatsächlich lassen sich, ganz wertneutral, stilistisch-methodische Parallelen zwischen Hausfreund und Bibelerzählung feststellen. Hebels *Biblische Geschichten* sind kein Lehrwerk, das viel Aufhebens um seine Absichten macht. Kein didaktisches Schema, das ins Auge sticht, keine Trennung von Lernen, Fühlen, Nachdenken, wie sie etwa auch Hebels Erlanger Professor, Georg Friedrich Seiler, in seinem 1782 erschienenen *Kleinen biblischen Erbauungsbuch* als zweckmäßig und praktisch anpreist. Alles geht ein ins Kontinuum des Erzählens, in ein Gewebe assoziativer Prosa. Wie schon für den *Hausfreund* inszeniert der Erzähler der *Biblischen Geschichten* Mehrstimmigkeit und Dialog, er fragt im Namen des Lesers, kommentiert, belehrt und spannt immer wieder den Bogen aus der Tiefe des biblischen Geschehens zur Gegenwart seines kindlichen Publikums. Hier wie dort waltet die Überzeugung, dass sich

Geschichten aus ihrem historisch-geographischen Koordinatensystem herauslösen und in einen neuen Rahmen einfügen lassen. Ort und Zeit sind Variable, unter deren Druck sich zwar manches verändert, doch die Veränderung wird letztlich überstrahlt vom aufklärerischen Lehrsatz: es geht um Menschen, »wie wir sind«. Die vorbildlichen oder fragwürdigen Figuren aus dem *Hausfreund*, die unbelehrbaren ebenso wie die gelehrigen, bewegen sich gerne an genau bestimmten Orten, sitzen in genau benannten Gasthäusern, trotzdem ist die Authentizität des Erzählten nur *eine* Stufe seiner Bedeutung, eine Vorstufe vor der eigentlichen Botschaft, dem durchscheinend Modellhaften. Hebels erzählerische Freiheiten im Umgang mit der biblischen Vorlage wurden für die *Stillen im Lande* zum Stein des Anstoßes, andererseits aber auch als geniale Transposition gelobt. Eine Verfälschung bedeutete aus pietistischer Sicht zweifelsohne, dass Hebel als aufgeklärter Theologe für gut befand, den Wundern im Alten und Neuen Testament gelegentlich behutsam relativierende Kommentare beizugesellen. Als der Prophet Elias bei der armen Witwe unterkommt, die nur noch eine Handvoll Mehl im Topf und ein wenig Öl hat, deren Haus aber trotzdem vom größten Mangel verschont bleibt, heißt es: »Es ist wohl zu glauben, daß es gute Menschen aus der Nachbarschaft waren, welche der armen Frau täglich so viel zum Unterhalt des Propheten zutrugen, daß sie und ihr Kind auch davon zu leben hatten. Wiewohl Gott kann auch wunderbar die Seinigen retten und segnen, und die Gutmüthigkeit einer vertrauenden Seele belohnen. ›Weg hat er alle Wege. An Mitteln fehlts ihm nicht.‹« Hebels »wiewohl« ist höchst aufschlussreich: Er bietet zunächst eine wenig spektakuläre, durch und durch rationale Erklärung des Wunders an, schlägt aber von dort einen Haken zurück zur Wunderfähigkeit Gottes. Diese steht außer Zweifel, zu überdenken gilt es vielmehr die naive Wundergläubigkeit des Menschen, seine Sehnsucht nach dem Unglaublichen, das ihn den Glauben erst lehren soll. Die Maßstäbe sind falsch gesetzt, gibt Hebel zu verstehen, denn die Sensation, nach der der Mensch verlangt, verstellt ihm den Blick dafür, dass schon das natürliche, normale Leben eine einzige Folge von Wundern ist. Hebels Nacherzählung der *Speisung der Fünftausend* unter dem Titel *Jesus speiset mehrere Tausend Menschen mit wenig Nahrungsmitteln* lässt sich so als Parallelstelle zur Errettung des Propheten Elias im Alten Testament lesen. Die eindrucksvollen Zahlen – fünf Brote sättigen fünftausend Hungrige – liefern ein Beispiel für Gottes Allmacht, die doch für den, der genauer schaut, tagtäglich, in jedem Hunger, der gestillt wird, gleichermaßen zu erkennen ist. Diesen Gedanken hat schon Hebels ehemaliger Professor Georg Friedrich Seiler in seinem *Kleinen biblischen Erbauungsbuch* vergleichsweise nüchtern formuliert, Hebel selber scheut vor poetischer Emphase nicht zurück: »Nährt nicht Gott auch von Jahr zu Jahr von einer geringen Aussaat viele Tausend Menschen, und vieler Tausend Eltern Kinder, noch ohne die zahllosen Geschöpfe, die nicht säen und nicht ernten, und wenn alle gegessen und gelebt haben, ist nicht auch in der großen Haushaltung Gottes jährlich viel mehr noch übrig, als anfänglich gesäet ward? Kein sterblicher Mensch ist im Stande, das göttliche Geheimniß und das Wunder zu ergründen, daß aus einem Weizenkorn in der fruchtbaren Erde ein schöner hoher Halm und eine Ähre voll neuer Körner heraus wachsen, und sich noch einmal und immer fort bis ins Unendliche vervielfältigen könne, daß der Segen, der in einem einzigen Saatkorn verborgen liegt, zur Ernährung vieler Tausend Menschen genügen kann.« Aber auch das ist nur *eine* Seite der göttlichen Allmacht. Und was hier, an dieser Stelle als schlichter Hinweis auf das Wunder der Naturgesetze gemeint ist, kann sich andernorts wieder mit gleichnishafter Bedeutung aufladen. »Das Reich Gottes ist einem Senfkorn gleich, oder einem andern kleinen Samenkorn, den ein Mensch nimmt, und in seinen Garten bringt. Er wächst und wird ein großer Baum. Durch Gottes Segen wird das Kleine groß.«

Gottvertrauen, Geborgenheit und Jenseitszuversicht legen sich wie ein wärmender Mantel um die Leser der *Biblischen Geschichten*. Hebel hat einiges, gar Substantielles, wie es heißt, aus Altem und Neuem Testament weggelassen, den Turmbau von Babel etwa, die Geschichte Hiobs, eine Reihe von Gleichnissen, und umgekehrt vieles hineingearbeitet, um seine Geschichten eindringlich und sanft erzieherisch, heilsam gegen böse Anwandlungen und hilfreich zugleich werden zu lassen: einen Erzähler, der sich zu seinen kindlichen Zuhörern herabbeugt und die erzählerische Wucht der Vorlage abfängt und mildert, ein lichtvolles Jesusbild, das groß und nah zugleich ist, aber auch den steten Hinweis, wie sehr das Erzählte ganz unmittelbar mit dem Leben der Leser und Zuhörer zu tun habe. Mit einer Spur von Erstaunen, so scheint es, nimmt der Dichter zur Kenntnis, dass die Aufnahme seiner *Biblischen Geschichten* anders ausfällt als erwartet, dass erhoffte Reaktionen offenbar ausbleiben – und er tröstet sich, indem er die Kommentare »gelehrter Stuben« für entbehrlich erklärt.

Hebel steht inzwischen im fünfundsechzigsten Lebensjahr, seit Oktober 1824 ruht seine Lehrtätigkeit, die in den Jahren zuvor noch acht Wochenstunden betrug. Als Prälat ist er nach wie vor in der Ersten Kammer des Landtags tätig und als Mitglied der Kirchen- und Schulbehörde des Landes mit allerhand *Geschäften*, darunter Prüfungs- und Visitationsreisen, betraut. Akten bleiben bis ans Ende die ungeliebten Gefährten seines Lebens, es sind »Unverschämte«, wie Hebel an Sophie Haufe schreibt, die sich breit und wichtig machen und nie fragen, ob man nicht vielleicht Besseres zu tun habe. Trotz chronischem Zeitmangel tüftelt Hebel an einem weiteren Buch für den Religionsunterricht, rund ein Vierteljahrhundert nach seiner erfolglosen Revision des Herderschen Katechismus und wenige Jahre, nachdem er mit Hitzig über dessen Entwurf eines Unionskatechismus debattierte. Was »zweckmäßig« und »räthlich« sei in einem solchen Unterrichtswerk über die christliche Religion, wurde dabei recht eingehend abgehandelt, und man kann annehmen, dass Hebel damit in Umrissen ein Konzept für seine eigene Arbeit gewann. Hitzigs Entwurf wird auf der Generalsynode, wie bereits erwähnt, vom Heidelberger Theologen Schwarz zerpflückt und nur als Grundlage für ein vorläufiges Lehrbuch akzeptiert. Hebels Katechismus sollte erst nach seinem Tod unter seinen Papieren gefunden werden, postum erscheinen und nie an Schulen eingeführt werden, auch wenn die Herausgeber die »besondere Geschicklichkeit zum Volksunterricht durch einfache und deutliche Darstellung« loben. Einfachheit und Deutlichkeit seien allerdings, so eine spätere Diagnose, mit einiger theologischer Unschärfe versetzt, mit einem unbestimmten Lavieren zwischen lutherischer und reformierter Position. Eben dies ist freilich nicht Hebels persönlicher Kunstkniff, sondern die offizielle Linie der Unions-Theologen, die um das gemeinsame *Tiefere* der Konfessionen ringen und heikle Entscheidungen in einer sehr offenen Form der Synthese aufsparen.

Im Sommer 1825 verbringt der Dichter vier Urlaubstage in Baden, gemeinsam mit Kirchenrat Bähr, im September reist er zu den Herbstprüfungen nach Mannheim, wo er so wie in den vorangegangenen Jahren bei seinem alten Freund Nüßlin Quartier bezieht. Gesundheitliche Probleme sind seit geraumer Zeit ein regelmäßig wiederkehrendes Thema in der Korrespondenz, von verdorbenem Magen, Verdauungsbeschwerden und Appetitlosigkeit ist die Rede, von innerer Bangigkeit und Unruhe, von Fieber, Melancholie. Er ist »leider nicht ganz gesund und gottlob nicht krank«.

Der langjährige vertraute Freund und Kollege Nikolaus Sander stirbt 1824, Kirchenrat Heinrich Doll, den Hebel sich, wie er sagt, vom Schüler zum Freund erzogen hat, stirbt ein Jahr später an einem in der Stadt grassierenden Nervenfieber, an Typhus also. »Es ist kein Trost dabei, lange zu leben. Man wandelt zuletzt gleichsam auf einem Gottesacker«, schreibt er an Gustave Fecht und Karoline Günttert. Und wenige Monate später, im Dezember 1825, ebenfalls an die beiden Schwestern: »Ich werde in diesem Leben nimmer viel Rosen zu pflücken haben. Aber sehen Sie mich nicht wieder für melancholisch an. Wenigstens will ich es nicht seyn, sonst könnte ich Ihnen bald meine trübsinnigen Briefe verleiden, was mir sehr leid wäre. Auch sollte man am Ende eines Jahres nie ein unfreundliches Gesicht machen, weil man immer sagen kann, entweder Gottlob ich habe es genossen, oder Gottlob ich hab es überstanden, und wer beides sagen kann, hat ia gar ein doppeltes Gottlob zu sagen. Auch bin ich ziemlich gesund. Etwas rheumatische Steifigkeit und kurzen Athem nehm ich als Zugabe. Die Unlust zum Essen und die Unlust zum Arbeiten heben sich gegen einander auf.« Im Juni 1826 muss Hebel noch einmal übersiedeln, es wird der letzte seiner zahlreichen Quartierwechsel innerhalb Karlsruhes sein, die der Dichter mit philosophischem Gleichmut auf sich nimmt. Der neunjährige Oswald Haufe, Sohn der Straßburger Freunde, wohnt in diesen Monaten bei Hebel, die Briefe an die Mutter spiegeln die Sorgen des großväterlichen Betreuers wider – der Kleine könnte nachts aus dem Bett fallen –, sie enthalten Beobachtungen zum Charakter des Kindes und erzieherische Maximen: so »spartanisch«, wie es »sein Alter und die Liebe« – die Antagonistin des Spartanischen – gestatten, und berichten von Lernen und Zeitvertreib: »Wir arbeiten nicht mehr als wir müssen, aber dieses in der Ordnung. Außer dem schneiden wir dermalen den ganzen Tag papierne Monturen zu, und nähen sie alsdann mit Kleister.«

Am 6. September 1826, es ist die Zeit der Herbstprüfungen, kündigt sich Hebel wieder bei seinem Freund Nüßlin in Mannheim an, doch komme er diesmal »in der Qualität eines Patienten«. Eine festliche Schifffahrt auf dem Rhein beschließt das Prüfungsritual, am 16. September bricht Hebel zu einem Besuch bei seinem Freund Johann Michael Zeyher, Gartenbaudirektor in Schwetzingen, auf, von dort soll es weitergehen nach Heidelberg, wo gleichfalls Prüfungen abzunehmen sind. In Schwetzingen verschlechtert sich sein Zustand rapide, Ärzte versammeln sich um das Krankenbett. Am 22. September 1826 stirbt Hebel in den frühen Morgenstunden an Darmverschluss, Durchbruch und Bauchfellentzündung infolge einer Darmkrebserkrankung. Allerhand seltsame Anekdoten umhüllen die Faktizität des Endes, von einer peinlichen Panne bei der Sarglegung ist die Rede, von Ungereimtheiten, was die letzte Ruhestätte des Dichters auf dem Schwetzinger Friedhof betrifft – etwas wie das Aufbegehren der Erzählung gegen den Tod liegt in dieser Anekdotenfreudigkeit, in dem Aufsammeln von Zwischenfällen, von Irritationen, die der gelehrige Leser des *Hausfreunds* als jenes kostbare Material erfasst, aus dem sich der Faden der Narration, der klugen und guten Geschichten über das Ende hinaus und in die Gegenwart hinein weiterspinnen lässt.

Brief an Friedrich Wilhelm Hitzig

Die Wüsten des Lebens zu färben:
Freundschaft, Liebe, Poesie

Jean Paul. Geselliges Leben in der Residenzstadt. Besucher.
Drei Frauen: Henriette Hendel, Sophie Haufe, Gustave Fecht.
Sprachwitz und angewandte Philosophie.

In seinem Roman *Dr. Katzenbergers Badereise* schickt Jean Paul das junge Liebespaar Theoda und Theudobach auf eine nächtliche Kutschfahrt. »Traumtrunken«, »eine Seele in die andere gesunken« dürfen die beiden durch eine ins Wundersame gewandelte Natur dahinrollen, »selig und heilig, in höherem als römischen Sinn«. Es ist eine wahrhaft romantische Szenerie des vollendeten Glücks und der Harmonie, die hier entworfen wird, und dem Erzähler, überwältigt von seiner eigenen Fiktion, entringt sich ein schmerzlicher Ausruf: »O Schicksal, warum lässest du so wenige deiner Menschen eine solche Nacht, ach nur eine Stunde daraus erleben? Sie würden sie nie vergessen, sie würden mit ihr, als mit dem Frühlings-Weiß und Roth, die Wüsten des Lebens färben – sie würden zwar weinen und schmachten, aber nicht nach Zukunft, sondern nach Vergangenheit – und sie würden, wenn sie stürben, auch sagen: auch ich war in Arkadien! – Warum muß blos die Dichtkunst das zeigen, was du versagst, und die armen, blütenlosen Menschen erinnern sich nur seliger Träume, nicht seliger Vergangenheiten? Ach Schicksal, dichte doch selber öfter!«

Jean Paul ist einer der erklärten Lieblingsautoren, vielleicht überhaupt *der* deutschsprachige Lieblingsautor Johann Peter Hebels. Hebel liest ihn, empfiehlt ihn, preist ihn, ja die Begeisterung geht so weit, dass er eine Neigung zum *Jeanpaulisieren* an sich diagnostiziert. Er erkennt und benennt die Gefahr der Imitation und scheut trotzdem nicht davor zurück, sich von den *Flegeljahren* zu einer literarischen Parallelaktion inspirieren zu lassen. Nach dem Vorbild des Doppelromans *Hoppelpoppel* der Brüder Vult und Walt soll der Roman *Hippel Drippel* entstehen, eine freundschaftlich-dichterische Koproduktion von Hebel und den Straßburger Freunden Gottfried Haufe und Daniel Schneegans samt Familien. Anfang August 1809 geht ein von dichterischem Mutwillen und Tatendurst sprühender Brief nach Straßburg: »Ob ihr gleich, meine gesammte liebe Mitautorschaft, nichts geringeres hier leset, weil ich selber nichts geringeres schreibe als die Vorrede zu meinem Antheil am Hippel Drippel oder kürzer gesagt, die Vorrede zum ersten Hippel-Drippels Drittel so will ich doch klug, ia ich sage, diskret seyn, und nicht etwa um des Lesers willen hier noch einmal erzählen, was wir Autoren alle schon wissen, z. B. daß es einen Weg von Straßburg nach Gravenstaden gibt und Einfälle darauf, oder wie der Schweitzer und die Müllheimerin sich gefunden haben, welches ohnehin ins Werk selber gehört, sondern viel lieber eins und das andre, was wir noch nicht alle wissen.« Was Hebel hier wortreich geheimhält, seine ganze kleine Inszenierung rund um Mitwisser und Unwissende, Leser, Autoren und lesende Autoren, zeigt wohl schon, in welche Richtung sich der Roman erzählerisch bewegen sollte. Dazu als Protagonisten zwei, die sich finden. Sophie Haufe, eine der von Hebel bestellten Mitautorinnen, berichtet in ihren Erinnerungen Genaueres. Im Jahre 1809, also zu eben der Zeit, als die Idee zum *Hippel Drippel* entsteht, zieht eine junge Verwandte zur Familie Haufe, eine Waise namens Mine Mauritii. »Als Mine noch ledig und bei uns in Straßburg war«, erinnert sich Sophie Haufe, »und Hebel diese bei seinen Besuchen bei uns kennen lernte, ihre Begeisterung für alles Schöne und Gute, dabei ihre Fertigkeit und Aufopferungsfähigkeit, wollte er mich dazu bewegen, mit ihm einen Roman zu schreiben in Briefen, wobei ich die sentimentalen und er die launigen liefern und Mine die Heldin davon sein sollte. Ich war aber zu sehr von meinem Unvermögen überzeugt und auch mit Kindern und anderen Geschäften in Anspruch genommen, daß ich nie einen Anfang machte. Der Geist Jean Pauls lebte in unsern Zirkeln sehr lebendig. Hebel hatte aber seinem Roman schon einen Namen gegeben; ›Hippel Tippel‹ [sic] sollte er heißen. Dies wäre mir auch zu bunt gewesen und meinen romantischen Ideen nicht angemessen, und so unterblieb dieses Projekt Hebels, obgleich er mich öfter aufforderte. Meine Begeisterung richtete sich vornehmlich auf ihn selbst, und dieser wollte er vielleicht eine umfassendere Richtung geben.«

Das literarische Gemeinschaftsprojekt scheitert, ehe es noch recht begonnen hat. Die romantische Idee einer poetischen Steigerung des Lebens durch gemeinsames Poetisieren bleibt dichterische Phantasie. Wieder einmal ist es die Dichtkunst, die zeigt, was das Schicksal vorenthält, sie ist das privilegierte Reich, in dem selbst das Vorläufige, der Entwurf und das Scheitern als Teil der Geschichte lesbar sind, während sich von Hebels schönem Plan eines geselligen Dichtens nur winzige Fragmente und vage Erinnerungen erhalten haben.

Das wirkliche Leben fällt hinter die Literatur zurück, aber umgekehrt ist es gerade die Literatur, der der Mensch einige der besten Momente seines Lebens verdankt. Die Lektüre Jean Pauls hat in Hebels Entwurf vom geglückten Tag ihren festen Platz. Man erinnert sich: Ein Sonntagmorgen im Grasgarten unter den Bäumen, ein Schöpplein Rotwein, Sonntagsstille unterbrochen von Glockengeläut und Bienengesumm und ein Buch jenes Dichters, dessen Werk Hebel so wunderbar mit einer Ananas vergleicht: »auswendig lauter Distel und Dorn, bis man in das süße innere Leben hineingedrungen ist«.

Johann Peter Hebel liest und lobt Jean Paul, Jean Paul liest und lobt seinerseits Johann Peter Hebel. Jean Pauls Rezension der *Allemannischen Gedichte* ist für Hebel ein Lektüregenuss besonderer Art. Er habe »noch kein schöneres Lob davon gelesen, als das seinige in der Zeitung für die elegante Welt«, schreibt er am 20. Mai 1807 an Gustave Fecht. Eine »allemannische Drossel aus dem Schwarzwald« hat ihn der Dichterkollege genannt und seine Dichtkunst als »ein anderes Wort für höhere, weitere Liebe« gepriesen, für eine Liebe, die wie ein Gott beseelt, wie eine Mutter schmückt und die Natur vom dienstbaren Tod erlöst.

Das schöne Lob, das Jean Paul den *Allemannischen Gedichten* gespendet hat, bestimmt Hebel, ein Exemplar seines *Schatzkästleins* nach Bayreuth übersenden zu lassen. Der Begleitbrief vom 2. Juni 1811 ist der einzige erhaltene direkte Kontakt zwischen Hebel und Jean Paul. Dichterische Bescheidenheit gehört zu den Konventionen einer sol-

chen Sendung, die von Hebel gleichwohl übertreibend-komisch eingefärbt wird. Das *Schatzkästlein* enthalte nicht viel, was den Empfänger
anziehen könne, entschuldigt er sich, der Inhalt sei fast so kalendermä-
ßig wie Druck und Papier. »Aber wenn ich unterdessen auch nur ein
ABC Buch geschrieben hätte, – was ich auch in Zukunft noch zu thun
im Stande bin – es hätte mir zum Mantel dienen müssen, Ihnen einmal
in diesem Leben meinen Dank für so manche himmlische Stunde, die
mir durch Ihre Schriften ward, und die wahrhaft heilige Liebe zu Ihnen
zu bezeugen«. Des »trefflichen Hebels Buch« findet denn auch Jean
Pauls Beifall, zwei Jahre später bittet er den Verleger Cotta ihm den
zweiten Band des *Schatzkästleins* zu übersenden, den ersten habe er
fünfmal gelesen. Hebel nennt er bei dieser Gelegenheit nicht einfach
nur mehr »trefflich«, sondern den »einzigen unübertrefflichen Volksschriftsteller«. Ein Antwortbrief Jean Pauls auf Hebels Schreiben vom
2. Juni 1811 – sollte einer existiert haben – hat zumindest keinen weiteren schriftlichen Austausch eingeleitet.

Im Jahr 1817 hält sich Jean Paul vom 6. Juli bis 23. August in Heidelberg auf, um die Doktorwürde der Universität aus den Händen seines
Freundes Voß in Empfang zu nehmen. Er ist Gast von Kirchenrat Friedrich Heinrich Christian Schwarz, Professor der Theologie und Schwiegersohn Jung-Stillings. Die Möglichkeit einer Begegnung zwischen
Hebel und Jean Paul, zumal sich dessen Aufenthalt in Heidelberg über
mehrere Wochen erstreckt, scheint in greifbare Nähe gerückt. Die persönliche Begegnung mit einem Dichterkollegen, den man bisher nur
aus seinen Werken kennt – das ist ein Lockreiz, der seine Wirkung gewöhnlich nicht verfehlt. Ist es doch die Gelegenheit, wo sich Dank und
Verehrung nicht nur schreiben, sondern aussprechen lassen und die
stumme, einseitige Lesebeziehung zum lebendigen Dialog wird. Es gibt
Menschen, die solche Begegnungen unbeschwert und mit unermüdli-
chem Eifer sammeln. Es gibt andere, die ihre Wünsche – wenn es denn
solche sind – so lange in tatsächliche und präsumtive Hindernisse ein-
wickeln, bis nichts mehr von der ursprünglichen Form zu erkennen ist.
Zudem ist ein Treffen mit Unbekannten, Halb-Bekannten an sich ein
heikles Unternehmen, Geselligkeiten entfalten ihre eigene, unvorher-

sehbare Dynamik, die nicht selten auch allerhand Missbehagen bereithält. Wenn man es nur lange genug bedenkt – und genau das hat Hebel vermutlich auch getan –, dann ist ein solches Treffen ein kommunikatives und menschliches Risiko, dem man sich nicht leichtfertig aussetzen darf.

Gewiss, Hebels Brief an seine Straßburger Freunde Haufe wartet mit einer soliden Erklärung auf, warum ihm die Reise nach Heidelberg nicht möglich war, doch zeigt eben diese Erklärung einen kleinen Knick in der Chronologie, so als wäre schon beschlossene Sache gewesen, wozu sich dann nachträglich ein plausibler Grund gefunden hätte. Am 10. August 1817, also noch geraume Zeit vor Jean Pauls Abreise aus Heidelberg, schreibt Hebel nach Straßburg: »Daß ich während Jean Paul in Heidelberg war oder noch ist, nicht da hinreiste, trotz einer Gelegenheit und Veranlassung dazu, ist nun auch [!] erklärbar. Es läßt sich viel verschmerzen, wenn man an einer Schulwittwen-Fiscusrechnung sizt, und hübsch nachdividirt, ob alles in der Ordnung ist.«

Ohne Hebels »nun auch« übermäßig strapazieren zu wollen – die nicht stattgefundene Begegnung mit Jean Paul scheint in ihrer Art durchaus symptomatisch. Nicht zum ersten Mal entzieht sich der Dichter dem scheinbar Unausweichlichen, er entzieht sich der engen Peinlichkeit in der Kutsche wie dem gesellschaftlichen Großereignis, das sich als Prominenten-Treffen zusammenbraut. *Quasi aliud agendo*, wie seine berühmte literarische Devise heißt, entschlüpft er in eine andere Rolle und ein anderes Spiel, in ein Spiel, bei dem er selber Regie führt, und sei es nur, indem er sich aufs Nicht-Handeln, Verweigern und Vermeiden verlegt und so seiner existentiellen Unfreiheit eine kleine Freiheit entwindet. Er verlässt die Kutsche vor dem Ziel und macht sich aus dem Staub, ändert unversehens seine Reiseroute, um abschreckenden Gesellschaften zu entgehen, verschwindet hinter dem Wall an Alltagspflichten und macht *nicht* die persönliche Bekanntschaft jenes Autors, dessen Werk er erklärtermaßen schätzt wie kaum ein anderes. Die Berufspflicht der »Schulwittwen-Fiscusrechnung« ist der Freibrief, um den geschätzten Dichter weiterhin ausschließlich und uneingeschränkt in seinen Werken verehren zu können.

In eben jenem Brief, in dem von der nicht durchführbaren Reise nach Heidelberg die Rede ist, klagt Hebel darüber, dass er durch seine Geschäftsverhältnisse und durch seine unselige Bekanntschaft mit der halben Welt sich selber gestohlen sei. Zu wenig Zeit – das war das Leitmotiv des Fünfzig- und Sechzigjährigen, zu wenig Zeit, auf die nicht schon andere besitzergreifend die Hände gelegt hatten. In Karlsruhe war der Professor, Direktor und geistliche Würdenträger schon von Berufs wegen in vielerlei Gesellschaft eingebunden, der Dichterruhm rückte seine Person zusätzlich ins Rampenlicht, als *Volksdichter* hatte er nicht nur beim Volk, sondern auch bei den Größen seiner Zeit einen Namen. Der Landesfürst ruft ihn zur Privatlesung aufs Schloss, eine freundliche, ehrenvolle Geste für die Dichtkunst in seinem Reich, auch wenn es nicht zu so viel Ehre wie bei Klopstock – Hofratswürde und Hofratsgehalt – langt.

Geselligkeiten aller Art locken den Dichter oder schrecken ihn ab, manchmal beides zugleich. An Anlässen scheint es trotz der instabilen politischen Lage, trotz der Kriegshandlungen, die Baden bis zur endgültigen Niederlage Napoleons direkt und indirekt in Mitleidenschaft ziehen, nicht zu fehlen. Mit einiger Spitze könnte man sagen, dass gerade die politischen Stürme ein Zusätzliches an Festen und Feierlichkeiten mit sich bringen. Offiziell gibt es mehr zu feiern denn je, wenn der Landesfürst noch einen Protektor über sich hat und die Pflicht-Huldigungen vor der neuen Macht sich zu den traditionellen Jubiläen und Gedenktagen des Landes fügen. Mit gutem Recht könnte man auch anmerken – was Hebel tut –, dass der ganze Trubel aus Festschmäusen, Redouten und Theaterspiel ein Hohn ist auf das Kriegselend rundherum: »Daneben sind alle Gassen voll trauriger Rekruten, alle Häuser voll Einquartierungen, und so viele Herzen voll Trauer und ungewisser Erwartungen.«

Mitte April 1809 erwartet man in Karlsruhe den Kaiser der Franzosen, er wird »mit aller pomphaften Feyerlichkeit empfangen werden, die man mit 4 Feldstücken, 6 Glocken und zwey Hoftrompeten herausbringen kann«. Hebel kündigt an, sich fernhalten zu wollen, mit dem schönen Satz: »Es gibt Verhältnisse, in welchen große Herrn gerne einander ausweichen.« Entgegen seinen Ankündigungen pirscht er sich doch an den Ort des Geschehens heran und bezieht Position im Kaffeehaus, vergeblich, wie sich zeigt, denn Napoleon hat entgegen seinen Ankündigungen im Ettlinger Schloss Quartier bezogen. Ein halbes Jahr später macht man sich aufs neue bereit, den Kaiser zu empfangen, wieder vergebens. Hebel berichtet an Sophie Haufe: »Gestern wurde die Illumination, die auf den Kayser gerüstet war, angezündet, wie man einen Braten, wenn der Gast nicht gekommen ist, den andern Tag selber frißt.«

Ob nun die Feste programmgemäß oder mit Pannen über die Bühne gehen – Hebels Kommentare sind gerne ironisch eingefärbt, ja sarkastisch, es ist der Gegenstand selber, der seinen Spott herausfordert: der große, ernste Augenblick, in dessen Ecken und Winkeln sich allerhand Unpassendes, Unwürdiges abspielt, das Außergewöhnliche als Schauplatz des Gewöhnlichen. Es ist, kurzum, die berühmte Diskrepanz zwischen Ideal und Wirklichkeit, die bei solchen Anlässen interessante Formen annimmt. So auch am *Kurfürstensonntag*, am 8. Mai 1803, als der politische Aufstieg der Markgrafschaft zum Kurstaat in aller Feierlichkeit begangen wird. Hebel ist, wie es sich gehört, unter den Anwesenden und entschädigt sich für das zwiespältige Vergnügen mit einer herzlich unehrbietigen Berichterstattung und skurrilen Phantasien, wie das Spektakel noch zu vervollkommnen wäre. Dem »ambrosischen Lobgesang« könne er wenig abgewinnen, die »Canonade« sollte man entweder ganz weglassen, oder dazu auch noch »ein par Häuser anzünden und die Reihen zum Löschen durch die Kirche gehen lassen«. Und er fährt fort: »Auch hätte sichs bey der Stelle ›die Cherubim und Seraphim‹ nicht übel ausgenommen, wenn die Churfürstlichen Pferde aus beyden Marställen in Parade durch die Kirche geführt worden wären. Ich hätte zwar doch nichts davon gesehen. Denn ich stand im dichten Gedränge oben hinter den Hofdamen und mein Hut hieng die ganze Zeit an dem hervorstehenden silbernen Degenheft meines Nachbarn des Amtskellrers Kiefer von Durlach, ohne daß er's wußte, so sehr hatte er die drap d'orenen Hintertheile der Damen und Fräulein disseits und die Ordenssterne und Benediktinerkreuze und rothen, grünen und blauen Uniformen ienseits, ins Auge, und die Predigt des KR. Walz, und das Röcheln des Piaristen Provinzials, am Ende gar die Silberstimmen der Töchter Thaliens in's Ohr gefaßt.«

Nicht nur anlässlich des Kurfürstensonntags hat Thalia Verlockendes zu bieten. Als der Straßburger Schauspieldirektor Wilhelm Vogel 1802 zunächst für ein Gastspiel, 1803 längerfristig für Karlsruhe gewonnen werden kann, blüht das Theaterleben in der Residenzstadt auf. 1808 übersiedelt der Theaterbetrieb von der umgebauten Orangerie in das neue Komödienhaus. Hebel gehört zu den regelmäßigen Besuchern, schon im Februar 1803 gesteht er Hitzig, ganz »vernarrt« in die *Comödie* zu sein, so dass er wohl eine ernsthafte Prüfung an sich vornehmen müsse, ob er nicht »in ein paar Actricen verliebt sey«.

Der Unterhaltungswert ist, wie sich schon andeutet, ein ganzheitlicher. Die Stücke selber, die Darsteller und nicht zuletzt das Publikum, das unentgeltlich mitspielt – all das bietet Gesprächsstoff, Spottstoff, besser gesagt, und eben dies ist wohl der Grund, warum der Theaterbesucher ein ums andere Mal wieder kommt und sich viel Kotzebue und Iffland ansieht und anhört. Die Sommerpause ist eine regelrechte Durststrecke, die Hebel mit eigenen Theaterphantasien überbrückt, einem auf die Spitze getriebenen Mammut-Theater, das er bei entsprechender finanzieller Unterstützung sofort verwirklichen würde: Gereimte Stücke aus der Bibel sollen es sein, die in Scheunen gespielt werden, als letztes das deutsche *Gierusalemme liberata*. »Die Zuschauer schlafen vier Akte hindurch. Im fünften schlafen aus Erkenntlichkeit die Schauspieler selber ein. Dies ist der wichtigste Moment im Stücke. Der Engel des Herrn tritt in der Person des Souffleurs mit einer Heugabel hinter einer Wanne hervor, sticht die schlafenden Assyrer alle todt. Jerusalem, das heißt die Scheuer ist gerettet; der Unfug hat ein Ende; die arme theaterdurstige Seele hat Ruhe«.

Hebel muss sein angedrohtes Schlaf-Stück nicht schreiben, der viel gespielte Kotzebue sorgt rechtzeitig für Nachschub. Als der populäre Theaterautor auf der Reise nach Paris durch Karlsruhe kommt, zieht Schauspieldirektor Vogel ein weiteres erfolgversprechendes Manuskript an Land. Das Lustspiel *Die beiden Klingsberg* wird Anfang 1804 dem Karlsruher Publikum gezeigt, bereits Ende 1803 berichtet Hebel an Nüßlin: »Vogel sagt, ein einziges Manuscript von Kotzebue sei ihm mehr werth, koste ihn aber auch mehr, als ein ganzes Mastschwein, und seine Frau habe ihm schon manche Suppe mit hussitischem Kinderfett [Anspielung auf das Schauspiel *Die Hussiten von Naumburg*] geschmälzt, und Demoiselle Leonhard [eine Schauspielerin], in die ich mich denn ietzt endlich nach langem Widerstand förmlich verliebt habe, bezeugt's.«

»Was war zu thun?«, fragt sich der Dichter. Er fragt sich dies während einer ausgedehnten Feierlichkeit der Karlsruher Lesegesellschaft, deren Mitglied er ist. Nachträglich lässt sich allerhand Skurriles aus den erlebten und erlittenen Kunstgenüssen und Gesellschaften herstellen, Liebesgeschichten, Massaker mit Heugabeln, jeanpaulisierende Polymeter, wie Hebel sie nach dem traditionellen *Carolusschmaus* am 28. Januar den Freunden in Straßburg mitteilt: »1. Der Mensch sieht nie seltsamer aus, als wenn er triebweise oder in Masse abgefüttert wird. 2. Der Indianer genießt seine Mahlzeit unter dem Palmbaum, der sie giebt. Diese Lebensart, wo sie das Clima erlaubt, ist der Stallfütterung vorzuziehen.« – Aber was ist zu tun, wenn das Fest noch lange nicht zu Ende ist, wenn einem schon die Ohren summen vom Geschnatter, wenn auch die »Illumination« als Krönung des Ganzen schon vorbei ist? »Was war zu thun? Als es Abend ward und der Tag sich neigte, hab ich mich eben auch illuminirt.«

Ab und zu verlangen die Feiern nicht nur Hebels Präsenz, sondern noch etwas mehr, eine Rede, eine Predigt oder, wie im Fall der *Lesegesellschaftlichen Mahlzeit*, ein Huldigungsgedicht und die Inschrift zur genannten Illumination. Einige Jahre später, im Frühjahr 1809, wird ihm gar eine Kantate abgefordert – ihm, der von Musik so viel versteht, »als der Caminfeger vom Weiß bleichen«. »Das war ein Stück Arbeit, o Zenoides«, klagt Hebel, »Zeile für Zeile, und oft Sylbe für Sylbe (z. B. in den Repetitionen und Duetten) den Text der Musik anzupassen, hier kein i, dort kein u oder dergleichen Diphtonge einzuschwärzen, knall und fall aufzuhören, wo die Noten einer Arie zu Ende sind, oder mit einem J. Paulischen Streckvers fortzufahren, wenn noch eine Feuerleiter voll da steht, ist zu sagen, als wenn man zu einem Pärlein Hosen, eng oder weit, kurz oder lang, das Büblein zeugen müßte, dem sie anpassen sollen, statt ihm die Höslein anzumessen, wenn es da ist und sie tragen kann.«

Anlass für die strapaziöse poetische Maßarbeit ist die Einweihung des neuen Lesegesellschaftshauses am 12. Mai 1809, nunmehr unter dem Namen *Museum*. An Hitzig schreibt Hebel, die Lesegesellschaft habe sich »revolutionirt, und wie Frankreich zu einem Kayserthum sich zu einem Museum, oder was noch für ein Name wird erfunden werden, erhoben. Ich wüste es wohl Proteum zu nennen, wenn du dabey wärst, so aber ist es nur ein Milonium.«

In jedem Fall sind Lesegesellschaft und *Museum* für den Dichter eine Art zweiter Heimat, neben einer Reihe anderer Ersatzheimaten, den Gasthäusern und Kaffeehäusern, in denen man mit Freunden und Kollegen zusammentraf, zur Not aber auch allein einen Abend hinbringen konnte. 1784 als »nützliche Lesegesellschaft« gegründet, war die ursprüngliche Absicht des Vereins, den Menschen bildenden, aktuellen Lesestoff und Information aller Art zugänglich zu machen. Karlsruhe folgt damit dem Geist der Zeit, denn Lesen erfreut sich in der zweiten Hälfte des 18. Jahrhunderts zunehmender Beliebtheit und Bedeutung, ein Phänomen, das Leseinstitute, Lesekabinette und Zirkel allerorten hervorsprießen lässt. Was auch in der badischen Residenzstadt als Unternehmen im Zeichen der Aufklärung und bürgerlicher Emanzipation begann, entwickelte sich zu einem wahren »Tempel der Musen«, einem zeitgemäßen Kulturzentrum und geselligen Sammelpunkt, der seinen Besuchern nicht nur Lektüre unterschiedlichster Richtung bot, politische und gelehrte Zeitungen, periodische Schriften, Wörterbücher, Landkarten und Kupferstiche, sondern auch Konzerte und Vorlesungen, nicht zu vergessen die Zerstreuung am Billardtisch oder an der Kegelbahn. Der Lesegesellschafts- bzw. Museumsschmaus, mit 60 oder auch doppelt so viel Gedecken, ist ein rituelles Großereignis, über das Hebel mehrfach berichtet. Im Dezember 1812 erzählt er Gustave Fecht, er sei eigentlich den ganzen Winter nur daheim oder im *Museum*, bei allen Bällen dort halte er aus bis um Mitternacht. Für das Einweihungsfest 1809 tüftelt Hebel nicht nur an seiner Kantate, sondern zeigt sich auch sonst als eifriger, regelrecht umtriebiger Mithelfer bei der Gestaltung der neuen Lokalität, der Erarbeitung von Programm, Statuten etc. – er ist so engagiert, dass er sogar den geplanten Besuch in Straßburg absagt. Das Museum liegt ihm am Herzen, und die Sätze aus dem Rezitativ der Kantate sind gewiss nicht nur dichterischer Not entsprungen »So sey in trüber Tage Sturm für lange bessere Zeit der Menschheit schönstem Glück dies Haus geweiht.«

Bereits im November 1812 ist von neuen Museumsplänen die Rede, ein eigenes Gebäude soll errichtet werden, das ambitionierte und kostspielige Projekt – Hebel schreibt von 75 000 fl. – wird im folgenden Jahr auch planmäßig umgesetzt, »während der Feind schon in Berlin stehen soll«, die Einweihung erfolgt im Dezember 1814. Hebel geht nicht hin, zu sehr »verdreußt« ihn diesmal Anstalt und Pracht, Menge und Gedränge, die seidenen Schuhe und Strümpfe, alles so vornehm, dass er fürchtet, nicht vergnügt sein zu können. Architekt des neuen Museums ist Friedrich Weinbrenner, als Großherzoglicher Baudirektor für das gesamte Bauwesen Badens zuständig, so etwa schon für das 1808 errichtete Komödienhaus oder, einige Jahre später, für das sogenannte Ständehaus, das Tagungsgebäude des badischen Landtags, zu dessen Grundsteinlegung Hebel im Oktober 1820 eine Ansprache hält. Weinbrenners klassizistischer Stil, der noch heute das Stadtbild prägt, fand zu seinen Lebzeiten viel Beifall – »zierlich« nennt Jacob Grimm die Bauart –, bald aber auch harsche Kritik. Leer und kühl, schwerfällig und monoton lautet das spätere Verdikt, eine »Spital- und Mühlsteinarchitektur« habe er geschaffen, andererseits wird anerkannt, dass Karlsruhe ein »hauptstädtisches Ansehen« überhaupt erst dank Weinbrenners Bauten erhalten habe.

»Proteum« hätte Hebel das *Museum* gerne genannt, wie er Hitzig schreibt, es sei aber nur ein »Milonium«. In Hebels Wunschnamen schwingt die Proteuser-Philosophie der Lörracher Jahre mit, in »Milonium« das genaue Gegenteil dessen, was unter dem Namen des wandelbaren griechischen Meergottes als Ideal gefasst wurde. »Milonium« ist nicht der Ort der geistigen Abenteuer, der inspirierten Scherze und

Gedankenflüge, sondern der des Spießbürgertums, und als solchen hat Hebel den Treffpunkt der Gebildeten und Honoratioren Karlsruhes offenbar auch immer wieder empfunden, trotz all seiner persönlichen Verbundenheit mit der Institution. Der besondere Ort ist keine Garantie, er schützt so wenig vor Banalität und geistiger Ödnis wie der besondere Anlass, wie Fürstengeburtstag, Siegesfeier und Grundsteinlegung, die allesamt eher Stoff für satirische Aperçus bieten, als dass sie wahrhaft zauberische Gegenwelten des Alltags wären.

Als sich die Karlsruher Gesellschaft dem Denksport der Charaden und Logogriphen verschreibt, ist der Dichter mittendrin. »Das Charadenwesen«, schreibt Hebel im März 1804 an Hitzig, »ist hier bis zur Sucht geworden. Drechslers Caffehaus sah eine Zeitlang aus, wie eine Börse. Wo man hinsah, zog einer ein Papirlein aus der Tasche, oder hatte eins in den Händen, und studirte dran, oder tauschte eins mit dem Nachbarn aus.« Sogar per Brief werden die neuesten Schöpfungen weitergereicht, je komplizierter, desto besser. Während bei den Logogriphen das gesuchte Wort durch Wegnehmen, Hinzufügen oder Austauschen eines Buchstabens entstehen soll, zerlegt die Charade ihr Lösungswort in Silben oder Einzelwörter, nach dem Modell, das Hebel für die Charade – auch: Scharade – gedichtet hat: »Die *erste* findet ihr in jeder Schar. / Ade! so ruft die *zweite* immerdar / den Scheidenden, wenn sie uns lieb gewesen. / Das *Ganze* habt ihr eben jetzt gelesen.«

Von doppelten Charaden steigert man sich zu vierfachen, die Auflösungen sind zum Teil nicht weniger rätselhaft als das Rätsel, so dass eine Auflösung der Auflösung angeraten ist. Gelegentlich lässt sich auf diesem Weg auch die eine oder andere Person zum Thema machen. Der Dichter über sich: »Ich helfe Kisten laden / doch mach ich auch Charaden.« Oder über Macklot, den Buchdrucker und Verleger: Er ist »ein großer Tyrann, er druckt, wo er nur drucken kann«, das »lot« im Namen ist »als ein Männelein bekannt, dem versalzen ward sein Ehestand.« 100 Rätsel Hebels sind in einer handschriftlichen Sammlung erhalten, nicht wenige wurden in Kalendern und diversen Wochen- und Morgenblättern veröffentlicht. Harte Nüsse steckt man sich gegenseitig zu, oft kaum zu knacken, und doch leichtgewichtig als Zeitvertreib, fern aller politischen und sonstigen Sorgenschieberei. »Kurzweil« ist »das Beste, was uns alle Charaden geben können«, meint Hebel. Dass der Zeitvertreib im Grunde als Zeitflucht anzusehen ist, dass die Rätselmanie eine Reaktion darstellt auf traurige politische Zustände und sich die Karlsruher Bildungsbürger in ihren Gaststuben, Kaffeehäusern und Lesegesellschaftsräumen beim Charadendichten geistig abschotten gegen die Welt – diese Lesart sollte man wohl nicht zu sehr forcieren. Denn in Baden waren die Verhältnisse seit dem Aufstieg des Landes zum Kurfürstentum kaum niederdrückender als in den Jahren davor oder danach, und dass ein unermüdlich für das Wohl des Landes wirkender Mann wie der Geheime Rat Brauer fleißig miträtselte und mitdichtete, mag die These von der Zeitflucht auch nicht gerade erhärten.

Man nimmt an Unterhaltungsmöglichkeiten, was sich bietet. Man ersinnt künstliche Komplikationen, um es sich interessanter zu machen. Gottlob Wilhelm Burmanns kleines Büchlein *Gedichte ohne den Buchstaben R* verdankt es wohl eben diesem Umstand, dass es in Hebels Bibliothek einen Platz gefunden hat. Konventionelle Lyrik, aber eben *ohne R*, »Buchstaben-Badinage«, wie der Verfasser sie nennt, variiert das Spiel der selbstgeschaffenen Schwierigkeiten. Es sind Spiele, denen man ganz und gar und mit großem Genuss verfallen kann und die sich doch irgendwann erschöpfen. So verglüht auch das Rätselfieber wieder, das in Karlsruhe entbrannt ist, dieses kleine Feuerwerk überschüssiger geistiger Ressourcen, an dem Hebel regen Anteil genommen hat: Er nimmt teil als Milone mehr denn als Proteuser, aber doch vom proteusischen Funken des Zeitvertreibs überzeugt. Er steht mitten drin und bezieht zugleich die Position des heimlichen Beobachters: »Da gab es denn, während man dem Spiel zusah und zuhörte, mancherley stille Beobachtungen zu machen. Man konnte den Scharfsinn und Witz, man konnte, da bisweilen literarische Anspielungen einflossen, die Belesenheit und Kenntniße, man konnte sogar ein par moralische Eigenschaften, und den eigenen Gang der Ideenassociation bei dem und ienem belauschen, und das war für mich bey dem ganzen Spiel das interessanteste.«

»Hier finde oft der Freund den Freund«, hatte Hebel in seiner Kantate auf das *Museum* gedichtet, »und was die Außenwelt getrennt, der Geist geeinigt hat, begegne hier, und kenne, und umarme sich.« Ein Ort freundschaftlicher geistiger Begegnung soll das Museum sein, für nahe, schon erprobte Freunde und solche, die sich erst finden. Tatsächlich ist das *Museum* eine Anlaufstelle für fremde Künstler und Wissenschaftler, für alle, die von außerhalb kommen und vielleicht ein wenig frischen Wind mitbringen oder doch nur die Erkenntnis, dass Milonen sich in vielerlei Gewändern und Reden verbergen. In jedem Fall ist es einer der Orte, an denen die bedeutenden Treffen stattfinden: mit Goethe, Ludwig Tieck, Johann Heinrich Voß, Ludwig Uhland, Jacob Grimm.

Als Tieck in der Residenzstadt eintrifft, steckt man gerade mitten im Charaden-Fieber. Der romantische Dichter, so wird überliefert, sucht vor den ungeistig lärmenden Philistern Reißaus zu nehmen, doch vergeblich, kein Wirtshaus ist vor ihnen sicher. Hebel berichtet im September 1806 an Hitzig über den Besucher, der »dem Anschein nach ein noch gar zu iunges Männlein« sei – Tieck ist zu diesem Zeitpunkt 29 –, »aber viel Ernst und Geist verrathend, von festem und treffendem Urtheil, aber nichts weniger als anmaßend. Man kann mehr Freude an ihm haben, als an manchem seiner Produkte«. Eine zweite, spätere Begegnung, diesmal von Tiecks Biographen Köpke nacherzählt, scheint gleichfalls, bei aller Freundlichkeit, von einer gewissen Dissonanz der Temperamente durchdrungen. Als »schlichter, kindlicher Mann« wird Hebel geschildert. Man kommt auf die Anekdoten des *Hausfreundes* zu sprechen, Tieck möchte wissen, warum Hebel nicht mehr solche »hübsche Sachen« schreibe. Der habe mit »naiv trocknem Humor« geantwortet: »Jo, i wees nischt mehr.« – Ein anderer Vertreter der Romantik, Ludwig Uhland, macht im Juli 1810 Station in Karlsruhe. Auch er ein »junges Männlein«, gerade einmal dreiundzwanzig, das aber immerhin die Freundschaft mit Hebels Adjunkten, dem Legationssekretär Kölle, in die Waagschale werfen kann. Es habe ihm ungemein in Karlsruhe gefallen, berichtet Uhland und schildert Hebel als »einfach, herzlich, bieder und doch mit schelmischer, aber gutmütiger Laune.« Man plaudert abends bei einem Glas Bier miteinander.

Anfang Januar 1814 ist Jacob Grimm in Karlsruhe und berichtet seinem Bruder Wilhelm unter anderem über die Begegnung mit Hebel: »Eben war ich bei Hebel, der etwa so aussieht, wie er aussehen muß und mit mir in seiner Stube, wo es aber recht ordentlich ist, eine halbe Stunde, die Pfeife rauchend herumgegegangen ist. [...] Die dänischen Lieder habe er dreimal ausgelesen, aber von den Kindermärchen wußte er nichts, ich sagte daß wir ihm ein Exemplar hätten schicken wollen, aber hernach gefürchtet zudringlich zu seyn. Volkslieder im Dialect, sagt er, gäb es keine; ich fragte: ob er nicht über die Eigenthümlichkeit des Dialects gesammelt zu einem lebendigeren Idiotikon, als die meisten sind? er klagte über Mangel an Zeit«. An einem der nächsten Tage kommt es zu einem literarischen Treffen im *Museum*. Ein unter dem Namen Chrysalin bekannter Autor ist anwesend, außerdem der preußische Dichter Max von Schenkendorf. Hebel, so schreibt Jacob Grimm, sei mehr still wie laut und spreche lieber im einzelnen als im Ganzen. Die Gespräche der beiden jedenfalls scheinen recht angeregt, auch am darauffolgenden Tag. Hebel berichtet über seine Begegnung mit Friedrich David Gräter, dem Sprachforscher, ein kleines Männchen, leichenblass und ärmlich, erstaunlich gelehrt in allerlei Sprachen. »Er hat mir«, schreibt Grimm abschließend, »Empfehlungen nach Freiburg und Basel, auch nach Strasburg (so Gott will) geschrieben, mir den Hausfreund pro 1814 geschenkt und mich beim Abschied geküßt. [...] Es fiel mir während ich neben ihm stand ein, wenn er von unsern Zänkereien mit Gräter, Rühs, Hagen hörte, würde es ihn an uns stören, und um solcher frommen Leute willen wollen wir uns von nun an vor dergleichen hüten, soviel es bestehen kann.«

Am 3. Oktober 1815 kommt Goethe in Begleitung von Sulpiz Boisserée zu mineralogischen und botanischen Studien nach Karlsruhe. Das Zusammentreffen mit dem Gelehrtenkreis der Stadt schildert Boisserée in seinen Tagebuchaufzeichnungen, der Hebel-Schüler Ferdinand von Biedenfeld im *Stuttgarter Morgenblatt*. Den Abend des 4. Oktober, so Boisserée, verbringt man bei Gmelin, bestaunt eine merkwürdige, aus Montpellier herbeigeschaffte Wasserpflanze, die Tochter des Hauses ist hübsch, Staatsrat von Sensburg schaut vorbei und Hebel wird zum »Hersagen« seiner Gedichte genötigt. Goethe verteidigt gegen Übersetzungswünsche die Dialektfassung, man solle dem Dichter doch die Ehre antun, seine Sprache zu lernen. Am nächsten Tag besichtigt man das neu erbaute *Museum*. Biedenfeld, im badischen Ministerium des Inneren beschäftigt, mit seinen *Unterhaltungen für müssige Stunden* aber auch als Autor an die Öffentlichkeit getreten, stößt zu der illustren Runde und wird Weinbrenner vorgestellt. Vom *Museum* begeben sich Goethe und Weinbrenner, Hebel, Gmelin, der Physiker Böckmann und Biedenfeld, später noch der Kupferstecher Haldenwang und der Hofmaler Kuntz zum Hofbibliotheksgebäude, wo das Naturalienkabinett untergebracht ist. Während Goethe sich von Gmelin die einzelnen Sammelstücke erklären lässt, findet Weinbrenner den reich eskortierten Besichtigungsgang ein wenig »hofschranzig und langweilig«, so Biedenfelds Schilderung. Sein Unmut ist vollends geweckt, als das naturwissenschaftliche Interesse Goethes und Gmelins an der Muschelsammlung hängenbleibt und ihr animiertes Gespräch ins Lateinische und Erotische umschwenkt. Hebel scheint unbestimmt amüsiert und beschwichtigt den missmutigen Weinbrenner: »Deutsch würde sich's nicht gut ausnehmen.« Den Nachmittag verbringen die Herren, ohne Weinbrenner, im physikalischen Kabinett, wo Hofrat Böckmann einige Experimente vorführt.

»Hebel ist ein ganz trefflicher Mann«, hält Goethe im Brief an Knebel vom 21. Oktober 1815 fest, die Wiederbegegnung mit Jung-Stilling sollte weniger harmonisch verlaufen, es gibt Sticheleien auf der einen und anderen Seite, davon eine letzte im oben zitierten Brief: Jung sei leider in seinem Glauben an die Vorsehung »zur Mumie« geworden. In seinen *Tag- und Jahres-Heften* 1815 blickt Goethe auf die Begegnungen in Karlsruhe zurück, »mit Ehrfurcht und Dankbarkeit« zu nennen sind die Grafen von Hochberg, Herr Weinbrenner und Hebel.

Von Hebel sind aus der Zeit zwischen August und Dezember 1815 keine Briefe erhalten, auch später findet sich kein Nachhall des Besuchs aus Weimar, der damit aus heutiger Sicht ein vom Dichter unbesprochenes und unbeschriebenes Ereignis bleibt. Durch und durch lebendig und präsent ist jedoch eine andere Begegnung. Christoph Friedrich

Karl von Kölle, der im *Rheinländischen Hausfreund* als Adjunkt zu literarischen Ehren kommen wird, trifft in der Residenzstadt ein. Nach Aufenthalten in Paris, Den Haag und München wird Kölle 1809 als Legationssekretär der Württembergischen Gesandtschaft nach Karlsruhe versetzt. Als er zu Pferd die Gegend erkundet und dabei auch durch den Hardtwald streift, begegnet ihm ein Mann im grauen Frack, der ihn, so erinnert sich Kölle später, »im Ausweichen mit blitzenden Augen beinahe spöttisch« angesehen habe. Kölle ist sich sicher, einer bedeutenden Persönlichkeit nahe gewesen zu sein, kommt aber nicht auf Hebel, da er sich den gefühlreichen alemannischen Dichter schmächtig und hager denkt. Am selben Abend findet die festliche Einweihung des *Museums* mit Rede, Gesang, Speise, Trank und Tabakrauch statt, Kölle wird von einer seiner ersten Bekanntschaften in Karlsruhe, dem Legationssekretär Bouginé, eingeführt und neben anderen auch dem Kirchenrat Hebel vorgestellt, dem er mündliche Grüße von einem Erlanger Universitätsfreund, dem Geheimrat Johann Ludwig Rheinwald aus München, überbringen soll. »So saß ich nun«, berichtet Kölle, »dem Graurock von demselben Abend bei einem Glase Wein gegenüber, und er konnte bald bemerken, daß ich die allemannischen Gedichte alle auswendig wußte.« Der achtundzwanzigjährige Jurist mit poetischen Ambitionen und der neunundvierzigjährige Dichter – »sonderbar vom Aussehen, köstlich, wo er sich öffnet«, so Kölle an Uhland – scheinen sich rasch anzufreunden, was Kölle selber so erklärt: »Ich war wißbegierig, schon ziemlich umhergetrieben, anekdotenreich und starker Tabakraucher. So wurde ich sein Schüler und Freund, täglicher Genosse und Vertrauter seines innern Lebens.« Kölle pflegt Kontakt zu den Tübinger Romantikern, steht vor allem mit Ludwig Uhland und Justinus Kerner in regem Briefwechsel und hat während seines Aufenthalts als Gesandtschaftssekretär in Paris an dortigen Bibliotheken eifrig nach Volksdichtung geforscht. Sein literarisches Interesse gilt, ganz im Sinne der Romantik, aber auch im Sinne Hebels, alten Sprachstufen, den deutschen Minnesängern wie dem Provenzalischen. Er liest Jean Paul, kennt, wie berichtet, die *Allemannischen Gedichte* auswendig und hat selber einen dichterischen *Versuch im allemannischen Dialect* unternommen. Gelegenheitspoesie ist ein Teil der gemeinsamen Unternehmungen von Hebel und Kölle, dazu wälzen sie größere literarische Pläne, die im Rückblick freilich weniger wiegen als die Poesie des Alltags, als Sprachwitz und Sprachspiel, originelle Anekdoten und pointierte Erzählungen, die nur auf das Vergnügen des Augenblicks gemünzt sind. Friedrich Kölle, der von weniger geneigten Zeitgenossen wie Heinrich Heine zwar als geistreich, jedoch »größter Schwätzer dieser Erde« bezeichnet wird, bringt genau jenes kommunikative Talent nach Karlsruhe, das dort fehlt wie das Salz in der Suppe. Hebel hat einen effizienten Helfer bekommen, einen Adjunkten eben, wenn es darum geht, das geistige Mikroklima Karlsruhes, das gelegentlich ins Fade tendiert, in dem die Spießbürger oder Milonen allzu oft den Ton angeben, mit Geschichten, Phantasie und skurrilen Einfällen aufzumischen.

Die schöne Zeit dauert bis 1812, als Kölle nach Dresden versetzt wird. Er avanciert zum Legationsrat und wird, nach verschiedenen anderen Stationen, zum Geschäftsträger beim Vatikan ernannt. Bis 1833 steht Kölle im diplomatischen Dienst des Königreiches Württemberg, scheidet dann aus dem Staatsdienst aus und widmet sich schriftstellerischen Arbeiten. Nicht allzu viele Briefe Hebels an seinen Adjunkten haben sich erhalten, der letzte datiert aus dem Jahr 1819. Wie es um Karlsruhe bestellt ist, schreibt er drei Jahre zuvor: »Man lebt hier, Sie wissen schon, wie – nemlich noch immer so.«

Friedrich Kölle, der Adjunkt des Hausfreunds, hat seinerseits eine Adjunktin, »nämlich seine Schwiegermutter, die Tochter hat er noch nicht, bekommt sie auch nicht«. Mit diesen leichthin geflunkerten Worten wird die Schauspielerin Henriette Hendel als eine der *Zwey Gehülfen des Hausfreunds* in das *Schatzkästlein* eingeführt. Dass sie in der Rolle der Schwiegermutter die Bühne betritt, hat mit dem Bildnis ihrer Tochter aus erster Ehe zu tun, das den Legationssekretär Kölle entzückt wie Tamino und den Hausfreund prompt zum Ehestifter werden lässt. Wieder einmal ist die Dichtung zur Stelle, wenn es darum geht, glückliche Bündnisse zu schließen. Wieder einmal hinkt das Leben schwerfällig hinterher, und all die zauberhaften dichterischen Entwürfe bleiben »selige Träume«, wie Jean Paul sagt.

Mitte November 1808 taucht der Name Henriette Hendel erstmals in Hebels Briefen auf, er berichtet Sophie Haufe vom Gastspiel der Künstlerin in Karlsruhe: »Im Grund ist es mein Glück, daß sie am Sonntag wieder fortgeht, und daß ich sie morgen zum lezten mal sehe, eh' ich mich in sie vernarre«. Es folgt – als retardierendes Moment – eine Schilderung des Karlsruher Theaterlebens *vor* dem Auftreten der Madame Hendel, dann ist der Dichter wieder beim Thema: »Sie kommt vom Berliner Theater, geht nach Italien um an den Antiken Mimik und Tanz, d. h. die Stellung zu studiren und blieb 8. Tage hier. Sie ist eine der vorzüglichsten deutschen Künstlerinnen und in der Figuration und Darstellung vielleicht einzig. Sie spielte 4mal bey vollem Theater. Medea am Sonntag und Donnertags darauf Ariadne wurden von ihr auf einzige Art behandelt. Der Text schien ihr nur leitender Faden zu seyn, um alle ästhetisch schönen Attituden der alten Welt und Kunst zu repräsentiren. Der Beifall und die Bewunderung derer, die ihr Spiel in diesem Sinne nahmen, war ungemein. Nächst dem gab sie die Margrethe in den Hagestolzen, und Fresen im Fremden. Da sah man freilich, was Kunst ist, wer es noch nicht wußte.« Das klingt wie ein Schlusspunkt, doch Hebel ist noch lange nicht am Ende. In zwei Sätzen streift er Innenpolitisches, es handelt sich immerhin um einen Staatsstreich, dann kehrt er zu den Darbietungen der Schauspielerin zurück, die am letzten Tag ihres Karlsruher Gastspiels vor ausgewähltem Publikum Pantomimen und Attitüden zeigte. Zuerst eine Reihe von Madonnenbildern, dann »Momente« aus der griechischen und römischen Welt, »vorzüglich schön Niobe, Galathea, Virginia, eine vestalische Jungfrau«, schließlich »Scenen aus Makbeth und Ignes von Castro als Geist«.

Die künstlerische Wertschätzung ist wunderbarerweise eine gegenseitige. Der Verfasser der *Allemannischen Gedichte* erlebt den Triumph, dass die verehrte Schauspielerin von ihm eine Gedichtdeklamation einfordert. Und noch im Bann der Attitüden und Pantomimen schwingt sich auch der Dichter zu pantomimischer Darstellung auf, er habe, schreibt Hebel, beim Vortrag des *Morgensterns* die Stelle »er möcht em gern e Schmützli ge« mit »züchtiger Aktion« begleitet.

Ein knappes Jahr später, im Oktober 1809, ist Madame Hendel erneut in Karlsruhe, diesmal für mehrere Wochen. Bereits am 30. September kündigt sie in der *Carlsruher Zeitung* ein »Deklamatorium« für den 2. Oktober um 6 Uhr abends im Hoftheater an.

Hebels Briefe an Hitzig und Sophie Haufe sind voll des Schwärmens, für Kunst wie Künstlerin. Ein »ästhetisches Schlaraffenleben« habe er geführt, vierundzwanzig Tage hindurch in einem Genuss geschwelgt, der ihm vor einem Jahr schon minutenweise unbezahlbar war. Ihm ist, als stünde er mit einem »höhern Wesen« im Umgang. Fast alle Tage liest die Schauspielerin gemeinsam mit Hebel die *Allemannischen Gedichte*, um Dialekt und Aussprache richtig einzuüben. Als vor großem Publikum – mehr als 600 Personen, Hof und Adel – das Gedicht *Hans und Verene* rezitiert werden soll, geschieht Unerhörtes: »Aber nun denke dir ein Weib, das im stolzen königlichen Bewußtseyn alles thun zu dürfen, was es will, auch wirklich alles thut, was sie will – in der Stelle ›Minen Auge gfallt – – / gel, de meinsch, i sag der Wer.‹ dreht sie sich nach mir, lächelt nach mir, sagt ›es isch kei Sie, es isch en Er‹ und deutet auf mich. – Eine Schauspielerinn auf dem Theater, und ein Kirchenrath im Parquett!!! Hätte nicht das Publikum, wenn es auch nur einige Achtung für meine Person und mein Amt hat, iede andere mit dem Zeichen der Indignation auf der Stelle bestrafen müssen. Nichts! Das Klatschen dauerte so lang und laut daß sie den Schluß Vers nicht mehr anbringen konnte, und statt für den Beyfall stumm zu danken, that sie es laut, und sagte, daß sie dieses Glück (ich will aus Bescheidenheit nicht alles nachschreiben, aber das schönste) ihrem Freund Hebel zu verdanken habe, durch dessen Gegenwart sie begeistert sey. Meine Fassung kann ich nicht begreifen, wenn sie nicht selbe durch geheime Künste auf mich wirkte. Während alle Logen und Gallerien auf mich schauten, schaute ich auf sie, und nickte ihr einen leichten anständigen Dank. In solchen Abentheuern treibt man sich herum.«

Nach der Vorstellung holt Hebel die Schauspielerin »in den Culissen« ab zu einer großen Abendgesellschaft, bei der er zu späterer

Stunde eine Balkontüre (ohne Balkon) für ein Fenster hält, sich hinauslehnt und fast abstürzt. Was für ein symbolträchtiger Unfall! Den Halt verloren und abgestürzt, aber, nicht zu vergessen: auch wunderbar gerettet. Dass die Rettung auf geheimnisvolle Weise Madame Hendel zu verdanken ist, steht außer Frage, schon vor einem Jahr, so meint Hebel, habe er sie dafür angesehen, dass sie im Besitz »verborgener Künste« sei.

Mit Madame Hendel ist das ruhige Professorenleben in gehörige Turbulenzen geraten. In »Abenteuern« treibt er sich herum, steht auf unerhörte Weise im Mittelpunkt des öffentlichen Interesses, stürzt und wird gerettet. Das alles bewirkt eine Frau, die »tun darf, was sie will«, die frei und unabhängig erscheint in dem Maß, in dem sie künstlerisch und menschlich Regie führt, die ihre Rollen selber wählt, gegebenenfalls vom Text abweicht und in all ihrer weiblichen und künstlerischen Selbstbestimmtheit gefällt, ja bezaubert: Henriette Hendel-Schütz, attraktiv, sinnlich, charmant. 1772 als Henriette Schüler geboren, ein Schauspielerkind, steht sie selber schon in jungen Jahren auf der Bühne, verheiratet sich sechzehnjährig mit einem Sänger, und in zweiter Ehe, die ebenso wie die erste geschieden wird, mit einem praktischen Arzt. Ihr dritter Ehemann, der Militärarzt Hendel, den sie 1806 heiratet, stirbt wenige Monate nach der Hochzeit. Stationen ihrer Schauspiellaufbahn sind das kurfürstliche Hoftheater in Mainz, später Frankfurt und Berlin, wo sie für zehn Jahre Mitglied des von Iffland geleiteten Nationaltheaters ist. Einer ihrer größten Erfolge wird die Titelrolle in Schillers *Jungfrau von Orleans*. Als nach dem Tod Hendels die angestrebte Wiederaufnahme am Nationaltheater nicht zustande kommt, tritt sie den Weg in die berufliche Selbständigkeit an. Ihre Spezialität werden die schon genannten Attitüden, eine Kunstform, die Emma Hart, spätere Lady Hamilton, um 1786/87 in Neapel entwickelte: Figuren der bildenden Kunst werden in Körperhaltung und Ausdruck nachempfindend kopiert, was einerseits als Doppelung verblüfft, andererseits die Meisterschaft der Gemälde und Plastiken noch zu übertrumpfen scheint. Denn es sind Kopien, die leben und atmen, vom »warmen Hauch des Lebens« überzogen, weshalb die Zuschauer, wie überliefert wird, übereinstimmend versichern, dass die Wirkung der Attitüden größer sei als die der Originalkunstwerke. Henriette Hendel-Schütz sollte die bekannteste der Hamilton-Nachfolgerinnen werden; der Übergang vom Schauspiel zu einer stummen Theatralik scheint dabei klug gewählt, denn zeitgenössische Kritiker munkeln über diverse Handicaps der Künstlerin: Anstoßen mit der Zunge, gelegentlich kreischende Stimme, zudem eine Gedächtnisschwäche, die das Rollenstudium erschwert. Ihre Vortragskunst wird getadelt, ihre Gestik gerühmt. Henriette Hendel zieht daraus die richtige Konsequenz, was nicht bedeutet, dass sie sich fortan auf der Bühne nur noch in Schweigen hüllt. Tatsächlich handelt es sich bei ihren Gastspielen um Mischformen aus Vortrags- und Bildkunst, wie schon die Ankündigung des »Deklamatoriums« und Hebels Berichte bezeugen.

Henriette Hendel erweitert das Repertoire der Attitüden, neben der ägyptischen und griechischen Mythologie und christlichen Motiven im italienischen Stil lässt sie auch den sogenannten altdeutschen Stil, mit Dürer und Cranach, wiederauferstehen. Eine Vielzahl von Madonnen, von der Verkündigung bis zur Verklärung, hat die Künstlerin im Programm, die biblische Magdalena von der sündigen, reuigen, büßenden bis zur sterbenden, dazu die Göttin Isis, die gewagte Figur der Sphinx, Ariadne, Kassandra, um nur ein paar weitere Figuren zu nennen neben jenen, die schon Hebel aufzählt. Dazu kommen die von der Künstlerin frei erfundenen Posen, die sie in Anlehnung an literarische Vorlagen gestaltet. Um die Wirkung der relativ raschen Bilder- und Stimmungsfolgen zu steigern, wählt sie farbige Kostüme, für die Madonnen etwa ein scharlachrotes Unterkleid und einen ultramarinblauen Mantel, die Stoffe selber sind so beschaffen, dass auch der Faltenwurf getreu der Bildvorlage nachgestaltet werden kann. Eine dreiseitig abgegrenzte Bühne umschließt wie ein Rahmen die Figur, auf die nach einem ausgeklügelten System möglichst intensives, durch Spiegel verstärktes Licht fällt. Musik begleitet die Vorführung, die in zusammenhängenden Zyklen jeweils einen Kunststil auf den anderen folgen lässt, in streng historischer Ordnung, so dass sich die Einzelteile zu einer »mimischen Geschichte der bildenden Kunst« verbinden – ein deutlich erkennbarer Bildungsanspruch, den die Attitüden, bei aller ergreifenden, rührenden, bewegenden Wirkung, einlösen wollen. Henriette Hendel feiert mit ihren Darbietungen Erfolge, ihre Gastspiele führen sie durch ganz Deutschland und darüber hinaus, u. a. nach Schweden, Russland und Frankreich. Begleitet und unterstützt wird Henriette Hendel dabei ab 1810 von ihrem vierten Mann, dem Philosophieprofessor Friedrich Karl Schütz, Sohn des Archäologen und Begründers der *Allgemeinen Literatur-Zeitung* Christian Gottfried Schütz. Die Bekanntschaft mit Schütz beendet die Liaison mit dem Advokaten und Schriftsteller Theodor von Haupt, den Henriette Hendel bei ihrem Aufenthalt in Darmstadt im November und Dezember 1809, also kurz nach ihren Auftritten in Karlsruhe, kennengelernt hatte.

Hebel ist mit Theodor von Haupt im Dezember 1809, anlässlich eines erneuten Aufenthalts der Schauspielerin in Karlsruhe, persönlich zusammengetroffen, in späteren Jahren auch mit Professor Schütz. Er korrespondiert freundlich, ja herzlich mit allen Beteiligten, wünscht Schütz und Gattin Glück zur Vermählung, zur Geburt der Tochter, des Sohns. »O, wie war das Jahr 1809 so schön!« ruft Hebel 1821 in seinem Brief an Henriette und Friedrich Karl Schütz aus, eine winzige unkontrollierte Geste in seiner sonst so gleichmäßig und wohlbedacht verteilten Freundschaft, da doch ein Friedrich Karl Schütz im Jahr 1809 die Bühne des Geschehens noch gar nicht betreten hatte.

Johann Peter Hebel und Henriette Hendel sind es, die auf dieser Bühne stehen, doch die durchaus bühnenreifen »Abenteuer«, in die sich der Dichter ein wenig fassungslos verstrickt sieht, sind vorbei, kaum dass sie begonnen haben. Ein atemberaubender Wirbel war das, der durch die Residenzstadt und den geordneten Alltag gezogen ist, unerhörte Dinge geschehen mit einem Mal, wo der Schauplatz des Unerhörten doch sonst außerhalb und anderswo ist. Verkehrte Welt, für kurze Zeit. Etwas wie ein Nachbeben jener Aufregungen geht durch die Briefe, die der Entschwundenen nachgeschickt werden, sie sind ein Potpourri aus Erinnern, Vermissen, fürsorglicher Teilnahme, aus Berichten über Aktivitäten, die dem Erinnern, Vermissen und der Fürsorge gelten – ein Porträt Hebels für Henriette ist im Entstehen, ein zuge-

schickter Textentwurf wird beurteilt, die beste Strategie in einer beruflichen Querele überdacht, fertiger Schmuck mit Grüßen, Küssen und
guten Wünschen übersandt, Theaterklatsch weitergeleitet. Nicht zu
vergessen das Befinden des Eichhörnchens, das die Künstlerin dem
Dichter vermacht hat. Das zeigt zwar »vortrefflichen Appetit«, »aber
unter uns gesagt, nicht viel Genie«. Ein Eichhörnchen ist ihm geblieben, das glänzende, schöne, atemberaubende Leben ist weitergezogen
und hat die örtlichen Mitspieler wie betäubt zurückgelassen. Im Notabene seines Briefs vom 8. November 1809, es ist der erste – erhaltene –
Hebels an Henriette Hendel überhaupt, ruft er ihr noch nach: »Ich
benehme mich nicht in allen Gesellschaften so einfältig wie in der Ihrigen. Es kommt von der heiligen Scheue her.«

Madame Hendel zieht weiter, verheiratet sich wieder, feiert als Atti-
tüden-Darstellerin bis etwa 1817 Erfolge. Die Huldigungen prominenter Zeitgenossen sind in der von Schütz herausgegebenen *Blumenlese
aus dem Stammbuche* der Künstlerin nachzulesen. In dieser Blumenlese, die tatsächlich so etwas wie ein Herbarium des Erfolgs vorstellt,
sind Goethe und Schiller vertreten, Wieland, Heinrich von Kleist, A.W.
Schlegel, Voß, Wilhelm Grimm – um nur einige wenige Namen aus der
Liste der mehr als 150 Dichter, Gelehrten und Künstler zu nennen.
Dass Goethe in seinem Eintrag die Künstlerin einen »unvergleich-
lichen weiblichen Proteus« nennt, könnte Hebel, den Apologeten des
Proteusertums, persönlich gefreut haben – gewissermaßen als Bestätigung einer Seelenverwandtschaft zwischen ihm und der Schauspielerin. Die stolze Blumenpracht der Würdigungen ist allerdings, wie spätere Überprüfungen zeigen, nicht durch und durch echt, der Gatte und
Manager Friedrich Karl Schütz dürfte die von ihm edierte Sammlung
mit Gedichtgut, das im Original nicht enthalten war, nachträglich noch
ein wenig auf Hochglanz gebracht haben.

Im Oktober 1817 gastiert Henriette Hendel-Schütz noch einmal in
Karlsruhe, 1818 lässt sich die Familie in Halle nieder, da Schütz an
der unter Napoleon geschlossenen, aber inzwischen wieder eröffneten
Universität eine Professur erhalten hat. 1820 beendet die Schauspielerin ihre künstlerische Laufbahn. Vom 28. April 1822 datiert der letzte

Brief Hebels an die »edle, theuerste Freundinn«, in dem er über die eigene ehrenvolle Laufbahn und die Schicksale gemeinsamer Bekannter berichtet: »Ist nicht das Leben ein ewiges Kalleidoscop, alle Tage anderst?« Das mag ein Trost sein oder auch nur eine Feststellung, wenige Zeilen später jedenfalls beschwört der Briefschreiber die menschliche Gegenkraft gegen unablässigen Wandel – dass nämlich seine Verehrung und Freundschaft für sie, die edle Freundin, »unveränderlich« bleibe.

Die Ehe Henriette Hendels mit Friedrich Karl Schütz bestätigt eher das Unbeständige, Kaleidoskophafte des Lebens, sie entwickelt sich so unglücklich, dass 1824 die Trennung erfolgt. Henriette Hendel bleibt zunächst in Halle bei ihrem Schwiegervater wohnen und zieht später zu ihrer Tochter nach Köslin, wo sie 1849, im 77. Lebensjahr, stirbt.

Als »Schwiegermutter« hat Henriette Hendel-Schütz Einzug in das *Schatzkästlein des Rheinischen Hausfreunds* gehalten, so wie der württembergische Legationssekretär und spätere Legationsrat Friedrich Kölle als »Adjunkt«. »Wers noch nie erlebt hat, wie sie allen Leuten Red und Antwort gab, und schöne Schweitzerlieder vom Rigiberg singen, und wie sie sich verstellen kann, bald meint man, man sehe eine Heilige mitten aus dem gelobten Land heraus, bald die heidnische Zauberinn Medea, und noch viel, wers nicht gesehen hat, stellt sich's nicht vor. Der freundlichen Schwiegermutter des Adjunkts, soll dieses Büchlein zum Dank und zur Freundschaft gewidmet seyn.« In ein Gedicht an Sophie Haufe hat der Dichter auch noch eine ganz private Huldigung an die Schauspielerin, nebst Liebesgeständnis, verpackt, so überschwänglich und unversteckt, dass nicht viel daran sein kann – wenn es denn nicht genau das ist, was der Leser denken soll: »In wen sie verliebt ist das frag ich sie nie / Sie liebe wen sie will, ich liebe doch sie / Ihr sollet sie schauen / Diese Perle von Frauen / Diesen Kindskopf, diesen Mann, dieses Weib / In der nemlichen Seel' in dem nemlichen Leib / Und kosten den seligen Zeitvertreib. / Nun hab ich's gestanden, nun ist es heraus. / Und weinet Ihr um mich, so lach ich Euch aus.«

Der *Rheinländische Hausfreund* ist, wenn man Titel und Erzählfigur ein wenig spielerisch dreht und wendet, nicht nur Freund vieler Häuser, sondern selber das Haus, in dem die Freunde aus und eingehen. Das Verhältnis zwischen literarischer und nichtliterarischer Realität steht, so gesehen, im Zeichen der Gastfreundschaft und Geselligkeit. Reale Personen betreten den Raum der Dichtung, nur wenig abgetönt und verwischt in ihrer Identität, und schicken sich an mitzuagieren, mitzureden, mitzubelehren. Der Erzähler hat nichts Spektakuläres mit ihnen vor, die Personen sind präsent, nur das zählt, sie sind hereingeholt worden ins Reich der Erzählung, und das Zwiegespräch mit ihnen, die Berichte über sie sind, wie die Schein-Gespräche mit dem Leser, Teil eines kommunikativen Modells, in dem der Faden des Dialogs kunstvoll gesponnen ist, zu jedem hinführt und ihn einbindet ins Geschehen, Reden, Denken. Dass der Erzähler dabei so tut, als gäbe er Kompetenzen ab, verdoppelt auf interessante Weise die Ebene der Fiktion – doch dies nur nebenbei. Dass er dabei ganz unversteckt in die reale Welt hinübergreift, reale Menschen als seine fiktionalen Begleiter zu sich zieht, ist ein schönes Beispiel für die Verschmelzung von Freundschaft und Literatur.

Die Freunde betreten das Haus der Dichtung, werden selber zu Dichtung und so aus der Zeit und dem Vergessen gerettet. In seinem Gedicht *Die Vergänglichkeit* entwirft Hebel einen Endzustand irdischen Lebens, der über den Planeten Erde nichts mehr zu sagen lässt, als dass alles »öd un schwarz un totestill« sei. Der Kreis schließt sich, das Ende gleicht jenem biblischen Anfang, von dem es heißt, dass die Erde wüst und leer und finster war. Mit Gottes erstem Schöpfungswort wurde Licht von der Finsternis geschieden, große und kleine Lichter setzte Gott alsdann an die »Feste des Himmels«. Licht und Leben sind bis in die alltägliche Metaphorik miteinander verwoben, und auch Hebel hat die große Dualität, die manichäische Spaltung in Licht und Finsternis für sich weitergeschrieben. Kein Leben ohne Licht, zumindest keines, das seinen Namen verdiente, und wenig erleuchtet das Leben so sehr wie fröhliche Stunden mit vertrauten Menschen – weshalb man »der romantischen Lichter im Leben nie zu viele aufsteigen lassen« kann.

Romantische Lichter – das waren die Zeiten, die Hebel mit Freunden verbrachte, bei Hitzig und seiner Familie, in Weil bei Tobias Günttert, seiner Frau Karoline und der Schwägerin Gustave Fecht und, immer wieder als besondere Glücksmomente beschworen, bei den Familien Haufe und Schneegans in Straßburg. In seinem Brief vom 31. März 1816 nennt er die gemeinsame Zeit die »illuminirten Kupferstiche« oder »die Poesie in der (prosaisch albernen) Warheit« seines Lebens.

Gottfried Haufe, Ehemann der Sophie Haufe, am Pädagogium von Lörrach einst Hebels Schüler, hat sich nach einer Lehre bei dem Maler und Kupferstecher Johann Jakob von Mechel als Goldschmied in Straßburg niedergelassen. Der geschäftliche Erfolg bleibt aus, nicht zuletzt auch bedingt durch die politischen Wechselfälle, so dass Haufe umsattelt und eine Baumwollspinnerei gründet, 1826 schließlich eine Papierfabrik. Die wechselhafte wirtschaftliche Situation der Haufes scheint dem Umstand keinen Abbruch getan zu haben, dass die Besuche bei ihnen für Hebel Sternstunden der Geselligkeit, Heiterkeit und Harmonie sind. An der Straßburger Poesie wesentlich beteiligt ist Sophie Haufe, 1804, zum Zeitpunkt ihrer Verheiratung und des beginnenden Briefwechsels mit Hebel gerade achtzehn Jahre alt. Scherz und Maskerade nehmen in der Straßburger Korrespondenz einen wichtigen Raum ein, Sophie Haufe wird zum »geheimen Staatsminister und Intendanten der Künste und Wissenschaften« ernannt, Hebel unterzeichnet als »Peter der I. Grav zu Assmanshausen und Caub, des hohen Ordens vom heiligen Proteus Heermeister«. »Mein lieber Minister« schreibt Hebel und kostümiert denn auch seine Briefe entsprechend, als hochoffizielle Mitteilungen, Anfragen und Aufträge. Die neuesten politischen Entwicklungen werden weitergereicht, Buchsendungen kommentiert, aber auch allerhand organisatorische Fragen rund um die Illustration der *Allemannischen Gedichte* verhandelt. Gelegentlich nimmt das Briefgespräch eine philosophische Wendung. Und immer wieder geht es um den nächsten Besuch Hebels in Straßburg, den allzu oft Geschäfte und Pflichten, manchmal ein böses Zahnweh verhindern, der doch auch wieder glückt und dann in der Erinnerung weiterleuchtet.

Sophie Haufe hat in späteren Jahren ihre Hebel-Erinnerungen aufgezeichnet. Dem Dichter Hebel, dem Verfasser der *Allemannischen Gedichte* galt die Verehrung der jungen Frau, auch wenn dieser Dichter im wirklichen Leben nicht als der Heros auftrat, den sie sich gewünscht hätte, sondern er ihr mit seinen Späßen und witzigen Einfällen mehr kindlich als erhaben erschien. Dabei sei Hebel nie das gewesen, was man »ausgelassen« nennt, sondern habe immer eine gewisse Gravität bewahrt; seine Bewegungen hatten immer das gleiche Maß, wenn ihm aber ein Spaß einfiel, so seien seine Gesichtsmuskeln in lebhafte Bewegung geraten, und man konnte auf einen netten Witz hoffen. Der gute Witz läuft schöngeistiger Erbauung allemal den Rang ab, und so irritiert der Dichter – wohl nicht ohne Vergnügen – mit dem Bekenntnis, die liebste Musik sei ihm Trommeln und Pfeifen. Abgesehen von der Abneigung gegen Zeremoniell und gesellschaftliche Zwänge weiß Sophie Haufe von ausgedehnten Streifzügen Hebels durch die Stadt zu berichten. Bei abendlichen Spaziergängen vor die Stadttore sei er gerne in einer kleinen Kneipe zurückgeblieben, um den Naturlauten der Landbewohner zuzuhören. Nie habe er als Theologe Seelenerforschung bei seinen Freunden betreiben wollen, sondern sei mit allen, die es redlich meinten, in gutem Vernehmen gewesen. Aus ihr selber, meint Sophie Haufe, habe Hebel mehr gemacht als sie verdiente, fehlte ihr doch zum damaligen Zeitpunkt das wahre Verständnis für die »joviale und kindliche Art seiner Ausdrücke und späteren Schriften oder Gedichte«. Die Überzeugung, dass der Dichter Talente in sie projiziere, die sie gar nicht habe, untergräbt auch das schon genannte Romanprojekt *Hippel Drippel*, die nie verwirklichte literarische Gemeinschaftsproduktion zwischen Karlsruhe und Straßburg.

»Zufrieden und vergnügt« lebte man in jenen Jahren, erinnert sich Sophie Haufe, die Kinder wachsen heran, sie sind bei allen Unternehmungen mit von der Partie. An schönen Sonntagen werden Ausflüge mit der Kutsche oder auf Schiffen organisiert, man strebt in die benachbarten Wälder, rudert auf der Ill herum, veranstaltet allerhand Gesellschaftsspiele. Die Abende verbringt man im Freundeskreis, Sophie spielt Klavier und singt dazu. Es ist eine einfache, herzliche, unzeremoniöse Form der Geselligkeit, ein behaglich-gemütliches Zusammensein, das sich keinem sozialen, künstlerischen oder sonstigen Ehrgeiz verdankt und ohne große Etikette auskommt. Einmal, als man in vertrauter Runde beisammen saß, habe Hebel ihre Hand genommen, erzählt Sophie Haufe, und gefragt: »Nicht wahr, liebe Sofie, Sie sind recht glücklich?«, was ihm die junge Frau mit Freude zugestand.

Eine Enklave des besseren Lebens bilden die Freunde in Straßburg, eines Lebens, das besser ist, nicht weil es von Schicksalsschlägen verschont bliebe, sondern weil Herzensgüte und Frohsinn hier in besonderer Weise zuhause sind. »Sonnenblicke«, so schreibt Hebel 1823, lasse die gute Frau Sophie aus ihrer frommen Seele in ihn hineinscheinen. Gelegentlich muss auch Hebel Trost spenden und Trübungen vertreiben. Mit Briefworten kämpft er für seelische Genesung und Aufheiterung in jener kleinen Welt, die auch aus der Ferne und in Gedanken für ihn ein Ort der Zuflucht ist. »Es schmerzte mich in diesem Spiegel Ihres heiteren frommen Gemüthes ein paar Wölklein ziehen zu sehen. Solch ein Gemüth sollte immer heiter seyn können, nur sanft bewegt, von Zeit zu Zeit nur von einem Sonnenregen befeuchtet, wie uns der Herrenhuter in seinen Liedern schön sagt, die mir nun lieber sind, seit dem Sie sie auch kennen. Sie haben schon viele schmerzhafte Erfahrungen gemacht. Aber auch diese haben das gute, eben daß sie Erfahrungen sind, das heißt Lehrerinnen. Wir sind noch immer in der lieben Schule. Ich will einmal, wenigstens als Ihr älterer Mitschüler ihr Dollmetscher seyn. Fahren Sie fort mit Wohlwollen und Liebe zu umfassen, was Sie erreichen können, Frieden, Freude, Liebe, wie einen Lichtglanz um sich zu verbreiten, aber fangen Sie an gefaßt zu seyn zum Voraus auf fehlgeschlagene Hoffnungen, nicht zu viel von der Welt zu verlangen, die so wenig hat, glücklich genug zu seyn in der Gegenliebe deren, die Sie Ihrer Liebe werth gefunden haben.« Hebel schließt mit einem handfesten Rezept: »Sie bedürfen stärkende Lektüre. Ich empfehle Ihnen Geschichte.«

Geschichte – das heißt wohl Wirklichkeit statt Fiktion, harte Tatsachen statt romantischer Phantasien, Bodenhaftung statt Wolkenkuckucksheim. Hebel, der Pädagoge, baut auf die therapeutische Wirkung richtig gewählter Lektüre, er empfiehlt *nicht* die Bibel, das sei nebenbei bemerkt, sondern arbeitet mit einem Modell von Kraft und Gegenkraft, um die Seelenwelt ins Lot zu bringen, damit wieder jene Harmonie und

Heiterkeit erstrahlen kann, die Sophie Haufe für ihn verkörpert. Man möchte fast an Schillers »schöne Seele« denken, an den inneren Einklang von Sinnlichkeit und Vernunft, Pflicht und Neigung und die Grazie, die der äußere Ausdruck dieses Einklangs ist, wenn man Hebels Zuspruch liest. Fast. Denn so, wie sich der Dichter der Heldenverehrung entzog, wäre wohl auch Sophie Haufe vor prunkenden Attributen zurückgewichen.

In der Hebel-Forschung wurde bemerkt, dass die Frauen, mit denen der Dichter befreundet war, wenig eigenständig und geistig unbedeutend gewesen seien, brave Mütter, Töchter, Schwägerinnen, die ein unauffälliges Leben im Schatten der jeweiligen Familienoberhäupter führten. Einzige Ausnahme sei Henriette Hendel, daher rühre auch die Faszination, die die Künstlerin auf Hebel ausübte. Doch abgesehen davon, dass diese Art der Klassifizierung historisch ins Leere greift, insofern sie vergangene Lebensformen über einen sehr heutigen Kamm schert, führt sie auch nicht unbedingt näher an die Person Hebels heran. Gewiss war Sophie Haufe keine Frau, die mit Traditionen brach, sie war nicht literarisch tätig wie die Vertreterinnen der Romantik, leitete keinen Salon wie Rahel Levin-Varnhagen. Zu all dem fehlte ihr wohl schon das Selbstvertrauen, ihre Geistesbildung empfand sie selber als »untergeordnet«. Dabei zählten – außer Hebel – Künstler, wie der Bildhauer Landolin Ohmacht, und Gelehrte durchaus zum Freundeskreis. Freundschaftlicher Kontakt entwickelt sich mit der Familie von Joseph Görres, der einige Jahre in Straßburg verbringt, mit Mittelalterstudien beschäftigt ist und in seinen Mußestunden gemeinsam mit Clemens Brentano Klopfgeister und Somnambulismus erkundet. Als »gemütliche und innige Familie« sind die Görres' den Haufes ans Herz gewachsen, darin ihrer eigenen Lebensdevise verwandt, der herzlichen, einfachen Geselligkeit, die von keinen gesellschaftlichen, künstlerischen oder gar politischen Ambitionen geprägt ist. Eben dies trifft mit den Sehnsüchten Hebels zusammen, der keineswegs an großen Namen, aber an Menschen interessiert ist, der sich von weiblicher Anmut gerne gewinnen lässt – man erinnere sich an die schöne Beschreibung der Stéphanie Beauharnais – und eine gelebte Botschaft gleichwertig neben eine gedichtete stellt. Es mag zu denken geben, dass ja auch Henriette Hendel nicht so sehr als berühmte Künstlerin in den *Rheinländischen Hausfreund* ihren Einzug gehalten hat, sondern als »Schwiegermutter«, Teil einer von Hebel selbst geschaffenen Familie, die in Freundschaft, Liebe und Wertschätzung miteinander verbunden ist. So gesehen ist weniger bemerkenswert, dass mit Henriette Hendel ein Frauentyp ganz neuer Art in Hebels Gesichtskreis trat, sondern vor allem, dass er ganz unterschiedliche Frauentypen in seinen Freundeskreis verschmolz.

Gustave Fecht, die dritte der »teuren, geschätzten, lieben« Freundinnen, mit denen Hebel ein ausgedehnter Briefwechsel verband, ist weder gefeierte Künstlerin noch weibliches Herzstück eines von Freuden und Sorgen, Kindern und Geselligkeit gleichermaßen bewegten Familienlebens. Gustave Fecht ist unverheiratet geblieben, weil Hebel – wie Wilhelm Zentner meint – das entscheidende Wort nie gesprochen hat. Von 1791 bis 1826 erstreckt sich die Korrespondenz, fünfunddreißig Jahre lang werden Briefe gewechselt, gesehen hat man sich 1812 zum letzten Mal, während der Briefwechsel erst mit Hebels Tod zum Erliegen kommt.

Ort der ersten Begegnung ist Lörrach, wo Tobias Günttert, der mit Gustave Fechts älterer Schwester Karoline verheiratet ist, seit 1779 als Prorektor am Pädagogium wirkt und wo Hebel 1783 die Stelle des Präzeptoratsvikars übernimmt. Im Schulhaus, dem Kapitelhaus, wohnen sowohl Hebel als auch Günttert mit Frau, deren Ehe kinderlos bleibt, 1787 ziehen die Pfarrerswitwe Fecht und ihre Tochter Gustave, acht Jahre jünger als Hebel, ein. An die drei Jahre leben also Hebel und die Familie Günttert unter einem Dach, versammeln sich zu gemeinsamen Mahlzeiten, die Hebel mit dem Prorektor und seiner Familie einnimmt, bis 1790 Günttert als Pfarrer ins nahegelegene Weil übersiedelt, Hebel hingegen zu seinem Leidwesen nicht das Prorektorat zugesprochen bekommt, sondern sich weiterhin mit dem untergeordneten Posten des Präzeptoratsvikars begnügen muss. In die Zeit, in der Günttert bereits als Pfarrer in Weil lebt, Hebel aber noch in Lörrach, fallen häufige Besuche im Weiler Pfarrhaus, dem sogenannten Domhof, wo für den Besucher ein eigenes Zimmer bereitsteht. 1791 mit Hebels Berufung nach Karlsruhe endet jene – in der Rückschau – schöne und frohe Zeit; was davon Eingang in seine Briefe findet, sind zunächst die noch ganz frischen Erinnerungen, die gelegentlich wie kleine bunte Mosaikstückchen von der Residenzstadt wieder nach Weil wandern. So kommt die Rede aufs »Blindmausspiel«, das eines Sonntagnachts im Haus des Prorektors stattfand, und auf die Schneeballen, mit denen der Präzeptoratsvikar »gerieben« wurde. Beim Brettspiel lässt sich die Kostbarkeit eines schönen roten Seidenfadens gewinnen. Davon, wie einem zumute ist, »wenn man tanzen mus und nicht mag«, könne er bekanntlich auch ein Lied singen. Ein wenig tändelnd und neckend gebärdet sich der Briefschreiber, er schreibt allerhand, so scheint es, nur um der bizarren Einfälle wegen, ein Mitteilungsüberschwang will sprachlich ausgespielt werden, gleich darauf tadelt sich der Briefschreiber selber für seine »Alfanzereyen« und räumt ein, dass man ihn für einen »albernen Menschen« halten müsse. Darum sei es auch Zeit, »dem Geschwätze ein Ende zu machen, eh' das Sauerampfergesicht kommt. Leben Sie wohl, süße Jungfer Sauerampfer.« In diese munter dahinströmende Plauderei mischen sich Versuche, aus der Erinnerung die Gegenwart nachzustellen, denn gesetzt, dass alles so bleibt, wie es war und wie man es kennt, dann kann man sich aus der Vergangenheit in eine räumlich ferne, aber gedanklich nahe Gegenwart hineintasten und zugleich da und dort sein, doppelt präsent, in Karlsruhe und in Weil: »O ich sehe Sie leibhaftig«, schreibt Hebel, »Sie stehn an der Commode vor der Uhr und knistern etwas in einer pappendeckelnen Schachtel herum; suchen Sie ein Band auf morgen? Oder legen Sie den heutigen Weihnachtsstaat wieder in Ordnung? Nicht wahr, Sie haben heute communicirt? Sie sehen so feierlich und so heilig aus, als wenn Sie einen Engel gesehen und mit ihm von der Auferstehung der Toten, vom iüngsten Gericht und vom ewigen Leben geredet hätten.« An anderer Stelle erhält der imaginäre Besuch im Pfarrhaus einen Anhauch von seelsorgerlicher Strenge. Scharfe Augen glauben Nachlässigkeiten zu entdecken: »Jetzt erlauben Sie, daß ich ein wenig im Haus herumspatzire, und alles besehe, wie es ist. Auf der Bibel dort ligt ziemlich Staub, das ist nicht gut liebe Jungfer, zumahl wenn man so oft zu Gevatter gebeten wird, da muß man recht fromm seyn. Einen neuen Schurz sehe ich dort, und ein neues Halstuch, und einen neuen Hut. Potz tausend was schöne Siebensachen. Auch ein Roman auf dem Kommode, woran ich keinen Staub erblicke, Das andre wird schon in der Ordnung seyn. Jetzt gehn wir wieder hinunter und sezen uns zur Frau Mamma und zur Frau Günttertin an den Ofen.«

Hat Hebel Sorge, dass die junge Frau im Pfarrhaushalt kein lupenrein gottgefälliges Leben führt? Dass sie weiblichem Putz und weltlicher Lektüre zu viel Platz in ihrem Leben einräumt? Hebel sorgt sich freilich nicht nur um das Seelenheil, er sorgt sich gleichermaßen um das gesundheitliche Wohlergehen im fernen Weil, ermahnt Gustave, im Herbst nicht zu viele Trauben zu essen und nicht zu viel Most zu trinken, und liefert auch sonst allerhand Ratschläge, wenn es um Zahnweh, schmerzende Finger und andere Leiden geht.

Kaum etwas von dem, was sich aus Hebels Briefen herauslesen lässt, ist dazu angetan, bei Gustave Fecht tatsächlich eine Neigung zu weiblicher Flatterhaftigkeit zu vermuten. Ihr Leben mit Schwester, Schwager und Mutter verläuft vielmehr in ruhigen Bahnen. Hausarbeit und Gartenarbeit füllen die Tage, sie widmet sich der Blumenzucht, die ihr Vergnügen verschafft, zudem hat sie für junge Mädchen in Weil eine Handarbeitsschule eingerichtet. Für den Kalender liefert Gustave Fecht Rechenrätsel; dass ausgerechnet Mathematisches von ihrer Seite kommt, mag ein Zeichen dafür sein, dass hier ein klarer, pragmatischer Kopf wirkt. Ihr Leseinstitut, das sie in späteren Jahren gründet und für das sie sich offenbar Lektüreempfehlungen erbittet, findet nur begrenzt Hebels Zustimmung. Worüber er schon 1793 die Stirn runzelt, das bringt er 1824 auf den Punkt: »Ich halte iust nicht viel auf die Belesenheit der Mädchen bürgerlichen und gemeinen Standes im Allgemeinen. Sie werden leicht dadurch aus ihrer Sphäre und Bestimmung herausgezogen, und mehr eitel als solid.«

Hebels Lektüreempfehlung für Gustave Fecht ist, wie für andere Freunde auch, Jean Paul. »Ich weiß nicht ob Sie noch gerne lesen«, heißt es in einem Brief vom Oktober 1801, »sonst wollt ich Ihnen Jean Pauls verschiedene Schriften (nur die Palingenesien ausgenommen) empfehlen, wenn Sie sie noch nicht kennen. Man hat zwar anfänglich Mühe sich in die eigenthümliche Manier dieses Originals zu finden, und Manches mag für Nichtstudirte Personen schwer und unverständlich seyn, aber man kann auch unbeschadet, obs gleich Romane sind, eine und zwei Seiten überschlagen und die dritte mit innigem Entzücken lesen; seine Schilderungen der Natur, des menschlichen Herzens, der menschlichen Freuden und Leiden übertreffen alles ähnliche, nur die Natur selber nicht.«

»Ich weiß nicht ob Sie noch gerne lesen« – das klingt, rund zehn Jahre nach Hebels Weggang von Lörrach nach Karlsruhe, unendlich fern, so als hätte die Briefempfängerin in all der Zeit zu einem unbekannten, fremden Wesen werden können. Höchstens noch in Vermutungen ist dieses Wesen zu erreichen, dem Hebel früher nahe genug war, dass er den Staub auf der Bibel der Freundin zu sehen glaubte und den gar nicht staubbedeckten Roman, dass er ihren Schritten folgte, ihre Gesichtszüge deutete und ihr über die Schulter schaute, wie sie in einer »pappendeckelnen« Schachtel hantiert.

1796, also fünf Jahre vor diesem Brief, in dem Hebel so wenig zuversichtlich die Lektüre Jean Pauls empfiehlt, und zugleich knapp fünf Jahre nachdem er das Oberland verlassen hat, ist Hebel zu Besuch in Weil. Es ist der erste Besuch dort, seit er nach Karlsruhe gezogen ist, ein Besuch, der in politisch turbulente Zeiten fällt. Hebels Brief an seinen Freund Gmelin ist ein umfangreicher Rapport über Truppenbewegungen, Gefechte, Einquartierungen, Plünderung etc. »Die Dörfer Weil und Haltingen (im letztern ist das Hauptquartier des Fürsten von Fürstenberg) sind eine Kaserne; und der Weg zwischen beiden ein Lager. Das ganze Korps von 15–20 000 Mann das zur Blockade und Berennung der französischen Brückenschanze bestimmt ist ligt dort beisamen.« Die Grausamkeiten des Krieges, über die sich zudem ein Nebel aus Falschmeldungen, Gerüchten und Mutmaßungen breitet, beherrschen das Feld. In Zusammenhang mit dem keineswegs beschaulichen Heimaturlaub hat die Hebel-Forschung lange Jahre auch jenes bemerkenswerte Fragment gelesen, das einem Brief an Gustave Fecht entstammt.

Mit einem Schnitt ist das Originalblatt zerteilt worden, die Fortsetzung, die auf einem weiteren Blatt stehen müsste, fehlt völlig. Warum diese gezielte, partielle Vernichtung? Aber nicht nur das, auch die Tonart lässt aufhorchen. Zum Teil wohl deshalb, weil hier ein Bruchstück für sich steht und kein Vorher und Nachher das Bittere, das auch in anderen Briefen seinen Platz hat, abfängt und es einbettet in den Grundtenor humorvoller Zuversicht. Hebels Briefe sind sorgfältig komponiert als Lesefreude, als erbauliche und erheiternde Wort-Gaben im Zeichen der Freundschaft, und das *ich*, das der Briefschreiber Hebel dabei ins Spiel bringt, ist auf eben jenes Ziel hin bearbeitet und modelliert. Nicht allzu oft kommt es vor, dass die Fassung brüchig wird, die Sprach-Fassung, die er sich auferlegt hat, und kaum sonst hat Kontextverlust dies so ins Auge stechen lassen wie hier:

»… da war ich sehr düster und gedrükt.
Iezt wünschte ich nur wieder eine Stunde bey Ihnen zu sein, nur alle Tag eine Stunde, Vormittags eine und Nachmittags eine, ausgenommen am Sonntag zwey, am Montag drei, am Dienstag vier, am Mittwoch fünf und am Donnerstag sechs oder gleich alle Tage zwölf. Mein Gemüth ist Ihnen nie näher, als wenn ich weit von Ihnen bin, und ich habe immer mit Ihnen etwas zu plaudern, bis ich einmal hinaufkomme, alsdann hab ich nichts.«

Man möchte an dieser Stelle einen Bogen schlagen zu Hebels späterem Bewunderer Kafka, der sich zweimal mit Felice Bauer verlobt hat und die Verlobung zweimal wieder löste. Die Briefe Kafkas legen Zeugnis ab von der unglaublichen Kraftanstrengung, die diese Beziehung kostet und doch nirgendwohin führt als einen Schritt vor und einen Schritt zurück. Bei Hebel sind die Spuren ungleich spärlicher. Das Brieffragment der Krise ist nicht mehr als ein einsamer Seufzer, ein herausgepflücktes Bekenntnis, das in allerhand Zusammenhänge gestellt werden kann. Den sechsunddreißigjährigen Hebel glaubte man da lange zu hören; Handschrift und Zinsberechnungen auf der Rückseite des Briefes (mit der Jahreszahl 1799), weisen hingegen auf das Jahr 1812 und einen mithin schon Zweiundfünfzigjährigen. »Düster und gedrückt« war also der Dichter, und das Brieffragment, auch wenn es sonst nichts verrät, bringt die Aporie der Gefühle auf den Punkt. Räumliche und seelische Nähe wollen sich fatalerweise nicht zusammenfinden. Die Ferne ist wortreich, die Nähe sprachlos, sie schlägt mit Stummheit, aus der nur die Ferne wieder heraushilft.

Auch darüber lässt sich schreiben, aber eben nicht sprechen. Die Briefe, die Gustave Fecht selber in den Jahren von 1791 bis 1826 an Johann Peter Hebel richtete, sind, so wie all die anderen Briefe, die den Dichter je erreichten, vernichtet worden, von welcher Hand und aus welchen Gründen auch immer. Ob diese Briefe Aufschluss darüber gegeben hätten, warum die Beziehung im Freundschaftlichen stagnierte, scheint ohnehin fraglich. Tiefer liegende, schwer fassliche Komplikationen mögen der Grund gewesen sein oder einfach der verfehlte Augenblick, erst zu früh, dann zu spät für eine Ehe, wenn denn das vertraute Geplänkel in den frühen Briefen je auf ernsthaftere Absichten gerichtet war.

Die Beziehung Hebels zu Gustave Fecht fand die ihr gemäße Form in einem lebenslangen Briefwechsel, das ist wenig und viel zugleich. Viel an treuer Freundschaft, wenig an Gefühlsdramatik, wie das Leben des Professors und Kirchenrats sich überhaupt vordergründig von großen Erschütterungen freihält, ein geordnetes, ordnungsgemäßes Leben, auf dem sich die Nachlässigkeit in Alltags- und Haushaltsdingen wie eine harmlose kleine Arabeske ausnimmt. Dass aber gerade das schlichte, biedere Leben ab und zu seltsame Versteckspiele erfordert, dass einen einfache Dinge auf komplizierte Wege führen und die klaren Gründe manche Geheimnisse zudecken – das erscheint fast wie eine Hebelsche Hauptader, eine unterschwellige versteht sich, die vom Leben in die dichterischen Strategien hineinreicht, in alles Andeutende, Vieldeutig-Entgleitende bis in die wohlwollend vorgeführte Kunst schlauer Berechnung. Für einen »gar frommen und untadelhaften Schulherrn« werde er gehalten, so der Hausfreund in einem – fiktiven – Gespräch mit der Schwiegermutter, die ihrerseits als »eitles Weltkind weit und breit bekannt« sei. Er werde dafür gehalten, sagt Hebel, und gibt Auskunft über sich, wie man einen Taschenspielertrick vorführt. Es stimmt oder auch nicht, es amüsiert ihn, die Welt ist blind oder auch nicht, weil das Urteil irgendwoher seine Nahrung bekommen muss. Der Schein ist, so wenig wie das Sein, ein Zufallsprodukt – und insofern die Unterscheidung schwieriger als gemeinhin angenommen. Die Welt ist leicht zu täuschen oder er, Hebel, ist gut im Täuschen. Man glaubt zu hören, dass Selbstironie mitklingt, aber ist es trotz allem nicht so, dass in diesem »frommen und untadelhaften Schulherrn« auch Wunsch und Wahrheit steckt?

Dass sich in Hebels Leben der Eindruck eines geordneten Alltags trotz Kriegswirren und politischen Turbulenzen, trotz Plünderungen, Einquartierungen und der Ungewissheit über die Existenz des Landes behaupten konnte, hat wohl auch mit jener Lektüre zu tun, die Hebels tägliches Brot ist. Der Lehrer ist sein eigener Schüler, und jene philosophische Gelassenheit, die ihn davor bewahrt, zumindest in den meisten Fällen, ein politisch oder sonstwie »Aufgeregter« zu werden, ist *auch* das Produkt jahrzehntelanger philosophischer Schulung. Als Hebel 1824 eine beträchtliche Geldsumme durch Verschulden seines Bankiers verliert, schreibt er an Gustave Fecht: »Ich bin iezt wieder glücklich, denn ich bin wieder arm, wiewohl ich nie reich war.« Die Gedankenwelt des *Stilbuchs*, das Hebel für seinen Lateinunterricht erstellte und mit dem er sich selber eine literarische Quelle für seine Kalenderarbeit schuf, ist geprägt von den ethischen Vorstellungen der Stoa, der Tugendlehre Ciceros und Senecas. Ordnung und Harmonie bestimmen die Schöpfung, und eben diese Ordnung zu wahren ist eine der Hauptaufgaben, denen sich der Mensch zu stellen hat. Darum bekennt sich der Stoiker zur ganzen Welt als seinem eigentlichen Vaterland und steht »mit dem Erdkreis in Austausch«. Und er weiß und sagt es sich selber zur eigenen Kräftigung: »Die Mühen eines rechtschaffenen Bürgers sind nie ganz nutzlos. Er hilft schon dadurch, daß man ihn hört und sieht, durch seine Blicke, seine Winke, seine wortlose Widersetzlichkeit und durch seine ganze Art des Auftretens. Wie gewisse Heilkräuter, die – ohne daß man sie kostet oder berührt – schon durch ihren bloßen Geruch Heilung bewirken, so übt die Tugend ihre heilsame Wirkung auch aus der Ferne und im Verborgenen.«

Nie habe den Dichter eine »gewisse Gravität« verlassen, wie Sophie Haufe sagt, aber auch nie die Bereitschaft, einen Spaß, einen überraschenden Einfall aus dem Gleichmaß dieser Gravität herauszuschütteln. Spaß, Scherz, skurriler Einfall – das alles zielt auf die Schaffung einer zweiten Gedankenebene, von der aus wie von einem erhöhten Standpunkt ein neues Licht auf den plan dahinschreitenden Alltag und seine Sprache fällt. Ein Hauch von Anarchie dringt in die vertraute Welt und löst auf, was Sprach- und Denkroutine bis dato wie selbstverständlich zusammengefügt haben. In handschriftlichen Notizen zur Rhetorik definiert Hebel, durchaus schulgemäß, die Figuren *Witz* und *Scharfsinn*: Witz als das Vermögen, Ähnlichkeiten an verschiedenen Dingen zu bemerken, Scharfsinn hingegen als die Fertigkeit, an Ähnlichem Verschiedenheiten zu entdecken. An die Definition schließt er den schönen Hinweis, dass beide Figuren durch Phantasie belebt werden und ihre Anwendbarkeit schlichtweg »überall« haben. Selbst im Rätsel. Selbst in der Predigt. »Selbst die Bibel ist witzig.« Lapidare Erklärung: »Wer mag Unwitz und Stumpfsinn«. In dieser Hinsicht scheint Hebel, der Aufklärer und Vorfahr des Biedermeier, durchaus auch Zaungast im romantischen Denken. »Die Gesellschaft ist ein Chaos, das nur durch Witz zu bilden und in Harmonie zu bringen ist«, heißt es etwa in Friedrich Schlegels *Lucinde*. Und wer könnte nicht eine Verbindung sehen zwischen jenem Zaubermittel der *Potenzierung*, das Novalis propagiert, und der Kraft des Sprachwitzes, der unorthodoxen, dreisten Gedankensprünge, die Hebel praktiziert: »Indem ich dem Gemeinen einen hohen Sinn, dem Gewöhnlichen ein geheimnisvolles Ansehn, dem Bekannten die Würde des Unbekannten, dem Endlichen einen unendlichen Schein gebe, so romantisiere ich es.« Oder, wie man für Hebel vielleicht angemessener sagen könnte: indem ich das Gemeine, Gewöhnliche, Bekannte aus seinen angestaubten geistigen Heimstätten herauslöse, den Winkel der Betrachtung um ein Geringes verändere, so schlage ich neue Funken aus altem Material. Witz, eben, der das Banale verwandelt.

Gerne schlüpft Hebel in die Rolle des Beobachters, schon weil es die aus seiner Sicht ergiebigste und in vielen Fällen auch die angenehmste ist. Dafür finden sich in den Briefen immer wieder Anhaltspunkte. »Stille Beobachtung der ländlichen Menschheit« ist Ende August 1799 der erklärte Wunsch für seine Ferien. Er sei gerne in einer kleinen Kneipe zurückgeblieben, um den Naturlauten der Landbewohner zuzuhören, erinnert sich Sophie Haufe. Menschen-Beobachtung heißt auch Rollenwechsel für den Beobachter, soziale Auf- und Abstiege als Vorstufe eines investigativen Dichtertums. Im August 1810 berichtet Hebel Gottlieb Bernhard Fecht über seinen Aufenthalt in Baden, wo er »das große Spiel« so glücklich getrieben habe, dass er fünf Tage nicht nur frei leben, sondern auch großtun konnte. »Als ich den Domestiken z. B. das Trinkgeld gab, sagte ich: ›Ihr könnt nichts dafür, daß ich nicht auch ein Graf bin, Ihr sollt nicht darunter leiden. Ich bin gerecht.‹ Nichts ist angenehmer als der Contrast. Die Abende brachte ich im Bierhause unter den Kutschern und Lakayen der Grafen und Barone zu, mit welchen ich zu Mittag speiste«.

In den Karlsruher Gasthäusern wie im *Bären*, im *Erbprinzen*, im *Kreuz* oder im Café *Drechsler* werden die »lieben, langen Winterabende« im familiären Kreis der Kollegen und Freunde »verschmaucht«. Wenn die Stimmung danach ist, kann es auch ein schweigsamer und ungeselliger Abend werden. Er gehe jetzt zu Drechsler, schreibt Hebel im Sommer 1803 an Gustave Fecht, setze sich mit einem Krug Bier in einen Winkel und rede mit keinem Menschen ein Wort. Die Gefährten der Karlsruher Wein- und Tabakabende sind, ganz wie Hebel selber, Professoren am Gymnasium illustre, zu nennen wäre hier etwa Kirchenrat Heinrich Doll, Hebels ehemaliger Schüler, dann Jakob Friedrich Gerstner, Mitglied der evangelischen Kirchen- und Prüfungskommission. Nicht zu vergessen der Botaniker Gmelin und Nikolaus Christian Sander, Professor der Beredsamkeit, Hofprediger, Mitglied der Evangelischen Kirchensektion, Kirchenrat und Oberkirchenrat.

Die Briefpartner wirken ihrerseits als Pfarrer und Dekane, so auch die beiden einzigen Duz-Freunde der Korrespondenz, Friedrich Wilhelm Hitzig und Karl Friedrich Sievert. Mit letzterem ist Hebel schon seit seinen Karlsruher Schuljahren bekannt, mit Hitzig spätestens seit den Jahren 1787–91, als dieser seinen Vater in Rötteln als Pfarrvikar unterstützt. Hitzig ist nach Hebel Präzeptoriatsvikar in Lörrach, bevor er als Pfarrer und Dekan in Schopfheim, später in Auggen wirkt. Im badischen Landtag nimmt er einen Sitz in der Zweiten Kammer ein. Hitzig, der *Zenoides* des Proteuser-Geheimbundes, gründet 1802 die *Theologische Gesellschaft*, eine Vereinigung der protestantischen Pfarrer des Wiesentals, für die auch Hebel mehrfach Beiträge lieferte. Wohl zu Recht ist er als der wichtigste und vertrauteste der (Brief-)Freunde bezeichnet worden.

Pfarrer, Dekane, Professoren und Kirchenräte – die Ähnlichkeit der Biographien springt ins Auge, die Schnittmenge der Lebensläufe ist beachtlich. Hebel und seine Freunde entstammen dem Land Baden, in dem sie später auch tätig sind, am Gymnasium der Residenzstadt oder an einer der Pfarren, an die das Großherzogliche Besetzungskarussell sie bestellt – die regelmäßig stattfindenden Um- und Neubesetzungen sind ein Ereignis, das in den Briefen stets aufs neue mit gebührendem Interesse verfolgt und kommentiert wird. Als Pädagogen und Seelsorger widmen sie sich dem Wohlergehen und Gedeihen der ihnen anvertrauten Menschen, steigen in ihrer Berufslaufbahn empor zu Würden und respektablen Ämtern, so dass bald auch die Strukturen, in denen das Wohlergehen und Gedeihen seine Form findet, von ihnen mitgestaltet werden. Sie führen ein Leben ohne Skandale, Exzesse und Eskapaden, pflichtbewusst, solide und als redliche Untertanen. Kritik – die Gutachten zeigen es – ist eine subtile Angelegenheit, selbst ein erklärter Liberaler und Oppositionspolitiker wie Gottlieb Bernhard Fecht ist bei der Herausgabe seiner Predigten auf Fürstenlob bedacht. Man exponiert sich nicht unnötig, auch wenn man vermutlich im vertrauten Gespräch ein wenig schärfer und ein wenig radikaler urteilte, als man es in der Öffentlichkeit oder in Briefen tun wollte.

Scherz, Fachsimpelei und ein wenig Tratsch und Klatsch im vertrauten Freundeskreis, das ist wohl die übliche, regelmäßige Form der Geselligkeit, in die Hebel nach getaner Arbeit eintaucht. Man versteht sich ohne großen Erklärungsbedarf, darin steckt so viel Behaglichkeit wie in einem gut gepolsterten Lehnsessel, die Kehrseite der Behaglichkeit ist freilich, dass man auch geistig im Lehnsessel festsitzt und bald keine anderen Neuigkeiten weiß, als die, die man selber erfindet, wie Hebel Ende September 1805 an Hitzig schreibt. Spielt man beim Treiben der Milonen nur mit oder ist man am Ende selber schon einer? O Zenoides – in den Briefen an Hitzig lebt der Proteuser-Gedanke weiter, er lebt als Gegenwelt und Gegenphilosophie, aus der Sicht des Stadtbewohners gerne auch als ländliche, heimatliche Reminiszenz gefasst. Proteus ist und bleibt der unheilige Schutzpatron einer nicht von Würde und Ämtern aufgezehrten Rest-Existenz und Parmenides der spöttische Zuflüsterer des Würdenträgers selber. Das Wandelbare stellt sich gegen die Erstarrung, gegen das geistige Todleben der Residenzstadt, bei richtiger Betrachtung ist es nicht nur Gegenpol, sondern übergeordnete Macht, eines Tages wird es den öden Alltag samt seinen Pflichten wie eine biblische Wolke umschließen und mit ihm davonziehen. Dies ist das mildere, versöhnlichere Gesicht der Vergänglichkeit, die Philosophie des Vagabundischen, aus der der Dichter in seinen letzten Lebensjahren Trost schöpfte.

Um das Jahr 1812 kommt es zu einem Stimmungseinbruch, die Gründe scheinen vielfältig. Noch »viel stumpfer und melancholischer als das lezte mal«, sei er, schreibt Hebel Ende März an Gustave Fecht. »Das Leben ist mir ganz völlig verleidet. Es ist mir zwar schon oft so gewesen, aber an einem Ostertag noch nie.« Friedrich Kölle, der unterhaltsame, schnurrige Adjunkt der letzten Jahre, wird nach Dresden versetzt. »Noch nie ist mir der Sommer in CR. so tod vorgekommen, vielleicht weil ich iezt auch Sie nicht mehr habe«, schreibt Hebel am 5. Juli 1812. An Gustave Fecht berichtet er zum selben Zeitpunkt von der Unlust zur Arbeit und der »beständigen Lust zu schlafen«, verbringt dann doch einige Sommertage in Baden, das ihm sehr »parisrisch« erscheint, und stattet auch Weil einen Besuch ab. Es sollte der letzte werden.

Inzwischen hat sich auf der weltpolitischen Bühne das Blatt gewendet. Am 7. September 1812 hat Napoleon Moskau eingenommen, die Stadt wird von den Russen in Brand gesteckt. »Wer Moskau angezündet hat, hat viel zu verantworten. Ist ein anderer Mensch als er schuld daran, daß die siegreiche Armee des französischen Kaisers sich mitten im Winter und in der fürchterlichsten Kälte aus Mangel an Aufenthalt und Lebensmitteln und mit namhaftem Verlust zurückziehen mußte, zuerst aus Rußland, hernach aus Polen, hernach aus Preußen, bis nach Deutschland, bis an die Elbe?« Solches fragt der *Hausfreund* in seinem Kalender für das Jahr 1814, die Frage ist so schlicht gestellt, dass man in ihrer Schlichtheit gedanklich herumzuirren beginnt. Doch wie auch immer es bestellt sein mag um versteckte und offene Parteilichkeit, eines steht fest: Der Friedenswunsch geht über alle Siegeswünsche, mit Frieden aber ist in absehbarer Zeit nicht zu rechnen, »kein Sternlein der Hoffnung schaute durch die Wolken der Gewitter«. Wie passt es da zusammen, dass in der Residenzstadt das gesellschaftliche Leben offenbar ein einziger Freudentaumel ist? Hebel stört sich am Missverhältnis, die Feste nehmen ungestört von derartigen Empfindlichkeiten ihren Lauf. Am 30. Januar 1813 schreibt er an Hitzig, es ist die eingangs zitierte Klage über rauschende Feste vor dem Hintergrund der Kriegsmisere – deren volles Ausmaß der Bevölkerung zu diesem Zeitpunkt noch gar nicht bekannt ist: »Wenn der Ueberlauf der hiesigen Winterbelustigung nach dem Wiesenthal flöße, ich glaube, ihr würdet alle toll. Wir sinds. Lezten Sonntag Theater, Montag Redoute im Comödienhaus und Ball beim Französischen Gesandten. Dienstag Comödie. Mittwoch Ball im badischen Hof. Donnerstag Grundlegung des neuen Museums und Schmaus im Alten von 110 Gedecken, Freitag Theater, Ball beim baierischen Gesandten und im Museum. Ich elender Mensch, wer will mich erlösen von dem Leibe dieses Todes. Daneben sind alle Gassen voll trauriger Rekruten, alle Häuser voll Einquartirungen, und so viele Herzen voll Trauer und ungewisser Erwartungen.« Rund zwei Wochen später werden die wenigen badischen Überlebenden des Russlandfeldzugs in der Residenzstadt eintreffen.

Eineinhalb Jahre später, in seinem Brief vom 13. Mai 1814, bedankt sich Hebel bei Hitzig für die wohltuend heiteren Ansichten über die Zeit und die Zukunft. »Es sind ein par Frühlingsstralen in meinen politischen Igelsschlaf hineingefallen.«

Trotzdem kann man sich des Eindrucks nicht erwehren, dass die Signale der Düsternis zunehmen. Böslaunig, von übler Laune, entsetzlich hypochondrisch – so schildert sich der Dichter immer wieder in seinen Briefen. Im Juni 1821, also im einundsechzigsten Lebensjahr, entschuldigt er sich bei Henriette und Friedrich Karl Schütz, die 1817 noch einmal ein Gastspiel in Karlsruhe absolviert haben, für sein langes Schweigen: »Ich bin seit zwei Jahren nimmer recht gesund, nie heiter, fast immer trübsinnig, verdroßen zu allem, was ich thun soll, selbst was ich sonst mit Liebe und Freude that. Die Hypochondrie kann es indessen nicht seyn, weil ich glaube, sie sey es. Denn man sagt mir, daß die welche mit diesem Uebel behaftet sind, es nicht wissen und nicht glauben.«

Tobias Günttert, neun Jahre älter als Hebel, stirbt im Dezember 1821. Ein knappes Jahr später schreibt Hebel an Gustave Fecht, dass er sich den Freund immer noch nicht tot denken könne. »Er leibt und lebt mir noch in dem Pfarrhofe. Ich vergesse gar oft, daß er nicht mehr ist.« Einst hatte er dem *Vogt* des Lörracher Freundschaftsbundes einen ebenso verdrehten wie gut gelaunten Brief geschrieben und sich auch gleich ebenso vergnügt von der Hoffnung auf baldige Antwort verabschiedet: »Aber ich weiß schon, Ihr chue-Respondirt nit gern. Assa, Vetter Vogt! Eineweg gut Sach. Sparich Gott gsung. Euer guter Freund bis in Tod J.P.H. Stabhalter«. Der langjährige vertraute Karlsruher Freund und Kollege Nikolaus Sander, der wie Hebel Junggeselle geblieben war, stirbt Anfang 1824. In 32 Jahren habe er mit Sander »viel lieb und leid durchgemacht«, schreibt Hebel an Sophie Haufe. »Unter solchen Menschen lernt man leben und sterben. Sander verkürzte seinem Krankenwärter noch in der lezten Nacht die Zeit mit Erzählungen aus seiner Jugendgeschichte, rauchte alsdann in der lezten Stunde, mit dem Bewußtseyn, es sey die lezte, noch ein Pfeiflein Tabak. Beide giengen mit einander aus.«

Schmerzliche Lücken im Freundeskreis, Altersbeschwerden, Hypochondrie – als Gegengewicht hat sich der Dichter ein kleines Altersidyll ersonnen. »Wenn nur das große Loos einmal käme«, schreibt er Ende Oktober 1823, dann baute er sich in Hausen ein Häuslein, führe mit seinen Schimmeln, die er aber noch nicht habe, nach Weil. Im Winter wohnte er in Basel. Oder, als Variation, im Brief vom 16. Januar 1825 an

Gustave Fecht: »In noch 5 Jahren bin ich 70. Alsdann bitte ich um meinen Ruhegehalt und komme heim. Ich bin bekanntlich in Basel daheim, vor dem Sandehansemer Schwiebogen das zweite Haus. Selbiges Häuslein kauf ich alsdann um ein par Gulden – aber ich bin kein Burger! – also miethe ich es, und gehe alle Morgen, wie es alten Leuten geziemt, in die Kirchen, in die Betstunden und schreibe fromme Büchlein, Traktätlein, und Nachmittag nach Weil«.

Es sind Reisen im Kopf, auf die sich der Dichter begibt, Zeitreisen, zurück in die Vergangenheit oder nach vorne, in eine beschauliche Zukunft. Warum nicht überhaupt die Trennung von Gegenwart und Vergangenheit aufheben, wo alles im Fluss ist? Nur »Quartierträger des großen Hausvaters« ist der Mensch und hat hier »keine bleibende Stätte«. So könne er sich, meint Hebel weiter, sogar in seiner Armut darin wohlgefallen, dass er »nichts Nieth- und Nagelfestes auf der Erde habe, nur Hindersaß, oder wie wirs iezt nennen Schuzbürger auf ihr« sei und »fast einem Vögelein gleiche, das sich ieden Abend auf einen andern Ast setzt«. 1824, also zwei Jahre später, kommt Hebel noch einmal auf das Bild des Vögleins, als Teil seiner Lebensphilosophie zurück: »Es ist gar herrlich, so etwas vagabundisches in das Leben zu mischen. Es ist wie der Fluß in dem Thal. Man fühlt doch auch wieder einmal, daß man der Erde nicht angehört, und daß man ein freier Mensch ist, wenn man wie der Spatz alle Abende auf einem andern Ast sitzen kann. Das ist es, was den Betler groß und stolz macht, wenn er sich selbst und seinen Beruf recht versteht. Ich habe diese Glücklichen schon oft beneidet, und gebe gerne denen, die es aus Grundsatz sind. Es gibt keine andere Philosophie.«

Es tut gut, sich dies dann und wann ins Gedächtnis zu rufen. Die Vögel zeigen es vor und die Bettler, wie man sich treiben lässt, besitzlos, ohne Widerstand gegen die Zufälle des Lebens und eben darum frei. Was also, da doch alles dahinzieht, spricht gegen die »angenehme Täuschung«, man könnte auch sagen: gegen die Freiheit, die Toten noch leben zu lassen? »Schöne Träume« sind die Zeiten, die man mit Freunden verlebte, warum nicht den Traum wieder zu dem werden lassen, was er einst war, nämlich Wirklichkeit? »Man muss, wenn man kann, die Vergangenheit nicht von der Gegenwart scheiden«, schreibt Hebel am 11. Juni 1823 an Gustave Fecht und Karoline Günttert, »wenigstens sie durch ruhige Erinnerung wieder zur Gegenwart machen. Jean Paul sagt schön und wahr, die Erinnerung sey der Nachsommer der menschlichen Freuden, man könnte auch sagen, sie sey der Spiegel in welchem die Vergangenheit wieder zur Gegenwart wird. Seneka – freilich ein Stoiker, sagt: ›Ich betrübe mich nicht, wieso mir das Schicksal einen Freund genommen hat. Ich freue mich, daß ich ihn gehabt habe.‹ Er setzt hinzu: ›Nur die Freuden, die wir genossen haben, sind gewiß und unverlierbar unser. Was wir in der Gegenwart besitzen, und von der Zukunft erwarten, ist unsicher und hängt von fremder Gewalt ab.‹« Es folgen Hebels Abschiedsworte: »Ich will nicht schließen. Aber ich muß. Mit herzlicher Liebe Ihr Freund«.

Wochen Tage	Evangelischer Januarius.	Katholischer		Stand der Sonne und des Monds.	Vermuthliche Witterung.
	1) Jerem. 33, 14–17. Namen und Amt Christi. [Jac. 4, 11–17.]			Die Sonne tritt in das Zeichen des Wassermanns den 20ten morgens 3 Uhr 55 minuten.	Vom 1ten bis 12ten Nebel, Duft u. Schnee. Vom 13ten bis 19ten Stürme, Schnee und Regen.
freitag	1 Neujahr	Neuj.			
samstag	2 Abel S.	Maccarius			
	2) Psalm 8, 2–7. Würde der Menschheit. [Psalm 139, 1–12]			Sonnen = Aufgang.	Vom 20ten bis 26ten gelinde und angenehme Tage.
Sont.	3 1.n.Neuj.	Genovefa		Den Uhr minuten. 3ten um 7 — 56	Vom 27ten bis 31ten Nebel, Wind u. Regen.
montag	4 Isabella	Titus B.		10ten — 7 — 50	
dienstag	5 Simon —	Telesphor.		17ten — 7 — 43	
mittwoch	6 Fridolin	H. 3 König		24ten — 7 — 36	
donerstag	7 Lucianus	Lucianus		31ten — 7 — 24	
freitag	8 Erhard	Erhard, B		Sonnen-Untergang.	Witterung
samstag	9 Martial	Julianus		Den Uhr minuten.	nach dem 100jährigen
	3) Luc. 3, 2–14. Johannis Predigt. [Röm. 8, 6–11.]			Den um 4 — 4 10ten — 4 — 10	Kalender.
Sont.	10 2.n.Neuj	Paul. Eins.		17ten — 4 — 17	Anfangs kalt und Regen, mitunter angenehm, gegen das Ende aber Wind, Nebel und Schnee.
montag	11 Hyginus	Hyginus		24ten — 4 — 24 31ten — 4 — 0	
dienstag	12 Reinhold	Ernestus		Tagslänge.	
mittwoch	13 Hilarius	Hilarius		Den Stund minuten.	
donerstag	14 Felix	Felix, M.		3ten 8 — 8	
freitag	15 Maurus	Maurus, A.		10ten 8 — 20	
samstag	16 Marzellus	Marzellus		17ten 8 — 34 31ten 9 — 12	
	4) Luc. 4, 14–24. Jesus legt Esaiam aus. [Ebr. 12, 1–12.]			24ten 8 — 48	Wetter= und
Sont.	17 3.n.Neuj	Anton			Bauern=Regeln.
montag	18 Prisca	Prisca		Mondsviertel.	Ist der Anfang und das Ende schön, so bedeutet es ein fruchtbares Jahr. — Ist dieser Monat ungewöhnlich mild, so folgt bald ein guter Frühling und heisser Sommer. Man sagt daher: Vincenzen Sonnenschein bringt viel Korn und Wein. Heulen die Wölfe und bellen die Füchse, so komt noch grössere Kälte.
dienstag	19 Sara	Martha		Erstes Viertel	
mittwoch	20 Fab. Seb.	Fab. Seb.		den 5ten um 9 uhr 23 min. Nachts, im Zeichen des Widders.	
donerstag	21 Agnes	Agnes, J.			
freitag	22 Vincentius	Vincenz		Vollmond	
samstag	23 Emerentius	Mar Verm.		den 13ten um 3 uhr 39 minut. Abends, im Zeichen des Krebses.	
	5) Joh. 4, 7–26. Vom Samaritanischen Weib. [Jer. 9, 23–24.]			Letztes Viertel	
Sont.	24 4.n.Neuj	Timotheus		den 20ten um 11 uhr 36 min. Vormittags, im Zeichen des Scorpion.	
montag	25 Pauli Bekehr.	Pauli Bek.			
dienstag	26 Polykarp	Polycarp		Neulicht	
mittwoch	27 JohChrys.	Joh. Christ.		den 27ten um 4 uhr 38 min. Abends, im Zeichen des Wassermanns.	
donerstag	28 Carol	Carolus			
freitag	29 Valerius	Franzisc. S			
samstag	30 Adelgunda	Martina			
	6) Joh. 4, 27–41. Speise des Christen. [Jac. 3, 4–10.]				
Sont.	31 5.n.Neuj	Petr. Nol			

Carlsruher Kalender 1808. (A)

3

Kalenderblatt 1808

»Du hast auch recht.«

Urteile, Verortungen. Morgenland und Judentum.
Aufgeklärter Monotheismus und die Nostalgie der Sinne.
Unbotmäßiges, mit leichter Hand eingestreut.

Urteile und Vorurteile, große Lehrmeinungen und schlichte Erklärungen für den Hausgebrauch bilden das geistige Geflecht der Epochen, in dem der einzelne gehalten wie gefangen ist, gehalten und gefangen in Zustimmung und Widerspruch, in der Kritik, die er spendet und die ihm zuteil wird. Als »fleißiger und geschickter Mann« wird Hebel bald von seiner Kirchen- und Schulbehörde geschätzt, Stufe um Stufe der Karriereleiter steigt er empor, er absolviert, mehr als er sie vorantreibt, eine Erfolgsgeschichte, die ihn mit Genugtuung erfüllt, aber auch mit Sehnsucht nach jenen Zeiten, als Würde, Stand und Ansehen wenig ins Gewicht fielen und das Leben leicht und unbeschwert schien.

»Unbeholfen und zaghaft« nennt Varnhagen von Ense den Dichter in seiner Funktion als Kammermitglied. Hebel habe sich in der Ersten Kammer, unter den Vertretern des Adels nicht am rechten Platz gefühlt, heißt es. Hebel selber hat dieser These Vorschub geleistet, kultiviert er doch recht dichterisch den Kontrast zwischen seiner einfachen Herkunft und dem goldenen Lehnsessel, der für das Kammermitglied bereitsteht. Trotzdem fällt es schwer zu glauben, dass der Mensch Hebel, anders als der Verfasser des *Hausfreunds*, bei all seiner persönlichen Bescheidenheit nicht auch den kritischen Gegen-Blick übte und sich von Adelsprädikaten, Machtgebärden und selbstbewusster Rhetorik betören und blenden ließ. Schwerer als die Bürde der Herkunft wiegt wohl die Tatsache, dass Hebel nicht vermochte, mehr als gedämpfte Erwartungen in die Arbeit der beiden Kammern zu setzen, dass er überhaupt skeptisch, um nicht zu sagen: pessimistisch zu sein pflegte, was die Fortschrittsfähigkeit seiner Zeit betrifft. Gelegentlich belehrt ihn der Gang der Dinge eines Besseren, etwa im Fall der evangelischen Kirchenunion – aber das ändert nichts daran, dass Hebel als Pragmatiker der kleinen Schritte agiert und behutsame Zu- und Umbauten vor *tabula rasa* und Neuanfang setzt.

So verwundert es nicht, dass er auch als Pädagoge eher zweifelnd und abwartend bleibt, wenn von radikalen Neuerungen und großangelegten Umformungen des Schullebens die Rede ist. Während der damals schon berühmte Pestalozzi wiederholt die *Allemannischen Gedichte* als Lesestoff für seine Zöglinge bestellt, verfolgt Hebel zwar mit Interesse das Wirken des Schweizer Reformpädagogen, sieht aber für die heimischen Schulen keineswegs Handlungsbedarf. Er hält sich bedeckt und referiert, in einem Brief an Hitzig, die Kollegenmeinung, »daß vor der Hand in unsern öffentlichen Schulen nicht wohl eine Anwendung von der neuen Kunst zu machen oder zu empfehlen sey«. Was Pestalozzi an seinen verschiedenen Wirkungsstätten, in Stans, Burgdorf und Yverdon unternahm, war in der Tat so mutig wie ungewöhnlich: Ganzheitlichkeit ist seine Devise, forciert etwa durch handwerkliche, manuelle Tätigkeit oder wochenlange Schülerwanderungen. Im Lernen fortgeschrittene Schüler schlüpfen in die Rolle des Lehrers und unterweisen ihre Mitschüler, statt Noten und Zeugnissen gibt es Gespräche und Zusammenarbeit mit den Eltern. Bildung ist für Pestalozzi nicht von außen eingepflanzte Kenntnis, sondern die Entwicklung innerer Kräfte und Anlagen. Herz, Hand und Kopf sollen in steter Verbindung sein, das Kind »in allem Denken lieben und in aller Liebe denken«. Dass Hebel mit diesem Credo sympathisierte, mag man sich gerne vorstellen, immerhin steht er, nebst einigen anderen Karlsruher Professoren, auf der Subskribentenliste für die Gesamtausgabe von Pestalozzis Werken.

Seinen eigenen Schülern ist Hebel als freundlicher, humorvoller Lehrer in Erinnerung, als begeisterter und begeisternder Meister seines Fachs, wenn es um hebräische Dichtkunst geht oder um den von ihm verehrten Theokrit, den er so hinreißend zu erklären wusste, dass die Zuhörer ein Leben lang davon zehrten. Die »prägnante sokratische Unterhaltungsweise« dieses »durch und durch poetischen Mannes«

lobt Ferdinand von Biedenfeld, ehemaliger Hebel-Schüler und späterer Schriftsteller. Hebel ist ein Lehrer, der seinen Unterrichtspflichten mitunter in unorthodoxer, improvisierender Weise nachkommt, zudem eine gewisse »Neigung zum Jähzorn« zeigt, auch wenn sonst sein Temperament nicht erkennbar heftig in Höhen oder Tiefen ausschlägt, sondern, nach den Worten Sophie Haufes, Gleichmaß und Gravität bewahrt.

Mit dem lobenden, fast schon superlativischen Prädikat eines »Volksdichters« wird der Verfasser der *Allemannischen Gedichte* von zeitgenössischen Kritikern gefeiert, als »unübertrefflicher Volksschriftsteller« gilt der Autor des *Schatzkästleins*. Wertschätzung da wie dort, und doch tönt *der* Beifall am enthusiastischsten, den das beginnende 19. Jahrhundert dem »Sänger der Natur« spendet, dessen Gedichte »Leben und Wärme«, Herzlichkeit und Innigkeit verströmen, während sich der Hausfreund auf dieser Rangliste der Unvergleichbarkeiten mit dem zweiten Platz begnügen muss. Was der mit Hebel persönlich bekannte Elsässer Ehrenfried Stöber in seiner *Kurzen Geschichte der schönen Literatur der Deutschen* (1826) sagt, mag als symptomatisch für das literarische Empfinden der Zeit gelten: »Einer der trefflichsten deutschen Sänger ist der gemüthreiche, originelle, als allemannischer Dichter einzig dastehende, Hebel. […] Unter allen deutschen Volksdichtern verdient Hebel die erste Stelle. Seine hochdeutschen Erzählungen, ebenfalls im Volkstone, die jedoch den allemannischen Gedichten bedeutend nachstehen, sind gesammelt unter dem Titel: Das Schatzkästlein. Ein gar liebliches Geschenk, das Hebels fromme Muse uns spendete, sind seine biblischen Geschichten für die Jugend«.

Naiv ist das Beiwort, das den Lyriker wie den Prosaschriftsteller von Anbeginn begleitet. »Naiv«, nach Schiller im Gegensatz zu »sentimentalisch« gedacht, steht als Synonym für harmonische Ganzheit, für ungeteilte sinnliche Einheit des Dichters mit der Natur. Der Dichter *ist* Natur – auch wenn Hebel selber dies verständlicherweise anders gesehen hat und seine Dichtung eher als Geburtshelferin wahren Naturgesangs denn als Kondensat ursprünglicher Einheit und Harmonie versteht. Vom »trefflichen *Hebel* mit seinem *Schatzkästlein* naiver

Laune«, spricht Jean Paul in der *Vorschule der Ästhetik* und verleiht damit der allseits beschworenen Naivität eine markante neue Note, die den Interpretationen des 20. Jahrhunderts präludiert. Simpel aber unergründlich erscheint das Leben des Dichters – und damit wohl auch der Dichter selber – in der Deutung Walter Benjamins, die als Beginn eines modernen kritischen Verständnisses des *Rheinländischen Hausfreundes* angesehen wird. Hebel, der stilistische Rückzugsgeneral, sei nicht imstande, Großes und Wichtiges anders zu sagen und zu denken als uneigentlich, konstatiert Benjamin, und es ist eben dieses Zusammenspannen der Gegensätze, des Großen mit dem Uneigentlichen, der Simplizität mit dem Unergründlichen, die das neuere Hebel-Bild weiter bestimmt, ein Bild, das so sehr den »Hausfreund« ins Zentrum stellt wie seinerzeit den »Sänger der Natur«. Ob Antithese oder Ambivalenz als Kunstmittel, ob Parabel, Doppelgesichtigkeit oder das Zugleich von Naivität und Raffinesse – all dies sind Versuche, den schwankenden, andeutungsreich knarrenden Boden der »naiven Launen« abzuklopfen, der »Manier«, wie Hebel selber sagt, womit er wohl schon nachdrücklich Kalkül und Kunstcharakter seiner Schreibweise betont hat.

Im Laufe der Jahre ist der Dichter, der Sänger und Hausfreund durch allerhand Denkwelten geschleust worden und es ist ein jeweils etwas anderer Hebel dabei herausgekommen. »Bäurisches Tao« oder »erasmischer Geist« sind schöne einprägsame Formeln, je eigene Sprach- und Denkmodelle, unter die der Dichter gestellt wird. Die idyllische, verharmlosende Lesart scheint überwunden und feiert doch ihre Renaissance; abstrakt ideologiekritische und psychoanalytische Maßstäbe werden anprobiert, denen zufolge dann *Kannitverstan* die »Wahrheit der Herrschenden« transportiert oder Hebels Mutterbindung zum alleserklärenden Uranfang aufsteigt. Werkimmanenz liegt im Widerstreit mit einer Erschließung, die den »roten Faden des Historischen« aufgreift und aufklärerisches Bewusstsein mit aller Entschiedenheit im historischen Kontext verankert.

Bei all dem darf nicht vergessen werden, dass die Kenntnis der Dinge bruchstückhaft ist. Was wir von Hebel und seinem Werk wissen, gleicht dem Luftbild einer Landschaft, in dem Wolkenfelder die Sicht verde-

cken. Von Hebels Briefen fehlen einige mit Bestimmtheit, etwa die an
Johann Wilhelm Schmidt, den einstigen Mitschüler und Kommilito-
nen, der seit 1799 Pfarrer in Hügelheim ist, dann die an den ehemaligen
Schüler und späteren Stadtpfarrer in Freiburg, Jakob Friedrich Eisen-
lohr, oder die an den Verleger und Buchdrucker Steinkopf. Verbrannt
ist der umfangreiche Briefwechsel mit Christian Theodor Wolf, seit
1807 Pfarrer in Heidelberg. Weitere Lücken sind anzunehmen. Von den
wichtigen Korrespondenzen mit Hitzig oder den Haufes fehlt offenbar
der Anfang; es ist wenig plausibel, dass Hebel erst zwei Jahre nach der
räumlichen Trennung seinem Proteuser-Freund zum ersten Mal geschrieben hätte. Die Klärung der Lücken wird dadurch erschwert, dass
der Dichter seine Briefe nur unregelmäßig bzw. unvollständig datierte.
Verschwunden sind ausnahmslos die Briefe, die an Hebel gerichtet waren. »Der einzig erhaltene Brief *an* ihn erreichte nicht mehr den Lebenden. Daß dies ein merkwürdiger Sachverhalt ist, steht längst außer
Zweifel. […] Daß aber tatsächlich *nichts* dagewesen sein sollte, liegt so
weit außerhalb des Normalen und Wahrscheinlichen, daß eine Fremd-
einwirkung nach dem Tode Hebels nicht verneint werden kann«, lautet
eine aktuelle archivalische Bemerkung. Politisch Brisantes wurde in
den Briefen aus Sorge vor der Zensur unterdrückt, offene Worte vor
ungebetenen Mitwissern abgeschirmt – all dies fällt bei einem Natu-
rell, das ohnehin nicht zu diskursiven Bekenntnissen neigt und sich um
Selbstdokumentation wenig bekümmert, doppelt ins Gewicht. So haben sich im weiten Feld des Dichterlebens nur Fragmente seines Denkens und Meinens erhalten, größere und kleinere Inseln, auf die wir
heute schauen und die sich bestenfalls durch die Luftbrücke der Analo-
gien und Schlussfolgerungen verbinden lassen.

Das erschwert das postume Urteilen, wo doch das Meinen und Urteilen an sich schon eine heikle Angelegenheit ist, abhängig, wo es unabhängig sein soll, genährt vom Zufall der Quellen und der Erfahrung,
gar vom heimlichen Blick auf Schaden und Vorteil, so dass man bei
genauerer Betrachtung nicht skeptisch genug sein kann. Der Hebel-
Leser Elias Canetti spricht mit deutlichem Widerwillen von der »Ur-
teilskrankheit«, der Hebel-Leser Franz Kafka von der Unmöglichkeit

des Urteils als solchem: »Wirklich urteilen kann nur die Partei, als Partei aber kann sie nicht urteilen.« Hebel hat, rund hundert Jahre zuvor, das Urteil nicht als logische, sondern als faktische Aporie gewendet, als Position der Positionslosigkeit, bei der sich der Kopf des Urteilenden, bestürmt von Argumenten, wie ein Wetterhahn in alle Richtungen dreht. Zwar handelt der kleine Text *Willige Rechtspflege* von einem Spezialfall der Inkompetenz und ist insofern dem Verdacht des Grundsatzproblems enthoben, doch lässt sich die Geschichte auch gut und gerne ohne diesen Zusatz lesen:

Als ein neu angehender Beamter zu Zeiten der Republik das erstemal zu Recht saß, trat vor die Schranken seines Richterstuhls der untere Müller, vortragend seine Beschwerden gegen den obern, in Sachen der Wasserbaukosten. Als er fertig war, erkannte der Richter: »Die Sache ist ganz klar. Ihr habt recht.« Es vergieng eine Nacht und ein Räuschlein, kam der obere Müller und trug *sein* Recht und seine Vertheidigung auch vor, noch mundfertiger als der untere. Als er ausgeredet hatte, erkannte der Richter: »die Sache ist so klar als möglich. Ihr habt vollkommen Recht.« Hierauf als der Müller abgetreten war, nahte dem Richter der Amtsdiener. »Gestrenger Herr,« sagte der Amtsdiener, »also hat Euer Herr Vorfahrer nie gesprochen, so lange wir Urtheil und Recht ertheilten. Auch werden wir dabei nicht bestehen. Es können nicht beide Partheien den Prozeß gewinnen, sonst müssen ihn auch beide verlieren, welches nicht gehn will.« Darauf antwortete der Beamte: »So klar war die Sache noch nie. Du hast auch recht.«

Dieser Text findet sich im Kalender des Jahres 1815, wurde also wohl im Jahr davor verfasst und setzt in wirre Zeiten ein Zeugnis geistiger Verwirrung, das Exempel eines Leichtgläubigen, der sich von »Mundfertigen« das Recht vorsagen lässt. Der »neu angehende Beamte« ist ein Simpel und seiner Aufgabe nicht gewachsen, darüber besteht kein Zweifel, aber es genügt, an den Rädchen der Rahmenbedingungen ein klein wenig zu drehen und man erhält eine Situation, nein: eine belie-

big zu erweiternde Reihe von Situationen, in denen allerhand Mund-
fertige Plädoyers in eigener Sache liefern und die Entscheidung, wer
denn nun recht habe, keineswegs leicht fällt.

Auch Hebel hat wohl da und dort geschwankt, hat dem ersten, dann
dem zweiten Müller Gehör geschenkt, um anschließend in »politischen
Igelsschlaf« zu fallen, und hat zum Leidwesen Späterer die Fahnen seiner Sympathie nicht immer da aufgesteckt, wo er sie heutigem Gut-
dünken nach hätte aufstecken sollen. Gelegentlich aber nutzt er das
Ja-Sagen auch als Taktik, als schriftstellerische List, um Konsens zu
schaffen, in den sich alsdann unverfänglich ein wenig Gegenmeinung
einträufeln lässt.

Die *Denkwürdigkeiten aus dem Morgenlande* beginnen mit der
Feststellung, dass es in der Türkei »bisweilen etwas ungerade hergehen
soll«. Der Erzähler greift bereitwillig auf, was an Gerüchten im Umlauf
ist, berichtet sodann, wie angekündigt, seine *Denkwürdigkeiten*, die
keineswegs ursächlich und zwingend mit dem *Morgenland* verknüpft
sind, und revidiert zwischendurch sein erstes Urteil, so als hätten ihn
die eben erzählten Geschichten eines Besseren belehrt: »Es ist doch
nicht alles so uneben, was die Morgenländer sagen und thun.« Die Figuren zeigen und erläutern kluges Sozialverhalten bis hin zu wahrhaf-
ter Menschlichkeit, sie könnten, wie angedeutet, genauso gut in einem
badischen Dorf oder in der Residenzstadt selber ihre Gespräche führen,
der Vorteil, den der Kulissenzauber verschafft, liegt freilich auf der
Hand: Die Lust auf Exotik wird bedient, niemand in der näheren Umgebung muss sich als Zielscheibe der Kritik fühlen und ganz nebenbei
fällt freundliches Licht auf ein fernes, fremdes Land. Der Prophet *Ma-
homed*, in der gleichnamigen Kalendergeschichte (1819), tritt nicht als
kriegerischer Religionsführer auf, der seinen Glauben mit Feuer und
Schwert verbreitet, sondern ist ganz »sanftmüthig«. Als seine Landsleute von ihm ein Wunder verlangen, verkündet er, dass er und »jener
Berg dort geschwind bei einander« sein werden. Er ruft den Berg, der
Berg bleibt, wo er ist, da macht sich der Prophet selber auf den Weg und
gibt eben damit ein »merkwürdiges und nachahmungswerthes Beispiel«, das der Hausfreund ausdrücklich lobt. Was man selber tun kann,

solle man nicht »von einem wunderbaren Verhängniß, oder von Zeit und Glück, oder von andern Menschen verlangen«. Also Handeln und Eigeninitiative, statt seine Hoffnung auf ein Wunder zu setzen. Und der Hausfreund liefert gleich noch ein paar Beispiele, wie das im Alltag des Kalenderlesers aussehen könnte.

So wie der Hausfreund je nach politischer Erfordernis »fremde Hütlein« oder die »deutsche Pelzkappe« aufsetzt, scheut er sich nicht, das Mäntelchen der Klischees und Vorurteile überzustreifen. Zweck des Kostüms ist, dass ihn die Leute als einen der Ihrigen erkennen, ist doch sein Ziel der zustimmende, nicht der aufbegehrende, brüskierte Leser. Es ist der Leser, der »Ja« sagt und »Du hast recht«, denn nur dieser wird der Geschichte auch dann noch folgen wollen, wenn sie sich vom Weg der gewohnten Denkungsart unversehens ein wenig entfernt.

Im *Rheinländischen Hausfreund* begegnen Juden einerseits als ausdrückliche Sympathieträger, wie der Protagonist der Geschichte *Glimpf geht über Schimpf*, andererseits aber auch als solche, die ihr Lehrgeld noch bezahlen müssen (*Der gläserne Jude*), ganz wie die Handwerksburschen, Bauern, Wirte etc., die Hebel auftreten lässt. Bemerkenswert im Sinne einer Strategie der Ausgewogenheit ist der Kontrapunkt von *Schlechter Gewinn* und *Der wohlbezahlte Spaßvogel*. Die Geschichte des Juden, der sich für einen »Siebzehner«, also für eine lächerliche Summe, den halben Finger abhauen lässt, illustriert die Unverhältnismäßigkeit von Einsatz und Gewinn: »O weih, ich habs gewonnen!« In der nachfolgenden Geschichte ist es eine schlagfertige Antwort, die den Juden zum intellektuellen Sieger über seinen nichtjüdischen Herausforderer macht. *Schlechter Gewinn* und *wohlbezahlt* – die Begriffe sind symptomatisch für den Denkmodus, den Hebel bei seinen Lesern ankurbeln will. Handeln ist eine Form des Handels, gut fährt der, der den wahren Preis der Dinge kennt, sich nicht von falschen Angeboten blenden lässt, so wie auch die Provokation des Spaßvogels nichts ist als der Versuch, auf Kosten eines anderen den eigenen Status aufzubessern. Klug verfährt der, dem es gelingt, die rechten Worte »herauszugeben« und den Provokateur effizient und gewaltlos, mit einem einzigen Satz in seine Schranken zu weisen.

Dass Hebel in seiner Studentenzeit selber einmal für einen Juden gehalten und »Passierschein, Leibzoll oder etwas Ähnliches« von ihm verlangt wurde, weiß Kölle zu berichten. Hebel sei zu Fuß von Erlangen nach Segringen unterwegs gewesen, als sich der Zwischenfall ereignet habe, eine Episode, die wohl geeignet war, die Wahrnehmung für diskriminierendes Verhalten zu schärfen. Ob es eines solchen unfreiwilligen Rollenspiels überhaupt bedurfte, ist eine andere Frage.

Die Lebensbedingungen der Juden Europas im 18. Jahrhundert waren bestimmt von Unterdrückung und Rechtlosigkeit. Ghettos, Sondersteuern, dazu eine Vielzahl von Restriktionen und Schikanen bei Familiengründung, Niederlassung, Berufswahl, Bildung und Reisen ließen ihnen kaum Bewegungsspielraum und noch weniger Zukunftsperspektiven. In Eingaben und Denkschriften an den König versuchten etwa die elsässischen Landjuden, denen die Ansiedelung in den Städten verwehrt war, eine Verbesserung ihrer Lage zu erreichen und forderten Gewerbe- und Niederlassungsfreiheit, Schulen und Abschaffung der Sondersteuern. Als sich die elsässischen Juden mit der Bitte um ein Memoire an den deutsch-jüdischen Philosophen Moses Mendelssohn wenden, gewinnt dieser den preußischen Reformbeamten Christian Wilhelm Dohm für das Unternehmen. Dessen Schrift *Ueber die bürgerliche Verbesserung der Juden* (1781) mit ihrer Forderung nach religiöser, rechtlicher, beruflicher, schulischer als auch wirtschaftlicher Gleichstellung wird zum geistigen Meilenstein und gilt als berühmtestes Manifest jüdischer Gleichberechtigung, das die europäische Aufklärung hervorgebracht hat. Eine Notiz in den Exzerptheften belegt, dass Hebel von diesem Buch Kenntnis genommen hat. In seinem Buchbestand finden sich zudem Mendelssohns Schrift *Phädon oder über die Unsterblichkeit der Seele* (1776), die den Ruhm des Philosophen mitbegründete, als auch das unter Zeitgenossen nicht unumstrittene Werk *Jerusalem oder über religiöse Macht und Judenthum* (1787). Darin spricht sich Mendelssohn für die Trennung von Staat und Kirche und für unbedingte Denk- und Glaubensfreiheit aus, das Judentum selber ist seiner Definition nach allerdings keine Religion, kein Glaubensinhalt, sondern Gesetzeswerk, für das er strikten Gehorsam fordert. Moses Mendelssohns Schrift polarisiert, sie trägt ihm den Vorwurf ein, Atheist zu sein, findet aber auch Bewunderer, wie Kant oder Herder. Als Galionsfigur der deutschen Aufklärung und Wegbereiter der Haskala, der jüdischen Aufklärung, wird Mendelssohn in einer weiteren Schrift genannt, die sich in Hebels Besitz befindet: Lazarus Bendavids *Etwas zur Charakteristik der Juden* (1793). Echte »Weltweisheit«, so Bendavid, habe Moses Mendelssohn gesammelt und ausgestreut, er habe den misstrauisch und geistig abgesondert lebenden Juden vorgeführt, dass »doch wohl Judenthum mit christlicher Gelehrsamkeit bestehen könne«. In diesem Sinne ist Bendavids Schrift keine der Anklage, sondern der Selbstanklage. Nicht rechtliche Zurücksetzung steht im Zentrum, sondern die geistige Isolation vieler Glaubensgenossen, ihre Abkoppelung vom Denken der Zeit, die eine »Besserung« erschwert.

Hebel selber hat dem verehrungswürdigen Philosophen Mendelssohn in einer seiner Kalendergeschichten ein kleines Denkmal gesetzt. Es tut wenig zur Sache, dass die Episode, die unter dem Titel *Moses Mendelson* im Kalender 1809 erzählt wird, einer Nachprüfung der Fakten nicht ganz standhält. Der historische Mendelssohn stieg bis zum Geschäftsführer und Teilhaber eines gleichfalls jüdischen Seidenhändlers auf, er verharrte so wenig in subalterner Stellung wie er sich in ununterbrochener philosophischer Zufriedenheit übte. Mendelssohns Briefe zeigen, dass er durchaus auch mit seinem Schicksal und den zeit- und kräftefressenden Geschäften haderte. All dies ist ohne Belang. Der Hausfreund illustriert eine vorbildliche Haltung, und er tut dies mit einem prominenten Namen. Er illustriert eine Haltung, die vielleicht mehr als die eigentliche Episode mit Mendelssohn zu tun hat, nämlich mit dem für den Philosophen so wesentlichen gesunden Menschenverstand. Es ist eben diese Vernunft, die den fiktionalen Mendelssohn des *Hausfreunds* in der scheinbaren Schieflage der Verhältnisse weise Vorsehung und allseitigen Nutzen erkennen lässt.

Mit der Erstürmung der Bastille am 14. Juli 1789 und der Erklärung der Menschenrechte am 26. August 1789 wird der Weg für eine – wenn auch schrittweise – Emanzipation der Juden Frankreichs geebnet. Den Juden müsse man als Individuen alles gewähren, als Nation alles ver-

weigern, lautet die Devise, mit der ein gleichberechtigter Citoyen geschaffen, aber auch seine Integration in die französische Nation eingefordert wird. Diesem Markstein in der Geschichte der Judenemanzipation widmet Hebel im Kalender für das Jahr 1808 einen ausführlichen
Artikel: *Der Große Sanhedrin zu Paris*. Er setzt ein mit einer Schilderung der aktuellen Lage. Die meisten Juden, die verstreut auf der ganzen Erde leben, nähren sich, »ohne selber etwas Nützliches zu arbeiten,
von den arbeitenden Einwohnern eines Landes« und werden daher
auch »an vielen Orten als Fremdlinge verachtet, mißhandelt und verfolgt« – das ist »Gott bekannt und leid«. Es folgen, in einem zweiten
Schritt, Vorschläge, wie Abhilfe zu schaffen wäre. Der Hausfreund zitiert, was an kontroversen Stimmen zu hören ist: »Mancher sagt daher
im Unverstand: Man sollte sie alle aus dem Lande jagen. Ein Anderer
sagt im Verstand: Man sollte arbeitsame und nützliche Menschen aus
ihnen machen, und sie alsdann behalten.« Und nun folgt die Pointe des
Erzählers. Was da und dort der heimische Verstand sagt, ist in Frankreich schon Wirklichkeit geworden, und zwar durch den großen Kaiser
Napoleon, der sein Epitheton diesmal wohl frei von unterschwelliger
Ironie trägt. Die Fragen, die Napoleon an die Vertreter der Juden richtete, mochten diesen »fast spitzig« erscheinen, ging es doch, wie oben
angedeutet, nicht nur um Rechte, sondern auch um die Anerkennung
Frankreichs als Vaterland. Nichtsdestotrotz kommt es zum Einver-
nehmen, die Abgeordneten der Judenschaft formieren sich zu einer
Versammlung, dem Großen Sanhedrin, und erlassen eine Reihe von
Gesetzen, die ihren neuen Status festlegen und von Hebel in seinem
Aufsatz wiedergegeben werden.

Als Satellitenstaat Napoleons orientiert sich das Großherzogtum
Baden auch bei seiner Gesetzgebung am französischen Vorbild. Zeit-
gleich mit Hebels Kalenderbeitrag erscheinen die von Brauer redigier-
ten Konstitutionsedikte, mit denen sich die Rechtsverhältnisse der Juden entscheidend verbessern. Ansätze zu einer Gleichstellung hatte es
in Baden schon früher gegeben. Bereits 1782 hatte der Markgraf per Erlass Gutachten und Vorschläge zur Verbesserung der Stellung der Juden eingefordert, ohne dass zu diesem Zeitpunkt greifbare Ergebnisse

erzielt werden konnten. 1804 wurde der Judenleibzoll aufgehoben, eine
Abgabe für die Erlaubnis, durchs Land zu reisen. Mit Brauers gesetzge-
berischen Maßnahmen, deren Hauptstück das sogenannte Judenedikt
ist, werden nun sukzessive Staatsbürgerrecht, die konstitutionsmäßi-
ge Anerkennung der Religion, freie Berufswahl etc. bis zur völligen
Rechtsgleichheit zugesichert. Das Edikt, das Baden zum Vorreiter der
Judenemanzipation in Deutschland macht, tritt am 1. Juli 1809 in Kraft.
Freilich, das merkliche Fortschreiten mobilisiert Gegenkräfte, die Rück-
schritt und Fortschritt in ihrem Sinne definieren. 1811 wurde in Berlin
die exklusive und prominent besetzte *Christlich-deutsche Tischgesell-
schaft* gegründet, anti-napoleonisch und anti-jüdisch, letzteres, ganz
prononciert, von Achim von Arnim in seiner Tischrede zum Ausdruck
gebracht. Ja, ärger noch, die Wirtschaftskrise, bedingt durch Kriege und
Missernten, lässt die altbekannte Suche nach dem Sündenbock einset-
zen. Varnhagen berichtet, wie ohne besondere Veranlassung plötzlich
ein wildes Geschrei gegen die Juden durch ganz Deutschland erscholl
und mit dem Zuruf Hep, Hep! einzelne auf der Straße angegriffen und
verfolgt wurden. Auch in den größeren Städten Badens kommt es zu
Unruhen, in Heidelberg werden Wohnungen geplündert und zerstört,
die Polizei bleibt unsichtbar, Studenten nehmen den Kampf mit den
Räubern auf, eine Untersuchungskommission der Regierung fördert
nichts zutage. Als Motive nennt der Untersuchungskommissar u. a. die
angebliche Begünstigung der Juden durch die Regierung.

Zu eben jener Zeit, als die Konstitutionsedikte erlassen werden, verfasst Hebel ein *Sendschreiben an den Sekretär der theologischen Gesellschaft zu Lörrach, (die wenig bekannt ist) über das Studium des
jüdischen Charaktergepräges und dessen Benützung auf Bibelstudium,*
das im Dezember 1809 in der Monatsschrift *Jason*, herausgegeben vom
badischen Staatsminister und Schriftsteller Karl Christian Ernst Graf
von Bentzel-Sternau, erscheint. Das *Sendschreiben* richtet sich an Zenoides, den proteusischen Freund, und ist proteusisch gezeichnet von
Joh. Peter Parm. Der akademischen Neigung zu ausgefallenen Themen
sucht der Verfasser das Studium des Naheliegenden und Lebendigen entgegenzusetzen – und macht das Volk Gottes, wie es ihm »im

49. Grad nördlicher Breite durch den Fokus« geht, zum Gegenstand seiner Ausführungen. Eigentümlichkeiten in Kleidung, Idiom und Lebensführung werden mit dem Blick auf geographische, klimatische, sprachliche Herkunft analysiert und kommentiert. Wenn man sagt, die Juden seien Tagediebe, so sei das, betont Hebel, »einseitig und ungerecht. Man sollte sagen: Sie sind Morgenländer.« Und er versäumt nicht, ein relativierendes Licht auf den mitteleuropäischen Tugendkatalog zu werfen: »Ich will hier die Frage nur berühren, nicht untersuchen, ob es die Meynung der Natur seyn konnte, daß unter allen Lebendigen, die ihr Daseyn in Ruhe genießen, der Mensch das einzige Zug- und Lastthier der Erde seyn soll, die wenigen eingerechnet, die er dazu gemacht hat.« Hebel räumt auf mit den selbstgefälligen Urteilen des Ethnozentrismus: »Wir halten uns für die gelehrteste Nation. Wir sind's auch leider, wenigstens die schreib- und lese-lustigste, wenn's damit gethan wäre. Aber wo ist der reine lebendige Sinn, der das Wahre und Schöne überall und unmittelbar aus der Natur und dem Leben saugt? Wo das innige rege Gefühl, mit welchem der wahre Mensch das Wahre und Schöne sich vereigenthumt? Wo die hohe göttliche Phantasie, beydes an einander zu verherrlichen und in unsterbliche Ideale zu verschmelzen? Wo die Gabe, rein und klar wieder zu geben, was man so empfangen hat, und so warm, als es im eignen Herzen lag, in ein fremdes zu legen? Verdampft, schon frühe im Schweiß der Schulen, und später am harten, todten Pult, und unter dem Druck der Folianten und Schatzungsmonate, die auf uns liegen. Wir sind nicht mehr im Stand, den Homer oder Ossian, oder ein einziges Kapitel im Jesaias, z. B. das 60ste bis in sein tiefstes Leben hinein zu verstehen, und zu fühlen, noch viel weniger selber so etwas zu machen«. Der Dichter, der sonst gerne knapp am sprachlichen Minimum formuliert, ist rhetorisch in Schwung geraten. Seine Begeisterung für die Urpoesie gibt ihm, nach Ernst Bloch, den »wohl betroffensten, verehrungsvollsten Judensatz« ein, der je über die Lippen eines Prälaten gekommen sei: »Was aber den Jesaias betrifft, so behaupte ich nur so viel, daß, wer ihn vom 40. Kapitel an lesen kann, und nie die Anwandlung des Wunsches fühlte, ein Jude zu seyn, sey es auch mit der Einquartirung alles europäischen Ungezie-

323

fers, ein Betteljude, der versteht ihn nicht, und so lange der Mond noch an einen Israeliten scheint, der diese Kapitel liest, so lange stirbt auch der Glaube an den Messias nicht aus.« Glanz und Elend werden hier vom Dichter mit weit ausholender Geste verbunden – die unerreichbare, großartige Poesie des Anfangs und die Misere der Gegenwart, die – man beachte den Fingerzeig – in Europa ihren Ort hat.

Der Dichter und lutherisch-evangelische Theologe Hebel pflegt, wie man am Beispiel Mohammeds und der Juden gesehen hat, ein aufgeklärtes und dezidiert aufklärerisches Verhältnis zu den anderen monotheistischen Religionen und ihren Vertretern. »Grüße mir den thumringer Juden, und, wenn er noch lebt, den Scheitele in Lörrach, und den Nausel!«, schließt das *Sendschreiben*.

Innerhalb der christlichen Religionsgemeinschaft sieht das geistig-konfessionelle Miteinander ein wenig komplizierter aus; »gar zu catholisch« findet Hebel das Bild, das ihm als Illustration für seine *Biblischen Geschichten* vorgeschlagen wird. Er ist auf klare Grenzen bedacht, nachdem er schon dafür gekämpft hat, dass nicht ausgerechnet die Bibelgeschichte eines katholischen Autors dem neu zu schaffenden evangelischen Schulbuch Pate steht. Daraus sei doch der »ganze lutherische Bibeltext bis auf die lezte Spur verschwunden«. Umgekehrt hegt er offenbar keinerlei Bedenken, seine eigenen *Biblischen Geschichten* auch in katholische Hände zu legen. Anfang April 1825 schreibt er in dieser Angelegenheit an Cotta: »Die Adiustirung der biblischen Geschichte für Catholiken scheint mir, ich möchte sagen, ein unbedeutendes Geschäft, wenn es blos um einige Weglassungen zu thun ist, wie die Freiburger verlangen.« – »Katholiken wie Protestanten« ärgerten sich, so Hebel in seinem Brief an Gustave Fecht, über die Affäre rund um die Kalendergeschichte *Der fromme Rath*, deren Drahtzieher gleichwohl in katholischen Kreisen zu suchen sind. Schon daraus erhellt, dass die katholische Glaubensgemeinschaft im protestantisch regierten Baden allenfalls geeint ist in der Sorge um Rechtsansprüche und Gleichbehandlung, ansonsten aber keineswegs eine homogene Gruppe bildet. Streng päpstliche, ultramontane Kräfte liegen mit den Anhängern einer katholischen Aufklärung im Widerstreit, unterschiedlich fallen demnach auch die Vorstellungen von der zukünftigen Position der katholischen Kirche in Deutschland aus, über die zu eben jener Zeit, als der *Fromme Rath* für Unruhe sorgt, auf dem Wiener Kongress verhandelt wird. Ignaz Heinrich von Wessenberg, der Aufklärung zugehörig und als Generalvikar von Konstanz zugleich in das harsche Vorgehen gegen die Kalendergeschichte involviert, setzt sich in Wien für Einheit und Neuordnung ein und beklagt, dass die »Juden mehr Gehör fänden, als die Katholische deutsche Kirche«; doch während alle Beschlüsse letztlich der Bundesversammlung in Frankfurt zugeschoben werden, hat die römische Politik anderes im Auge und favorisiert statt deutscher Einheit den Abschluss von Privatkonkordaten mit einzelnen Fürsten.

Hebels Gegner beißen sich an der kleinen Kalendergeschichte fest wie an einem großen Skandal. Der Dichter handelt sich den Vorwurf des Indifferentismus ein, ähnlich dem aufgeklärten katholischen Theologen Thaddeus Anton Dereser, der als Stadtpfarrer von Karlsruhe 1811 abgesetzt wurde, dank Wessenberg am Luzerner Priesterseminar unterkam, dort als Irrlehrer angegriffen wurde und mit seiner Empfehlung zum konfessionellen Frieden für Unmut sorgte. Dereser gehört zu jenen aufgeklärten katholischen Kreisen, die der protestantischen Exegese die Anerkennung nicht verweigern und sich von jenen Leuten distanzieren, die alles verwerfen, was Protestanten über die Bibel schreiben. »Allein es sind Leute von Vorurtheilen. Wir sind ihnen vielmehr den verbindlichsten Dank schuldig für den größten Theil guter Anmerkungen zur Bibel-Geschichte. Ihre Freiheit zu denken, und ihr unermüdetes Studium der orientalischen Sprachen führte sie auf die glücklichsten Einfälle, wodurch undurchdringliche Finsternisse ins Helle gebracht, scheinbare Widersprüche gehoben, und mächtige Einwürfe gegen die Authenzie der heiligen Bücher zernichtet werden.«

Es ist ein Balanceakt, der da zu vollbringen ist zwischen Rationalismus und Supranaturalismus, zwischen übernatürlicher Offenbarung und Vernunftreligion. Hebel hat sich für seine Person durchaus damit zufrieden geben können, dass nicht alle biblischen Geheimnisse mit menschlicher Vernunft zu erhellen sind. Ihrer Faszinationskraft tut das keinen Abbruch, im Gegenteil, poetische Verklärung trägt allemal den Sieg davon über die Denkschärfe der Bibelforschung. Januar 1805 schreibt Hebel an Hitzig: »Ich verlange die Offenbarung auch gar nicht zu verstehn, so lang ich sehe, daß sie niemand versteht, oder was das nemliche ist, daß sie so viele und ieder anderst versteht und nicht der geradeste Menschenblick und heiligste Christussinn im Menschen, sondern das größte Grübler und Düftlertalent, Combinations und Calculationsgeist (nicht einmal viel Bekanntschaft mit dem Genius der alten Zeit und Welt) dazu gehört um unter viel probablen Deutungen des dunklen Wortes die probabelste auszubringen. [...] Gleichwohl hat die Offenbarung wie du schreibst so viel wundersam Anziehendes. Das hat sie, 1) wegen dem religiösen Interesse wie die ganze Bibel, 2) als präsumtives Buch der Weissagung, 3) hauptsächlich wegen dem hohen orientalischen Geist und Geschmack der darinn herrscht.« Es folgt Hebels Bekenntnis zum »Hochorientalischen« als dichterischer Heimat. Ein eindrückliches Beispiel liefert das Hohelied: »Nach europäischen Begriffen ist es der Antipode des gesunden Geschmacks, und doch bleibt es das hohe Lied, oder wie es sich selber nennt, das Lied der Lieder, das man immer wieder lesen mag, und wird noch, wie der Stern der Liebe am Abendhimmel glänzen, wenn alle Scheinwürmlein die der gesunde europäische Geschmack gebohren hat, ausgeschimmert haben und ausgestorben sind.« Ob Hohelied oder Jesaia, »vom 40. Kapitel an« – es ist Dichterbegeisterung, die hier aufglüht und die Hebel sein eigenes Lied der Lieder dichten lässt, ein Hohelied auf das Wahre und Schöne und das unsterbliche Ideal des Alten Testaments, wie er es schon in seinem *Sendschreiben* gepriesen hat. Poesiefrömmigkeit als poetisch gesteigerte Bibelfrömmigkeit, als Wunsch auch, den Hebel dem inzwischen völlig vergessenen Johann Jakob Mnioch nachspricht: »Du lieber Gott erhalte uns eine dichterische Religion.«

Hebel geht noch einen Schritt weiter. Er beklagt das Verschwinden aller himmlischen Abgesandten und Schutzmächte auf Erden, all jener Helfer und Begleiter, die überirdisch und irdisch zugleich sind, die über dem Menschen stehen, aber doch sichtbar vor ihn treten, sprechen und raten. Er beklagt mit anderen Worten den reingefegten leeren Raum der monotheistischen Religionen, deren Abstraktionsgrad dem menschlichen Fassungsvermögen fast zu viel abverlangt. Nicht eine in unerreichbare Höhe und Ferne gerückte Vision der Vollendung brauche der Mensch, sondern einen Gott der Nähe, den seine Glaubenskräfte fest und innig umschließen können. Am 6. April 1809 schreibt Hebel seinem Freund Hitzig unter dem Siegel der Verschwiegenheit jene bemerkenswerte Beichte, dass ihm der Polytheismus immer mehr einleuchte: »Als man zur Zeit der Bibel nur ein paar Cubikklafter vom Weltall kannte, war es keine Kunst sich mit Einem Gotte zu begnügen, und ihn menschlich zu lieben, weil man ihn menschlich denken konnte. Und doch konnte selbst der sanktionirte Monotheism. nur mit Zwang und nie mit Glück den Götterglauben und die Anbetung derer, die uns näher sind, als der einzige, ewige unerfaßbare über den Sternen entfernt halten. Ich möchte mich gerne mit einem oder einigen Göttern dieser Erde begnügen, die um uns sind, die uns lieben und beobachten, die unsre Blüthenknospen aufthun, unsre Trauben reifen, denen wir trauen können, und die sich lediglich nichts darum zu bekümmern haben, wer für die andern Sterne sorgt, so wenig als wir. Sie sollen nicht allmächtig, nicht allweise nur mächtig und weise genug für uns seyn, nicht souverain, sondern untergeordnet einem noch mächtigeren und weisern, um den sie, nicht wir uns zu bekümmern haben. Sie sind vielleicht schon so oft erschienen, den Juden und Griechen, beiden in der Gestalt und Form in der sie ihnen erfaßbar waren, dort Engel, hier Dämonen; sie würden vielleicht auch uns noch eben so wie ienen wahrnehmbar seyn, wenn wir nicht durch den Unglauben an sie die Empfänglichkeit ihrer Warnehmung verlohren hätten. Das Organ dazu ist in uns zerstört. Wir haben ihnen keine einzige Form mehr übrig gelassen, in der sie uns erschaubar werden könnten.«

Dass Hebels Gedankengang mehr ist als eine theologische Laune, zeigt der Aufsatz *Hang zur Abgötterei*, der in dieselbe Richtung geht, allerdings nicht wie im Brief an Hitzig gefühlsbewegt, blumig und bildreich, sondern seinerseits recht abstrakt dozierend über die Menschheit und

einen Gott, der den Bedürfnissen dieser Menschheit so wenig entspricht, »kein Gott für das Herz, kein Gott für das Leben; ein Gott, bei
dessen Gedanken selbst die feinere, edlere Sinnlichkeit, die doch immer
beschäftigt sein will [...], so gar nichts zu sagen und zu thun hat.« Die
Sinnlichkeit, so betont Hebel in seinem Brief an den Heidelberger
Theologen Wolf, in dem er Mnioch zitiert, die Sinnlichkeit »will nicht
besiegt, sondern gewonen seyn, nicht als Sklavin der Vernunft, einem
ihr fremden, sondern als befreundete Bundesgenossin einem gemein-
schaftlichen Zwecke dienen«. Der Mensch ist sinnlich, das ist Hebels
Axiom, die menschliche Natur ist darauf angelegt zu schauen, zu hören
und zu greifen, und nichts ist fataler, als sich dem entgegenzustellen.
Kontraproduktiv müssen alle Versuche bleiben, Wahrnehmung und
Gefühl wegzusperren und ihnen die Nahrung zu verweigern, als wären
sie eine feindliche Armee, die niedergezwungen werden muss. Auch
hier gibt es einen Balanceakt zu bewältigen, zwischen hilfreichen Bildern und unkontrolliert wuchernden Spukgestalten, zwischen den ma-
gischen Kräften der Poesie und den Ausgeburten des Wirr- und Aberglaubens.

»Wir Erdenkinder sind einer des andern Engel, einer des andern Teufel, mancher sein eigener.« So die nüchterne Diagnose, Variation eines
vielgespielten Themas: der Mensch ist gut, der Mensch ist des Menschen Wolf. Und doch verlässt der Dichter gern einmal den taghellen
Weg rationaler Weltdeutung und ruft die alten Schaudergestalten aus
ihren dunklen Wäldern. Im *Karfunkel* hat der Vizli Buzli seinen Auftritt, »e borstige Jäger« »im grüene Rock«, der den Michel ins Verderben zieht. Der Grünrock ist niemand anders als die »bösi Versuechig«,
das weiß – schon im Gedicht – jedes Kind, aber eben eine leibhaftige
Versuchung, kein abstraktes Böses, sondern ein heimtückischer, skru-
pelloser Gefährte, hartnäckig argumentierend und lockend bis zum bit-
teren Ende. So allegorisch und doch zum Greifen nahe wie der borstige
Jäger sind noch allerhand andere Erscheinungen in den *Allemannischen Gedichten*: *Der Geist in der Neujahrsnacht*, der riesig und bleich
am Brunnen steht, *Die Irrlichter*, das *Gespenst an der Kanderer Straße*.
Es mögen Bilder sein oder auch Trugbilder, zu fürchten hat sie nur der,

der mit seinem Leben nicht im Reinen ist. Ihm lauern die bösen Geister seiner Untaten auf. Flüche jagen die Engel davon, aber ein christliches Gemüt zieht sie an, so die »gueti Lehr«.

Geisterbesuch auf dem Feldberg mag als Paradebeispiel für Hebels Versuch gelten, die volkstümlich-traditionelle Bildwelt nachzugestalten, sie dezidiert christlich zu interpretieren und überdies noch die Stimme der aufgeklärten Vernunft ertönen zu lassen. Statt dem gefürchteten Denglegeist, dem bösen Geist, der der Sage nach auf dem Feldberg seine Sense schärft, erscheint dem lyrischen Ich ein Knabe mit goldenen Flügeln und weißem Gewand. »Alli guete Geister«, ruft das Ich aus, »Heer Engel, Gott grüeß di!« Das freundliche Wesen, Reinkarnation jener verlorenen, nicht mehr fassbaren Schutzgeister, die der Dichter im sinnenfernen Monotheismus vermisst, mahnt seinerseits vor dem Unsinn der Gespensterfurcht. Nur zwei Geister seien dem Menschen gefährlich und furchtbar: »Irrgeist« und »Plooggeist«. Der Irrgeist wohnt im Wein, der Plooggeist in bösen Taten.

In seiner Abhandlung über *Geister und Gespenster* hat sich Hebel des Themas noch einmal angenommen und versucht Ordnung zu schaffen zwischen den Begriffen. »Nicht jeder Geist, selbst auf dem Gebiet des Aberglaubens, ist ein Gespenst. Der Geist ist unsichtbar, das Gespenst ist sichtbar. *Geist*, in welcherlei Sinn man das Wort nehmen will, bezeichnet allemal *die unsichtbare Ursache zu einer wahrnehmbaren Wirkung*, und ursprünglich gar nichts Anderes.«

So weit, so gut. Gegen den Gespensterglauben – oder besser: Aberglauben – führt schon der *Hausfreund* einen entschiedenen Kampf. »Er scheint blos zum Schrecken und Betrügen gut zu seyn.« Gespenster sind nichts anderes als die Profiteure der Gespensterfurcht. Da sie unter ihrem Leintuch gemeinhin aus »Fleisch und Bein« bestehen, kann man sie mit »fester Hand« packen, eine Tracht Prügel oder eine vorgehaltene Pistole verfehlen ihre Wirkung nicht. Gespenster-Enthüllungsgeschichten wie die des *Rheinländischen Hausfreunds* mögen der geistigen Übereinkunft der Zeit entsprechen, sie mögen, zumindest bei einer gebildeten Leserschicht, offene Türen einstoßen, doch auch die Gegenseite, die von der Aufklärung bedrängte Welt des Übernatürlichen hat ihren Anwalt. Johann Heinrich Jung-Stilling, der seinen Lebensabend als Protégé des badischen Kurfürsten in Karlsruhe verbringt, sorgt mit einer *Theorie der Geisterkunde* (1808) für einiges Aufsehen. Das Werk ist seiner Königlichen Hoheit Karl Friedrich gewidmet und legt dar, *was von Ahnungen, Gesichten und Geister-Erscheinungen geglaubt und nicht geglaubt werden müsste.* Außer Zweifel steht für Jung-Stilling etwa die Existenz der *weißen Frau,* die auch dem Karlsruher Schloss schon den einen und anderen Besuch abgestattet haben soll. 1802, also einige Jahre vor dem Erscheinen der *Geisterkunde,* berichtet Hebel an Günttert, dass von Zeit zu Zeit so etwas »aufgetischt« werde, er halte nicht viel davon, höre es und erzähle es nicht nach. »Auf den Grund kann man nicht kommen, es kommt auf den Glauben an.« Er selber habe sie einmal im Schlossgarten gesehen, habe sich ihr mit langsamen Schritten genähert und »siehe! da war es ein Cherub, nemlich im Gras ein schlafender Gartenknecht«. Der Glaube, auf den es ankommt, mag solcherart eine Frage der richtigen Distanz sein, Jung-Stilling jedenfalls liefert »unumstößliche« Zeugnisse für die Wahrheit und Echtheit der Erscheinung – was nichts daran ändert, dass gerade die *weiße Frau* zum Liebling aufgeklärter Spötter avanciert. Goethe steht auf der Seite der Spötter, Zustimmung findet Jung-Stilling hingegen bei den Romantikern, die die *Geisterkunde* nicht als okkultistische Verirrung, sondern als Dokument lebendigen Glaubens lesen. In jedem Fall haftet dem Werk die Provokation des Unzeitgemäßen an, es ist das Lehrbuch eines Unbelehrbaren und ein Vorstoß in die offiziell falsche Richtung. In Basel kommt es zu einem Prozess gegen das Buch, der König von Württemberg lässt sämtliche Exemplare einziehen. Der Autor trägt Verbote, Spott und Schmähschriften mit Fassung, ist er doch davon überzeugt, dass er den aufklärerischen Kräften »tief ins Herz gegriffen« habe und der Aufruhr nur von denjenigen kommt, die »dem Abfall von Christo« huldigen. All diejenigen hingegen, die am Scheidewege stehen, habe er gewiss mit seinem Buch im Glauben gestärkt.

Im selben Brief, in dem Hebel seine heimliche Neigung zum Polytheismus bekennt, berichtet er Hitzig über die Aufregungen rund um

Jung-Stillings Gespensterbuch: »Ich sah seine Geister, wie den lezten Zug Schneegänse an, wenn sie heimkehren im Frühiahr. Eben so viele derer, die noch im Schwanken waren, hat er geheilt, als kränker gemacht. Die zwey schärfsten Nägel zu seiner Kreuzigung aber müßen ihm die zwey Verdammungsurtheile des frommen Standes Basel und des orthodoxen Ministeriums in Würtemberg gewesen seyn. Es war eine Zeit, wo er sich herausziehn, und sagen konnte: Habt ihr denn nicht gemerkt, daß ich den Geisterglauben lächerlich machen, und der Hydra den letzten Hals brechen wollte. Aber geehrt sey er für den Heldenmuth, der lieber gegeiselt und verspottet und mit Fäusten geschlagen, und gekreuziget werden will, eh' er der Warheit (sey es auch nur der seinigen) untreu werden kann.«

Der große Feind der bedrohten und umkämpften Wahrheit ist für Jung-Stilling die mechanische Aufklärungsphilosophie, zu deren Adepten er »leyder! leyder!« auch »gutgesinnte Theologen« zählen muss, die nicht ahnen, dass die Aufklärung das »falsche Vernunftlicht ist, das unvermeydlich zum Verderben führt«. In sein Bedauern über irregeleitete Theologen hat Jung-Stilling möglicherweise auch Johann Peter Hebel eingeschlossen. Nicht wissen konnte Jung-Stilling, dass Hebel als aufgeklärter Theologe keineswegs so zielsicher und verblendet auf dem falschen Weg der Vernunft fortschreitet, wie er, Jung-Stilling, das von aufgeklärten Theologen annimmt. Nicht wissen konnte er außerdem, dass Hebel ihn, Jung-Stilling, als »ächten Jünger Jesu« bezeichnet hat, als einen jener »Geweihten«, deren Gesellschaft ihn zum »frommen gläubigen Kinde« umschaffe. Und er konnte auch nicht ahnen, dass Hebel im selben Brief an Hitzig für den »Mysticismus« eine Lanze bricht: »Nur sollten wirs nicht sagen, denn wir solltens nicht wissen, wir sollten Mysticismus haben, und es nicht wissen, wir sollten gar keinen Namen, wenigstens keinen griechischen Terminus technikus dafür haben. Denn dadurch wird ein so stilles heimliches Hausgespenstlein leicht beschrien, wenn man ihm seinen Namen nennt, und ie mehr wir von Myst. reden und schreiben, desto leichter steigt er aus dem Herzen, wo er still und ruhig wirkt, in den Kopf, wo er lauter Unfug treibt.«

Hebel mag sich in Briefen an Freunde Gedankenfreiheiten herausnehmen, seine Sehnsüchte in allerhand Richtungen ausstrecken und sich so etwas wie eine theologische *laudatio temporis acti* erlauben, er mag sich all dies gestatten, aber er hängt keinen ahistorischen Alternativen nach. Der Gang der Geschichte, die zunehmende Kenntnis über Welt und Natur hat Tatsachen geschaffen und unauflöslich verflochten, die sich nicht mehr ausblenden und entwirren lassen. Anders als der Geister-Apologet Jung-Stilling handelt Hebel in seiner Schrift *Geister und Gespenster* nicht von unbezweifelbaren Existenzen, sondern vorsichtig von Möglichkeiten, von wissenschaftlich nicht auszuschließenden Phänomenen, wie sich ja mit zunehmendem Wissen auch das Bewusstsein des Nicht-Wissens verschärft hat. In jedem Fall liegt der Geisterglaube als »Volksaberglaube« für Hebel »tief in der Natur des sinnlichen Menschen«; der Aberglaube oder der »Hang zum Wunderbaren«, wie schon Wieland in gleicher Einschätzung sagt, sind Kräfte, die man klugerweise nicht gewaltsam ausmerzen, sondern verschönern und veredeln sollte. »Man kann den Glauben, daß es Geister gebe, wenn er nur veredelt ist, ohne Anstand als eine vorliegende Schanze um den Glauben an Gott [...] ansehen.«

Das Bleiberecht, das Hebel den Geistern – und das heißt so viel wie: dem Geisterglauben – in der aufgeklärten Welt gerne zugesteht, ändert nichts daran, dass ein naiv-vertraulicher Zugang zum Übernatürlichen für immer verloren ist. Das Wissen, dass Gestalten wie der Vizli Buzli Sinnbilder sind, allegorische Personifikationen und keine physische Realität, lässt sich nicht verleugnen, es ist da, unabänderlich und unumstößlich, und nur die Macht der Poesie kann es für kurze Zeit zurückdrängen: Denn »wir sind ausgegangen aus dem lieblichen Paradies, wo noch die Elohim in der Abendkühle unter den Bäumen wandeln, und der Cherub der Aufklärung steht an der Pforte und läßt uns nicht mehr hinein, – um was ists besser mit uns geworden? Blicken wir nicht noch oft über die Planken hinein und sehnen uns zurück? Warum bieten wir so gerne den Dichtern die Hand, die uns durch unbewachte Seitenpförtchen wieder auf einen Augenblick hineinführen? Warum kommen wir so oft mit einer höhern Weihe für das Schöne und Gute wieder heraus?«

»Um was ists besser mit uns geworden?«, fragt der Dichter ein wenig melancholisch, und wir können ihm auch heute keine Antwort geben. Wir können nur im Sinne Hebels weiterfragen, ob das Nicht-besserwerden vielleicht die Folge eines zu rigiden, zu hoch gesteckten moralischen Programms ist, so wie der unentwegte Abfall in die Gottlosigkeit Folge eines allzu abstrakten, allzu menschenfernen Gottes. In den Kalendergeschichten begegnet der Leser legendenhaft reinen, makellosen Vorbildfiguren wie *Franziska* oder *Jakob Humbel*, aber er trifft auch auf Vertreter der dunklen Gegenwelt, auf ein Böses, das durch nichts abgemildert wird, das schauerlich und bestialisch ist, wie in jener *gräulichen Geschichte,* die *durch einen gemeinen Metzger-Hund ist an das Tageslicht gebracht worden.* Zwischen den herausragenden Triumphen der Gottgläubigkeit einerseits und der teuflischen Verführung andererseits erstreckt sich freilich eine weite moralische Grauzone, in der der *Hausfreund* weniger von christlichen Tugenden als von erfolgreicher Diesseitsbewältigung handelt. In einer Gesellschaft, die allen Pfarrer-Predigten zum Trotz von Gewinnsucht, Eigennutz und Betrug beherrscht wird, bleiben dem rechtschaffenen »gemeinen Mann« unter Umständen wenig – legale – Mittel, das Seine zu retten. List und Schlauheit sind solcherart prädestiniert als Waffe der Machtlosen, als feine geistige Klinge, die keinen Blutzoll fordert und doch für klare Fronten sorgt. In sicherer Distanz zu aller Robin-Hood-Sozialromantik entwickelt der Erzähler politisch unbedenkliche Einzelfälle, Episoden der Selbsthilfe, die für den Leser Modellcharakter oder auch den Unterhaltungswert lustvoller Anarchie haben. So kühn und souverän wie die beiden Gauner Zundelfrieder und Zundelheiner ihre »Wagstücke« ausführen, setzen sie sich auch über die Gesetze hinweg, freilich nur solange es nicht um Menschenleben geht. Sie sind wahre Artisten der Kleinkriminalität, spezialisiert auf das »Visitieren« von Hühnerställen, Küchen, Kellern und Speichern, und wenn sie auf Märkten einkaufen, dann immer »am wohlfeilsten«. Dabei treibt der Zundelfrieder sein Metier »nie aus Noth, oder aus Gewinnsucht, oder aus Liederlichkeit, sondern aus Liebe zur Kunst und zur Schärfung des Verstandes«. Reale wie literarische Vorbilder sind in die Gauner-Figuren Hebels eingegangen, darauf wurde mehrfach hingewiesen, Hebel selber bekennt sich zum Prätext, »in einem schönen Buch beschrieben, und zu Vers gebracht«, nämlich vom Homer-Übersetzer und Dichter des Plattdeutschen, Johann Heinrich Voß, der seinerseits auf ältere Vorlagen zurückgreift. Ob nun in der Kalendergeschichte *Die drey Diebe* oder in den folgenden Episoden – die Sympathie des Erzählers und mit ihm die der Leser ist auf Seiten der pfiffigen Gesetzesbrecher. Dass sie sich an fremdem Besitz vergreifen, wird nicht als Bedrohung eigener Habe erlebt, ist es doch eher eine Umverteilung, die sie vornehmen und gelegentlich auch wieder rückgängig machen, mithin ein Korrektiv jener Unrechtsgeschichte, die allzu oft am Besitztum haftet. Sympathieträger sind sie zudem als Meister ihres Fachs, als Künstler, die die anspruchsvolle Aufgabe im Auge haben und nicht den Profit. Künstler in der Herstellung von Fiktionen, die sie als Wahrheit unter die Menschen bringen, und solcherart dem Dichter selber nahestehend. Zundelfrieder führt seinen Kontrahenten, den Zuchthausverwalter, erfolgreich an der Nase herum, da er, psychologisch versiert, dessen Reaktionen vorausberechnet. Sucht ein Arrestant aus eigenem Antrieb das Zuchthaus auf? Schwerlich. Also muss es doch der Soldat sein, der seinen Arrestanten entwischen ließ. Und so erhält der Zundelfrieder ein Ross, um den entlaufenen Vagabunden einzufangen, und kann ungehindert die Grenze überqueren.

Auch wenn Freiheit für Hebel wohl weniger ein politischer als ein metaphysischer Begriff ist, auch wenn Freiheitskämpfe, wie alle Kämpfe mit Kanonen, Gewehren und Säbeln, seine Sache nicht sind, so hat sich der respektable Theologe doch ganz nebenbei allerhand gedankliche Eigenmächtigkeiten herausgenommen. Er tut dies eher privat als offiziell, eher als Briefschreiber und Dichter denn als Kirchenrat, eher diskret andeutend als laut verkündend. Da er nicht provozieren will, kann allerhand Provokantes durchrutschen. Sein Gedicht *Die Vergänglichkeit* sei eigentlich, meint Arnold Stadler, eine Ungeheuerlichkeit und hätte auf den protestantischen Index gehört. Während Hebel der Professor nach geltenden Spielregeln Lob und Tadel verteilt, schlägt Hebel der Dichter krumme Wege abseits der pädagogischen Hauptstraße ein und macht zwei pfiffige Gauner zu Serienhelden der Kalendergeschichten. Und was ist von Hebel dem Theologen zu halten, der Monotheismus mit »Zwang« in Verbindung bringt und sich dafür ausspricht, den Glauben mehr auf die »Natur des sinnlichen Menschen« einzustimmen? Ein Hauch von Subversion weht durch Hebels Denken, ein wohl gehüteter, gebändigter, kontrollierter Hauch, gemildert von Fragezeichen und Ironie, aber doch nicht zu leugnen.

»Es gab Augenblicke«, berichtet der frühe Biograph Sonntag, wo Hebel sich »skeptischen Betrachtungen hingab, oder unter Freunden in Aufstellung und Vertheidigung paradoxer Sätze sich gefiel, aber solche Augenblicke giengen bald vorüber. Sein Gemüth band ihn fest an das Christenthum«. Gewiss, fest gebunden ans Christentum war der Dichter, fest verankert in einem unspektakulären Leben aus Gleichmaß und Pflicht, vielfach abhängig, unfrei nach eigener Aussage, so dass Freiheit und Freiraum nur in der oberen Etage seines Lebens, in seiner Lebensphilosophie unterzubringen waren. Hebel hat nicht wenig unter Langerweile gelitten, unter gesellschaftlicher Ödnis, unter der Monotonie der Schreibtischarbeit, und doch gelingt ihm in seinem Schreiben das geistig-stilistische Kunststück – oder »Wagstück« – der Verwandlung und Umwandlung, einer qualitativen Potenzierung, um in romantischer Terminologie zu sprechen. Es gelingt ihm, das sei nicht verschwiegen, mit zunehmendem Alter immer schwerer, die Briefe zeigen es.

Seine Umwandlungen sind – wenn man so will – die kleinen neuzeitlichen Abkömmlinge der großen mythischen Metamorphosen. Hebel nimmt, was er vorfindet, er weiß eben diesen Eindruck zu vermitteln, dass er bereitwillig auf Bekanntes und Vertrautes zurückgreift, lässt sich doch eben dadurch Verwandlungskunst wirkungsvoll in Szene setzen, aus verachtetem Alltagsdialekt Poesie zaubern, aus Alltagsbanalität Witz und aus alten Geschichten der Funken neuer Spannung schlagen. Es kommt nicht auf das Material an, nicht auf die Zutaten der Geschichte, sondern auf die Art, wie sie arrangiert sind, auf Nuancen der Beleuchtung, auf feine Akzente und Verschiebungen. Es kann genügen, das Frage-Antwort-Ritual der Schildwache umzudrehen, wie der Zundelfrieder, und schon bewegt sich das Regelwerk des Lebens in eine neue Richtung, die Wache lässt einen passieren und man gelangt in ein anderes Gedanken- und Sprach-Reich. Das ist die Sub-Botschaft eines Dichters, der ein Spezialist vielschichtiger Botschaften ist. Er hat sich selber und seinen Lesern damit gewissermaßen einen Rettungsanker zugeworfen, hinein in die abgestandene geistige Luft der *Museen*, Festschmäuse und Residenzstädte dieser Welt. »Man kann Gedanken haben«, sagt der Dichter, ohne sich über das Wie und Was auszulassen. Das »Können« betört den Leser, ein frischer Wind weht einen an, fast so etwas wie eine Verheißung, dass diese Gedanken, die man haben kann, unter Umständen gut und brauchbar sind und einen ein bisschen weiterbringen, wenn schon nicht vorwärts im banalen Erfolgssinn, so doch weiter in Lebenskenntnis und Lebenskunst. Wie gesagt: Es kommt nicht auf das Material an.

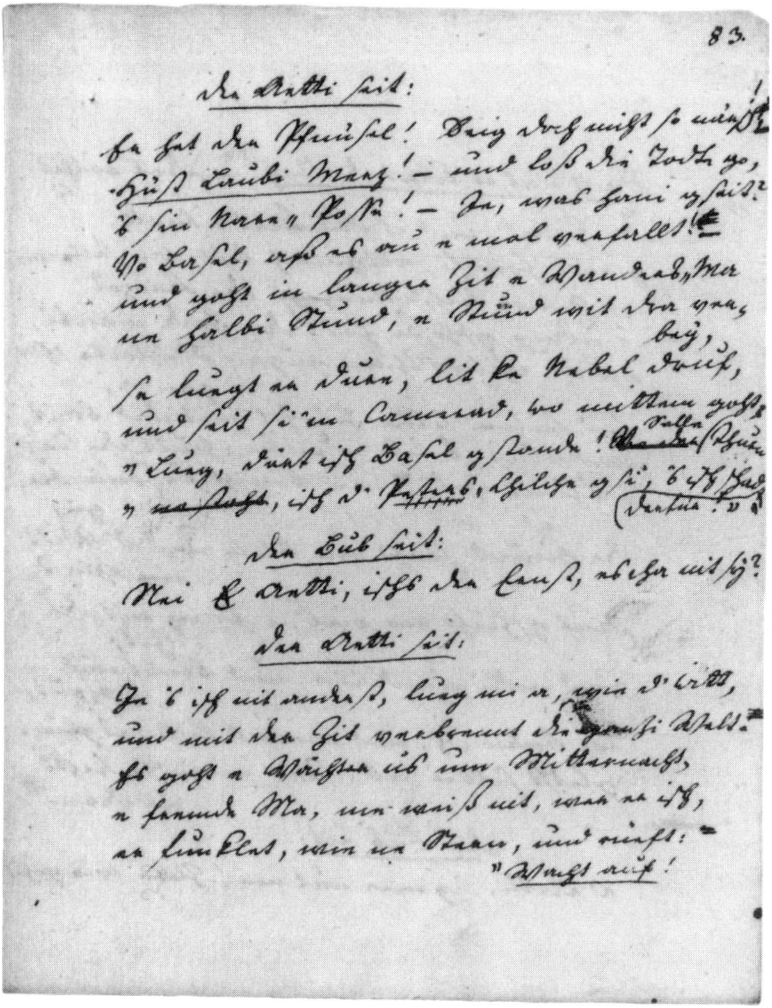

Das Allemannische Gedicht »Der Ätti seit …«

Anmerkungen

Hebels Werke werden vorzugsweise zitiert nach der Historisch-Kritischen Ausgabe
Johann Peter Hebel: Sämtliche Schriften.
Kritisch herausgegeben von Adrian Braunbehrens, Gustav Adolf Benrath und
Peter Pfaff.
Band II: Erzählungen und Aufsätze, Erster Teil. Karlsruhe 1990
Band III: Erzählungen und Aufsätze, Zweier Teil. Karlsruhe 1990
Band V: Biblische Geschichten. Karlsruhe 1991
Der Statthalter von Schopfheim. Der Spaziergang an den See. Vorstudie zur
Historisch-Kritischen Gesamtausgabe. Karlsruhe 1988

soweit dort noch nicht erschienen, wird zurückgegriffen auf
J. P. Hebels sämmtliche Werke (in 8 Bänden).
Mit einem Lebensbild von Gustav Friedrich Nikolaus Sonntag.
Karlsruhe 1832–34
Georg Längin: Aus Joh. Peter Hebel's ungedruckten Papieren.
Tauberbischofsheim 1882
Hebel-Gesamtausgabe (in 4 Bänden).
Herausgegeben, eingeleitet und erläutert von Wilhelm Zentner.
Karlsruhe 1959–72

Hebels Briefe werden zitiert nach
Johann Peter Hebel: Briefe. Gesamtausgabe. Herausgegeben und erläutert von
Wilhelm Zentner. Zwei Bände. Karlsruhe 1957

12 *Ehrenmitglied:* Neben der mineralogischen Gesellschaft von Jena ist Hebel
korrespondierendes Mitglied der Gesellschaft der Ärzte und Naturforscher Schwabens (seit 1802). Von diesen Mitgliedschaften haben sich kaum Spuren (ausgenommen etwa die Dankesbriefe an Lenz u. Mezler) in seinem Leben erhalten.

13 *Ähnlichkeit mit der Heimat*: Vgl. Brief an Gustave Fecht, Oktober 1793.
15 *Er könnte und müßte*: Brief an Gustave Fecht, 24.–27. April 1805. – *Ich wähnte*: Vgl. den Text aus dem RHF *Was in Wien drauf geht*. – *Der Münsterturm*: Vgl. Brief an Hitzig, 24.–27. April 1805.
16 *Wundersames, grauenvolles*: Jens Baggesen: Das Labyrinth oder Reise durch Deutschland in die Schweiz 1789. München 1986. S. 362. – *keine Ruhe mehr*: Johann Heinrich Jung-Stilling: Henrich Stillings Jugend, Jünglingsjahre, Wanderschaft und häusliches Leben. Stuttgart 1997. S. 273–274. – *flammändischen Trinkgelage*: Vgl. Brief an Schneegans, 29. Januar 1810. – *O was hab ich in Strasburg*: Brief an Gustave Fecht, 24.–27. April 1805.
17 *Reise zur Rigi*: [Friedrich August Nüßlin (Hrsg.)]: Briefe von Johann Peter Hebel an einen Freund mit Erläuterungen. Mannheim 1860. S. 24–25.
18 *Führen Sie ia Ihren Vorsatz aus*: Brief an Nüßlin, 27. August 1803. – *Beschränktheit des Reiseplans*: Vgl. Brief an Nüßlin, 16. März 1806. – *die großen Schweizerreisen*: Vgl. Rolf Max Kully: Johann Peter Hebel und die Schweiz. In: Johann Peter Hebel. Eine Wiederbegegnung zu seinem 225. Geburtstag. Karlsruhe 1985. S. 63–75. – *vollends hinüberschwanke*: Abgedruckt in: Neue Zürcher Zeitung. 23. Juni 1900.
19 *Die kleine Schweiz*: Georg Längin (Hrsg.): Aus Joh. Peter Hebels ungedruckten Papieren. Tauberbischofsheim 1882. S. 105.
20 *Wir sind sehr gut mit*: Vgl. Brief an Frau Weiler, 15. April 1809.
23 *herrlichen Reste einer schönern Welt*: Vgl. Chr. F. Mylius: Malerische Fuß-Reise durch das südliche Frankreich und einen Theil von Ober-Italien. Karlsruhe 1818/19. Kapitel 1.
26 *Ulm ist überall*: Vgl. Rheinländischer Hausfreund: Die Probe.
29 *Wie theuer das Stücklein?*: Brief an Hitzig, 6. Mai 1815.
30 *Betrachtungen über den Unbestand*: Kannitverstan.
31 *Einem wurde der Kopf abgehauen*: Zitiert nach Georg Längin: Aus Johann Peter Hebel's ungedruckten Papieren. S. 92.
35 *J. G. Jacobi*: Vgl. Achim Aurnhammer: Vom Freundschaftsbund zur Lesegesellschaft. Literarische Zirkel um Johann Georg Jacobi zwischen 1784 und 1814. In: Achim Aurnhammer u. Wilhelm Kühlmann (Hrsg.): Zwischen Josephinismus und Frühliberalismus. Literarisches Leben in Südbaden um 1800. Freiburg im Breisgau 2002. S. 247. – *in seinen Rezensionen*: Im *Wochenblatt für das Land Breisgau*, 23. Februar 1803, und im Taschenbuch *Iris* für 1804.
37 f. *Dichter der Dorfpastoren*: Zitiert nach Carsten Schlingmann: Gellert. Eine literarhistorische Revision. Bad Homburg, Berlin 1967. S. 44.
38 *allen Ständen ohne Kommentar*: Zitiert nach Carsten Schlingmann. S. 44. – *diverse Briefäußerungen*: Vgl. z. B. Brief an Köster, April 1801; Brief an den Verlagsbuchhändler Engelmann, Dezember 1809; Brief an Cotta, Dezember 1809.

39 *Klopstock*: Vgl. Heinrich Funck: Was verleidete Klopstock den Aufenthalt in Karlsruhe? In: Die Pyramide. Nr. 2. 1923. S. 6–7. – *Zeitschrift Bragur*: Vgl. Klaus Graf: Regionale Identität im südbadischen Raum um 1800. In: Achim Aurnhammer u. Wilhelm Kühlmann (Hrsg.): Zwischen Josephinismus und Frühliberalismus. Literarisches Leben in Südbaden um 1800. Freiburg im Breisgau 1800. S. 42 ff.

40 *daß die Sprache, in welcher unsre Poeten*: Johann Jacob Bodmer (Hrsg.): Proben der alten schwäbischen Poesie des Dreyzehnten Jahrhunderts. Aus der Maneßischen Sammlung. Repographischer Nachdruck der Ausgabe Zürich 1748. Hildesheim 1973. S. XL.

43 *der moderne Begriff der Nation*: Vgl. zur Wandlung des Begriffs *Nation*: Stephan Braese: Hebels letzter Kalender. In: ZfdPh 120. 2001,4. S. 502–526. – *Je lebendiger nun eine Sprache ist*: Johann Gottfried Herder: Abhandlung über den Ursprung der Sprache. In: Johann Gottfried Herder: Sprachphilosophische Schriften. Aus dem Gesamtwerk ausgewählt von Erich Heintel. Hamburg 1960. S. 8.

44 *So wie nach aller Wahrscheinlichkeit*: Johann Gottfried Herder. S. 81. – *Wir wachsen immer*: Johann Gottfried Herder. S. 60.

45 *eine wunderbare Epopö*: Vgl. Johann Gottfried Herder: Abhandlung. S. 35. – *älteste, simpelste und erhabenste*: Vgl. Johann Gottfried Herder: Vom Geist der Ebräischen Poesie. In: Johann Gottfried Herder: Sämtliche Werke. Bd. XI. Hrsg. von Bernhard Suppan. Hildesheim 1967. S. 215. – *heimelt uns an*: Zitiert nach Hans-Georg Pott (Hrsg.): Literatur und Provinz. Das Konzept »Heimat« in der neueren Literatur. Paderborn, München 1986. S. 24.

46 *ersten Lektüreeindrücken*: Vgl. z. B. Brief an Dümge, 10. September 1803. – *Buchgeschenk*: Vgl. den Brief an Sophie Haufe, zweite Junihälfte 1806. – *frischer lebendiger Morgenhauch*: Brief an Hitzig, 9. August 1811. – *lebendigen Wortverschmelzung*: So im Kommentar zu dem Schweizerliedchen *Dusle und Babele*.

47 *kleinsten Theil ihres Werths*: Johann Georg Jacobi: [Rezension der Allemannischen Gedichte]. In: Allgemeines Intelligenz- oder Wochenblatt für das Land Breisgau. Nr. 16. 1803. – *Musenkind*: Jean Paul: Über Hebels allemannische Gedichte. An den Herausgeber der Zeitung für die elegante Welt. 1803.

49 *eine Kunstsprache*: Vgl. dazu Gertrud Staffhorst: Johann Peter Hebel und die Antike. Spuren einer lebendigen Beziehung. Karlsruhe 1990. S. 19 ff. – *gelehrter Dorismus*: Vgl. Ad. Th. Hermann Fritzsche (Hrsg.): Theokrits Idyllen. Mit deutscher Erklärung. Leipzig 1869. S. 19. – *das Allerlieblichste*: Georg Längin: Johann Peter Hebel. Ein Lebensbild. Karlsruhe 1875. S. 106.

50 *feinere Begriffe und ein regeres Gefühl*: Vgl. Klaus Langenfeld (Hrsg.): Johann Heinrich Voß. Die kleinen Idyllen. Stuttgart 2004. S. 12. – *gemeinen Mann*: So Rudolf Zacharias Becker in seinem *Versuch über die Aufklärung des Landmannes*. Zitiert nach Jürgen Voss: Der Gemeine Mann und die Volksaufklärung im späten 18. Jahrhundert. In: Hans Mommsen u. Winfried Schulze (Hrsg.): Vom Elend

der Handarbeit. Probleme historischer Unterschichtenforschung. Stuttgart 1981.
S. 216. – *Es verrathet*: G. F. N. Sonntag (Hrsg.): J. P. Hebels sämmtliche Werke. 8. Bd.

51 *mit dem Hut unter dem Arm*: Vgl. Brief an Gustave Fecht, 16. Januar 1825. – *Ich bin*: Brief an Haufe, 10. August 1817.

52 *Ich kann in gewißen Momenten*: Brief an Hitzig, 4. November 1809.

55 *Poesie der Kindheit*: Johann Gottfried Herder: Vom Geist der Ebräischen Poesie. S. 242.

56 *Biblische Apokalypse*: Vgl. Wilhelm Altwegg: Johann Peter Hebel. Frauenfeld u. Leipzig 1935. S. 157.

57 *Jung-Stilling in seinen Briefen*: Vgl. Johann Heinrich Jung-Stilling: Briefe. Ausgewählt u. hrsg. von Gerhard Schwinge. Gießen 2002. S. 473 u. 506.

58 *Die Spinne, Hebels Lieblingsstück*: Brief an Gustave Fecht, Anfang August 1803.

61 *übertölpelt*: Vgl. Brief an Hitzig, Anfang–Mitte November 1802. – *träge Seele*: Brief an Hitzig, Anfang März 1803. – *eine todte Katze*: Brief an Sophie u. Gottfried Haufe, November 1805. – *zieh in's Netz*: Brief an Hitzig, Anfang–Mitte August 1802.

62 *Vergils erster* Ekloge: Sylvestrem tenui musam meditabor (statt: meditaris) avena – Ländliche Lieder ersinne ich auf dem dünnen Halm.

63 *gemeinen Dialekts*: Brief an Hitzig, 3. Oktober 1804.

64 *unsere Sprache*: Brief an Hitzig, 27. März 1805.

65 *Jenaer Recension*: Brief an Hitzig, Anfang März 1806. – *am wenigsten geglückt*: Johann Wolfgang Goethe: [Rezension der *Allemannischen Gedichte*]. In Jenaische Allgemeine Literatur-Zeitung Nr. 37. 13. Februar 1805. – *Hebel sentimentalisiere zu stark*: Johann Daniel Falk: In Sachen kontra J. P. Hebel, Professor in Karlsruh und Herausgeber der »Alemannischen Gedichte«. In: Johann Daniel Falk: Die Prinzessin mit dem Schweinerüssel. Lustspiele, Gedichte, Publizistik. Berlin 1988. S. 403–406.

66 *für alles Leben und alles Seyn*: Vgl. Jean Paul: Vorschule der Ästhetik. Nach der Ausgabe von Norbert Miller hrsg. von Wolfhart Henckmann. Hamburg 1990. S. 72 u. 85. – *Umarbeitungen verlieren immer*: Brief an Hitzig, Anfang März 1806. – *Verdorben durch Milderung*: Vgl. z. B. Wilhelm Zentner (Hrsg.): Johann Peter Hebels Werke. 1. Bd. Karlsruhe [o. J.]. S. 236. Und: Adrian Braunbehrens: Anmerkungen zu Hebels Texten. In: Johann Peter Hebel. Eine Wiederbegegnung zu seinem 225. Geburtstag. Karlsruhe 1985. S. 168.

67 *soll in allen*: Brief an Engler, Anfang Juni 1805.

68 *eines der am häufigsten nachgedruckten Bücher*: Adrian Braunbehrens: Anmerkungen. S. 159. – *Müller in Friesenheim*: Das Geheimnis um den zweiten Komponisten scheint sich bald gelüftet zu haben. Bereits am 27. Februar 1803 dankt Hebel Michael Karl Wild in Müllheim für die »mit so vielem Beyfall aufgenom-

mene Melodie«. Vgl. auch Wilhelm Zentner: Johann Peter Hebel. Karslruhe 1965. S. 89. – *unstreitig der lezte unter allen Künstlern*: Brief an Hitzig, 18. August 1805.

69 *aus vätterlicher Liebe*: Brief an Sophie Haufe, Anfang August 1805.

71 *dem Herrn Simon die Hölle recht heiß zu machen*: Vgl. Brief an Sophie Haufe, 18. Februar 1806. – *Unsere Landleute*: Brief an Haufe, 12. November 1805.

73 *Mein Körper ist von Holz*: Wilhelm Zentner (Hrsg.): Johann Peter Hebels Werke. 1. Bd. S. 320. – *in großen und kleinen Weltbegebenheiten*: Brief an Hitzig, Februar–März 1800. – *feine Faden des Zusammenhangs*: Einmaligkeit und Wiederholbarkeit ist das Modell, dem Rolf Selbmann textintern als auch auf der Ebene der Intertextualität nachgeht. Vgl.: Rolf Selbmann: Unverhofft kommt oft. Eine Leiche und die Folgen für die Literaturgeschichte. In: Euphorion 94. 2000,2. S. 173–204.

74 *Aber es will nimmer gehen*: Brief an Dümge, 10. September 1803. – *Viele Geschäfte und unangenehme Stimmungen*: Brief an Treitschke, 22. März 1804. – *herculeum opus*: Brief an Hitzig, 15.–20. März 1804. – *wenn man mich ein einzig mal*: Brief an Gustave Fecht, Anfang Oktober 1802.

75 *immer mit dem nämlichen Pfeiflein*: Brief an J. G. Müller, 21. Februar 1806.

84 *Basler Dienstwohnung*: Hebel selber spricht in einem Brief an Hitzig (20. August 1815) von Basel als seinem Geburtsort. Urkundlich belegt ist lediglich, wie damals üblich, die Taufe am 13. Mai 1760 durch die Eintragung im Kirchenbuch von St. Peter. – *Basler Totentanz*: Vgl. Franz Egger: Basler Totentanz. Basel 1990.

86 *die verkehrte Regeldetri*: Brief an Dreuttel, 12. Januar 1818.

87 *nach Hebels eigenem Bekenntnis*: Brief an Engler, 15.–20. März 1804.

89 *manches Stücklein Kutteln*: Vgl. Brief an Engler, 2. Januar 1805.

90 *Durch Gewalt kam er auf den Thron*: Vgl. Georg Längin: Johann Peter Hebel. S. 32–33.

92 *mit einem auf Art der Wilden*: Zitiert nach Reinhard Wunderlich: Johann Peter Hebels »Biblische Geschichten«. Eine Bibeldichtung zwischen Spätaufklärung und Biedermeier. Göttingen 1990. S. 93 f. – *Fast die halbe Universität*: Vgl. Friedrich Christian Laukhard: Der Mosellaner- oder Amicisten-Orden. Halle 1799. S. 78.

94 *Vier Professoren können*: Dazu Reinhard Wunderlich: Johann Peter Hebels »Biblische Geschichten«. S. 96 ff. – *ein im Nachlass erhaltener Aufsatz*: Badische Landesbibliothek, H 93.

95 *gemeinschaftliche Übungen*: Vgl. Reinhard Wunderlich: Johann Peter Hebels »Biblische Geschichten«. S. 104.

96 *Georg Friedrich Seiler*: Reinhard Wunderlich. S. 101

97 *Religiöse Wahrheit*: Vgl. Seiler: Vorrede zu seiner Übersetzung des Neuen Testaments. In: Georg Friedrich Seiler: Übersetzung der Schriften des Neuen Testaments mit beigefügten Erklärungen dunkler und schwerer Stellen. Erlangen 1806. – *Wir kommen mit unserer Vernunft*: Vgl. z. B. auch die Predigt am dritten Sonntage nach Trinitatis 1792. – *Gott muß auch nicht Wunderwerke thun*: Der von

Hebel exzerpierte Text *Eines Barfüßer-Karmeliten aufgeklärte Exegese des mosaischen Texts von Sodoms Untergang und der Verwandlung von Loths Frau in eine Salzsäule* steht in: Ernst Ludwig Posselt (Hrsg.): Wissenschaftliches Magazin für Aufklärung. 1. Heft. Kehl 1785. S. 108–115.

98 *Radicalreformer und Carbonari*: Brief an Hitzig, 24. Februar 1821. – *so lang ich sehe*: Brief an Hitzig, Mitte–Ende Januar 1805. – *Kirchenratsprotokoll vom 6. September 1780*: Vgl. Wilhelm August Schulze: Hebels Aufnahme in den badischen Pfarrdienst. In: Theologische Zeitschrift 28. 1972. S. 432.

100 *die biographischen Mythen*: Wilhelm August Schulze. S. 427–440.

101 *er sich dem Schulstand*: zitiert nach Wilhelm August Schulze. S. 439. – *Lörrach*: Vgl. Gerhard Moehring: J. P. Hebel und Lörrach. In: Badische Heimat. Dez. 2002. 84. Jg. S. 648–653. – *Hebel erhält also 168 Gulden jährlich*: Nach Ludwig Fertig: Johann Peter Hebel der Schulfreund. Darmstadt 1991. S. 38 und S. 104. Fertig hat die unterschiedlichen Angaben in der Hebelliteratur und die erhaltenen Dokumente (GLA) genau ausgewertet.

102 *August Welper*: Noch am 31. Juli 1826 berichtet Hebel an Gustave Fecht, der *Bammert* sei auf einige Tage da.»Er ist noch der alte.«

103 *der Basler Buchbinder Scholer*: Der auch in der *Erinnerung an Basel*, der *Basler Hymne* weiterlebt. – *Hebels Hymnus* Ekstase: Vgl. dazu Wilhelm Altwegg: Johann Peter Hebel. Frauenfeld u. Leipzig 1935, S. 56 f. u. Robert Feger: Annäherung an einen Prälaten. Fragestellungen zu Leben und Werk von Johann Peter Hebel. Lahr / Schwarzwald 1983. S. 38 ff. – *von höherem Standpunkte und in reinerem Medium*: Brief an Hitzig, Mitte–Ende Februar 1805.

106 *zur Beihülfe in der Administration*: August Feßler: Aus dem Leben des Präzeptoratsvikars J. P. Hebel. In: Ekkart. Jahrbuch für das Badener Land 1938. S. 72.

107 *als Nebensache tractirt*: Vgl. Gerhard Moehring: »Den Blick zum Belchen gewendet«. Johann Peter Hebel im Markgräflerland. In: Marbacher Magazin 23. 1982. S. 23. – *Neben Religion unterrichtet Hebel*: Vgl. Gerhard Moehring: »Den Blick zum Belchen gewendet«. S. 23 u. 37.

108 *welche Zahl doch sichtbar*: Zit. nach Gerhard Moehring: »Den Blick zum Belchen gewendet«. S. 24. – *in weniger Zeit mit bessern Erfolg*: Zitiert nach: Gerhard Moehring: »Den Blick zum Belchen gewendet«. S. 38.

109 *Nichts kan der Jugend*: Gerhard Moehring: »Den Blick zum Belchen gewendet«. S. 39. – *Oder darf man erwarten*: Gerhard Moehring: »Den Blick zum Belchen gewendet«. S. 40. – *ächten Popularität*: Vgl. Brief an Wilhelm Köster, 11. April 1801.

111 *in allen Stücken gleich gehalten*: Magister F. Ch. Laukhards Leben und Schicksale, von ihm selbst beschrieben. Bearbeitet von Dr. Victor Petersen. Stuttgart 1908. 2. Bd. S. 141 u. 149. – *Frohnknecht*: Brief an Hitzig, 19. Mai 1805.

113 *Aber ich scheute*: Brief an Hitzig, 19. Mai 1805.

115 *Sein Lehrdeputat beträgt 24 Stunden*: Vgl. Wilhelm Silber: Documenta

Hebeliana. Aus dem Archiv des Bismarck-Gymnasiums. In: Jahresbericht des Bismarckgymnasiums Karlsruhe 1959/1960. S. 30.

116 *Wunsch, als tüchtig zu gelten*: Vgl. dazu die aufschlussreiche Stelle im Brief an Gustave Fecht, 3. Oktober 1802.

117 *Die wahre Welt*: Jean Paul: Lebenserschreibung. Veröffentlichte und nachgelassene autobiographische Schriften. Hrsg. von Helmut Pfotenhauer, unter Mitarbeit von Thomas Meißner. München, Wien 2004. S. 474. – *In jeden Druckfehler*: Jean Paul: Flegeljahre. Berlin 1848. S. 21. – *daß man oft an sich selber*: Brief an Friedrich Heinrich Jacobi, 28. Januar 1811.

118 *Geister und Gespenster*: Vgl. G.F.N. Sonntag (Hrsg.): J. P. Hebels sämmtliche Werke. 7. Bd. – *Versuch einer psychologisch-teleologischen Beurtheilung des Träumens*: In: J. D. Mauchart: Allgemeines Repertorium für empirische Psychologie und verwandte Wissenschaften. 1. Bd. Nürnberg 1792. S. 1–13. – *Sonne der Menschheit*: Jean Paul: Über das Träumen. In: Jean Pauls Werk. 37. Teil. Berlin [o.J.]. S. 56. Daraus auch die weiteren Zitate.

120 *Ich war in Paris als Spion ertappt*: Wiederabgedruckt bei: Georg Längin (Hrsg.): Aus Joh. Peter Hebels ungedruckten Papieren. Tauberbischofsheim 1882. S. 80 ff.

127 *den der Philosoph für unbegehbar hält*: Gertrud Staffhorst: Johann Peter Hebel und die Antike. Spuren einer lebendigen Beziehung. Karlsruhe 1990. S. 117.
– *das Abenteuer unternommen*: Vgl. Gerhard Moehring: »Den Blick zum Belchen gewendet«. Johann Peter Hebel im Markgräflerland. Marbacher Magazin 23. 1982. S. 42. – *Bergenthusiasmus*: Vgl. dazu Ruth und Dieter Groh: Von den schrecklichen zu den erhabenen Bergen. Zur Entstehung ästhetischer Naturerfahrung. In: Heinz-Dieter Weber (Hrsg.): Vom Wandel des neuzeitlichen Naturbegriffs. Konstanz 1989. S. 53 ff. – *höheren Standpunkt und reineres Medium*: Vgl. Brief an Hitzig, Mitte–Ende Januar 1805.

129 *Catalogus plantarum horti Carlsruhani*: Vgl. Karl Gustav Fecht: Geschichte der Haupt- und Residenzstadt Karlsruhe. Karlsruhe 1887. S. 177 ff. – *sehr angenehmes verlassenes Gärtchen*: Vgl. Brief an Gustave Fecht, Mitte–August 1792.

130 *der abtrünnige Kant-Leser*: Brief an Hitzig, Januar–Februar 1797: »Ich habe angefangen die Kantische Philosophie zu studiren, auf Anrathen eines sehr gelehrten Ungarn, der sich hier aufhält, und laß es nun wieder bleiben auf Anrathen Meiner.« – *Nur im Vernunftgebrauch*: Vgl. Jürgen Mittelstrass: Der idealistische Naturbegriff. In: Heinz-Dieter Weber (Hrsg.): Vom Wandel des neuzeitlichen Naturbegriffs. S. 163.

131 *Was hätte auch eine unscheinbare Blume*: Friedrich Schiller: Über naive und sentimentalische Dichtung. Hrsg.: Klaus L. Berghahn. Stuttgart: Reclam 2002. S. 8. – *sind, was wir waren*: Friedrich Schiller: Über naive und sentimentalische Dichtung. S. 8–9. – *der unverstümmelten Natur*: Vgl. Friedrich Schiller: Über naive

und sentimentalische Dichtung. S. 26. – *Unser Gefühl für Natur*: Friedrich Schiller: Über naive und sentimentalische Dichtung. S. 27.

132 *wie feind der Himmel*: Brief an Gustave Fecht, 15. August 1795.

133 *der Nachbeter schwärmerischer Empfindsamkeit*: Vgl. Robert Feger: Annäherung an einen Prälaten. Fragestellungen zu Leben und Werk von Johann Peter Hebel. Lahr/Schwarzwald 1983. S. 210. – *die scherzhafte Satire*: Vgl. Friedrich Schiller: Über naive und sentimentalische Dichtung. S. 39. – *unsere Leiden*: Vgl. Seneca: Von der Seelenruhe. Philosophische Schriften und Briefe. Hrsg. und aus dem Lateinischen übertragen von Heinz Berthold. Leipzig 1980. S. 134 u. 137 f.

134 *Kurzer Bericht von einer Reise auf den Gipfel des Montblanc*: Nach der zeitgenössischen Übersetzung von Traugott von Gersdorf, 1788 in Straßburg erschienen. – *Montblanc-Besteigungen*: Vgl. Gaston Rébuffat: Montblanc. Die Geschichte seiner Entdeckung. München 1988.

135 *Nachmittag giengen wir eine Stunde weit*: Abgedruckt in: Neue Zürcher Zeitung. 23. Juni 1900.

136 *Erhabene Gegenstände*: Es ist die Theodizee der Physikotheologen, eine gewaltige Deutungsarbeit zur Positivierung des Negativen, die sich hier niederschlägt. Vgl. Groh (Anm. zu S. 127), S. 71 ff. – *der Rheinfall*: Zum Rheinfall bei Heinse, Sander und Goethe: Hans-Wolf Jäger: Südbaden in Reiseberichten der Spätaufklärung. In: Achim Aurnhammer u. Wilhelm Kühlmann (Hrsg.): Zwischen Josephinismus und Frühliberalismus. Literarisches Leben in Südbaden um 1800. Freiburg im Breisgau 2002. S. 209 ff.

138 *grundsätzliche Überlegungen Hebels zur Astronomie*: Badische Landesbibliothek, H 124. Das erste Blatt zum Thema trägt die Jahreszahl 1813.

140 *Mineralogische Societät*: Vgl. dazu Birgit Kreher-Hartmann: »Die Societät für die gesammte Mineralogie zu Jena« – eine Analyse der Mitglieder; 1797–1832. In: European Journal of Mineralogy. 2000. Beiheft 1.

141 *eine weitere naturwissenschaftlich orientierte Gesellschaft*: Dazu Erich Haehl: Die »Vaterländische Gesellschaft der Ärzte und Naturforscher Schwabens« (1801–1808), eine Vorgängerin der »Gesellschaft deutscher Naturforscher und Ärzte«. Stuttgart 1925. – *viel Gelegenheit*: Brief an Franz Xaver Mezler, 6. Juni 1802. – *in die Quecksilberbergwerke kroch*: Brief an Gustave Fecht, 26. Oktober 1794.

142 *Nach Leonhards eigenen Angaben*: Vgl. Karl Cäsar von Leonhard: Aus unserer Zeit in meinem Leben. 2. Bd. Stuttgart 1856. – *Leben und Heiterkeit*: Karl Cäsar von Leonhard: Aus unserer Zeit in meinem Leben. S. 107.

143 *ein Fall von beträchtlichem wissenschaftlichem Interesse*: Vgl. Rolf Selbmann: Unverhofft kommt oft. Eine Leiche und die Folgen für die Literaturgeschichte. In: Euphorion 94. 2000,2. S. 173 ff. – *Steinregen zu Siena*: Ludwig Christian Lichtenberg und Friedrich Kries (Hrsg.): G[eorg] Ch[ristoph] Lichtenbergs vermischte Schriften. 5. Bd. Wien 1844. S. 198–204. Das von Georg Christophs älte-

rem Bruder Ludwig Christian Lichtenberg herausgegebene *Magazin für das Neu-este aus der Physik und Naturgeschichte* befindet sich in Hebels Bibliothek (1. Jahrgang 1781).

144 *gegen derartige Volkssagen*: Zitiert nach Jan Knopf: Geschichte als Geschichten. In: Rainer Kawa (Hrsg.): Zu Johann Peter Hebel. Stuttgart 1981. S. 138. – *'s muß Alles in der Welt geschliffen seyn*: Erster Teil des Briefgedichts an Hitzig, Mitte–Ende Februar 1794.

146 *Komplettierungswahn und Neuheitssucht*: Vgl. Wolf Lepenies: Das Ende der Naturgeschichte. Wandel kultureller Selbstverständlichkeiten in den Wissenschaften des 18. und 19. Jahrhunderts. Wien, München 1976. S. 57. – *Sie thut's einem an*: Brief an Nüßlin, 31. Dezember 1803 – 4. Januar 1804.

147 *Das Fehlen eines allgemein angenommenen Namens*: Vgl. z. B. J. C. Röhlings: Deutschlands Flora. 3. Aufl. 1839. – *Hebelie als Bezeichnung für die Simsenlilie*: Zur Namensgeschichte auch: William T. Stearns: The nomenclature and synonymy of Tofieldia calyculata and T. pusilla. In: Botanical Journal of the Linnean Society. 1947. Bd. 53/350. S. 194–204.

148 *eine Reihe von Briefen Hebels*: Der erste erhaltene Brief datiert vom 23. Februar 1796, der letzte von Ende Mai 1797.

149 *was die Bruchzahlen bedeuten*: Vgl. dazu die Erläuterungen von Behagel in seiner Briefedition: »Die Ziffern geben die Zahl der Knochenstrahlen. Brüche erscheinen dann, wenn an einer bestimmten Körperstelle mehrere Flossen sich befinden: die obere Zahl gilt dann der vorderen, die untere der hinteren Flosse.« In: Otto Behagel (Hrsg.): Briefe von J. P. Hebel. Karlsruhe 1883. S. 293.

150 *Hab ich recht gerichtet?*: Ja, sagt Behagel im Kommentar zu seiner Briefedition. Vgl. Otto Behagel. S. 294. – *hatte etwa Goethe zu beanstanden*: Vgl. Wolf von Engelhardt: Goethe im Gespräch mit der Erde. Landschaft, Gesteine, Mineralien und Erdgeschichte in seinem Leben und Werk. Darmstadt 2005. S. 169.

153 *gewisse Wasserthiere*: Christoph Girtanner: Über das Kantische Prinzip für die Naturgeschichte. Göttingen 1796. S. 19.

154 *die Kenntniß der natürlichen Dinge*: Christoph Girtanner. S. 1. – Die anderen Zitate entstammen gleichfalls dem 1. Abschnitt: *Theorie. Aufstellung der Grundsätze.*

155 *die sichersten Quellen zur Erkenntniß der Macht*: Johann Christian Polycarp Erxleben: Anfangsgründe der Naturlehre. Göttingen, Gotha 1772. S. 2.

157 *Travaillons sans raisonner*: Voltaire: Candide ou l'optimisme. Conte philosophique 1759. Paris 1976. S. 177. – *das Lawinenunglück*: Vgl. Hans Merkle: Der »Plus-Forderer«. Der badische Staatsmann Sigismund von Reitzenstein und seine Zeit. Karlsruhe 2006. S. 260.

163 *im spannungsvollen Moment einer Entdeckung*: Vgl. dazu auch: Carlsruher Zeitung vom 9. Oktober 1802. – *Villa rustica am Hedwigshof*: Vgl. Anita Gaubatz-

Sattler: Ausgrabung im Archiv: Die Villa rustica am Hedwigshof bei Ettlingen. In: Archäologische Nachrichten aus Baden. Heft 71. 2005. S. 31–39. – *eine mit der Aufschrift* Erial (is): In einem Aufsatz in der Carlsruher Zeitung, der Nachricht von den »neuentdeckten Römischen Alterthümern« gibt, lautet die Buchstabenfolge *erian.* Vgl.: Carlsruher Zeitung vom 9. Oktober 1902.

164 *Mitten wir im Leben sind:* Das von Luther umgestaltete *Media vita in morte* liefert das Thema für einen ausführlichen Übungstext im *Stilbuch.* Das Lied klingt aber auch im *Statthalter von Schopfheim* an. – *kein bleibend Quartier:* Brief an Haufe, 3. Juni 1824. – *die Eselsohren im großen Buch der Geschichte:* Verschiedene Gedanken. Sämtliche Werke 1832/34. 8. Bd.

165 *Auch die Erde wird einst:* Hebel hat diesen Gedanken in seinem Text *Weltgesetze* ein weiteres Mal ausgeführt: »Lange hielt ich es für möglich, daß die Erde vielleicht nie veralte, sondern ewig fortdauern werde. Nichts, dachte ich, doch in ihr verloren. Es ist Alles nur Wechsel, neues Leben aus dem Tod, Abgang hier, Zufluß dort. Jetzt kann ich mir nichts Anderes mehr denken, als daß sie, die einst nicht war, was sie jetzt ist, mit der Zeit auch nicht mehr das Nämliche seyn könne.«

168 *nie ins Herz der Menschen:* RHF. Unglück der Stadt Leiden. – *von Preußen gesteuerten Propaganda:* Vgl. Robert Feger: Annäherung an einen Prälaten. Lahr/ Schwarzwald 1983. S. 81 f.

169 *treffsicherer Staatsmann:* Willy Andreas: Der Aufbau des Staates im Zusammenhang der allgemeinen Politik. Leipzig 1913. (= Geschichte der badischen Verwaltungsorganisation und Verfassung in den Jahren 1802–1818. 1. Bd.). S. 238.

170 *so argumentiert rund hundert Jahre später ein österreichischer Historiker:* Joseph Alexander von Helfert: Zur Lösung der Rastatter Gesandtenmord-Frage. Stuttgart, Wien 1900. – *wissen die einen zu berichten:* E. und J. Fr. Th. Zandt: Der Rastatter Gesandtenmord. Karlsruhe 1869. S. 24 f. – *lautet eine andere Version:* Vgl. von Helfert. S. 50 f. u. 55.

171 *Als ein Mann von strenger Rechtlichkeit:* E. und J. Fr. Th. Zandt: Der Rastatter Gesandtenmord. S. IV–V. – *der Entwurf wird ballenweise über den Rhein geschafft:* Vgl. Erwin Dittler: Ernst Alexander Jägerschmid (1754–1833). In: Badische Heimat. Vol. 1. 1977. S. 117.

172 *badische Jakobiner und Aufwiegler:* Vgl. Erwin Dittler: Johann Georg Friedrich List. In: Ekkhart. Landesverein Badische Heimat. 1970. S. 51–68. – *sein Reich fast schon aufgegeben hatte:* Vgl. Erwin Dittler: Ernst Alexander Jägerschmid. S. 113. – *welcherlei billige Weise:* Karl Obser: Die revolutionäre Propaganda am Oberrhein im Jahre 1798. In: Zeitschrift für die Geschichte des Oberrheins. Bd. 24. 1909. S. 226.

173 *Auch in Deutschland fing hie und da:* Erwin Dittler: Ernst Ludwig Posselt (1763–1804) im Umbruch der Zeit. In: Badische Heimat. 1989. Heft 3. S. 430.

175 *wolthätige väterliche Fügung Gottes:* Zitiert nach Hans Merkle: Der »Plus-

Forderer«. Der badische Staatsmann Sigismund von Reitzenstein und seine Zeit. Leinfelden-Echterdingen 2006. S. 107.

176 *die Leibeigenschaft aufgehoben*: Aus Hebels Feder gibt es zu diesem historischen Ereignis ein Gedicht, das als Widmung für ein Gemälde Sophie Reinhards bestimmt ist. Das Gemälde zeigt die Feiern im Oberland nach Aufhebung der Leibeigenschaft.

177 *Unter den deutschen Herrschern*: Siegfried Fiedler: Der Markgraf. In: Carl Friedrich und seine Zeit. Ausstellung im Rahmen der Landesgartenschau 1981. Karlsruhe 1981. S. 17. – *Schon vorigen Sonntag*: Brief an Gustave Fecht, Anfang Februar 1803.

178 *stiller Unscheinbarkeit*: Karl August Varnhagen von Ense: Denkwürdigkeiten des eignen Lebens. 3. Bd. (1815–1834). Hrsg. von Konrad Feilchenfeldt. Frankfurt a. M. 1987. S. 57. – *umgeben von Missgunst*: So Varnhagens Schilderung. Vgl. Karl August Varnhagen von Ense: Denkwürdigkeiten des eignen Lebens. 3. Bd. S. 55.

180 *säuerliche Kritik und doktrinäre Phrasen*: Willy Andreas: Der Aufbau des Staates. S. 454. – *Immer größere Zerrüttung*: Karl August Varnhagen von Ense: Denkwürdigkeiten des eignen Lebens. 3. Bd. S. 53.

181 *Der iezige Groß-Herzog*: Brief an Gustave Fecht, 26. Januar 1819. – *konservativer Autokrat*: Franz Xaver Bischof: Das Ende des Bistums Konstanz. Hochstift und Bistum Konstanz im Spannungsfeld von Säkularisation und Suppression (1802/03–1821/27). Stuttgart, Berlin, Köln 1989. S. 401. – *keine glänzende, aber eine nützliche*: Der Historiker Karl Schöchlin 1856. Zit. nach Hans Merkle: Der »Plus-Forderer«. S. 289.

182 *Dieselbe Hand*: Willy Andreas: Der Aufbau des Staates. S. 357. – *immer hochsprechender*: Brief an Hitzig, 22. April 1815.

183 *Orkanisation*: Willy Andreas: Der Aufbau des Staates. S. 268. – *ägyptische Frohnvögte*: Willy Andreas. Der Aufbau des Staates. S. 375. – *versuche sein Reformwerk*: Vgl. Hans Merkle: Der »Plus-Forderer«. S. 220.

188 *die meisten Bewohner*: Vgl. Eckart Kleßmann (Hrsg.): Napoleons Rußlandfeldzug in Augenzeugenberichten. München 1972. S. 191 ff.

189 *Besser zum Teufel fahren*: Zit. nach Varnhagen. Karl August Varnhagen von Ense: Denkwürdigkeiten des eignen Lebens. 3. Bd. S. 140. – *Napoleonverehrung*: Ins Reich der Legenden hat Ludwig Rohner die zählebige These vom Napoleonkult des Rheinbundmannes verwiesen. Ludwig Rohner: Kein Schatz, kein Schatzkästlein. Die Zeit. Nr. 25. 12. Juni 1981. – *oder doch Satire*: Ein »Kunststück subtilster Satire« nennt G. Oesterle die *Reise nach Paris*. In: Günter Oesterle: Beobachten und Erinnern. Johann Peter Hebels *Rheinländischer Hausfreund*. DVjs 76. 2002. S. 248. – *In einem fürs badische Land*: Heinz Rölleke (Hrsg.): Briefwechsel zwischen Jacob und Wilhelm Grimm. Teil 1. Stuttgart 2001. S. 262.

191 *Was mir nicht gefällt*: Rölleke (Hrsg.): Briefwechsel zwischen Jacob und

Wilhelm Grimm. Teil 1. S. 279. – *auf schauderhaften Schlachtfeldern*: »Kein Schlachtfeld hatte jemals einen so schauderhaften Anblick dargeboten«, berichtet General Philippe-Paul Ségur nach der Schlacht von Borodino. In: Volker Ullrich: Napoleon. Reinbek bei Hamburg 2004. S. 112. – *kehrte nur ein Bruchteil zurück*: Es werden unterschiedliche Zahlen genannt. Vgl. Christian Würtz: Johann Niklas Friedrich Brauer (1754–1813). Badischer Reformer in napoleonischer Zeit. Stuttgart 2005. S. 357.

193 *Solche Gräuel verüben Menschen*: Carlsruher Zeitung vom 25. November 1809. – *der berüchtigte Sandwirt*: Vgl. Carlsruher Zeitung vom 9. Februar 1810. – *einer intriganten Miene*: Vgl. Carlsruher Zeitung vom 9. Februar 1810. – *der so oft sein gegebenes Wort*: Carlsruher Zeitung vom 7. Februar 1810. – *widrige Gemüthsstimmung*: Carlsruher Zeitung vom 21. Februar 1810. – *unabhängigen Republiken zur Hebamme*: Carlsruher Zeitung vom 9. September 1809.

194 *Am 29. Juni 1809*: Vgl. Christian Würtz: Johann Niklas Friedrich Brauer. S. 345. – *Repressalien gegen das eigene Land*: Zit. nach Michael Kaspar: »Helden« des Jahres 1809 in Vorarlberg. TZI-Seminararbeit. Innsbruck 2005.

195 *eine spärliche Notiz in seinem Nachlass*: Badische Landesbibliothek, H 124. – *von Oben veranlaßt*: [Christoph Friedrich Karl von Kölle]: Zu Hebel's Ehrengedächtniß vom Adjuncten des rheinländ. Hausfreundes. In: [Albert Preuschen]: J. P. Hebel's Werke. 1. Bd. Karlsruhe 1843. S. cxvi. – *oft und hart angegriffen*: [Christoph Friedrich Karl von Kölle]: Zu Hebel's Ehrengedächtniß. S. cxvi.

196 *deutscher Gesinnung*: [Albert Preuschen]: J. P. Hebel's Leben. In: [Albert Preuschen]: J. P. Hebel's Werke. 1. Bd. Karlsruhe 1843. S. lxxxv. Auch Georg Längin distanziert sich von Hebels Hofer-Bild. Vgl. Georg Längin: Johann Peter Hebel. Ein Lebensbild. Karlsruhe 1875. S. 157.

198 *diese Lesart*: Vgl. Robert Feger: Annäherung an einen Prälaten. Lahr/Schwarzwald 1983. S. 62 f. und auf Feger zurückgreifend Wolfgang Ritzel: Johann Peter Hebel. Waldkirch 1991. S. 116. – *habe Napoleon so viele Anhänger*: Eckart Kleßmann: Napoleon. München 2002. S. 119. – *Die Deutschen*: Zitiert nach Eckart Kleßmann: Napoleon. S. 152. – *Hervorragende Tüchtigkeit*: Plutarch: Von großen Griechen und Römern. Fünf Doppelbiographien. Übersetzt von Konrat Ziegler und Walter Wuhrmann. München 1991. S. 41.

200 *Zumuthungen*: Brief an Sophie Haufe, 20. Oktober 1805.

201 *die Kriegslieder*: Das Musketierlied und das Grenadierlied nimmt Wilhelm Zentner in seine Werkausgabe, 1. Bd. auf. Das Musketierlied, das im Kalender 1807 nach dem *Abendlied* steht, findet in die historisch-kritische Gesamtausgabe keinen Eingang, wird also offenbar nicht als Werk Hebels angesehen.

202 *Seine Faulheit war gränzenlos*: Zitiert nach Hans Merkle: Der »Plus-Forderer«. Der badische Staatsmann Sigismund von Reitzenstein und seine Zeit. S. 242. – *freisinnigste aller der deutschen Verfassungen*: Karl August Varnhagen von Ense:

Denkwürdigkeiten des eignen Lebens. 3. Bd. S. 300. – *unbedenklich die liberalste*: Karl von Rotteck: Geschichte der badischen Landtage von Einführung der Verfassung bis 1832. Stuttgart, Leipzig 1836. S. 2. – *den stärksten Einfluss auf das politische Leben*: Vgl. Lothar Gall: Der Liberalismus als regierende Partei im Großherzogtum Baden zwischen Restauration und Reichsgründung. Wiesbaden 1968. Zitiert nach: Hermann Erbacher (Hrsg.): Vereinigte Evangelische Landeskirche in Baden 1821–1971. S. 529.

203 *Entscheidung für eine Zweikammerordnung*: Vgl. Willy Andreas: Der Aufbau des Staates. S. 426. – *alles nivellieren, verwirren*: So Freiherr vom Stein. Zitiert nach Hans Merkle: Der »Plus-Forderer«. S. 254.

204 *Sein literarisches Unwesen*: Karl August Varnhagen von Ense: Denkwürdigkeiten des eignen Lebens. 3. Bd. S. 412 f. – *Heldentat eines edlen*: Karl August Varnhagen von Ense: Denkwürdigkeiten des eignen Lebens. 3. Bd. S. 422. – *Von Tag zu Tag*: Karl August Varnhagen von Ense: Denkwürdigkeiten des eignen Lebens. 3. Bd. S. 424. – *Jetzt war von keinem*: Karl August Varnhagen von Ense: Denkwürdigkeiten des eignen Lebens. 3. Bd. S. 451.

205 *Wie beklagte man*: Karl August Varnhagen von Ense: Denkwürdigkeiten des eignen Lebens. 3. Bd. S. 451. – *Ich versichere Sie*: Brief an Haufe, 1. Februar 1820.

206 *einer widrigen Wendung*: Karl August Varnhagen von Ense: Denkwürdigkeiten des eignen Lebens. 3. Bd. S. 519. – *langsame Fuhrwerke*: Hanjo Kesting (Hrsg.): »Friede den Hütten! Krieg den Palästen!« Georg Büchner. Der Hessische Landbote. Briefe. Hamburg 2002. S. 31. – *Möge, wenn denn auch*: Brief an Wessenberg, 28. Dezember 1820. – *finstere Gesichter*: Brief an Nüßlin, 31. Dezember 1824. – *Nichtachtung der gelehrten Welt*: Vgl. Brief an Stöber. 10. Februar 1825.

211 *Ihr gehören zu dieser Zeit*: Zahlen nach K.F. Vierordt: Geschichte der im Jahre 1724 aus Durlach nach Karlsruhe verpflanzten Mittelschule. Karlsruhe 1858. S. 147 f.

213 *Ich bekomme Herodot*: Brief an Hitzig, 30. November 1807.

214 *feinen Operation*: So Hebel in einem Brief an Hitzig, 30. November 1807.

215 *Viel wird beim ganzen*: Brief an Wolf, 1. November 1798. – *Blätter mit Reflexionen über Kirchengebete*: So Hebel im Brief an Wolf, Juli 1800. – *von Seite der Orthodoxie*: Brief an Hitzig, Ende Juli 1803.

216 *badische Bismarck*: Zitiert nach Hans Liermann: Die vereinigte evangelisch-protestantische Kirche des Großherzogtums Baden im konstitutionellen Staat 1818–1918. In: Hermann Erbacher (Hrsg.): Vereinigte Evangelische Landeskirche in Baden 1821–1971. Karlsruhe 1971. S. 521. – *Den Wandel von der Markgrafschaft*: Vgl. Christian Würtz: Johann Niklas Friedrich Brauer (1754–1813). Badischer Reformer in napoleonischer Zeit. Stuttgart 2005. S. 132. – *Rechtsunsicherheit*: Vgl. Christian Würtz: Johann Niklas Friedrich Brauer. S. 311 f. – *Proceßbedürfnis der Advocaten*: Zitiert nach Christian Würtz: Johann Niklas Friedrich Brauer. S. 312.

217 *Ein magerer Vergleich*: Zitiert nach Christian Würtz: Johann Niklas Friedrich Brauer. S. 336. – *Andeutungen*: Vgl. Brief vom 4. November 1809.

218 *Badischen Landkalender*: Zum Landkalender siehe: Friedrich Voit: Vom »Landkalender« zum »Rheinländischen Hausfreund« Johann Peter Hebels. Das südwestdeutsche Kalenderwesen im 18. und beginnenden 19. Jahrhundert. Frankfurt a. M. 1974.

220 *Unabgefordertes Gutachten*: Abgedruckt bei Voit. S. 151–156.

222 *Bemerkungen über den Carlsruher Kalender*: Abgedruckt bei Voit. S. 157–166. – *weitern Gedanken über eine vortheilhaftere*: Abgedruckt bei Voit. S. 167–172.

223 *fähiger wäre als*: Zit. nach Voit. S. 105.

224 *eine Episode*: Zu den Quellen siehe Kurt Franz: Johann Peter Hebel Kannitverstan. Ein Mißverständnis und seine Folgen. München, Wien 1985. – *Bezüge zu Horaz und Seneca*: Vgl. Gertraud Staffhorst: Johann Peter Hebels *Stilbuch*. In: Bismarck-Gymnasium Karlsruhe: Festschrift 1986. S. 277.

225 *Eine allzu besonnene*: Zitiert nach Voit. S. 109.

227 *marktregulierende Maßnahmen*: Vgl. Voit. S. 46.

228 *Kalendergeschichten ohne Kalender*: Vgl. Ludwig Rohner: Kalendergeschichte und Kalender. Wiesbaden 1978. S. 207 f.

230 *genialste in der Reihe unserer Rectoren*: K. F. Vierordt: Geschichte der im Jahre 1724 aus Durlach nach Karlsruhe verpflanzten Mittelschule. Zweite Abtheilung: Die Zeit von 1724 bis 1859. Karlsruhe 1859. S. 160.

231 *ein Märlein der düsteren Vorzeit*: Zit. nach Heinrich Funck: Über den Rheinländischen Hausfreund und Johann Peter Hebel. Karlsruhe 1886. S. 83. – *Katholikenfresser*: Vgl. Willy Andreas: Der Aufbau des Staates im Zusammenhang der allgemeinen Politik. Leipzig 1913. (= Geschichte der badischen Verwaltungsorganisation und Verfassung in den Jahren 1802–1818. 1. Bd.). S. 355.

233 *rohen Pöbel*: Zit. nach Heinrich Funck. S. 84. – *Die nachfolgende Begebenheit*: Zitiert nach Hans-Wolf Jäger: Südbaden in Berichten der Spätaufklärung. In: Achim Aurnhammer u. Wilhelm Kühlmann (Hrsg.): Zwischen Josephinismus und Frühliberalismus. Freiburg im Breisgau 2002, S. 195 ff.

234 *diverser Wochenschriften*: Die 1806 ins Leben gerufene *Badische Wochenschrift* kommentiert Hebel in einem Brief an Hitzig (21. August 1806): »gar zu kläglich arm und leer« beginne seinem Urteil nach dieses Blatt.

238 *neuer, schöner Morgen*: Gustav Adolf Benrath: Die Entstehung der vereinigten evangelisch-protestantischen Landeskirche in Baden (1821). In: Hermann Erbacher (Hrsg.): Vereinigte Evangelische Landeskirche in Baden 1821–1971. Karlsruhe 1971. S. 104.

239 *Die Eröffnung der Ständeversammlung*: Karl August Varnhagen von Ense: Denkwürdigkeiten des eignen Lebens. 3. Bd. (1815–1834). Hrsg. von Konrad Feilchenfeldt. Frankfurt a. M. 1987. S. 464.

240 *nicht mehr sind als Bitten*: Vgl. Georg Längin: Johann Peter Hebel. Ein Lebensbild. Karlsruhe 1875. S. 182.

241 *konservativer Autokrat*: Franz Xaver Bischof: Das Ende des Bistums Konstanz. Hochstift und Bistum Konstanz im Spannungsfeld von Säkularisation und Suppression (1802/03–1821/27). Stuttgart, Berlin, Köln 1989. S. 491. – *dürftige, enge Lokale*: Vgl. Karl von Rotteck: Geschichte der badischen Landtage von Einführung der Verfassung bis 1832. S. 35.

242 *ohnehin kaum herbeiwagten*: Vgl. Karl von Rotteck. S. 60.

243 *jede weitausschauende Zielstrebigkeit*: A. Stocker: Der Dichter Johann Peter Hebel als Parlamentarier. In: Volk und Heimat (=Beilage zur Badischen Presse, Karlsruhe). 1926. Nr. 38. S. 150 f. – *Auch sein protestantischer Kollege*: Karl August Varnhagen von Ense: Denkwürdigkeiten und vermischte Schriften. 9. Bd. Mannheim, Leipzig 1837–1859. S. 534.

244 *Hauptforderungen des Zeitgeists*: Karl von Rotteck: Geschichte der badischen Landtage von Einführung der Verfassung bis 1832. S. 64. – *Darstellung des liberalen Abgeordneten Karl von Rotteck*: Vgl. Karl von Rotteck: Geschichte der badischen Landtage, S. 85 ff.

245 *für den jungen Theologen*: Zit. nach Georg Längin: Johann Peter Hebel. Ein Lebensbild. Karlsruhe 1875. S. 200. – *Lehrers und Betreuers Johann Wilhelm Hemeling*: Hemeling war außerdem Hofbibliothekar und am Gymnasium mit dem Englischunterricht betraut. Vgl. Wilhelm Zentner (Hrsg.): Johann Peter Hebel. Briefe. 2. Bd. Karlsruhe 1957. S. 849.

246 *aller auf die beiden*: Karlsruhe, GLA. – *Geschichte für denkende Geschichtsfreunde*: Karl von Rotteck: Allgemeine Geschichte vom Anfang der historischen Kenntniß bis auf unsere Zeiten für denkende Geschichtsfreunde. – Das mehrbändige Werk befand sich auch in Hebels Bibliothek.

247 *Wenn der demokratische Sinn*: Zit. nach Georg Längin: Johann Peter Hebel. Ein Lebensbild. Karlsruhe 1875. S. 201.

248 *Aber es sind uns*: Karlsruhe, GLA. – *trockene, todte Moralvortrag*: Brief an Wolf, Juli 1800.

249 *Er sprach mit Ruhe*: Gustav Friedrich Sonntag: J. P. Hebels sämmtliche Werke. 1. Bd. Karlsruhe 1834. S. xxi. Auf die Diskrepanz der Urteile verweist Rolf Max Kully: Johann Peter Hebel. Stuttgart 1969. S. 28.

250 *Einfachheit und Faßlichkeit des Stils*: Brief an Hitzig, 18. April 1821. – *Es kann vieles*: Karlsruhe, GLA.

252 *patriotischen Kummers*: Karl von Rotteck: Geschichte der badischen Landtage von Einführung der Verfassung bis 1832. S. 31. – *Thronbesteigung Großherzog Leopolds*: Vgl. Alexander Mohr: Gottlieb Bernhard Fecht (1771–1851). Dekan und liberaler Oppositioneller in der II. Ständekammer im Vormärz. In: Protestantismus und Politik. Zum politischen Handeln evangelischer Männer und Frauen in Baden

zwischen 1819 und 1933. Karlsruhe 1996. S. 126. – *ist rund dreißig Jahre später*: Vgl. Traugott Mayer: Biblische Geschichten im evangelischen Religionsunterricht in Baden. In: Hermann Erbacher (Hrsg.): Vereinigte Evangelische Landeskirche in Baden 1821–1971. S. 417 ff. – *Poesie auch in den zarten*: Johann Hübner: Zweymahl zwey und funffzig Auserlesene Biblische Historien Aus dem Alten und Neuen Testamente, Der Jugend zum Besten abgefasst. Mit einer Einleitung und einem theologie- und illustrationsgeschichtlichen Anhang herausgegeben von Rainer Lachmann und Christine Reents. Hildesheim, Zürich 1986. Vorrede. – *Leberreime*: Zit. nach Peter Katz: Ein Gutachten Hebels. Theologische Zeitschrift 1959. S. 267. – Leberreim: eine weitgehend in Vergessenheit geratene, nach stereotypem Muster gebaute und als wenig anspruchsvoll geltende Form von Poesie. – *zu zweideutigen Geschichten*: Vgl. Traugott Mayer: Biblische Geschichten im evangelischen Religionsunterricht in Baden. S. 418.

253 *Meine Bemerkungen über*: Abgedruckt bei Peter Katz: Ein Gutachten Hebels. S. 270–276.

255 *das anstößige Werk*: Die Kritik richtet sich sowohl gegen die *Biblischen Geschichten* als auch gegen den Unionskatechismus. Zitiert nach: Hermann Erbacher (Hrsg.): Vereinigte Evangelische Landeskirche in Baden 1821–1971. S. 452 ff.

256 *wie wir sind*: Der Mensch in Kälte und Hitze (Rheinländischer Hausfreund 1805). – *geniale Transposition*: Vgl. O. Frommel: Ein halbvergessenes Buch. Zitiert nach Reinhard Wunderlich: Johann Peter Hebels »Biblische Geschichten«. Eine Bibeldichtung zwischen Spätaufklärung und Biedermeier. Göttingen 1990. S. 47.

257 *vergleichsweise nüchtern formuliert*: »Die Macht und Güte Gottes sind unerschöpflich. Alle Tage sättiget der allgemeine Versorger seiner Geschöpfe viele hundert Tausende mit dem Vorrathe, den er ohne Aufhören aus der Erde schaffet und bereitet. Er feuchtet die Berge von oben her; er macht das Land voll Früchte; er lässt Gras wachsen für das Vieh und Getraide zur Nahrung der Menschen. Der Wein erfreuet ihr Herz, das Brod stärkt ihre Glieder. Es wartet alles auf ihn und er giebt allen Speise zu seiner Zeit.« – In: Georg Friedrich Seiler: Das kleine biblische Erbauungsbuch oder die biblischen Historien mit erklärenden kurzen Andachten und Gebeten. Erlangen 1782. S. 77. – *gar Substantielles*: Vgl. Wolfgang Ritzel: Johann Peter Hebel. Waldkirch 1991. S. 152.

258 *eine spätere Diagnose*: Vgl. Wolfgang Ritzel. S. 153 ff. und besonders S. 165.

259 *die offizielle Linie der Unions-Theologen*: Vgl. Gustav Adolf Benrath: Die Entstehung der vereinigten evangelisch-protestantischen Landeskirche in Baden. In: Hermann Erbacher (Hrsg.): Vereinigte Evangelische Landeskirche in Baden 1821–1971. S. 94 ff.

263 *O Schicksal*: Jean Paul: Ausgewählte Werke. 15. Bd. Berlin 1849. S. 184. – *einer der erklärten Lieblingsautoren*: Zu den beiden Autoren vgl. auch: Hans Lauterbach: Eine seltsame Begegnung. Johann Peter Hebel und Jean Paul Friedrich

Richter. In: Hesperus. Blätter der Jean-Paul-Gesellschaft. Nr. 18. Oktober 1959. S. 38–41. – *Jeanpaulisieren*: Brief an Sophie Haufe, 7. Juni 1807.

264 *Als Mine noch ledig*: Adolf Sütterlin (Hrsg.): Zeit- und Hebelerinnerungen der Straßburger Hebelfreundin Frau Sophie Haufe. Karlsruhe 1928. S. 70.

265 *auswendig lauter Distel und Dorn*: Brief an Gustave Fecht, 20. Mai 1807. – *allemannische Drossel*: Jean Paul: Ausgewählte Werke. 15. Bd. Berlin 1849. S. 223.

268 *zur Privatlesung*: Brief an Gustave Fecht, Anfang Februar 1803. – *Daneben sind alle Gassen*: Brief an Hitzig, 30. Januar 1813.

270 *Die Zuschauer schlafen*: Brief an Nüßlin, 27. August 1803.

271 *28. Januar*: Das Namensfest des Markgrafen. Vgl. Brief an Gustave Fecht, Februar 1793. – *1. Der Mensch sieht nie*: Brief an Hitzig, 18. Mai 1803. – *als der Caminfeger*: Brief an Haufe, 25. März 1809.

272 *nützliche Lesegesellschaft*: Karl Foldenauer: »Carlsruhe ist nicht so schlimm als mans verschreit.« Johann Peter Hebel in Karlsruhe. In: Johann Peter Hebel. Eine Wiederbegegnung zu seinem 225. Geburtstag. Karlsruhe 1985. S. 35. – *Leseinstitute, Lesekabinette und Zirkel*: Vgl. Torsten Liesegang: Lesegesellschaften in Karlsruhe 1784–1850. In: Blick in die Geschichte / Karlsruher stadthistorische Beiträge. Heft 54. 15.3.2002. S. 3 f. – *Tempel der Musen*: Aus dem Morgenblatt für gebildete Stände 23. Aug. 1809, zitiert nach: Johann Anselm Steiger: Ein neu aufgefundener Erstdruck Johann Peter Hebels. Hebels Kantate auf die Eröffnung des Karlsruher Museums am 12. Mai 1809. In: Badische Heimat 74. 1994. S. 645. – *Der Lesegesellschafts- bzw. Museumsschmaus*: Vgl. Brief an Hitzig vom 23. November 1803 und Brief an Gustave Fecht vom November 1812.

273 *trüber Tage Sturm*: Zitiert nach Johann Anselm Steiger: Ein neu aufgefundener Erstdruck Johann Peter Hebels. S. 649. – *Hebel schreibt von 75 000 fl.*: Brief an Henriette Hendel-Schütz, 30. Oktober 1813. – *während der Feind*: Brief an Hitzig, 30. Januar 1813. – *verdreußt ihn*: Brief an Gustave Fecht, 9. Dezember 1814. – *zierlich*: Heinz Rölleke (Hrsg.): Briefwechsel zwischen Jacob und Wilhelm Grimm. Teil 1. Stuttgart 2001. S. 258. – *Spital- und Mühlsteinarchitektur*: Vgl. Arthur Valdenaire: Friedrich Weinbrenner. Sein Leben und seine Bauten. Karlsruhe 1926. S. 315.

274 *100 Rätsel Hebels*: Vgl. Georg Längin: Johann Peter Hebel. Ein Lebensbild. Karlsruhe 1875. S. 100.

275 *Kurzweil ist*: Brief an Hitzig, 29. Januar 1804. – *Gedichte ohne den Buchstaben R*: Gottlob Wilhelm Burmann: Einige Gedichte ohne den Buchstaben R. Berlin 1796. – *Da gab es denn*: Brief an Hitzig, März 1804.

276 *so wird überliefert*: Vgl. Georg Längin: Johann Peter Hebel. Ein Lebensbild. S. 102. – *Jo, i wees nischt mehr*: Rudolf Köpke: Ludwig Tieck. Erinnerungen aus dem Leben des Dichters nach dessen mündlichen und schriftlichen Mittheilungen. 2. Teil. Leipzig 1855. S. 41. – *einfach, herzlich, bieder*: Zitiert nach Wilhelm Zentner: Johann Peter Hebel. Karlsruhe 1965. S. 114.

277 *Er hat mir*: Heinz Rölleke (Hrsg.): Briefwechsel zwischen Jacob und Wilhelm Grimm. Stuttgart 2001. Teil 1. S. 258 f. – *in seinen Tagebuchaufzeichnungen*: In: Eduard Firmenich-Richartz: Sulpiz und Melchior Boisserée als Kunstsammler. Ein Beitrag zur Geschichte der Romantik. Jena 1916. – *im Stuttgarter Morgenblatt*: Vgl. Ferdinand von Biedenfeld: Ein paar Stunden mit Goethe in Karlsruhe. In: Morgenblatt für gebildete Leser und Stände (Stuttgart). 1859. S. 443 ff.

279 *im Ausweichen mit*: Zu Hebels Ehrengedächtniß. Vom Adjunkten des rheinländischen Hausfreundes. In: J. P. Hebel's Werke. 1. Band. Karlsruhe 1843. S. cix. – *So saß ich nun*: Zitiert nach: Bernhard Zeller: Friedrich Kölle, Literat und Diplomat. Skizzen zu einer Biographie. In: Kaspar Elm, Eberhard Gönner u. Eugen Hillenbrand (Hrsg.): Landesgeschichte und Geistesgeschichte. Festschrift für Otto Herding. Stuttgart 1977. S. 405. – *Ich war wißbegierig*: Zitiert nach: Bernhard Zeller: Friedrich Kölle. S. 406.

280 *größter Schwätzer dieser Erde*: Vgl. Bernhard Zeller: Friedrich Kölle. S. 416. – *der letzte datiert aus dem Jahr 1819*: Abgedruckt in Bernhard Zeller: Friedrich Kölle.

283 *Henriette Hendel-Schütz*: Zu Leben und Beruf: Eduard Zernin: Erinnerungen an Henriette Hendel-Schütz. Darmstadt u. Leipzig 1870. – Birgit Jooss: Lebende Bilder. Körperliche Nachahmung von Kunstwerken in der Goethezeit. Berlin 1999. – *warmen Hauch des Lebens*: Vgl. eine zeitgenössische Kritik, zitiert nach Birgit Jooss: Lebende Bilder. S. 110.

284 *die gewagte Figur der Sphinx*: Die Sphinx-Stellung habe schon so manches Ärgernis gegeben, dürfe aber nicht weggelassen werden, da sie der Künstlerin so gut gelinge, referiert Zernin aus einer zeitgenössischen Kritik. Vgl. Eduard Zernin: Erinnerungen an Henriette Hendel-Schütz. S. 46. – *mimischen Geschichte der bildenden Kunst*: So eine Ankündigung von Schütz. Zitiert nach Birgit Jooss: Lebende Bilder. S. 109.

288 *der romantischen Lichter*: Brief an Haufe, 19. Oktober 1821.

289 *Hebel-Erinnerungen*: Adolf Sütterlin (Hrsg.): Zeit- und Hebelerinnerungen der Straßburger Hebelfreundin Frau Sophie Haufe.

291 *Es schmerzte mich*: Brief an Sophie Haufe, 30. Januar 1823.

292 *Klopfgeister und Somnambulismus*: Vgl. Adolf Sütterlin (Hrsg.): Zeit- und Hebelerinnerungen der Straßburger Hebelfreundin Frau Sophie Haufe. S. 62 ff.

293 *Gustave Fecht*: Vgl. auch Friedrich Resin (Hrsg.): Erinnerung an Gustave Fecht, Johann Peter Hebels Freundin. Binzen 1998. – *das entscheidende Wort*: Wilhelm Zentner: Johann Peter Hebel. Karlsruhe 1965. S. 51.

294 *O ich sehe Sie*: Brief an Gustave Fecht, 25. Dezember 1795. – *Jetzt erlauben Sie*: Brief an Gustave Fecht, Dezember 1793.

297 *die Fortsetzung*: Vgl. Hermann von Coelln: Hebel-Manuskripte in der Badischen Landesbibliothek. In: Johann Peter Hebel. Eine Wiederbegegnung zu seinem 225. Geburtstag. Karlsruhe 1985. S. 193.

298 *einen mithin schon Zweiundfünfzigjährigen*: Vgl. Adrian Braunbehrens: Johann Peter Hebel, Gustave Fecht – und anderes noch. In: Das Markgräflerland. 1983. H. 2. S. 128–131. – *gar frommen und untadelhaften*: Brief an Jäck, Anfang Juni 1811.

299 *Tugendlehre Ciceros und Senecas*: Vgl. Gertrud Staffhorst: Johann Peter Hebel und die Antike. Spuren einer lebendigen Beziehung. Karlsruhe 1990. – *mit dem Erdkreis in Austausch*: Seneca: Von der Seelenruhe. Philosophische Schriften und Briefe. Hrsg. u. aus dem Lateinischen übertragen von Heinz Berthold. Leipzig 1980. S. 138 f.

300 *In handschriftlichen Notizen zur Rhetorik*: Badische Landesbibliothek, H 93.

301 *lieben, langen Winterabende*: Brief an Nüßlin, 8. Januar 1805.

302 *(Brief-)Freunde*: Vgl. Wilhelm Zentner (Hrsg.): Johann Peter Hebel: Briefe. 1. Bd. Karlsruhe 1957. S. xx.

303 *Noch nie ist mir*: Abgedruckt in: Bernhard Zeller: Friedrich Kölle, Literat und Diplomat. S. 409. – *parisrisch*: Brief an Gustave Fecht, 20. Juli 1812.

305 *Böslaunig, von übler Laune*: Brief an Caroline Haufe, 14. Juli 1821; Brief an Gustave Fecht, 22. Dezember 1822; Brief an Henriette Hendel-Schütz, 28. April 1822. – *Aber ich weiß schon*: Brief an Günttert, Oktober 1808.

306 *Quartierträger des großen Hausvaters*: Brief an Haufe, 3. August 1822. – *Es ist gar herrlich*: Brief an Haufe, 3. Juni 1824. – *Schöne Träume*: Vgl. Brief an Gustave Fecht und Karoline Günttert, 1. August 1809.

311 *fleißiger und geschickter Mann*: Vgl. Georg Längin: Johann Peter Hebel. Ein Lebensbild. Karlsruhe 1875. S. 103 ff. – *nicht am rechten Platz gefühlt*: Die Linie zieht sich von A. Stocker: Der Dichter Johann Peter Hebel als Parlamentarier (1926) über Wilhelm Zentners Biographie (1965) bis hinauf zu Uli Däster: Johann Peter Hebel in Selbstzeugnissen und Bilddokumenten (1973).

312 *daß vor der Hand*: Brief an Hitzig, September 1804. – *in allem Denken*: Zitiert nach Gerhard Kuhlemann u. Arthur Brühlmeier (Hrsg.): Johann Heinrich Pestalozzi (1746–1827). Hohengehren 2002. S. 69. – *prägnante sokratische Unterhaltungsweise*: Vgl. Ferdinand von Biedenfeld: Ein paar Stunden mit Goethe in Karlsruhe. In: Morgenblatt für gebildete Leser und Stände (Stuttgart). 1859. S. 443 f.

313 *Neigung zum Jähzorn*: Georg Längin: Johann Peter Hebel. Ein Lebensbild. Karlsruhe 1875. S. 108. – *Volksdichters*: So J. G. Jacobi in seiner Rezension. – *unübertrefflicher Volksschriftsteller*: So Jean Paul in einem Brief an Cotta. Zitiert nach Hans Lauterbach: Eine seltsame Begegnung. Johann Peter Hebel und Jean Paul Friedrich Richter. In: Hesperus 18. Oktober 1959. S. 40. – *Sänger der Natur*: Vgl. J. G. Jacobis Rezension. – *trefflichen Hebel*: Jean Paul: Vorschule der Ästhetik. Nach der Ausgabe von Norbert Miller hrsg. von Wolfhart Henckmann. Hamburg 1990. S. 383.

314 *Beginn eines modernen kritischen Verständnisses*: Vgl. Rainer Kawa (Hrsg.): Zu Johann Peter Hebel. Stuttgart 1981. (= Literaturwissenschaft – Gesellschaftswissenschaft. 52. LGW-Interpretationen). S. 6. – Walter Benjamin. In: Kawa S. 17 f. – *Manier*: Vgl. Brief an Cotta, 18. Dezember 1809. – *Kalkül und Kunstcharakter seiner Schreibweise*: Die *Manier*, von der Hebel spricht, ist nach zeitgenössischen Definitionen, etwa der von Karl Philipp Moritz, als »besondere Art eines einzelnen«, als seine Originalität zu bestimmen. Vgl. Heinrich Niewöhner: »Einfache Nachahmung der Natur, Manier und Stil«. Grundbegriffe der Poetik und Ästhetik. Frankfurt a. M., Bern, New York, Paris 1991. S. 107. – *Bäurisches Tao*: So Ernst Blochs einprägsame Wendung. Vgl. Kawa. S. 19 ff. – *erasmischer Geist*: Robert Minder: Hebel, der erasmische Geist oder Nützliche Anleitung zu seiner Lektüre. In: Kawa. S. 76. – *Wahrheit der Herrschenden*: Rudolf Kreis: Geschichten zum Nachdenken. In: Kawa. S. 113. – *roten Faden des Historischen*: Jan Knopf: Geschichte als Geschichten. In: Kawa. S. 123.

315 *Von Hebels Briefen fehlen*: Siehe Wilhelm Zentner: Erläuterungen und Quellen zu Johann Peter Hebel: Briefe. – *Der einzig erhaltene Brief*: Hermann von Coelln: Hebel-Manuskripte in der Badischen Landesbibliothek. In: Johann Peter Hebel. Eine Wiederbegegnung zu seinem 225. Geburtstag. Karlsruhe 1985. S. 190.

317 *politischen Igelsschlaf*: Brief an Hitzig, 13. Mai 1814.

319 *Passierschein, Leibzoll*: [Christoph Friedrich Karl von Kölle:] Zu Hebel's Ehrengedächtniß vom Adjuncten des rheinländ. Hausfreundes. In: [Albert Preuschen:] J. P. Hebel's Werke. 1. Bd. Karlsruhe 1843. S. cxiii. – *Gesetzeswerk*: Vgl. M. Kayserling: Moses Mendelssohn. Sein Leben und seine Werke. Leipzig 1862. [Nachdruck Hildesheim 1972.]

320 *Weltweisheit*: Lazarus Bendavid: Etwas zur Charakteristik der Juden. Leipzig 1793. S. 32.

321 *Ansätze zu einer Gleichstellung*: Vgl. zu diesem Bereich Christian Würtz: Johann Niklas Friedrich Brauer (1754–1813). Badischer Reformer in napoleonischer Zeit. Stuttgart 2005. S. 254 ff. – *Varnhagen berichtet*: Vgl. Karl August Varnhagen von Ense: Denkwürdigkeiten des eignen Lebens. 3. Bd. S. 541. – *die angebliche Begünstigung der Juden*: Vgl. Hans Merkle: Der *Plus-Forderer*. Der badische Staatsmann Sigismund von Reitzenstein und seine Zeit. S. 279 ff.

323 *wohl betroffensten, verehrungsvollsten Judensatz*: Ernst Bloch: Nachwort zu Hebels Schatzkästlein. Zit. nach Rainer Kawa (Hrsg.): Zu Johann Peter Hebel. Stuttgart 1981. (= Literaturwissenschaft – Gesellschaftswissenschaft; 52: LGW-Interpretationen). S. 37 f.

325 *Juden mehr Gehör fänden*: Wessenbergs Darstellung seines Anteils an den Verhandlungen über das deutsche Kirchenwesen. In: Kurt Aland (Hrsg.): Ignaz Heinrich von Wessenberg. Autobiographische Aufzeichnungen. Freiburg, Basel, Wien 1968. S. 161. – *Empfehlung zum konfessionellen Frieden*: Eduard Hegel:

Dereser und Wessenberg. Neue Funde im Wessenberg-Nachlaß. In: Freiburger Diözesan-Archiv. 73. Bd. 1953. S. 95. – *Allein es sind Leute*: Eines Barfüßer-Karmeliten aufgeklärte Exegese des mosaischen Texts von Sodoms Untergang und der Verwandlung von Loths Frau in eine Salzsäule. In: Posselts Wissenschaftlichem Magazin für Aufklärung. 1785. Notizen in Hebels Exzerptheft.

326 *Du lieber Gott erhalte*: Brief an Wolf, Juli 1800.

327 *Als man zur Zeit der Bibel*: G. F. N. Sonntag (Hrsg.): J. P. Hebels sämmtliche Werke. 7. Bd.

328 *Wir Erdenkinder sind*: J. P. Hebels sämmtliche Werke. 7. Bd.

329 *Nicht jeder Geist*: J. P. Hebels sämmtliche Werke. 7. Bd. – *Er scheint blos*: J. P. Hebels sämmtliche Werke. 7. Bd. – *Gespenster-Enthüllungsgeschichten*: Das wohlbezahlte Gespenst, Merkwürdige Gespenster-Geschichte.

330 *tief ins Herz gegriffen*: Johann Heinrich Jung-Stilling: Briefe. Ausgewählt u. hrsg. von Gerhard Schwinge. Gießen 2002. S. 478. – *dem Abfall von Christo*: Johann Heinrich Jung-Stilling: Briefe. S. 411. – *im Glauben gestärkt*: Vgl. Johann Heinrich Jung-Stilling: Briefe. S. 419.

331 *leyder! leyder!*: Johann Heinrich Jung-Stilling: Briefe. S. 287. – *ächten Jünger Jesu*: Brief an Hitzig, September 1804.

332 *Hang zum Wunderbaren*: Vgl. Martin Wieland: Über den Hang der Menschen, an Magie und Geistererscheinungen zu glauben. (1781) Wolfgang Albrecht weist auf diese Parallele hin. Wolfgang Albrecht: »Zwischen gebildeten und ungebildeten Lesern keinen Unterschied erkennend« Johann Peter Hebels literarische Volksaufklärung im Kontext seines beruflichen Wirkens. In: Wolfgang Albrecht: Das Angenehme und das Nützliche. Tübingen 1997. S. 310.

333 *Reale wie literarische Vorbilder*: Dass der angeblich *echte* Friedrich Zundel, der in den *Erinnerungen eines badischen Beamten* (1872) auftaucht, auch zu einem Gutteil Fiktion ist, hat Wilhelm Altwegg klargestellt. Vgl. Wilhelm Altwegg: Johann Peter Hebel. S. 183 f.

334 *hätte auf den protestantischen Index gehört*: Vgl. Arnold Stadler: Johann Peter Hebels Unvergänglichkeit. Johann Peter Hebel *Die Vergänglichkeit*. Stuttgart, Berlin 1997. S. 31.

335 *Es gab Augenblicke*: G. F. N. Sonntag (Hrsg.): J. P. Hebels sämmtliche Werke. 1. Bd. Karlsruhe 1834. S. LXXVII.

Verzeichnis der Abbildungen

Mit freundlicher Genehmigung
der Literarischen Gesellschaft Karlsruhe / Museum für Literatur am Oberrhein

Personenregister